AVENTURAS
EMPRESARIAIS

John Brooks

AVENTURAS EMPRESARIAIS

Tradução de
CLAUDIA GERPE DUARTE

Prefácio e revisão técnica de
PIO BORGES

6ª edição

RIO DE JANEIRO – 2021

CIP-BRASIL. CATALOGAÇÃO NA FONTE
SINDICATO NACIONAL DOS EDITORES DE LIVROS, RJ

B888a
6ª ed

Brooks, John, 1920-1993
    Aventuras empresariais / John Brooks; tradução Claudia Gerpe Duarte.
– 6ª. ed. – Rio de Janeiro: Best Business, 2021.
14 × 21 cm.

Tradução de: Business Adventures
Inclui índice
ISBN 978-85-68905-01-2

1. Finanças – Estados Unidos. 2. Indústrias – Estados Unidos. I. Título.

15-22687

CDD: 338.0973
CDU: 338(73)

Aventuras empresariais, de autoria de John Brooks.
Texto revisado conforme o Acordo Ortográfico da Língua Portuguesa.
Sexta edição impressa em setembro de 2020.
Título original norte-americano:
BUSINESS ADVENTURES

Copyright © John Brooks 1959, 1960, 1961, 1962, 1963, 1964, 1965, 1966, 1967, 1968, 1969.

Todo o conteúdo deste livro apareceu originalmente no *New Yorker*.

Todos os direitos reservados. Proibida a reprodução, no todo ou em parte, sem autorização prévia por escrito da editora, sejam quais forem os meios empregados.

Design de capa: Sérgio Campante, a partir da capa da edição original (Andrea Worthington, Open Road Media, Inc, 2014.).

Direitos exclusivos de publicação em língua portuguesa para o Brasil adquiridos pela Best Business, um selo da Editora Best Seller Ltda. Rua Argentina 171 – 20921-380 – Rio de Janeiro, RJ – Tel.: (21) 2585-2000 que se reserva a propriedade literária desta tradução.

Impresso no Brasil

ISBN 978-85-68905-01-2

Seja um leitor preferencial Best Business.
Cadastre-se em www.record.com.br
e receba informações sobre nossos
lançamentos e nossas promoções.

Atendimento e venda direta ao leitor:
sac@record.com.br

Sumário

Prefácio • 7

1. **A flutuação** • 13
   O pequeno colapso de 1962

2. **O destino do Edsel** • 46
   Uma narrativa admonitória

3. **O imposto de renda federal** • 117
   História e peculiaridades

4. **Uma quantidade de tempo razoável** • 175
   Insiders na Texas Gulf Sulphur

5. **Xerox xerox xerox xerox** • 213

6. **Tornando os clientes sãos** • 256
   A morte de um presidente

7. **Os filósofos impactados** • 286
   A falta de comunicação na GE

8. **O último grande** *corner* • 320
   Uma empresa chamada Piggly Wiggly

9. **Outro tipo de vida** • 354
   David E. Lilienthal, empresário

10. **Temporada de acionistas** • 393
    Reuniões anuais e poder corporativo

11. **Uma mordida sem compromisso** • 420
    Um homem, o seu conhecimento e o seu emprego

12. **Em defesa da libra esterlina** • 443
    Os banqueiros, a libra e o dólar

Índice remissivo • 547

Prefácio à edição brasileira

Quando terminar de ler este livro você terá 12 motivos para confiar mais em suas avaliações sobre um mundo quase secreto para a maior parte do público.

Um mundo em que decisões e negócios têm profunda influência sobre países, pessoas e empresas, mas que constituem o grande mistério do mercado. Há até quem atribua suas flutuações a obscuros "gnomos" suíços cujos desígnios sejam conhecidos apenas por eles mesmos.

Tudo o que acontece nesta área gera comentários e discussões entre amigos e dentro das empresas. Até artigos na mídia especializada deixam a sensação de que ali não foi dito tudo o que interessa e que a verdade não pode, nem deve, chegar a todas as pessoas.

Como você perceberá já nas primeiras páginas, todos esses acontecimentos no mundo dos negócios não são protagonizados por iniciantes ou por profissionais malformados. Talvez seja a área que reúne mais profissionais experientes e confiáveis.

Nas rodas de conversa, todos têm a tendência de comentar que aquela confusão noticiada só se tornou um grande problema porque... e no porque o "analista" profere em poucas palavras, a razão simplista do problema, como se ele oferecesse uma explicação que teria sido capaz de mudar o rumo da história, se seguida na época. Quase sempre na solução está tudo errado.

O livro de Brooks tem como maior virtude demonstrar que nada é tão simples quanto parece. E lhe dá a garantia de que, quando se tem acesso às explicações, nada é complicado e muito menos inacessível ao leitor leigo.

O volume de dados e informações que temos a nosso alcance pela internet gerou a tendência de buscarmos cada vez mais esclarecimento curtos, fáceis de entender, sem censuras e nem sempre acertados. Saber como os erros ocorrem é a lição a se buscar em cada problema.

Precisamos evitar a tentação de abordar temas complexos com o ardor e as certezas sem-fim dos torcedores de futebol sobre as qualidades de seus clubes e as falhas dos adversários. A única certeza é que diante das afirmações de torcedores nunca é possível chegar a uma explicação lógica. Esse bate-boca pode ser divertido em uma mesa-redonda na televisão, mas no mundo dos negócios ganha o debate quem oferecer a interpretação mais precisa a partir de verdades, que só podemos reconhecer pela nossa experiência de vida.

O melhor conselho que recebi de um chefe, quando fui repórter durante os meus primeiros anos profissionais, foi: "Nada substitui a ida do repórter ao local." Quando o repórter fala do que viu, coletando depoimentos de quem estava lá, desde o presidente ao público que assistiu ao acontecimento, a reportagem sairá mais precisa. Tudo será ainda mais bem-relatado se o jornalista contar com uma agenda com anotações sobre como ter acesso direto a todas as fontes.

Com o livro de Brooks você ganhará alguns anos de vida, de saída, e pelo menos mais algumas décadas de experiência. Você saberá que foi "testemunha ocular" de histórias que até hoje permanecem envoltas em mistério. A necessidade da experiência aparece até em classificados em busca de funcionários. Tanto faz se a vaga a ser preenchida é de um operador de carrinho de pipocas ou de um executivo ou executiva para cargos importantes em grandes empresas, ou no governo.

A falta de experiência garante que uma pessoa improvisada na função tenda a ficar inerte diante de situações que nunca viveu na própria pele. Tomar uma decisão rápida se torna um desafio insuperável.

Este livro não é um manual de como fazer direito o que pode sair errado. Ele é uma fonte de inspiração para que você encontre correlações entre situações novas nas mais diversas áreas com soluções reais do passado. É tudo verdade. E você vai adquirir o conhecimento como uma testemunha ocular privilegiada.

Minha recomendação, como revisor técnico e prefaciador desta tradução primorosa, é que se mantenham na memória todos os fatos e que eles constituam sua maior fonte de inspiração para juntar o passado com o presente.

Há muito a aprender em todos os capítulos, especialmente quando se esclarece como os problemas foram solucionados. O caso da salvação da libra esterlina pela atuação coordenada dos bancos centrais põe você no centro das decisões. As dificuldades são vencidas apesar das atitudes de países como a França presidida por De Gaulle. Existe a possibilidade de se viciar em querer sempre saber mais sobre o que está por trás da notícia.

Você entenderá também como os países justificam a cobrança de imposto sobre a renda buscando o máximo de recursos, mas proporcionando um ambiente favorável aos investimentos e aos lucros dele derivados. Irá se surpreender ao constatar que uma Terceira Guerra Mundial sem canhões nem campos de batalha formais ocorreu nos anos 1960, com combates tão incruentos quanto as batalhas que ficaram na história. Você terá conhecimento sobre questões econômicas que mudam diariamente, o que possibilita a compreensão do que motiva a subida e a descida das cotações nas bolsas de valores de todos os países.

Poucas coisas — por mais absurdas ou chocantes que possam parecer — serão novas para você. Brooks, nas páginas deste livro, tirará a sua inocência. Não será possível, quando você terminar a leitura, se deixar levar por uma posição pessimista ou otimista em relação ao mundo.

Lembre-se que o planeta evoluiu devido à atuação de pessoas que ousaram mudar estruturas que outros queriam ver preservadas e sem mudanças, porque nelas encontram a sua zona de lucro e de conforto.

Tenho uma sugestão para fazer durante a sua leitura:

Passe a colecionar os fatos que, se forem relacionados a cases, viram parte da história econômica.

Ao ler os 12 cases, sugiro que, *enquanto* der atenção ao que está escrito, deixe sua mente voar livremente e imagine como essas histórias podem nos inspirar no dia a dia, nas empresas que conhecemos e nos países em que vivemos. Todas estas histórias são atemporais. Não se limitam a um país, a uma área de negócios.

Você, leitor, será conduzido por um *"technical tour"* guiado por um dos mais premiados autores de livros sobre negócios dos Estados Unidos, e verá que ele faz questão de tornar claro todos os momentos e todas as implicações desses cases enquanto aconteciam. A diferença nesta leitura é que a informação vai muito além da melhor das coberturas jornalísticas publicadas sobre cada um deles.

Não há aqui limitações empresariais — as instituições são reveladas por atitudes de seus dirigentes sem qualquer laivo de censura. São verdades cuja própria expressão as tornam incontestáveis, analisadas por um observador atento em busca do conhecimento para você, com você.

Sem limitações políticas, ideológicas, corporativas. É como se fosse possível visitar o paraíso ou o inferno com um guia que, além de lhe explicar sobre tudo, garante sua saída de lá sem medo.

A maior fonte de discordâncias no mundo corporativo não são as atitudes das empresas e de seus dirigentes: o problema surge ao se interpretarem essas atitudes.

Protágoras, que viveu na Grécia 400 anos antes de Cristo, disse uma frase que continua tão atual quanto à época: "O homem é a medida de todas as coisas."

John Brooks dedicou-se a decifrar verdades e torná-las acessíveis a todos os homens. Ele nasceu em 1920, faleceu em 1992 e teve talento e dedicação profissional para explicar com precisão, humor e linguagem direta o que aconteceu em cada caso narrado. Ao dar atenção a essas informações, você terá recebido um download de anotações de Brooks que se tornarão parte da sua experiência em qualquer área.

Em uma discussão sobre esses temas, você estará em uma posição mais qualificada do que a maioria das pessoas do mundo.

Correlacione esses 12 cases com episódios ocorridos no Brasil e no mundo nos últimos anos. Tanto os abordados na imprensa quanto os ocorridos nas organizações em que tenha trabalhado.

Estou fazendo isso e não me arrependo dessa minha nova mania. Comecei a entender o presente com uma precisão que nunca tive.

Pio Borges*

---

*Professor, fundador e ex-presidente da ABEMED (Associação Brasileira de Marketing Direto). É jornalista, pós-graduado em Comunicação de Marketing.

1. A flutuação

A bolsa de valores — a aventura em série das pessoas abastadas — não seria a bolsa de valores se não tivesse os seus altos e baixos. Qualquer participante de um conselho administrativo que aprecie as tradições de Wall Street já ouviu a réplica mordaz que, segundo dizem, J. P. Morgan, o Velho, deu a seguinte resposta para um conhecido ingênuo que se aventurara a perguntar ao grande homem o que o mercado ia fazer. "Ele vai flutuar", respondeu Morgan secamente. E o mercado tem muitas outras características inconfundíveis. Ao lado das vantagens e desvantagens econômicas das bolsas de valores — a vantagem de oferecer livre fluxo de capital para financiar a expansão industrial, por exemplo, e a desvantagem de oferecer uma maneira extremamente conveniente para que os desafortunados, os imprudentes e os crédulos percam seu dinheiro —, o desenvolvimento delas criou todo um padrão de comportamento social que inclui costumes, linguagem e respostas previsíveis para eventos determinados. O que é verdadeiramente extraordinário é a velocidade com que esse padrão emergiu logo após a criação, em 1611, da primeira bolsa de valores importante — um pátio descoberto em Amsterdã —, e sua persistência (com variações, é bem verdade) na Bolsa de Valores de Nova York na década de 1960. A atual negociação de ações nos Estados Unidos — um empreendimento desconcertantemente vasto, que envolve milhões de quilômetros de fios telegráficos privados, computadores capazes de ler e copiar a Lista Telefônica de Manhattan em três minutos e mais de 20 milhões de participantes acionistas — pareceria bem diferente de um punhado de holandeses do século XVII barganhando na chuva. Mas as regras do jogo são praticamente as mesmas. A primeira bolsa de valores era, inadvertidamente, um laboratório no qual novas reações humanas eram reveladas. Do mesmo modo, a Bolsa de Valores de Nova York também é um tubo de ensaio sociológico, contribuindo eternamente para o autoentendimento da espécie humana.

O comportamento dos negociadores de ações holandeses pioneiros está habilmente documentado em um livro intitulado *Confusion of Confusions**, escrito por um especulador do mercado de Amsterdã chamado Joseph De la Vega; originalmente publicado em 1688, ele foi reeditado em uma tradução inglesa há alguns anos pela Harvard Business School. Quanto ao comportamento dos investidores e corretores de valores norte-americanos atuais — cujas características, assim como a de todos os negociadores de ações, são exageradas nos tempos de crise —, ele pode ser claramente revelado ao se analisarem suas atividades durante a última semana de maio de 1962, ocasião em que o mercado de ações flutuou de maneira surpreendente. Na segunda-feira, 28 de maio, a média Dow Jones de trinta proeminentes ações industriais,

---

*Tradução literal: *Confusão de confusões*. (N. da T.)

que tem sido computada em todos os dias de negociação desde 1897, caiu 34,95 pontos, ou mais do que já caíra qualquer outro dia, exceto em 28 de outubro de 1929, quando a perda foi de 38,33 pontos. O volume de negociações no dia 28 de maio foi de 9.350.000 ações — o sétimo maior volume de negociações na história da Bolsa de Valores. Na terça-feira, 29 de maio, depois de uma manhã alarmante, em que o preço da maioria das ações ficou bem abaixo de seus preços de fechamento na segunda-feira à tarde, o mercado repentinamente mudou de direção, começou a subir vigorosamente e terminou o dia com um grande ganho na Dow Jones, embora sem quebrar um recorde, de 27,03 pontos. O recorde da terça-feira, ou quase recorde, foi no volume de transações; as 14.750.000 ações que mudaram de mão resultaram no maior total já alcançado, com exceção do dia 29 de outubro de 1929, quando o volume de transações ficou pouco acima de 16 milhões de ações. (Posteriormente, na década de 1960, dias com 10, 12 e até mesmo 14 milhões de ações negociadas se tornaram corriqueiros; o recorde de volume de 1929 foi finalmente quebrado no dia 1º de abril de 1968, e novos recordes ocorreram repetidamente nos meses seguintes.) Foi então que, em uma quinta-feira, 31 de maio, depois do feriado do Memorial Day, na quarta-feira, o ciclo se completou; com um volume de 10.710.000 ações, o quinto maior da história, a média Dow Jones ganhou 9,40 pontos, o que a deixou ligeiramente acima do nível em que estivera antes de toda a agitação começar.

A crise chegou ao final em três dias, mas não é preciso dizer que as autópsias demoraram mais tempo. Uma das observações de De la Vega a respeito dos negociadores da bolsa de Amsterdã era que eles eram "muito talentosos para inventar razões" para um aumento ou queda repentinos dos preços das ações, e os especialistas de Wall Street certamente precisaram de todo o talento que conseguiram reunir para explicar por que, no meio de um excelente ano para os negócios, o mercado de repente tivera sua segunda pior queda de todos os tempos até aquele momento. Além dessas explicações — entre as quais a severa sanção do presidente Kennedy em abril sobre o planejado aumento do preço da indústria do aço ocupava uma posição elevada —, era inevitável que as autópsias frequentemente comparassem maio de 1962 com outubro de 1929. Os números para o movimento dos preços e o volume de negociações por si só teriam forçado a comparação, mesmo que os piores dias de pânico dos dois primeiros meses — o 28º e o 29º — não tivessem misteriosamente e, para algumas pessoas, premonitoriamente, coincidido. No entanto, era de certo senso comum que os contrastes pareciam mais persuasivos do que as semelhanças. Entre 1929 e 1962, a regulamentação das práticas de negociação e as limitações sobre a quantidade de crédito oferecido aos clientes para a compra de ações tinham tornado difícil, ou até mesmo impossível, que um homem perdesse *todo* o seu dinheiro na Bolsa. Em resumo, o epíteto de De la Vega para a Bolsa de Valores de Amsterdã na década de 1680 — ele a chamou de "este inferno especulativo", embora ele obviamente o adorasse — se tornara consideravelmente menos aplicável à bolsa de Nova York nos 33 anos entre os dois colapsos.

O crash de 1962 não aconteceu inesperadamente, embora poucos observadores tenham interpretado de maneira correta os sinais. Pouco depois do início do ano, as ações tinham começado a cair em um ritmo bastante sistemático, o qual tinha se acelerado e chegado a um ponto em que a semana comercial anterior — de 21 a 25 de maio — fora a pior da Bolsa de Valores desde junho de 1950. Na manhã da segunda-feira, 28 de maio, portanto, os corretores e *dealers* tinham motivos para estar cautelosos. Tinham chegado ao fundo do poço, ou será que ele ainda estava mais embaixo? Em retrospecto, parece que as opiniões estavam divididas. O serviço de notícias Dow Jones, que envia para seus assinantes os últimos informes financeiros pela teleimpressora, refletiu certa apreensão entre o horário em que começou suas transmissões, às 9 horas da manhã, e o horário de abertura da bolsa, às 10 horas. Nessa hora de intervalo, a fita larga (como é frequentemente chamado o serviço Dow Jones, impresso em um papel que corre verticalmente e tem 16 centímetros de largura, para distingui-lo da fita de preço da Bolsa de Valores, que é impressa horizontalmente e tem apenas 1,90 centímetro de altura) comentou que muitos *dealers* de valores mobiliários tinham estado ocupados no fim de semana enviando requisições de cauções adicionais para clientes de crédito cujos ativos de ações estavam se desvalorizando; observou que o tipo de liquidação precipitada verificado na semana anterior "é desconhecido em Wall Street há muitos anos"; e prosseguiu apresentando várias notícias comerciais estimulantes, como o fato de a Westinghouse ter fechado um novo contrato com a Marinha. Na bolsa de valores, contudo, como ressalta De la Vega, "notícias [como essas] frequentemente têm pouco valor"; a curto prazo, o que conta é o estado de espírito dos investidores.

Esse estado de espírito ficou claro em questão de minutos depois da abertura da Bolsa de Valores. Às 10h11, a fita larga divulgou que "as ações na abertura estavam tendo um comportamento variado e apenas moderadamente ativas". Essa foi uma informação tranquilizadora, porque "variado" significava que o preço de algumas estava subindo e o de outras, caindo, e também porque um mercado em queda é universalmente encarado como bem menos ameaçador quando a quantidade de atividade nele é moderada em vez de intensa. Mas a tranquilidade durou pouco tempo, já que, às 10h30, a fita da Bolsa de Valores, que registra o preço e o volume de ações de cada transação no pregão, estava sistematicamente registrando preços mais baixos, porém, mesmo imprimindo à sua velocidade máxima de 500 caracteres por minuto, estava seis minutos atrasada. O atraso da fita significava que a máquina simplesmente não dava conta do que estava acontecendo, devido à rapidez com que as negociações vinham sendo feitas. Normalmente, quando uma transação é concluída no pregão, no número 11 de Wall Street, um funcionário da Bolsa anota os detalhes em um pedaço de papel e o envia por um tubo pneumático para uma sala no quinto andar do prédio, onde uma das funcionárias os digita na teleimpressora para que sejam transmitidos. Por conseguinte, um lapso de dois ou três minutos entre uma transação no pregão e o seu aparecimento na fita é normal, de modo que não é considerado como "atraso" pela Bolsa de Valores; essa palavra, na linguagem da Bolsa, só é usada para descrever qualquer diferença adicional entre a hora em que um recibo de transação chega ao quinto andar e a hora em que a teleimpressora sobrecarregada consegue acomodá-lo. ("Os termos usados na bolsa não são cuidadosamente escolhidos", reclamou De la Vega.) Atrasos de alguns minutos na fita ocorrem com relativa frequência nos dias muito movimentados da Bolsa, mas desde 1930, quando o tipo de teleimpressora usado em 1962 foi instalado, os grandes atrasos eram extremamente raros. No dia 24 de outubro de 1929, quando a fita teve um atraso de 246 minutos, ela era impressa a uma velocidade de 285 caracteres por minuto; antes de maio de 1962, o maior atraso que já havia ocorrido na nova máquina tinha sido de 34 minutos.

Sem a menor dúvida, os preços estavam caindo e a atividade estava aumentando, mas a situação ainda não era desesperadora. Tudo o que fora determinado, até as 11 horas, era que o declínio da semana anterior estava continuando a uma velocidade moderadamente acelerada. No entanto, à medida que o ritmo das negociações ia aumentando, o mesmo acontecia com o atraso da fita. Às 10h55, ela estava 13 minutos atrasada; às 11h14, 20 minutos; às 11h35, 28 minutos; às 11h58, 38 minutos; e às 12h14, 43 minutos. (Para introduzir pelo menos um sopro de informações atualizadas na fita quando ela estava atrasada cinco minutos ou mais, a Bolsa interrompia periodicamente o seu andamento normal para inserir "notícias relâmpago" ou os preços atualizados de algumas das principais ações. É claro que o tempo necessário para fazer isso contribuía para o atraso.) A computação das 12 horas da média industrial Dow Jones revelou uma perda no dia, até essa hora, de 9,86 pontos.

Os sinais de histerismo público começaram a aparecer na hora do almoço. Um deles foi o fato de que entre o meio-dia e as 14 horas, quando o mercado tradicionalmente enfrenta uma calmaria, não apenas os preços continuaram a declinar como o volume continuou a aumentar, com um efeito correspondente na fita; pouco antes das 14 horas, o atraso da fita estava em 52 minutos. Evidências de que as pessoas estão vendendo ações em um momento em que deveriam estar almoçando são sempre encaradas como algo grave. Talvez um augúrio igualmente convincente da agitação que se aproximava fosse encontrado no escritório da Times Square (no número 1451 da Broadway) de Merrill Lynch, Pierce, Fenner & Smith, o incontestável gigante de corretagem da Bolsa. Esse escritório era assolado por um problema peculiar: devido à sua localização excessivamente central, ele recebia diariamente na hora do almoço um número incomum daqueles conhecidos nos círculos de corretagem como "visitantes ocasionais" — pessoas que são apenas pequenos clientes de valores mobiliários, e que até mesmo, às vezes, nem mesmo são clientes, mas que acham interessante a atmosfera de um escritório de corretagem e se distraem olhando para os preços em constante mudança no quadro de cotações, especialmente durante as crises do mercado de ações. ("É fácil distinguir aqueles que estão jogando o jogo apenas para se distrair e não por ganância." — De la Vega.) A partir de sua longa experiência, o gerente do escritório, um homem calmo, nascido na Geórgia, chamado Samuel Mothner, aprendera a reconhecer uma estreita correlação entre o grau de preocupação pública a respeito do mercado e o número de visitantes ocasionais no seu escritório, e, ao meio-dia de 29 de maio de 1962, a multidão era tão densa que chegava a ter, para sua treinada sensibilidade, conotações positivamente imensas de que um grande desastre se aproximava.

Os problemas de Mothner, bem como os dos corretores de San Diego a Bangor, não estavam de modo nenhum restritos a sinais perturbadores e augúrios. Uma liquidação desenfreada de ações já estava bem adiantada; na sala de Mothner, o número de ordens dos clientes estava cinco ou seis vezes acima da média, e quase todas eram ordens de venda. De modo geral, os corretores estavam recomendando a seus clientes que permanecessem tranquilos e não vendessem as ações, pelo menos naquele momento, mas muitos deles não puderam ser convencidos. Outro escritório da Merrill Lynch no centro da cidade, situado no número 61 da rua 48 Oeste, recebeu um cabograma de um cliente importante que morava no Rio de Janeiro com as seguintes palavras: "Por favor, venda tudo o que tenho na minha conta." Por carecer do tempo necessário para tentar convencer o cliente a ter paciência, em um telefonema de longa distância, a Merrill Lynch não teve escolha a não ser cumprir a ordem. As estações de rádio e televisão, que já no início da tarde tinham captado o cheiro das notícias, agora estavam interrompendo os seus programas regulares com transmissões de última hora sobre a situação; como comentou depois uma publicação da Bolsa de Valores, com certa rispidez: "O grau de atenção dedicado ao mercado de ações na transmissão dessas notícias talvez tenha contribuído para a intranquilidade de alguns investidores." E o problema que os corretores encontraram para executar a enxurrada de ordens de venda estava sendo, a essa altura, complicado por fatores técnicos. O atraso da fita, que às 14h26 correspondia a 55 minutos, significava que a teleimpressora estava divulgando preços de uma hora antes, os quais, em muitos casos, estavam entre US$1 e US$10 por ação mais caros do que os preços divulgados. Era quase impossível que um corretor aceitando uma ordem de venda gerasse no cliente qualquer expectativa sobre o valor que poderia obter. Algumas firmas de corretagem estavam tentando contornar o atraso da fita usando sistemas de informação improvisados; entre elas estava a Merrill Lynch, cujos corretores do pregão, depois de concluir uma negociação, simplesmente gritavam o resultado — quando se lembravam e tinham tempo — em um telefone conectado a um alto-falante situado na sede da firma, no número 70 da Pine Street. Obviamente, métodos improvisados como esse estavam sujeitos a erros.

No pregão da Bolsa de Valores em si, não havia sombra de qualquer tipo de recuperação; tratava-se simplesmente de um processo no qual todas as ações estavam declinando em ritmo rápido e constante, em um volume enorme. Como De la Vega poderia ter descrito a cena — na verdade, como ele *de fato* descreveu ostentosamente uma cena semelhante —

"Os ursos [ou seja, os vendedores] estão completamente dominados pelo medo, pela apreensão e pelo nervosismo. Coelhos se tornam elefantes, as brigas em uma taverna se tornam rebeliões, débeis sombras parecem para eles indícios de caos." Um dos aspectos mais inquietantes da situação era o fato que as principais ações de primeira linha, que representavam ações das maiores empresas do país, estavam bem no meio do declínio; na realidade, a American Telephone & Telegraph, a maior companhia de todas, e a que tinha o maior número de acionistas, estava afundando todo o mercado. Em um volume de ações maior do que o de qualquer uma das mais de 1.500 outras ações negociadas na Bolsa (a maioria delas a um preço que era uma minúscula fração daquele da Telephone), a Telephone tinha sido bombardeada o dia inteiro por sucessivas ondas de vendas urgentes, até que, às 14 horas, ela estava em 104¾ — uma queda de 6⅞ no dia — e ainda se encontrava em pleno recuo. A Telephone, que sempre fora uma espécie de indicadora das tendências, estava agora sendo observada mais atentamente do que nunca, e cada perda de fração de um ponto no seu preço era um indício de que muitas outras quedas estavam por vir. Antes das 15 horas, a IBM tinha caído 17½ pontos; a Standard Oil de Nova Jersey, que não raro era excepcionalmente resistente aos declínios em geral, tinha caído 3¼; e a própria Telephone tinha declinado de novo, para 101⅛. Além disso, o poço parecia não ter fundo.

No entanto, a atmosfera no pregão, como foi depois descrita por homens que estavam lá, não era histérica — ou, pelo menos, qualquer histeria estava bem controlada. Embora muitos corretores estivessem pressionando ao extremo a regra da Bolsa que proibia correr no pregão, e algumas fisionomias pudessem ser definidas, por um alto funcionário conservador da Bolsa como "reflexivas", ainda era possível que a habitual atmosfera de zombaria, palhaçadas e troca de leves insultos continuasse a mesma. ("As brincadeiras... constituem uma das principais atrações do negócio." — De la Vega.) Mas as coisas não estavam exatamente iguais. "Lembro-me bem de ter me sentido fisicamente exausto", declarou um dos corretores do pregão. "Em um dia de crise, é muito provável que andemos uns 16, 18 quilômetros no pregão — isso foi medido com pedômetros —, mas não é apenas a distância que nos deixa cansados. É o contato físico. Temos de empurrar e ser empurrados. As pessoas nos agarram. Depois, havia os sons — o burburinho tenso de vozes que sempre ouvimos nas ocasiões de queda. À medida que a taxa de declínio aumenta, o mesmo acontece com a intensidade do burburinho. Em um mercado em alta, o som é completamente diferente. Quando familiarizados com a diferença, conseguimos dizer, mesmo de olhos fechados, como está o mercado. É claro que as piadas pesadas continuaram, e talvez tenham ficado um pouco mais forçadas do que de costume. Todo mundo comentou que, quando o sino de encerramento tocou, às 15h30, o pregão ficou em festa. Bem, a alegria não estava relacionada com a queda do mercado. Ela estava relacionada com o fim daquela situação."

Mas tinha acabado mesmo? Essa pergunta ocupou Wall Street e a comunidade investidora nacional durante toda a tarde e o início da noite. Ao longo da tarde, a teleimpressora retardatária da Bolsa continuou a labutar, registrando solenemente preços obsoletos desde muito tempo antes. (Ela estava uma hora e nove minutos atrasada na hora do fechamento, e só parou de imprimir as transações do dia às 17h58). Muitos corretores permaneceram no pregão da Bolsa até depois das 17 horas, ajustando os detalhes das negociações, e depois foram para os seus respectivos escritórios trabalhar nas contas dos seus clientes. O que a fita de preços tinha para contar, quando finalmente veio a fazê-lo, era uma história triste. A American Telephone tinha fechado a 100⅝, caindo 11 no dia. A Philip Morris fechou a 71½, uma queda de 8¼; a Campbell Soup, a 81, uma queda de 10¾. A IBM fechou a 361, caindo 37½. E assim ela continuou. Nos escritórios de corretagem, os funcionários permaneceram ocupados — muitos quase a noite inteira —, executando várias tarefas especiais, das quais a mais urgente, de longe, era enviar chamadas de margem. A chamada de margem é a exigência de uma caução adicional da parte de um cliente que tenha tomado dinheiro emprestado com seu corretor para comprar ações e cujas ações agora mal valem o suficiente para cobrir o empréstimo. Se um cliente não estiver disposto ou for incapaz de atender a uma chamada de margem para mais garantias, o seu corretor venderá as ações em margem o mais rápido possível; essas vendas podem forçar para baixo o preço de outras ações, conduzindo a mais chamadas de margem, o que provoca mais vendas de ações, aumentando cada vez mais o buraco. Esse buraco se revelou sem fundo em 1929, quando não havia restrições federais ao crédito no mercado de ações. A partir de então, foi estabelecido um piso, mas isso não muda o fato de que as exigências de crédito em maio de 1962 eram tais que um cliente poderia esperar uma chamada quando as ações que ele tivesse comprado em margem tivessem caído entre 50% e 60% do seu valor na ocasião em que ele as comprou. E, no encerramento das negociações no dia 28 de maio, praticamente uma em cada quatro ações sofrera uma queda percentual nesse nível com relação ao seu preço máximo de 1961. A Bolsa estimou que 91.700 chamadas de margem foram enviadas, principalmente por telegrama, entre os dias 25 e 31 de maio; parece ser seguro afirmar que a maioria delas foi enviada no início da tarde, no final da tarde ou mesmo durante a noite de 28 de maio — e tampouco não apenas na primeira parte da noite. Não foram poucos os clientes que souberam da crise — ou perceberam sua assustadora intensidade — ao serem despertados pela chegada de uma chamada de margem no fim da madrugada de terça-feira.

Embora o perigo para o mercado das consequências da venda de ações em margem fosse muito menor em 1962 do que fora em 1929, o perigo de outra área — a venda realizada pelos fundos mútuos — era incomensuravelmente maior. Na realidade, muitos profissionais de Wall Street dizem agora que, no auge da agitação de maio, o mero pensamento a respeito da situação dos fundos era suficiente para lhes dar calafrios. Como sabem muito bem os milhões de norte-americanos que compraram ações nos fundos mútuos ao longo de mais ou menos as duas últimas décadas, esses fundos oferecem uma maneira de os pequenos investidores juntarem os seus recursos sob a administração de especialistas; o pequeno investidor compra ações em um fundo, e este usa o dinheiro para comprar ações, preparando-se para resgatar as ações do investidor ao seu atual valor de ativo sempre que o investidor desejar. Em um acentuado declínio do mercado de ações, o raciocínio era que os pequenos investidores iriam querer retirar o seu dinheiro do mercado de ações e, portanto, pediriam o resgate de suas ações; a fim de levantar o dinheiro necessário para atender aos pedidos de resgate, os fundos mútuos teriam de vender algumas das suas ações; essas vendas acentuariam ainda mais o declínio no mercado de ações, fazendo com que mais detentores de ações dos fundos solicitassem um resgate — e assim por diante em uma versão atualizada do buraco sem fundo. A preocupação da comunidade coletiva de investimento diante dessa possibilidade era intensificado pelo fato de o poder dos fundos mútuos de ampliar um declínio do mercado nunca ter sido testado para valer; sendo praticamente inexistentes em 1929, os fundos tinham acumulado o desconcertante total de US$23 bilhões em ativos no final da primavera de 1962 e, nesse intervalo, o mercado nunca tinha declinado de uma maneira sequer parecida com a sua força nesse momento. Claramente, se US$23 bilhões em ativos, ou qualquer fração substancial desse valor, fossem lançados no mercado, isso geraria um crash que faria com que 1929 parecesse um tropeço. Um ponderado corretor chamado Charles J. Rolo, que era crítico literário do *Atlantic* até se juntar ao círculo literário de Wall Street em 1960, recordou que a ameaça de uma espiral descendente induzida pelos fundos, aliada ao fato de que não se sabia se uma espiral já estava em andamento, era "tão assustadora que ninguém ousava nem mencionar o assunto". Sendo um homem cuja sensibilidade literária até então tinha sobrevivido à notória grosseria da vida econômica, Rolo talvez fosse uma boa testemunha de outros aspectos da atmosfera no centro da cidade no entardecer de 28 de maio. "Havia um ar de irrealidade", declarou ele, mais tarde. "Ninguém, até onde eu sabia, tinha a menor ideia de onde estaria o fundo do poço. A média Dow Jones de fechamento naquele dia caiu quase 35 pontos, chegando a cerca de 577. Hoje é considerado elegante em Wall Street negá-lo, mas muitas pessoas proeminentes estavam falando de um fundo de poço de quatrocentos — o que teria sido, é claro, um desastre. A palavra 'quatrocentos' era ouvida repetidamente, embora, se você perguntar hoje às pessoas, elas tendam a mencionar que lhe diziam 'quinhentos'. E junto com a apreensão, havia um profundo sentimento de depressão de um tipo muito pessoal entre os corretores. Sabíamos que os nossos clientes — longe de serem todos ricos — tinham sofrido grandes perdas como resultado dos nossos atos. Diga você o que disser, mas é extremamente desagradável perder o dinheiro de outras pessoas. Lembre-se de que isso aconteceu no final de cerca de 12 anos nos quais o preço das ações, de modo geral, aumentou. Depois de mais de uma década de lucros constantes, começamos a achar que éramos bastante competentes. Estamos por cima. Podemos ganhar dinheiro, e fim de papo. Essa interrupção expôs uma fraqueza. Ela nos submeteu a certa perda de autoconfiança, da qual dificilmente teríamos uma pronta recuperação." A coisa toda era suficiente, aparentemente, para fazer um corretor desejar estar na posição de aderir à regra fundamental de De la Vega: *"Nunca aconselhe ninguém a comprar ou vender ações,* porque, quando a perspicácia é enfraquecida, o conselho mais benevolente pode acabar dando errado."

Foi na terça-feira de manhã que as dimensões do desastre da segunda-feira se tornaram evidentes. A essa altura, tinha sido calculado que a perda real no valor de todas as ações relacionadas na Bolsa equivalia a US$20,8 bilhões. Essa quantia era um recorde absoluto; até mesmo no dia 28 de outubro de 1929 a perda tinha sido apenas de US$9,6 bilhões, e a explicação para a aparente incongruência era o fato de que o valor total das ações registradas na Bolsa era bem menor em 1929 do que em 1962. O novo recorde também representava uma fatia significativa da renda nacional norte-americana — especificamente, quase 4%. Na verdade, os Estados Unidos tinham perdido algo como o equivalente a duas semanas de produtos e pagamentos em um único dia. Além disso, é claro, houve repercussões no exterior. Na Europa, onde as reações acontecem com um dia de atraso devido à diferença do fuso horário, terça-feira foi o dia da crise; às 9 horas da manhã desse dia em Nova York, que era perto do final do dia de negociação no outro continente, quase todas as principais bolsas europeias estavam experimentando vendas frenéticas, sem nenhuma outra causa aparente além do crash de Wall Street. A perda em Milão foi a pior em 18 meses. A de Bruxelas foi a pior desde 1946, quando a Bolsa de Valores de lá reabriu depois da guerra. A de Londres foi a pior em pelo menos 27 anos. Em Zurique, ocorrera uma nauseante venda de liquidação de 30% mais cedo nesse dia, mas algumas das perdas estavam sendo reduzidas à medida que os caçadores de barganhas entravam no mercado. E outro tipo de reação adversa — menos direta, porém sem dúvida mais grave do ponto de vista humano — estava sendo sentida em alguns dos países mais pobres do mundo. Por exemplo, o preço do cobre para entrega em julho caiu no mercado de commodities de Nova York em 44 centésimos de centavo por libra. Por mais insignificante que essa perda possa parecer, ela era uma questão vital para um pequeno país que dependia fortemente das suas exportações de cobre. No livro *The Great Ascent* [*A grande subida*, em tradução livre], Robert L. Heilbroner havia citado uma estimativa de que para cada centavo a menos nos preços do cobre no mercado de Nova York, o tesouro chileno perdia US$4 milhões; com base nesse padrão, a perda potencial do Chile, considerando apenas o cobre, foi de US$1.760.000.

No entanto, talvez pior do que saber o que havia acontecido fosse temer o que poderia acontecer agora. O *New York Times* começou um dos seus principais editoriais com a declaração de que "algo semelhante a um terremoto atingiu o mercado de ações ontem", e depois usou quase metade de uma coluna para organizar suas forças e fazer a afirmação razoavelmente ressonante de que, "independentemente dos altos e baixos do mercado de ações, nós somos e continuaremos a ser os senhores do nosso destino econômico". A teleimpressora de notícias da Dow Jones, depois de iniciar suas atividades com seu costumeiro e jovial "Bom dia", passou quase que imediatamente a divulgar relatórios perturbadores com as notícias do mercado no exterior, e já às 9h45, faltando ainda 15 minutos para a abertura do pregão, estava se fazendo a inquieta pergunta: "Quando a liquidação de ações vai dar uma trégua?" Ainda não é agora, concluiu; todos os indícios pareciam indicar que a pressão de venda estava "longe de acabar". Em todo o mundo financeiro circulavam rumores desagradáveis a respeito da falência iminente de várias firmas de valores mobiliários, aumentando a atmosfera sombria. ("A expectativa de um evento cria uma impressão muito mais profunda... do que o evento propriamente dito." — De la Vega.) O fato de a maioria desses rumores ter posteriormente se revelado falsa não ajudou em nada na ocasião. A notícia da crise espalhara-se para todas as cidades do país da noite para o dia, e o mercado de ações tornara-se a preocupação nacional. Nos escritórios de corretagem, as mesas telefônicas estavam congestionadas com o excesso de telefonemas recebidos, e as áreas dos clientes lotadas de visitantes ocasionais e, em muitos casos, invadidas pelas equipes dos canais de televisão. Quanto à Bolsa de Valores propriamente dita, todo mundo que trabalhava no pregão tinha chegado lá cedo, para se preparar para a aguardada tempestade, e funcionários com cargos administrativos, que trabalhavam nos andares superiores do prédio de número 11 de Wall Street, tinham sido recrutados para destrinçar as montanhas de ordens. A galeria dos visitantes estava tão abarrotada na hora da abertura do pregão que as costumeiras visitas guiadas tiveram de ser suspensas naquele dia. Um dos grupos que se comprimiu na galeria naquela manhã foi a turma do nono ano da Corpus Christi Parochial School, situada na rua 121

Oeste; a professora da turma, Irmã Aquin, explicou a um repórter que as crianças haviam se preparado para essa visita durante as duas semanas anteriores fazendo investimentos hipotéticos no mercado de ações, cada uma com US$10 mil imaginários. "Eles perderam todo o dinheiro que tinham", declarou a Irmã.

A abertura da Bolsa foi acompanhada pelos 90 minutos mais sombrios na memória de muitos *dealers* veteranos, entre eles alguns sobreviventes de 1929. Nos primeiros minutos, foi negociado um número relativamente pequeno de ações, mas essa inatividade não refletia uma calma deliberação; pelo contrário, refletia uma pressão de venda tão grande que chegou a paralisar as atividades momentaneamente. Visando a minimizar saltos repentinos nos preços das ações, a Bolsa exige que um dos oficiais de pregão conceda permissão pessoalmente para que qualquer ação possa mudar de mão por um preço diferente daquele da venda anterior caso essa diferença seja de um ponto ou mais para ações abaixo de US$20, ou de dois pontos ou mais para ações acima de US$20. Agora havia tantos vendedores e tão poucos compradores que centenas de ações teriam de abrir com mudanças no preço tão grandes ou maiores do que esses limites, de modo que nenhuma negociação com elas era possível enquanto um oficial de pregão não pudesse ser encontrado no meio da multidão ruidosa. No caso de algumas das principais emissões, como a IBM, a disparidade entre vendedores e compradores era tão grande que era impossível negociá-las, até mesmo *com* a permissão de um oficial, e não havia nada a fazer a não ser esperar até que a perspectiva de conseguir uma barganha atraísse um número suficiente de compradores para o mercado. A fita larga da Dow Jones, gaguejando preços aleatórios e fragmentos de informações como se estivesse em estado de choque, informou às 11h30 que "pelo menos sete" das ações da Bolsa ainda não tinham começado a ser negociadas; na realidade, depois de a poeira baixar, ficou claro que o número efetivo era muito maior que isso. Nesse ínterim, a média Dow Jones perdeu mais 11,09 pontos na primeira hora, a perda no valor das ações de segunda-feira aumentara em vários bilhões de dólares, e o pânico era generalizado.

E o pânico foi quase acompanhado pelo caos. Independentemente do que mais possa ser dito a respeito da terça-feira, dia 29, esse dia será lembrado como aquele em que quase houve uma quebra do surpreendente reticulado e automatizado complexo de recursos técnicos que tornava possível a negociação de ações em um país enorme no qual praticamente um em cada seis adultos era um acionista. Muitas ordens foram executadas a preços bem diferentes daqueles acordados com os clientes que tinham dado a ordem; muitas outras foram perdidas na transmissão, ou na confusão de papel de rascunho que cobria o chão da Bolsa, e nunca foram executadas. Às vezes, as firmas de corretagem eram impedidas de executar ordens pela mera incapacidade de entrar em contato com seus homens no pregão. À medida que o dia avançava, os recordes do enorme movimento da segunda-feira não apenas foram quebrados como ficaram parecendo insignificantes; para se ter uma ideia, o atraso na hora do fechamento da Bolsa foi de duas horas e 23 minutos, em comparação com uma hora e nove minutos na segunda-feira. Por meio de um golpe de premonição, a Merrill Lynch, que conduzia mais de 13% de todas as negociações públicas na Bolsa, acabara de instalar um novo computador 7074 — capaz de copiar a lista telefônica em três minutos —, e com a ajuda dele, conseguiu manter as suas contas relativamente organizadas. Outra aparelhagem da empresa — um sistema automático de comutação de teletipo que ocupava quase metade de um quarteirão da cidade e se destinava a agilizar a comunicação entre os vários escritórios da firma — também correspondeu às expectativas, embora tenha esquentado a ponto de ninguém conseguir tocá-la. Outras firmas tiveram menos sorte e, em várias delas, as coisas ficaram tão confusas que, segundo consta, alguns corretores, cansados de tentar, em vão, obter as últimas cotações das ações ou entrar em contato com os seus colegas no pregão da Bolsa, simplesmente entregaram os pontos e saíram para tomar um drinque. Esse comportamento pouco profissional talvez tenha feito com que os seus clientes economizassem muito dinheiro.

Mas a suprema ironia do dia foi, sem sombra de dúvida, apresentada pela situação da fita durante a hora do almoço. Pouco antes do meio-dia, as ações atingiram seus níveis mais baixos — menos 23 pontos na média Dow Jones. (No seu nadir, a média chegou a 553,75 — uma distância segura acima dos 500 que os especialistas hoje afirmam que era a sua estimativa do mínimo absoluto.) Em seguida, teve início uma abrupta, extraordinária e vigorosa recuperação. Às 12h45, quando a recuperação se tornara uma louca disputa de compra, a fita estava 56 minutos atrasada; por conseguinte, a não ser por informações fugazes fornecidas por alguns preços "relâmpago", a teleimpressora estava dando notícias à comunidade do mercado de ações a respeito de pânico de venda em um momento em que o que estava realmente acontecendo era pânico de compra.

A grande reviravolta no final da manhã aconteceu de uma maneira que teria agradado à natureza romântica de De la Vega — repentina e um tanto melodramática. A principal ação envolvida foi a da American Telephone & Telegraph, a qual, no dia anterior, fora universalmente observada e influenciara inequivocamente todo o mercado. O homem mais importante, dada a natureza da sua função, era George M. L. La Branche Jr., sócio principal da La Branche and Wood & Co., empresa que estava atuando como especialista em pregão da Telephone. (Os especialistas em pregão são corretores-*dealers* responsáveis por manter em ordem os mercados das ações específicas pelas quais eles são responsáveis. Quando estão cumprindo as suas responsabilidades, eles frequentemente têm a curiosa obrigação de correr riscos com o próprio dinheiro, contrariando o seu bom senso. Várias autoridades, buscando reduzir a falibilidade humana no mercado, vêm tentando descobrir uma maneira de substituir os especialistas por máquinas, porém, até agora, sem sucesso. Um grande obstáculo parece ser a pergunta: se os especialistas mecânicos sofressem uma grande perda, quem pagaria por ela?) La Branche, com 64 anos, era um homem baixo, com traços bem definidos, animado e irascível, que gostava de ostentar uma das relativamente poucas chaves Phi Beta Kappa* do pregão; ele atuava como especialista desde 1924, e a sua firma fora a especialista na Telephone desde o final de 1929. O seu habitat natural — na realidade o local onde ele passava cerca de cinco horas e meia quase todos os dias de semana da sua vida — era exatamente em frente ao Posto 15, na parte da Bolsa que não é imediatamente visível da galeria dos visitantes, popularmente conhecida como

---

*Phi Beta Kappa é a mais antiga sociedade de honra nas áreas de ciência e arte liberal dos Estados Unidos. Tem como objetivo promover e defender a excelência nas artes liberais e ciências, bem como recrutar os alunos de destaque dessas áreas nas faculdades e universidades norte-americanas. O símbolo da Sociedade Phi Beta Kappa é uma chave dourada com a imagem gravada no anverso de um dedo que aponta para três estrelas e para as letras gregas das quais a sociedade adota o nome. As estrelas são para mostrar a ambição aos jovens alunos e os três princípios da sociedade: amizade, moralidade e aprendizagem. (*N. da T.*)

Garagem; lá, com os pés afastados e firmemente apoiados no chão para rechaçar surtos de possíveis compradores ou vendedores, ele costumava se postar com o lápis suspenso de uma maneira pensativa sobre um caderno de registro de folhas soltas, no qual ele mantinha o registro de todas as ordens existentes de compra e de venda de ações da Telephone em vários níveis de preços. Não é de causar surpresa que o caderno fosse conhecido como o "livro da Telephone". La Branche, naturalmente, tinha estado no centro da agitação durante toda a segunda-feira, quando a Telephone estava levando o mercado para baixo. Como especialista, ele estivera se esquivando dos socos como um lutador — ou, adotando sua própria metáfora mais pitoresca, balançando como uma rolha nos vagalhões do oceano. "A Telephone é mais ou menos como o mar", declarou posteriormente La Branche. "Geralmente, é calma e aprazível. De repente, surge um grande vento que cria uma onda gigantesca. A onda sobrepuja e encharca todo mundo; em seguida, ela recua novamente. Temos que entregar os pontos. Não podemos lutar contra ela, assim como o rei Canuto também não pôde." Na terça-feira de manhã, depois da pronunciada queda de 11 pontos da segunda-feira, a grande onda ainda avançava: a mera tarefa administrativa de separar e compatibilizar as ordens que haviam chegado à noite — além da necessidade de encontrar um funcionário da Bolsa de Valores e obter a autorização dele — levava tanto tempo que a primeira negociação da Telephone só pôde ser feita quase uma hora depois da abertura da Bolsa. Quando a Telephone entrou nas listas, um minuto antes das 11 horas, o seu preço era 98½ — o que representava uma queda de 2⅛ com relação ao fechamento da segunda-feira. Ao longo de mais ou menos 45 minutos, enquanto o mundo financeiro a observava como um capitão de navio poderia observar o barômetro em um furacão, a Telephone flutuou entre 99, o que ela atingia em pequenas reações momentâneas, e 98¾, que se revelou o seu mínimo. Ela chegou ao valor mínimo em três ocasiões distintas, com reações no intervalo delas — fato mencionado por La Branche como se tivesse um significado mágico ou místico. E talvez tivesse; de qualquer modo, depois da terceira queda, os compradores da Telephone começaram a aparecer no Posto 15; no início, eram poucos e tímidos, e, depois, muitos e agressivos. Às 11h45, a ação estava sendo vendida a 98¾; alguns minutos depois, a 99; às 11h50, a 99⅜; e, finalmente, às 11h55, ela estava sendo vendida a 100.

Muitos comentaristas expressaram a opinião de que a primeira venda das ações da Telephone a 100 marcou o ponto exato no qual todo o mercado mudou de direção. Como a Telephone está entre as ações a respeito das quais a teleimpressora dá notícias relâmpago durante os períodos de atraso da fita, a comunidade tinha conhecimento da transação quase imediatamente, e em um momento no qual tudo o mais que ela estava ouvindo eram notícias realmente muito ruins; a teoria aventa que a recuperação de quase dois pontos da Telephone atuou junto com uma circunstância puramente fortuita — o impacto do número redondo, positivo, 100 — para modificar a tendência. La Branche, embora concorde que a subida das ações da Telephone realmente teve grande importância na reviravolta como um todo, discorda da indicação de qual transação foi, exatamente, a crucial. Para ele, a primeira venda a 100 não era prova suficiente de uma recuperação duradoura, porque envolveu apenas um pequeno número de ações (100, até onde ele consegue se lembrar). Ele sabia que, no seu caderno, tinha ordens para vender quase 20 mil ações da Telephone a 100. Se a demanda por ações a esse preço se esgotasse antes que esse suprimento de US$2 milhões se exaurisse, o preço da

Telephone cairia de novo, possivelmente chegando a 98⅛ pela quarta vez. E um homem como La Branche, chegado a pensar em termos náuticos, pode ter associado um certo caráter definitivo à ideia de afundar uma quarta vez.

Isso não aconteceu. Várias pequenas transações foram feitas a 100 em rápida sucessão, seguidas por muitas outras, envolvendo um volume maior. No todo, cerca de metade do suprimento das ações a esse preço já tinha sido vendida quando John J. Cranley, sócio da Dreyfus & Co. que atuava no pregão, esgueirou-se discretamente através da multidão amontoada no Posto 15 e apresentou uma oferta de compra de 10 mil ações da Telephone por 100 cada uma — o suficiente para acabar com o suprimento e preparar o terreno para um aumento subsequente. Cranley não mencionou se estava comprando em nome de sua firma, de um dos seus clientes ou do Dreyfus Fund, um fundo mútuo que a Dreyfus & Co. administrava por intermédio de uma das suas subsidiárias; o tamanho da ordem leva a crer que se tratava do Dreyfus Fund. De qualquer modo, La Branche só precisou dizer "Vendido", e tão logo os dois homens tinham feito as suas anotações da transação, esta foi concluída. Assim, as ações da Telephone não puderam mais ser compradas a 100.

Há um precedente histórico (porém não dos dias de De la Vega) para a grande transação isolada que reverte o mercado, ou tem a intenção de revertê-lo. Às 13h30 do dia 24 de outubro de 1929 — o dia apavorante que ficou conhecido na história financeira como Quinta-feira Negra — Richard Whitney, o presidente em exercício da Bolsa e provavelmente a figura mais conhecida no pregão, caminhou ostensivamente (alguns dizem "animadamente"), a passos largos, até o posto onde as ações da U.S. Steel estavam sendo negociadas, e fez uma oferta para comprar 10 mil ações a 205, o preço da venda anterior. No entanto, existem duas diferenças cruciais entre a negociação de 1929 e a de 1962. Em primeiro lugar, a pomposa oferta de Whitney foi uma tentativa calculada de criar um efeito, enquanto a de Cranley, apresentada sem alarde, aparentemente foi apenas uma jogada para conseguir uma barganha para o Dreyfus Fund. Em segundo lugar, a recuperação após a negociata de 1929 foi efêmera— as perdas da semana seguinte fizeram com que a Quinta-feira Negra parecesse, no mínimo, cinza —, enquanto uma sólida e genuína recuperação acompanhou a negociação de 1962. A lição moral talvez seja que os gestos psicológicos na Bolsa são mais eficazes quando não premeditados nem realmente necessários. De qualquer modo, uma recuperação geral começou quase imediatamente. Tendo rompido a barreira dos 100, as ações da Telephone saltaram desenfreadamente para cima: às 12h18, foram negociadas a 101¼; às 12h41, a 103½; e às 13h05, a 106¼. As ações da General Motors subiram de 45½ às 11h46 para 50 às 13h38. As da Standard Oil de Nova Jersey foram de 46¾ às 11h46 para 51 às 13h28. As da U.S. Steel foram de 49½ às 11h40 para 52⅜ às 13h28. A IBM foi, do seu jeito, o caso mais impressionante de todos. Durante a manhã inteira, as suas ações tinham sido mantidas fora das negociações por uma esmagadora preponderância de ordens de venda, e os palpites a respeito de seu preço definitivo de abertura variavam entre uma perda de dez pontos e uma perda de vinte ou trinta pontos; agora, uma avalanche tão grande de ordens de compra apareceu que, enfim, quando foi tecnicamente possível negociar as ações, pouco antes das 14 horas, elas abriram quatro pontos *acima* da cotação do dia anterior, em um enorme bloco de 30 mil ações. Às 12h28, menos de meia hora depois da grande negociação da Telephone, o serviço de notícias Dow Jones estava bastante seguro a respeito do que estava acontecendo para afirmar categoricamente: "Agora o mercado está firme."

E ele de fato estava, mas a velocidade da reviravolta produziu mais ironia. Quando a fita larga tem a oportunidade de transmitir uma notícia mais longa, como um artigo sobre o discurso de um homem importante, ela costuma desmembrar a notícia em uma série de seções mais curtas, que podem então ser transmitidas de tempos em tempos, deixando um espaço nos interstícios para as últimas notícias, como os preços mais recentes do pregão da Bolsa. Foi isso o que ela fez no início da tarde do dia 29 de maio com um discurso proferido para o National Press Club por H. Ladd Plumley, presidente da Câmara de Comércio dos Estados Unidos, que começou a ser noticiado na fita Dow Jones às 12h25, ou quase exatamente na mesma hora que a mesma fonte de notícias declarou que o mercado ficara firme. Como o discurso era transmitido em seções na fita larga, ele criou um efeito bizarro. A fita começou dizendo que Plumley tinha preconizado "uma cuidadosa avaliação da presente falta de confiança nos negócios". Nesse ponto, houve uma interrupção de alguns minutos e os preços de várias ações tiveram um aumento acentuado. Em seguida, a fita voltou a focalizar Plumley, que agora estava se entusiasmando no discurso e colocando a culpa da queda repentina do mercado de ações no "impacto coincidente de dois fatores que abalam a confiança — a redução das expectativas de lucro e a revogação do aumento do preço do aço pelo presidente Kennedy". Em seguida, ocorreu outra interrupção, mais longa, repleta de fatos e números tranquilizadores. Na sua conclusão, Plumley estava de volta na fita, discutindo arduamente o seu tema, que agora adquirira conotações de "bem que eu avisei". "Tivemos uma impressionante demonstração de que 'o clima de negócios correto' não pode ser descartado como um clichê da Madison Avenue, mas é uma realidade que deixa muito a desejar", palavras que, de acordo com a fita, teriam sido pronunciadas por ele. E assim ela prosseguiu ao longo do início da tarde; deve ter sido uma ocasião inebriante para os assinantes da Dow Jones, que podiam alternadamente beliscar o caviar dos preços mais elevados das ações e bebericar o champanhe dos ataques de Plumley ao governo Kennedy.

Foi durante a última hora e meia da terça-feira que o ritmo das negociações na Bolsa atingiu o limite do frenesi. A contagem oficial de negociações registradas depois das 15 horas (ou seja, na última meia hora) foi de pouco mais de 7 milhões de ações — nos parâmetros de 1962, esse era um número inaudito mesmo para um dia inteiro de negociações. Quando soou o sino do encerramento, houve nova comemoração — esta muito mais a plena voz do que a de segunda-feira, porque o ganho de 27,03 pontos do dia na média Dow Jones significou que quase três quartos das perdas de segunda-feira haviam sido recuperadas; dos US$20,8 bilhões que tinham sumariamente desaparecido na segunda-feira, US$13,5 bilhões tinham agora reaparecido. (Esses números reconfortantes só foram disponibilizados horas depois do fechamento, mas homens experientes do setor de valores mobiliários têm intuições viscerais autorizadas de uma surpreendente precisão estatística; alguns deles afirmam que no fechamento de terça-feira podiam sentir nas suas entranhas um ganho na Dow Jones de mais de 25 pontos, e não há nenhuma razão para questionar a afirmação deles.) A atmosfera estava animada, mas as horas foram longas. Por causa do maior volume de negociações, as teleimpressoras funcionaram e as luzes ficaram acesas ainda até mais tarde à noite do que na segunda-feira; a fita da Bolsa só imprimiu a última transação do dia às 20h15 — quatro horas e 45 minutos depois de ela ter efetivamente ocorrido. E tampouco o dia seguinte, Memorial Day, foi um dia de folga no setor de valores mobiliários. Os homens sábios e experientes de Wall Street acreditavam que a sorte de o feriado ter caído no meio da crise ofereceu uma oportunidade para que o calor das emoções esfriasse, e talvez esse tenha sido o fator mais importante para que a crise não se tornasse um desastre. O que o feriado ofereceu, sem dúvida, foi uma chance para que a Bolsa de Valores e suas organizações membros — todas orientadas a permanecer nos seus postos de batalha durante o feriado — começassem a juntar os pedaços.

Os efeitos insidiosos de uma fita atrasada tiveram de ser explicados para milhares de clientes ingênuos que pensavam ter comprado ações da U.S. Steel a, digamos, 50, para descobrir mais tarde que tinham pagado 54 ou 55. As reclamações de milhares de outros clientes não puderam ser tão facilmente respondidas. Uma agência de corretagem descobriu que, em duas ordens enviadas para o pregão precisamente na mesma hora — uma para comprar ações da Telephone pelo preço vigente e a outra para vender a mesma quantidade pelo preço vigente —, o vendedor tinha recebido 102 por ação e o comprador tinha pagado 108 pela dele. Fortemente abalada por uma situação que parecia colocar em dúvida a validade da lei da oferta e da procura, a agência de corretagem fez uma investigação e descobriu que a ordem de compra tinha ficado temporariamente perdida na confusão e só chegara ao Posto 15 quando o preço subira seis pontos. Como o erro não tinha sido do cliente, a firma de corretagem pagou a diferença para ele. Já a Bolsa de Valores propriamente dita teve de lidar com vários problemas na quarta-feira, entre eles o de entreter uma equipe de funcionários da Canadian Broadcasting Corporation que, tendo se esquecido completamente do feriado norte-americano do dia 30 de maio, viera de avião de Montreal para tirar fotos das atividades da Bolsa na quarta-feira. Por uma questão de necessidade, os dirigentes da Bolsa estavam necessariamente refletindo sobre o problema do escandaloso atraso da teleimpressora na segunda e na terça-feira, o qual, na opinião unânime de todos, estivera no âmago, ou talvez tenha sido até mesmo a causa, do que quase foi o mais catastrófico emaranhado técnico da história. A autodefesa da Bolsa, mais tarde detalhadamente registrada, corresponde, na verdade, a uma queixa de que a crise aconteceu com uma antecipação de dois anos. "Seria inexato aventar que todos os investidores foram atendidos com uma velocidade e eficiência normais pelo equipamento existente", admitiu a Bolsa, com um conservadorismo característico, e prosseguiu dizendo que uma teleimpressora com quase duas vezes a velocidade daquela então usada seria instalada em 1964. (Na realidade, a nova teleimpressora e vários outros mecanismos automatizados, devidamente instalados mais ou menos no prazo previsto, revelaram-se tão heroicamente eficazes que o ritmo frenético das negociações de abril de 1968 foi registrado apenas com atrasos irrisórios da fita.) O fato de o furacão de 1962 tê-los atingido enquanto o abrigo estava em construção foi caracterizado pela Bolsa como "talvez irônico".

Ainda havia muitos motivos para preocupação na quinta-feira de manhã. Depois de um período de pânico de vendas, o mercado tende a recuperar-se dramaticamente e depois retomar a tendência de queda. Vários corretores se lembravam de que no dia 30 de outubro de 1929 — logo depois do declínio recorde de dois dias, e logo antes do início da queda verdadeiramente desastrosa que continuaria durante anos e precipitaria a grande depressão — o ganho da Dow Jones fora de 28,40, o que representou uma recuperação comparável a esta. Em outras palavras, o mercado ainda sofre, às vezes, do que De la Vega clinicamente chamava de "antiperístase" — a tendência de reverter a si mesmo, e depois reverter a reversão e assim por diante. Um seguidor do sistema antiperístase de análise de valores mobiliários poderia ter concluído que o mercado estava, naquela ocasião, pronto para outro mergulho. Como se constatou mais tarde, ele não estava. A quinta-feira foi um dia de aumentos sistemáticos nos preços das ações. Minutos depois da abertura, que ocorre às 10 horas, a fita larga espalhou a notícia de que corretores de toda parte estavam recebendo uma avalanche de ordens de compra, muitas delas provenientes da América do Sul, da Ásia e dos países da Europa Ocidental que normalmente atuam no mercado de ações de Nova York. "As ordens continuam a afluir de todas as direções", anunciou a fita larga, exultante, pouco antes das 11 horas da manhã. O dinheiro desaparecido estava reaparecendo como por um passe de mágica, e havia mais a caminho. Pouco antes das 14 horas, a fita Dow Jones, tendo avançado da euforia para a despreocupação, tirou uma folga das notícias do mercado para incluir uma nota sobre planos para uma luta de boxe entre Floyd Patterson e Sonny Liston. Os mercados da Europa, reagindo a Nova York na recuperação exatamente como tinham reagido na queda, subiram acentuadamente. O mercado de futuros do cobre de Nova York recuperara mais de 80% das perdas da segunda-feira e da manhã da terça, de modo que o tesouro do Chile estava praticamente salvo. Já a média industrial Dow Jones fechou a 613,36, o que significou que as perdas da semana tinham sido completamente eliminadas, com uma pequena sobra. A crise tinha terminado. Nos termos de Morgan, o mercado tinha flutuado; nos termos de De la Vega, a antiperístase tinha sido demonstrada.

Durante todo aquele verão, e até mesmo durante o ano seguinte, os analistas de valores mobiliários e outros especialistas produziram as suas explicações a respeito do que acontecera, e tão grandes eram a lógica, a solenidade e os detalhes desses diagnósticos que eles perderam um pouco de sua força, porque poucos autores tinham alguma ideia a respeito do que *aconteceria* antes de a crise ocorrer. Provavelmente, o relato mais especializado e detalhado sobre quem fez a venda que desencadeou a crise foi apresentado pela própria Bolsa de Valores de Nova York, que começou a enviar questionários elaborados para os seus membros individuais e corporativos logo após o fim da comoção. A Bolsa calculou que, durante os três dias da crise, as áreas rurais do país ficaram mais ativas no mercado do que costumavam ser; que as investidoras tinham vendido um número 2,5 vezes maior de ações do que os investidores; que os investidores estrangeiros se mostraram bem mais ativos do que de costume, sendo responsáveis por 5,5% do volume total, e, no cômputo geral, foram vendedores substanciais; e o mais impressionante de tudo foi que o que a Bolsa chama de "pessoas públicas" — investidores individuais em vez de institucionais, ou seja, pessoas que seriam descritas em qualquer lugar, exceto em Wall Street, como pessoas *privadas* — desempenhou um papel surpreendentemente grande em toda a questão, sendo responsável por um percentual sem precedente de 56,8% do volume total. Desmembrando as pessoas públicas em categorias de renda, a Bolsa calculou que aquelas com renda familiar acima de US$25 mil por ano foram os vendedores mais intensos e insistentes, enquanto aquelas cuja renda era inferior a US$10 mil, depois de vender na segunda-feira e no início da terça, compraram tantas ações na quinta-feira que se tornaram efetivamente compradores líquidos ao longo do período de três dias. Além disso, de acordo com os cálculos da Bolsa, cerca de 1 milhão de ações — ou 3,5% do volume total durante os três dias — foram vendidos como resultado de chamadas de margem.

Em resumo, se houve um vilão, parece ter sido o investidor relativamente rico, não relacionado com o negócio de valores mobiliários — e, com mais frequência do que poderia ter sido esperado, o investidor do sexo feminino, o investidor rural ou o investidor estrangeiro, em muitos casos operando na bolsa em parte com dinheiro emprestado.

O papel do herói foi preenchido, surpreendentemente, pela mais assustadora das forças não testadas do mercado: os fundos mútuos. As estatísticas da Bolsa mostraram que na segunda-feira, quando os preços estavam despencando, os fundos compraram 530 mil mais ações do que venderam, enquanto na quinta-feira, quando a maioria dos investidores estava tropeçando uns nos outros tentando comprar ações, os fundos, no cômputo geral, *venderam* 375 mil ações; em outras palavras, longe de aumentar a flutuação do mercado, os fundos efetivamente atuaram como uma força estabilizadora. A maneira exata como esse efeito inesperadamente benigno aconteceu ainda é assunto de debate. Como, até onde se sabe, ninguém aventou que os fundos agiram a partir de um puro brio público durante a crise, parece certo supor que eles estavam comprando na segunda-feira porque os seus gerentes tinham descoberto barganhas, e estavam vendendo na quinta-feira devido à oportunidade de se beneficiar dos lucros. Quanto ao problema dos resgates, de fato, como era temido, um grande número de acionistas dos fundos mútuos exigiu milhões de dólares em dinheiro vivo quando o mercado despencou, mas, aparentemente, os fundos mútuos tinham tanto dinheiro em caixa que, na maioria dos casos, foram capazes de pagar aos seus acionistas sem vender uma quantidade substancial de ações. Considerados como grupo, os fundos se revelaram tão ricos e tão conservadoramente administrados que puderam não apenas suportar a tempestade, como também, por uma surpresa feliz, fazer alguma coisa para reduzir a violência dela. Se o mesmo cenário se formaria em alguma tempestade futura era, e ainda é, outra questão.

Em última análise, a causa da crise de 1962 permanece imperscrutável; o que se sabe é que ela ocorreu, e que algo semelhante poderia ocorrer de novo. Como declarou recentemente um dos videntes idosos de Wall Street, sempre anônimo: "Eu estava preocupado, mas em nenhum momento achei que estávamos diante de outro 1929. Eu nunca disse que a Dow Jones cairia para quatrocentos. Eu disse *quinhentos*. A questão é que agora, em contraste com 1929, o governo, republicano ou democrático, compreende que é preciso ficar atento às necessidades dos negócios. Nunca mais haverá vendedores de maçã em Wall Street. Quanto à possibilidade de os acontecimentos daquele mês de maio se repetirem — é claro que isso é possível. Acho que as pessoas podem ficar mais cautelosas durante um ou dois anos, e depois poderemos testemunhar outro aumento especulativo seguido por outro crash e assim por diante, até que Deus torne as pessoas menos gananciosas."

Ou então, como disse De la Vega: "É tolice achar que você pode se retirar da Bolsa depois de ter provado a doçura do mel."

2. O destino do Edsel

Ascensão e florescimento

No calendário da vida econômica norte-americana, 1955 foi o Ano do Automóvel. Naquele ano, os fabricantes de automóveis venderam mais de 7 milhões de carros de passeio, o que representa 1 milhão a mais do que tinham vendido em qualquer um dos anos anteriores. Naquele ano, a General Motors vendeu facilmente ao público o equivalente a US$325 milhões de novas ações ordinárias, e o mercado de ações como um todo, liderado pelos automóveis, subiu tão freneticamente que o Congresso decidiu investigá-lo. E também naquele ano a Ford Motor Company decidiu produzir um novo carro no que se chamava faixa de preço média — entre US$2,4 mil e US$4 mil, aproximadamente —, criando o seu projeto mais ou menos em conformidade com o estilo da época: carros longos, largos, baixos, prodigamente decorados com cromagem, liberalmente providos de dispositivos e acessórios e equipados com um motor cuja potência era quase suficiente para colocá-los em órbita. Dois anos depois, em setembro de 1957, a Ford Company lançou o seu novo carro, o Edsel, seguido de mais alarde do que o que acompanhara a chegada de qualquer outro depois do lançamento do Modelo A da mesma empresa, fabricado trinta anos antes. A quantia total gasta no Edsel antes de o primeiro modelo ter sido colocado à venda, segundo se anunciou, foi de US$250 milhões; o seu lançamento — segundo declaração da revista *Business Week*, a qual ninguém se deu o trabalho de negar — foi mais caro do que o de qualquer outro produto de consumo da história. Para começar a recuperar o investimento, a Ford contava vender pelo menos 200 mil Edsel no primeiro ano.

Talvez haja um aborígine em algum lugar, em uma remota floresta tropical, que ainda não saiba que não foi bem assim que as coisas aconteceram. Para ser preciso, dois anos, dois meses e 15 dias depois, a Ford havia vendido apenas 109.466 Edsels, e, sem sombra de dúvida, muitas centenas, ou até mesmo vários milhares, foram comprados por executivos, distribuidores, vendedores, agentes publicitários e operários da linha de montagem da Ford e também por outros que tinham interesse pessoal em ver o carro fazer sucesso. Os 109.466 equivaliam a consideravelmente menos de 1% dos carros de passeio vendidos nos Estados Unidos durante aquele período e, no dia 19 de novembro de 1959, tendo perdido, de acordo com algumas estimativas externas, cerca de US$350 milhões no Edsel, a Ford Company suspendeu permanentemente a produção do carro.

Como isso pode ter acontecido? Como pôde uma companhia tão poderosa, com tanto dinheiro, experiência e, presumivelmente, inteligência, ter cometido tamanho erro? Até mesmo antes de o Edsel ter sido descontinuado, alguns dos membros mais eloquentes do público interessado em automóveis tinham chegado a uma resposta — tão simples e aparentemente tão razoável que, embora não tenha sido a única aventada, tornou-se amplamente aceita como a verdadeira. Segundo essas pessoas, o Edsel fora projetado, nomeado, anunciado e promovido com uma servil dependência dos resultados das pesquisas de opinião e da sua prima mais jovem, a pesquisa motivacional, e concluiu-se que, quando o público é cortejado de maneira excessivamente calculada, tende a se voltar para um pretendente mais grosseiro porém espontaneamente mais atencioso. Há vários anos, em face de uma compreensível relutância da Ford Motor Company, que, assim como qualquer outra empresa, não gosta muito de documentar os seus erros estúpidos, tomei a iniciativa de descobrir o máximo possível a respeito da derrocada do Edsel, e minhas investigações me levaram a acreditar que o que temos aqui está longe de ser toda a verdade.

Digo isso porque, embora o Edsel *devesse* ter sido anunciado, e também promovido, estritamente com base nas preferências manifestadas das pesquisas de opinião, alguns truques de venda antiquados, intuitivos em vez de científicos, entraram em ação. Embora ele *devesse* ter recebido o seu nome da mesma maneira, a ciência foi sumariamente descartada no último minuto e o Edsel recebeu o nome do pai do presidente da companhia, como uma marca de pastilhas para a garganta ou sabão de sela do século XIX. Quanto ao design, foi concebido sem que ninguém fingisse que consultaria as pesquisas de opinião, pelo método que é padrão há anos na criação do design dos automóveis — o de simplesmente reunir os palpites de várias comissões da empresa. A explicação habitual para a derrocada do Edsel, portanto, quando cuidadosamente examinada, acabou se revelando em grande medida um mito, no sentido coloquial do termo. Mas os fatos do caso poderão viver para se tornar um mito do tipo simbólico — uma história moderna de antissucesso norte-americano.

As origens do Edsel remontam ao outono de 1948, sete anos antes da decisão, quando Henry Ford II, então presidente e incontestável mandachuva da companhia depois da morte de seu avô, o Henry original, um ano antes, propôs ao comitê executivo da empresa, que incluía Ernerst R. Breech, o vice-presidente executivo, que fossem realizados estudos de mercado a respeito do lançamento de um carro novo, de preço médio, completamente diferente. Os estudos foram empreendidos. Parecia haver um bom motivo para que eles fossem realizados. Era uma prática bastante conhecida na época que os proprietários de baixa renda de carros das linhas Ford, Plymouth e Chevrolet entregassem os seus símbolos da casta inferior assim que seus rendimentos ultrapassassem 5 mil por ano, e os trocassem por um carro melhor, de preço médio. Do ponto de vista da Ford, isso estaria perfeito a não ser pelo fato que, por alguma razão, os proprietários de carros Ford geralmente faziam essa mudança de padrão adquirindo não um Mercury, o único carro de preço médio da companhia, e sim um dos carros de preço médio oferecidos pelos seus grandes concorrentes — Oldsmobile, Buick e Pontiac, entre os produtos da General Motors, e, em menor grau, Dodge e De Soto, os candidatos da Chrysler. Lewis D. Crusoe, então vice-presidente da Ford Motor Company, não estava exagerando ao declarar: "Temos cultivado clientes para a General Motors."

A deflagração da Guerra da Coreia, em 1950, fez com que a Ford não tivesse escolha senão continuar a cultivar clientes para os seus concorrentes, já que lançar um novo carro naquele momento estava fora de questão. O comitê executivo da companhia colocou de lado os estudos propostos pelo presidente Ford, e o assunto ficou na gaveta durante dois anos. No final de 1952, contudo, o fim da guerra parecia suficientemente iminente para que a empresa retomasse o assunto no ponto onde parara, e os estudos foram energicamente reiniciados por um grupo chamado Comitê de Planejamento de Novos Produtos [Forward Product Planning Committee], que apresentou grande parte do trabalho detalhado para a Divisão Lincoln-Mercury, sob a direção de Richard Krafve, o gerente-geral adjunto. Krafve, um homem vigoroso, um tanto soturno, com um olhar habitualmente intrigado, estava na casa dos 40 anos. Filho de um tipógrafo de um pequeno jornal rural de Minnesota, ele fora engenheiro de vendas e consultor de gestão antes de ingressar na Ford, em 1947, e, embora não tivesse como saber disso em 1952, ele teria motivos para parecer intrigado. Sendo o principal responsável pelo Edsel e pela sorte deste, desfrutando da sua breve glória e acompanhando-o na sua mortal agonia, Krafve tinha um encontro marcado com o destino.

Em dezembro de 1954, depois de dois anos de trabalho, o Comitê de Planejamento de Novos Produtos apresentou ao comitê executivo um relatório impressionante de seis volumes resumindo as suas conclusões. Respaldado por várias estatísticas, o relatório previu a chegada do milênio norte-americano, ou alguma coisa bem parecida com isso, em 1965. A essa altura, o Comitê de Planejamento de Novos Produtos estimou que o Produto Nacional Bruto seria de US$535 bilhões por ano — aumentando mais de US$135 bilhões em uma década. (Na verdade, essa parte do milênio chegou muito mais cedo do que o estimado pelos membros do comitê. O PNB ultrapassou os US$535 bilhões em 1962, e foi de US$681 bilhões em 1965.) O número de carros em operação seria de 70 milhões — um aumento de 20 milhões. Mais da metade das famílias do país teria uma renda superior a US$5 mil por ano, e mais de 40% de todos os carros vendidos estariam na faixa de preço médio ou superior. O retrato do relatório extremamente detalhado dos Estados Unidos em 1965 era de um país como o próprio centro de Detroit — os bancos ressumando dinheiro, as ruas e rodovias repletas de carros de preço médio enormes e deslumbrantes, os novos-ricos, emergentes, assolados pelo anseio de ter um maior número deles. A conclusão moral era clara. Se, a essa altura, a Ford não tivesse criado um segundo carro de preço médio — não apenas um novo modelo, e sim uma nova marca — e feito dele um favorito no seu setor, a companhia deixaria escapar sua parte na bolada nacional.

Por outro lado, os mandachuvas da Ford tinham bastante consciência dos enormes riscos associados à introdução de um novo carro no mercado. Eles sabiam, por exemplo, que das 2.900 marcas norte-americanas que haviam sido lançadas a partir do início da Era do Automóvel — o Black Crow (1905), o Averageman's Car (1906), o Bug-mobile (1907), o Dan Patch (1911) e o Lone Star (1920) entre eles — apenas cerca de vinte ainda estavam em circulação. Eles sabiam tudo a respeito das baixas automotivas após a Segunda Guerra Mundial — entre elas a Crosley, que entregara completamente os pontos, e a Kaiser Motors, que, embora ainda continuasse viva em 1954, estava em seu último suspiro. (Os membros do Comitê de Planejamento de Novos Produtos devem ter olhado uns para os outros, preocupados, quando, um ano depois, Henry J. Kaiser, em um adeus à sua empresa automobilística, escreveu: "Esperávamos jogar 50 milhões no lago dos automóveis, mas não esperávamos que o dinheiro desaparecesse sem nenhuma ondulação.") Os homens da Ford também sabiam que nenhum dos outros dois membros dos poderosos e prósperos Três Grandes — a General Motors e a Chrysler — tinha se aventurado a lançar uma nova marca de tamanho padrão depois do La Salle, da General Motors, em 1927, e do Plymouth, da Chrysler, em 1928, e que a própria Ford não tinha tentado fazer isso depois de 1938, quando lançou o Mercury.

Não obstante, os homens da Ford estavam otimistas — tanto que decidiram jogar no lago dos automóveis cinco vezes a quantia que a Kaiser tinha atirado. Em abril de 1955, Henry Ford II, Breech e os outros membros do comitê executivo aprovaram oficialmente as conclusões do Comitê de Planejamento de Novos Produtos e, para implementá-las, criaram uma nova agência, chamada Divisão de Produtos Especiais, com o malfadado Krafve no comando. Desse modo, a empresa deu a sua aprovação formal para os esforços dos seus designers, que, tendo adivinhado a tendência dos eventos, já vinham rabiscando durante vários meses os planos para um novo carro. Como nem eles nem o grupo recém-organizado de Krafve, quando assumiram o controle, tinham ideia de como a coisa nas suas pranchetas poderia ser chamada, o carro se tornou conhecido por todos na Ford, até mesmo nos comunicados à imprensa da companhia, como o E-Car — o "E", segundo explicaram, representava "Experimental".

O principal responsável pelo design do E-Car — ou, usando a pavorosa palavra da indústria, "estilização"* — era um canadense, que na ocasião ainda não contava 40 anos, chamado Roy A. Brown, que, antes de se encarregar do E-Car (e depois de estudar desenho industrial na Detroit Art Academy), trabalhara no design de rádios, barcos a motor, produtos de vidro colorido, Cadillacs, Oldsmobiles

---

*"Styling" no original. (N. da T.)

e Lincolns.* Brown voltou a recordar as suas aspirações quando foi trabalhar no novo projeto. "Nossa meta era criar um veículo que fosse único no sentido de ser prontamente distinguível no tema da estilização das 19 outras marcas de carro que trafegavam nas estradas naquela época", escreveu ele da Inglaterra, onde, na ocasião em que redigiu essa frase, estava empregado como projetista chefe da Ford Motor Company, Ltd., fabricante de caminhões, tratores e carros de passeio. "Chegamos ao ponto de fazer estudos fotográficos, de certa distância, de todos esses 19 carros, e ficou óbvio que, a uma distância de poucos metros, a semelhança era tão grande que era praticamente impossível distinguir um do outro... Eram todos 'ervilhas em uma mesma vagem'. Decidimos selecionar [um estilo que] fosse 'novo' no sentido de ser exclusivo e, ainda assim, familiar."

Embora o E-Car estivesse nas pranchetas no estúdio de estilização da Ford — situado, como os seus escritórios administrativos, no "baronato" de Dearborn, nas proximidades de Detroit —, o trabalho em si caminhava nas condições de sigilo melodramático, embora ineficazes, que invariavelmente acompanham essas operações no ramo automobilístico: fechaduras nas portas do estúdio que poderiam ser trocadas em 15 minutos caso uma chave caísse em mãos inimigas; uma força de segurança em guarda dia e

---

*A palavra "styling" ["estilização"] é uma erva daninha profundamente entranhada no jardim da automobília. No seu sentido mais usual, o verbo "to style" significa nomear; por conseguinte, os esforços épicos da Divisão de Produtos Especiais de escolher um nome para o E-Car, apresentados em seguida, foram na verdade o programa de styling [estilização], e aquilo com que Brown e seus colegas estavam envolvidos era outra coisa. No seu segundo sentido, afirma o dicionário Webster, "to style" [estilizar] significa "moldar no... estilo aceito"; era isso que Brown, que originalmente esperava ter sucesso, estava tentando não fazer, de modo que seu programa deve ter sido o programa de *antistyling* [antiestilização]. (N. do E.)

noite nas instalações e um telescópio direcionado de tempos em tempos para pontos elevados do terreno nas proximidades onde espiões poderiam estar empoleirados. (Todas essas precauções, por mais inspiradas que sejam, estão predestinadas ao fracasso, porque nenhuma delas oferece proteção contra a versão de Detroit do cavalo de Troia — o projetista que muda de emprego com frequência, cuja cordial deslealdade torna relativamente fácil para as empresas rivais observar de perto o que a concorrência anda fazendo. É claro que ninguém está mais consciente disso do que os próprios rivais, mas acredita-se que a espionagem pague por si mesma em valor publicitário.) Mais ou menos duas vezes por semana, Krafve, de cabeça baixa, empreendia a jornada em direção ao estúdio de estilização, onde se reunia com Brown, acompanhava o andamento do trabalho e oferecia conselhos e incentivo. Krafve não era o tipo de homem que, em uma epifania, tivesse uma visão do carro pronto; em vez disso, ele dissecava a estilização do E-Car em uma série de decisões laboriosamente diminutas — como moldar os para-lamas, o padrão a ser usado com a cromagem, o tipo de maçaneta e assim por diante. Se Michelângelo um dia contou o número de decisões tomadas durante a execução, digamos, do seu Davi, ele guardou isso para si mesmo, mas Krafve, um homem de mentalidade metódica em uma era de computadores que funcionavam metodicamente, calculou mais tarde que, ao estilizar o E-Car, ele e seus companheiros de trabalho teriam tomado uma resolução em nada menos do que 4 mil ocasiões. Ele raciocinou na ocasião que, se eles chegassem à escolha correta em cada uma dessas ocasiões, deveriam, no final, criar um carro estilisticamente perfeito — ou, pelo menos, um carro que seria exclusivo e, ao mesmo tempo, familiar. Mas Krafve admite hoje que achou difícil enquadrar o processo criativo no fluxo do sistema, principalmente porque muitas das 4 mil decisões que ele tomou não permaneceriam imutáveis. "Uma vez que temos um tema geral, começamos a restringi-lo", diz ele. "Fazemos modificações o tempo todo, e depois alteramos o que modificamos. Até o momento em que *somos obrigados* a nos decidir por alguma coisa, porque não há mais tempo. Se não tivéssemos um prazo final, provavelmente continuaríamos a fazer modificações indefinidamente."

A não ser por pequenas modificações secundárias após as alterações, o E-Car estava completamente estilizado em meados do verão de 1955. Como o mundo descobriria dois anos depois, o seu aspecto mais impressionante era a grade original do radiador em forma de coleira de cavalo, fixada verticalmente no centro de uma frente convencionalmente baixa e larga — uma combinação do exclusivo com o familiar presente para que todos vissem, embora, certamente, não para que todos admirassem. Em dois aspectos proeminentes, contudo, Brown ou Krafve, ou ambos, perderam inteiramente de vista o familiar, criando uma traseira exclusiva, marcada por amplas abas laterais horizontais que contrastavam fortemente com os enormes "rabos de peixe" longitudinais que cativavam o mercado na época, e um aglomerado exclusivo de botões de transmissão automática no eixo do volante. Em um discurso para o público proferido antes da primeira exibição do carro, Krafve deixou escapar algumas insinuações a respeito da estilização, a qual, afirmou, tornava o carro tão "inconfundível" que, externamente, ele era "imediatamente reconhecível a partir da frente, das laterais e da traseira", e, internamente, ele era "o epítome da era dos botões sem os conceitos futuristas de Buck Rogers". Finalmente chegou o dia em que os homens do nível mais elevado da hierarquia da Ford tiveram o seu primeiro vislumbre do carro. Esse vislumbre produziu um efeito quase apocalíptico. No dia 15 de agosto de

1955, no sigilo cerimonial do centro de estilização, enquanto Krafve, Brown e os seus assistentes ficavam nas proximidades sorrindo, nervosos, sem saber o que fazer com as mãos, membros do Comitê de Planejamento de Novos Produtos, entre eles Henry Ford II e Breech, observavam criticamente enquanto uma cortina era levantada para revelar o primeiro modelo em tamanho real do E-Car — feito de argila, com papel laminado simulando o alumínio e a cromagem. De acordo com testemunhas oculares, o público ficou sentado mais ou menos durante um minuto, no mais absoluto silêncio e, em seguida, em uníssono, irrompeu em aplausos. Nada parecido com aquilo jamais acontecera na primeira exibição interna de um carro na Ford desde 1896, quando o velho Henry tinha aparafusado sua primeira carruagem automotiva.

Uma das explicações mais persuasivas e mais frequentemente citadas para o fracasso do Edsel é que ele foi vítima do intervalo de tempo entre a decisão de produzi-lo e seu lançamento. Foi fácil perceber alguns anos depois, quando carros menores e menos potentes, eufemisticamente chamados de "compactos", tinham se tornado extremamente populares, a ponto de virar de cabeça para baixo a velha hierarquia do automóvel, que o Edsel tinha sido um passo gigantesco na direção errada, mas isso estava longe de ser facilmente percebido no ano gordo nos Estados Unidos, de rabo de peixe, de 1955. A engenhosidade norte-americana — que produzira a luz elétrica, o aeroplano, o Modelo T da Ford,* a bomba atômica e até mesmo um sistema tributário capaz de fazer com que o homem, em determinadas cir-

---

*Coloquialmente conhecido como Tin Lizzie. Produzido entre 1908 e 1927 pela Ford Motor Company e, de modo geral, considerado o primeiro carro de preço acessível disponibilizado para a classe média norte-americana. (*N. da T.*)

cunstâncias, tenha lucro ao fazer uma doação beneficente*
— ainda não descobriu uma maneira de colocar um automóvel no mercado em um prazo razoável após sua saída da prancheta; a produção dos moldes de aço, o aviso às concessionárias, a preparação da campanha de marketing, a obtenção da aprovação da diretoria para cada uma dessas medidas e as diversas outras rotinas como as de uma dança rígida e metódica, consideradas tão vitais quanto respirar em Detroit e nas suas imediações, geralmente consomem mais ou menos dois anos. Adivinhar as preferências do futuro já é bastante difícil para os encarregados de planejar as costumeiras mudanças anuais nos modelos das marcas consagradas; sendo bem mais difícil trazer à luz uma criação completamente nova, como o E-Car, para a qual vários e intricados passos novos precisam ser inseridos no padrão da dança, como dotar o produto de personalidade e escolher um nome adequado para ele, sem mencionar a consulta a vários oráculos na tentativa de determinar se, na época do lançamento, o estado da economia nacional fará com que o lançamento de *qualquer* carro novo pareça uma boa ideia.

Executando fielmente a rotina preceituada, a Divisão de Produtos Especiais apelou para o seu diretor de planejamento de pesquisa de mercado, David Wallace, para verificar o que ele poderia fazer para conferir personalidade ao E-Car e dar a ele um nome. Wallace, um homem magro, de queixo áspero, fumante de cachimbo, com um jeito ponderado de falar, dava a impressão de ser a ideia platônica do professor universitário — o próprio molde de aço a partir do qual a espécie é criada —, embora, na realidade, sua formação não fosse fortemente acadêmica. Antes de ir para a Ford, em 1955,

---

*Para detalhes a respeito deste produto da criatividade norte-americana, consulte o Capítulo 3. (*N. do E.*)

ele havia concluído o seu curso na faculdade Westminster, na Pensilvânia, sobrevivido à Depressão como trabalhador da construção civil em Nova York e, depois, passado dez anos trabalhando em pesquisa de mercado na revista *Time*. Ainda assim, o que conta são as impressões, e Wallace admitiu que, durante a sua permanência na Ford, ele conscientemente reforçou o seu ar profissional pois isso lhe dava uma vantagem ao lidar com os homens rudes e práticos de Dearborn. "O nosso departamento acabou sendo considerado mais ou menos como um grupo de especialistas altamente qualificados", disse ele, com certa satisfação. Ele fazia questão, tipicamente, de morar em Ann Arbor, onde podia gozar da aura erudita da Universidade de Michigan, em vez de residir em Dearborn ou Detroit, declarando que ambas as cidades eram intoleráveis após o expediente. Independentemente do seu sucesso em projetar a imagem do E-Car, ele parece, devido às suas pequenas excentricidades, ter conseguido projetar esplendidamente a imagem de Wallace. "Não creio que a motivação de Dave para trabalhar na Ford fosse basicamente econômica", afirmou seu antigo chefe, Krafve. "Dave é do tipo intelectual, e creio que ele considerava o emprego um desafio interessante." Dificilmente poderíamos exigir uma evidência melhor da projeção de uma imagem.

Wallace recorda claramente o raciocínio — suficientemente sincero — que o orientou, bem como os seus assistentes, enquanto procuravam a personalidade correta para o E-Car. "Dissemos para nós mesmos: 'Encaremos os fatos: não existe nenhuma grande diferença no mecanismo básico entre um Chevrolet de US$2 mil e um Cadillac de US$6 mil'", disse ele. "'Pondo de lado todo o alarido', dissemos, 'veremos que eles são, na verdade, basicamente a mesma coisa. Não obstante, existe algo — *tem de* haver algo — na constituição de algumas pessoas que as leva a desejar ter um

Cadillac, apesar do seu preço elevado, ou talvez exatamente por causa do preço.' Concluímos que os carros representam, de certa maneira, a realização de um sonho. Há algum fator irracional nas pessoas que as faz desejar um tipo de carro em vez de outro — algo que não tem nada a ver com o mecanismo e sim com a personalidade do carro, como o consumidor a imagina. O que queríamos fazer, naturalmente, era conferir ao E-Car a personalidade desejada pelo maior número possível de pessoas. Calculamos que tínhamos uma grande vantagem sobre os outros fabricantes de carros de preço médio, porque não tínhamos que nos preocupar em modificar uma personalidade preexistente, talvez um tanto desagradável. Tudo o que precisávamos fazer era criar a exata personalidade que desejávamos — a partir do zero."

Como a primeira medida para determinar qual deveria ser a exata personalidade do E-Car, Wallace decidiu avaliar a personalidade dos carros de preço médio já existentes no mercado, bem como a dos carros considerados de baixo custo, já que o custo de alguns modelos dos carros baratos de 1955 tinha subido e atingido a faixa de preço médio. Com essa finalidade, ele contratou o Departamento de Pesquisas Sociais Aplicadas [Bureau of Applied Social Research] da Universidade de Columbia para entrevistar 800 donos recentes de carros em Peoria, no estado de Illinois, e outros 800 compradores em San Bernardino, na Califórnia, a respeito das imagens mentais que eles tinham das várias marcas de automóveis em questão. (Ao se encarregar desse empreendimento comercial, a Columbia manteve sua independência acadêmica reservando-se o direito de publicar suas constatações.) "A ideia era obter a reação de grupos de pessoas nas cidades", declarou Wallace. "Não queríamos uma amostra representativa. O que queríamos era algo que mostrasse fatores interpessoais. Escolhemos Peoria como um local do Centro-Oeste, estereotipado, que não está carregado de fatores externos — como uma fábrica de vidro da General Motors, por exemplo. Escolhemos San Bernardino porque a Costa Oeste é muito importante no setor de automóveis, e porque o mercado de lá é bem diferente — as pessoas tendem a comprar carros mais vistosos."

As perguntas preparadas pela equipe de Columbia para a pesquisa em Peoria e San Bernardino lidavam, de maneira exaustiva, praticamente com tudo o que tinha a ver com automóveis, exceto no que dizia respeito a quanto eles custavam, o quanto eram seguros e se eram velozes. Wallace desejava, principalmente, conhecer as impressões dos entrevistados a respeito das marcas existentes. Quem, na opinião deles, naturalmente teria um Chevrolet, um Buick ou qualquer outro carro? Qual a faixa etária das pessoas? De qual sexo? Qual o status social delas? A partir das respostas, Wallace teve facilidade em compor um retrato da personalidade de cada marca. A imagem do Ford foi transmitida como a de um carro muito rápido, fortemente masculino, sem muitas pretensões sociais, que poderia caracteristicamente ser dirigido por um fazendeiro ou um mecânico de automóveis. Em contrapartida, o Chevrolet emergiu como mais velho, mais sábio, mais lento, um pouco menos exuberantemente masculino e levemente mais elegante; o carro de um clérigo. O Buick revelou-se o carro de uma mulher de meia-idade — ou, pelo menos, mais feminino do que o Ford, a questão do sexo mostrou-se relativa —, ainda um pouco atrevida, cujo feliz parceiro seria um advogado, um médico ou o líder de uma banda. Já o Mercury emergiu virtualmente como um carro com motor envenenado, mais adequado a um jovem motorista que gosta de correr; desse modo, apesar de seu preço mais alto, ele estava associado a pessoas cuja renda não era mais elevada do que a do proprietário típico do Ford, de modo que não era de causar surpresa que os proprietários do Ford não estivessem trocando o seu carro por ele. Essa discrepância bizarra entre a imagem e a realidade, aliada à circunstância de que, francamente falando, as quatro marcas eram muito semelhantes e tinham quase a mesma potência debaixo do capô, só serviu para confirmar a premissa de Wallace de que o aficionado do automóvel, como um jovem apaixonado, é incapaz de avaliar o objeto do seu afeto de maneira racional.

Quando encerraram o trabalho em Peoria e San Bernardino, os pesquisadores tinham obtido respostas não apenas para essas perguntas mas também para outras, várias das quais, segundo parecia, só poderiam ser relacionadas com carros de preço médio por um pensador sociológico extremamente obscuro. "Francamente, nós flertamos com várias ideias", disse Wallace. "Foi uma operação na qual jogamos uma rede." Entre as bugigangas que a rede capturou, havia algumas que, quando reunidas, levaram os pesquisadores a relatar o seguinte:

> Examinando os entrevistados cuja renda anual varia de US$4 mil a US$11 mil, podemos fazer uma (...) observação. Um percentual considerável desses entrevistados [respondendo a uma pergunta a respeito da sua habilidade de preparar coquetéis] encontra-se na categoria "razoável" com relação à habilidade de preparar coquetéis. (...) Evidentemente, eles não têm muita confiança em sua habilidade de preparar coquetéis. Podemos inferir que esses entrevistados estão conscientes do fato que estão no processo de aprendizado. Eles talvez sejam capazes de preparar Martínis ou Manhattans, mas, tirando esses drinques populares, seu repertório não é lá grande coisa.

Wallace, sonhando com um E-Car idealmente adorável, ficava encantado quando retornos como esses eram despejados no seu escritório em Dearborn. Mas quando o momento de uma decisão final se aproximou, ficou claro para ele que seria necessário colocar de lado questões periféricas como a perícia em preparar coquetéis e se dedicar uma vez mais ao velho problema da imagem. E aqui, segundo lhe parecia, a maior armadilha era a tentação de visar, de acordo com o que ele considerava ser a tendência da época, extremos de masculinidade, juventude e velocidade; na realidade, o seguinte trecho de um dos relatórios da Columbia, como ele o interpretou, continha uma advertência específica contra essa insensatez.

> Sem muita reflexão, poderíamos conjeturar que as mulheres que dirigem carros provavelmente trabalham e têm mais mobilidade do que as que não possuem carros, e recebem mais gratificações por dominarem uma função tradicionalmente masculina. No entanto (...) não existe dúvida de que, sejam quais forem as gratificações que extraem dos seus carros, e seja qual for a imagem social que associem aos seus automóveis, elas querem parecer mulheres. Talvez mulheres mais experientes e sofisticadas, mas, ainda assim, mulheres.

No início de 1956, Wallace começou a resumir todas as constatações do seu departamento em um relatório para os seus superiores na Divisão de Produtos Especiais. Intitulado "O mercado e objetivos de personalidade do E-Car" e repleto de fatos e estatísticas — embora generosamente entremeado de concisos trechos em itálico ou maiúsculas a partir dos quais um executivo sobrecarregado poderia captar a essência da coisa em questão de segundos —, o relatório, primeiro, se entregava a algumas especulações filosóficas supérfluas e, depois, avançava para conclusões:

> O que acontece quando um proprietário encara a sua marca como um carro que uma mulher poderia comprar, mas ele é um homem? Essa aparente discordância da imagem do carro e das características do comprador afeta os seus planos comerciais? A resposta é decididamente sim. Quando há um conflito entre as características do dono e a imagem da marca, há maior tendência à troca para outra marca. Em outras palavras, quando o comprador é diferente do tipo de pessoa que ele acha que teria um carro daquele modelo, ele deseja mudar para um com o qual ele, interiormente, se sentirá mais à vontade.
>
> Deve ser observado que o "conflito", como é usado aqui, pode ser de dois tipos. Se uma marca tiver uma imagem forte e bem-definida, é óbvio que um proprietário com fortes características opostas ficaria em conflito. Mas o conflito também pode ocorrer quando a imagem da marca é difusa ou maldefinida. Nesse caso, o dono se encontra na posição igualmente frustrante de não ser capaz de identificar-se positivamente com a sua marca.

A questão, portanto, era como dirigir entre a Cila da personalidade de um carro excessivamente definida e a Caribdis de uma personalidade fraca demais. A isso o relatório replicou o seguinte: "Tire vantagem da fraqueza da imagem da concorrência." E prosseguiu recomendando com insistência que, na questão da idade, o E-Car deveria assumir uma posição de imagem nem jovem demais nem velha demais, e sim intermediária, como a do Oldsmobile; que na questão da classe social, falando sem rodeios, "o E-Car poderia muito bem assumir uma posição de status, logo abaixo do Buick e do Oldsmobile"; e que na questão delicada do sexo, ele deveria tentar ficar em cima do muro, uma vez mais ao lado do versátil Oldsmobile. Em resumo (e na tipologia de Wallace):

> A personalidade mais vantajosa para o E-Car poderia muito bem ser O SMART CAR PARA O JOVEM EXECUTIVO OU PROFISSIONAIS LIBERAIS EM ASCENSÃO.
> Smart car: reconhecimento da parte das outras pessoas do bom estilo e gosto do dono.
> Mais jovem: atrativo para aventuras animadas porém responsáveis.
> Executivo ou profissional liberal: milhões de pessoas alegam ter esse status, quer consigam alcançá-lo, quer não.
> Grupo: não exclusivamente masculino; um papel "bom" e saudável.
> Em ascensão: "O E-Car confia em você, filho; vamos ajudá-lo a ter sucesso!"

No entanto, antes que aventureiros corajosos porém responsáveis pudessem confiar no E-Car, ele precisava ter um nome. Bem no início da história do carro, Krafve sugerira a membros da família Ford o nome Edsel Ford, à semelhança do único filho do velho Henry; o presidente da Ford Motor Company, de 1918 até sua morte, em 1943; e o pai da nova geração da família Ford — Henry II, Benson e William Clay. Os três irmãos tinham informado a Krafve que o pai deles talvez não fosse gostar de ter seu nome girando em 1 milhão de calotas, de modo que sugeriram que a Divisão de Produtos Especiais começasse a procurar outra opção. E foi o que ela fez, com tanto zelo quanto dedicado na cruzada da personalidade. No final do verão e início do outono de 1955, Wallace contratou os serviços de vários grupos de pesquisa, que enviaram entrevistadores, armados com uma lista de 2 mil nomes possíveis, para indagar a opinião das multidões nas calçadas de Nova York, Chicago, Willow Run e Ann Arbor. Os entrevistadores não perguntavam apenas o que o entrevistado achava de nomes como Mars, Jupiter, Rover, Ariel, Arrow, Dart ou Ovation. Eles perguntavam quais as livres associações que cada nome lhes trazia à cabeça, e depois que obtinham essa resposta, indagavam quais as palavras consideradas o oposto de cada nome, baseados na teoria de que, subliminarmente falando, o oposto é parte de um nome, assim como a cara é da coroa. A Divisão de Produtos Especiais chegou à conclusão de que os resultados eram inconclusivos. Enquanto isso, Krafve e os seus homens fizeram repetidas sessões em uma sala pouco iluminada, olhando, com a ajuda de um refletor, para uma série de pôsteres de cartolina, cada qual com um nome, que eram exibidos para análise. Um dos homens envolvidos manifestou-se a favor do nome Phoenix, por causa das suas conotações de ascendência, e outro defendeu Altair, sob a alegação de que ele estaria em primeiro lugar em todas as listas alfabéticas de carros e, portanto, gozaria de uma vantagem análoga à que é desfrutada no reino animal pela abelha. Depois de algum tempo, quando todos já estavam sonolentos, alguém, de repente, interrompeu a sequência dos pôsteres e perguntou, em um tom incrédulo: "Por acaso eu vi 'Buick' passar agora há pouco?" Todo mundo olhou para Wallace, o organizador das sessões. Ele deu uma baforada no cachimbo, ofereceu um sorriso acadêmico e fez que sim com a cabeça.

Essas sessões se revelaram tão infrutíferas quanto as entrevistas com os transeuntes, e foi nesse estágio do processo que Wallace, resolvido a tentar extorquir do gênio o que a mente comum não seria capaz de produzir, iniciou a célebre correspondência para dar nome ao carro com a poeta Marianne Moore, que foi posteriormente publicada na revista *New Yorker* e, ainda mais tarde, sob a forma de livro, pela Morgan Library. "Gostaríamos que esse nome (...) transmitisse, por meio da associação ou outra evocação, um sentimento visceral de elegância, ligeireza, características e design avançados", escreveu Wallace para a Srta. Moore, alcançando ele próprio um certo sentimento de elegância. Se alguém perguntar quem, entre os deuses de Dearborn, teve a inspirada e inspiradora ideia de recrutar os serviços da Srta. Moore nesta causa, a resposta, de acordo com Wallace, é que não foi nenhum deus e sim a esposa de um dos seus assistentes juniores — uma jovem então recém-graduada pela Mount Holyoke, onde assistira a uma palestra da Srta. Moore. Se os superiores do marido dessa jovem tivessem dado um passo além e efetivamente adotado uma das numerosas sugestões de Marianne Moore — Intelligent Bullet, por exemplo, ou Utopian Turtletop, Bullet Cloisonné, Pastelogram, Mongoose Civique ou Andante con Moto — ("Descrição de um bom motor?", indagou ela com relação a este último) —, é impossível saber a que alturas poderia ter se elevado o E-Car, mas o fato é que eles não deram esse passo. Insatisfeitos tanto com as ideias da poetisa quanto com as suas próprias, os executivos da Divisão de Produtos Especiais chamaram em seguida a Foote, Cone & Belding, a agência de publicidade então recém-contratada para gerenciar a conta do E-Car. Com um vigor característico da Madison Avenue, a Foote, Cone & Belding organizou uma competição entre os funcionários de seus escritórios de Nova York, Londres e Chicago, oferecendo nada menos do que um dos carros novos em folha como prêmio para quem pensasse em um nome aceitável. Em um instante a agência tinha em mãos 18 mil nomes, entre eles Zoom, Zip, Benson, Henry e Drof (se estiver na dúvida, soletre-o de trás para a frente). Desconfiado de que os chefes da Divisão de Produtos Especiais pudessem considerar essa lista um tanto difícil de administrar, a agência pôs mãos à obra e a reduziu para 6 mil nomes, os quais apresentou em uma sessão executiva. "Aqui está a lista", declarou, triunfante, um funcionário da Foote, colocando um maço de papéis na mesa. "Seis mil nomes, todos em ordem alfabética e com referências cruzadas."

Krafve deixou escapar uma exclamação de surpresa. "Mas nós não queremos 6 mil nomes", disse ele. "Queremos apenas um."

A situação era crítica, porque a fabricação dos moldes para o novo carro estava prestes a começar e alguns deles deviam trazer o nome. Em uma quinta-feira, a Foote, Cone & Belding cancelou todas as licenças e instituiu o que é chamado de programa de emergência, determinando que seus escritórios em Nova York e Chicago começassem a reduzir, de modo independente, a lista de 6 mil nomes para dez e concluíssem o trabalho até domingo à noite. Antes que o fim de semana terminasse, os dois escritórios da agência apresentaram as suas listas separadas de dez nomes para a Divisão de Produtos Especiais e, por uma coincidência quase incrível, que todos os funcionários garantem que *foi, de fato*, uma coincidência, quatro dos nomes nas duas listas eram os mesmos: Corsair, Citation, Pacer e Ranger tinham milagrosamente sobrevivido ao duplo escrutínio. "Corsair parecia bem acima de todos os outros", afirmou Wallace. "Junto com outros fatores a seu favor, ele tinha se saído esplendidamente bem nas entrevistas com os transeuntes. As livres associações com o Corsair eram bastante românticas — 'pirata', 'valentão', coisas desse tipo. Como seu oposto, obtivemos 'princesa', ou outra coisa atrativa desse tipo. Exatamente do que precisávamos."

Independentemente da popularidade do Corsair, o E-Car recebeu o nome de Edsel no início da primavera de 1956, embora o público só tenha sido informado disso no outono seguinte. A decisão memorável foi tomada em uma reunião do comitê executivo da Ford que teve lugar quando, por ironia do destino, os três irmãos Ford estavam ausentes. Na falta do presidente Ford, a reunião foi conduzida por Breech, que se tornara presidente do conselho administrativo em 1955. Seu humor nesse dia não era dos melhores, e ele não estava a fim de perder muito tempo com valentões e princesas. Depois de ouvir as escolhas finais, ele declarou: "Não gosto de nenhum deles. Vamos dar uma olhada em alguns dos outros." Assim sendo, eles deram outra olhada nos rejeitados favoritos, entre os quais estava o nome Edsel, o qual, apesar da explícita interpretação dos três irmãos Ford dos prováveis desejos do seu pai, fora retido como uma espécie de âncora a barlavento. Breech conduziu os seus colegas em uma paciente avaliação da lista até que chegaram ao nome "Edsel". "É assim que vamos chamá-lo", declarou Breech com calma determinação. Haveria quatro modelos principais do E-Car, com variações em cada um deles, e Breech acalmou seus colegas acrescentando que os quatro nomes mágicos — Corsair, Citation, Pacer e Ranger — poderiam ser usados, se alguém o desejasse, como nomes secundários para os modelos. Eles telefonaram para Henry II, que estava de férias em Nassau. Ele disse que se Edsel tinha sido a escolha do comitê executivo, ele aceitaria a decisão, desde que o restante da família também o aprovasse. Em alguns dias, ele obteve a aprovação de todos.

Eis o que Wallace escreveu algum tempo depois para a Srta. Moore: "Escolhemos um nome. (...) Ele carece um pouco da ressonância, jovialidade e vivacidade que estávamos buscando, mas tem uma dignidade e significado pessoal para muitos de nós aqui. O nosso nome, cara Srta. Moore, é: Edsel. Espero que compreenda."

Podemos pressupor que a notícia sobre o nome do E-Car espalhou certa frustação entre os defensores de nomes mais metafóricos na Foote, Cone & Belding, nenhum dos quais foi premiado com um carro — frustação intensificada porque o nome "Edsel" havia sido excluído da competição desde o início. Mas a decepção deles não foi nada se comparada à melancolia que tomou conta de muitos funcionários da Divisão de Produtos Especiais. Alguns sentiam que o nome de um ex-presidente da companhia, que era o progenitor do atual presidente, encerrava conotações dinásticas estranhas ao temperamento norte-americano; outros, que, assim como Wallace, tinham depositado a sua confiança nas idiossincrasias do inconsciente de massa, acreditavam que "Edsel" era uma combinação desastrosamente infeliz de sílabas. Quais eram as suas livres associações? Pretzel, diesel, venda agressiva [*hard sell*, em inglês]. Qual era o seu oposto? Não parecia haver nenhum. Ainda assim, a questão estava decidida, e não havia nada a fazer a não ser tentar dar a ele a melhor aparência possível. Além disso, a angústia na Divisão de Produtos Especiais estava longe de ser uma unanimidade, e o próprio Krafve, é claro, estava entre aqueles que não faziam nenhuma objeção ao nome. Ele continuava sem nada a opor, recusando-se a acompanhar aqueles que afirmam que o declínio e a queda do Edsel começaram no momento de seu batismo.

Krafve, na verdade, estava tão satisfeito com o desfecho dessa situação que, às 11 horas da manhã do dia 19 de novembro de 1956, depois de um longo verão de silêncio reflexivo, quando a Ford Company anunciou para o mundo a boa notícia de que o E-Car se chamava Edsel, ele acompanhou o pronunciamento com alguns floreados dramáticos próprios. Na badalada das 11 da manhã, as telefonistas do setor de Krafve começaram a saudar as pessoas que telefonavam com "Divisão Edsel" em vez de "Divisão de Produtos Especiais"; todos os papéis de carta que ostentavam o obsoleto papel timbrado da divisão desapareceram e foram substituídos por maços de papel intitulados "Divisão Edsel"; e do lado de fora do prédio, uma enorme placa de aço inoxidável onde se lia DIVISÃO EDSEL erguia-se cerimoniosamente até o telhado. Krafve conseguiu manter os pés no chão, embora tivesse motivos para se sentir muito animado; em reconhecimento à sua liderança do projeto no E-Car até aquele ponto, recebeu o augusto título de vice-presidente da Ford Motor Company e gerente-geral da Divisão Edsel.

Do ponto de vista administrativo, esse efeito de descartar o velho e incentivar o novo foi apenas um jogo de cena inofensivo. No rígido sigilo da pista de testes de Dearborn, carros Edsel vibrantes, quase completos, com o nome gravado nas suas superestruturas, já estavam sendo testados; Brown e seus colegas estilistas estavam bem adiantados no design para o Edsel do ano *seguinte*; funcionários estavam sendo contratados para uma organização inteiramente nova de concessionárias para vender o Edsel para o público; e a Foote, Cone & Belding, após se livrar do fardo de organizar programas de emergência para reunir nomes e outros programas de emergência para se livrar deles novamente, já estava profundamente envolvida no planejamento da propaganda do Edsel, sob a liderança pessoal de um pilar não menos importante do seu ramo, Fairfax M. Cone, chefe da agência. Ao planejar sua campanha, Cone apoiou-se fortemente no que veio a ser chamado de "receita de Wallace"; ou seja, a fórmula para a personalidade do Edsel estabelecida por Wallace nos dias que precederam a grande reunião em que o nome do carro foi escolhido — "O smart car para o jovem executivo ou a família de profissionais liberais em ascensão." Cone ficou tão entusiasmado com a fórmula que a aceitou com apenas uma mudança — a substituição de "jovem executivo" por "família de renda média", pois acreditava que havia mais famílias de renda média do que jovens executivos, ou até mesmo do que pessoas que *achavam* que eram jovens executivos. Cheio de bom humor, possivelmente induzido pelo fato de ele ter conseguido uma conta que, segundo se esperava, traria um faturamento de bem mais do que US$10 milhões por ano, Cone descreveu aos repórteres em várias ocasiões o tipo de campanha em elaboração para o Edsel — serena, confiante, evitando ao máximo o uso do adjetivo "novo", o qual, embora pudesse ser obviamente aplicado ao produto, ele achava que carecia de um toque de classe. Acima de tudo, a campanha seria clássica em sua calmaria. "Achamos que seria horrível se a propaganda acabasse competindo com o carro", declarou Cone à imprensa. "Esperamos que ninguém pergunte: 'Ei, você viu aquele anúncio do Edsel?' em algum jornal, revista ou na televisão; em vez disso, esperamos que centenas de milhares de pessoas digam e repitam o seguinte: 'Cara, você leu a respeito do Edsel?' ou 'Você viu aquele carro?'. Essa é a diferença entre anunciar e vender." Está bastante evidente que Cone estava se sentindo confiante a respeito da campanha e do Edsel. Como um mestre do xadrez que não tem nenhuma dúvida de que vai vencer, ele podia se permitir explicar detalhadamente a genialidade das suas jogadas enquanto as fazia.

Os homens do setor de automóveis ainda falam, com admiração pela virtuosidade exibida e um estremecimento diante do resultado final, da motivação da Divisão Edsel para arrebanhar concessionárias. Normalmente, um fabricante com o nome bem-estabelecido lança um novo carro por intermédio de concessionárias que já estão lidando com seus outros modelos e que, para começar, tratam do recém-chegado como uma espécie de atividade paralela. Não foi assim no caso do Edsel; Krafve recebeu autorização dos altos escalões para "ir com tudo" e criar uma organização que fosse uma concessionária fazendo incursões em concessionárias que tivessem contratos com outros fabricantes ou até mesmo com as outras divisões da Ford Company — Ford and Lincoln-Mercury. (Embora as concessionárias da Ford encurraladas dessa maneira não fossem obrigadas a cancelar seus antigos contratos, toda a ênfase estava em contratar pontos de venda exclusivamente dedicados à venda dos Edsels.) A meta estabelecida para o Dia do Lançamento — o qual, depois de uma grande análise, foi finalmente definido para 4 de setembro de 1957 — eram 1,2 mil concessionárias Edsel de costa a costa dos Estados Unidos. Elas tampouco deveriam ser quaisquer concessionárias; Krafve deixou claro que a Edsel só estava interessada em contratar concessionárias cujos registros mostrassem que elas tinham grande habilidade para vender carros sem recorrer aos truques de alta pressão situados nos limites da legalidade que ultimamente andavam conferindo má fama ao setor automobilístico. "Nós simplesmente temos que ter concessionárias de qualidade com instalações de serviço de qualidade", afirmou Krafve. "Um cliente que recebe um serviço insatisfatório em uma marca estabelecida culpa a concessionária. Em um Edsel, ele vai culpar o carro." A meta de 1,2 mil era ousada, pois nenhuma concessionária, de qualidade ou não, pode se dar o luxo de trocar levianamente de marca. O dono de uma concessionária típica tem pelo menos US$100 mil amarrados em sua agência, e nas grandes cidades o investimento é muito maior. Ele precisa contratar vendedores, mecânicos e pessoal de escritório; comprar as suas próprias ferramentas, literatura técnica e cartazes, sendo que um conjunto destes últimos poderia custar até US$5 mil; além disso, ele tem que pagar à vista pelos carros que recebe da fábrica.

O homem encarregado de mobilizar uma equipe de vendas do Edsel dentro desses rígidos moldes era J. C. (Larry) Doyle, que, na condição de gerente de vendas e marketing da divisão, estava hierarquicamente logo abaixo do próprio Krafve. Doyle era um veterano da Ford Company, que trabalhava na empresa havia quarenta anos. Começara como mensageiro em Kansas City e trabalhara o período intermediário principalmente com vendas. Doyle era uma pessoa de espírito independente na sua área. Por um lado, ele tinha um ar de bondade e consideração que o tornava a antítese das pessoas insinceras e arrogantes de mil centros comerciais de concessionárias em todo o continente, e, pelo outro, ele não se dava o trabalho de ocultar um ceticismo de vendedor das antigas a respeito de coisas como analisar o sexo e o status dos automóveis, uma atividade que ele caracterizava dizendo: "Quando jogo sinuca, gosto de manter um dos pés no chão." Ainda assim, ele sabia como vender carros, e era disso que a Divisão Edsel precisava. Relembrando como ele e a sua equipe de vendas conseguiram realizar a façanha de persuadir homens importantes e respeitáveis que já haviam alcançado o sucesso em um dos mais duros ramos de negócios a abandonar franquias lucrativas em prol de uma que era nova e arriscada, Doyle declarou há relativamente pouco tempo: "Assim que os primeiros Edsels novos foram fabricados, no início de 1957, colocamos alguns deles em cada um dos nossos cinco escritórios de vendas regionais. Não é preciso dizer que mantivemos esses escritórios trancados e as persianas fechadas. Distribuidores de todas as marcas, localizados a vários quilômetros de distância, queriam ver o carro, mesmo que apenas por curiosidade, o que nos deu a alavancagem de que precisávamos. Espalhamos a notícia de que só mostraríamos o carro às concessionárias que realmente estivessem interessadas em se unir a nós, e depois enviamos os nossos gerentes de campo a cidades vizinhas para tentar conseguir que a concessionária n° 1 em cada uma delas fosse ver os carros. Se não conseguíssemos a n° 1, tentaríamos a n° 2. De qualquer modo, organizamos as coisas de tal maneira que ninguém conseguia ver o Edsel sem ouvir um discurso de vendas completo, de uma hora de duração, a respeito de toda a situação, feita por um dos membros na nossa equipe de vendas. A coisa funcionou muito bem." Na verdade, funcionou tão bem que, em meados do verão de 1957, estava claro que o Edsel teria muitas concessionárias de qualidade no Dia do Lançamento. (De fato, ele não bateu a meta de 1,2 mil por muito pouco.) Na realidade, algumas concessionárias estavam aparentemente tão confiantes no sucesso do Edsel, ou ficaram tão impressionadas com a abordagem de venda da equipe de Doyle, que se mostraram totalmente dispostas a assinar um contrato depois de dar apenas uma olhada rápida no carro propriamente dito. A equipe de Doyle insistiu que os seus representantes examinassem atentamente o carro, e continuaram a recitar a ladainha de virtudes do carro, mas os distribuidores em perspectiva do Edsel descartavam essas declarações e exigiam um contrato sem maiores delongas. Em retrospecto, parecia que Doyle poderia ter dado aulas para o Flautista de Hamelin.

Agora que o Edsel não era mais uma preocupação exclusiva de Dearborn, a Ford Company estava irrevogavelmente comprometida a avançar. "Enquanto Doyle não tinha entrado em ação, o programa inteiro poderia ter sido silenciosamente abandonado a qualquer momento por uma ordem da alta administração, mas, uma vez que as concessionárias tinham assinado os contratos, passou a haver a questão de honrar o contrato de entregar um carro", explicou Krafve. O assunto foi tratado com presteza. No início de junho de 1957, a companhia anunciou que, dos US$250 milhões que separara para financiar os custos antecipados do Edsel, US$150 milhões estavam sendo gastos em instalações básicas, entre elas a conversão de várias fábricas da Ford e da Mercury às necessidades da produção dos novos carros; US$50 milhões no ferramental próprio do carro e US$50 milhões na propaganda e promoções iniciais. Também em junho, um Edsel destinado a ser a estrela de um comercial de televisão para futuro lançamento foi furtivamente transportado em um furgão fechado para Hollywood, onde, em um palco à prova de som vigiado por guardas de segurança, foi exposto às câmeras na presença maravilhada de alguns atores cuidadosamente escolhidos que tinham jurado selar seus lábios até o Dia do Lançamento. Para essa delicada operação fotográfica, a Divisão Edsel engenhosamente contratou os serviços da Cascade Pictures, que também trabalhou para a Comissão de Energia Atômica [Atomic Energy Commission, A.E.C.], e, até onde se sabe, não houve vazamentos involuntários. "Tomamos as mesmas precauções que tomamos nos nossos filmes para a A.E.C.", declarou posteriormente um carrancudo executivo da Cascade.

Poucas semanas depois, a Divisão Edsel contava com 1,8 mil funcionários assalariados e estava rapidamente preenchendo cerca de 15 mil empregos nas fábricas recém-convertidas. No dia 15 de julho, os Edsels começaram a sair das linhas de montagem em Somerville, Massachusetts;

Mahwah, Nova Jersey; Louisville, Kentucky; e San José, Califórnia. Nesse mesmo dia, Doyle conseguiu uma grande vitória ao assinar um contrato com Charles Kreisler, um distribuidor de Manhattan considerado um dos principais profissionais em sua área, que havia representado o Oldsmobile — um dos rivais autodesignados do Edsel — antes de dar atenção ao canto da sereia de Dearborn. No dia 22 de julho, o primeiro anúncio do Edsel foi publicado — na revista *Life*. O anúncio, que ocupava uma página dupla da revista, era em preto e branco, impecavelmente clássico e calmo, e mostrava um carro zunindo por uma rodovia rural a uma velocidade tão grande que parecia apenas um borrão indistinguível. "Nos últimos dias, alguns carros misteriosos estão sendo vistos nas estradas", dizia o texto que acompanhava a foto. O anúncio prosseguia dizendo que o borrão era um Edsel fazendo um teste de pista, e concluía com a promessa de que "O Edsel está a caminho". Duas semanas depois, um segundo anúncio apareceu na *Life*, e este mostrava um carro de aparência fantasmagórica, coberto por um lençol branco, diante da entrada do centro de estilização da Ford. Dessa vez, o título dizia o seguinte: "Recentemente, um homem da sua cidade tomou uma decisão que mudará a vida dele." A decisão, explicava o anúncio, era se tornar um distribuidor do Edsel. Quem quer que tenha redigido o anúncio não podia saber o quanto as suas palavras eram verdadeiras.

Durante o tenso verão de 1957, o homem do momento na Edsel era C. Gayle Warnock, diretor de relações-públicas, cuja função não era tanto gerar o interesse do público pelo produto que estava para ser lançado, pois era abundante, mas sim manter inflamado o interesse, e prontamente capaz de se converter no desejo de comprar um dos carros novos no Dia do Lançamento — ou, como a companhia veio a chamá-lo, o Dia do Edsel — ou pouco depois desse dia. Warnock, um homem ativo, afável, com um pequeno bigode, natural de Converse, Indiana, muito antes de Krafve tê-lo recrutado do escritório da Ford em Chicago, fizera alguns trabalhos de publicidade para feiras anuais de produtos agrícolas — uma experiência que possibilitou que ele temperasse a doce suavidade do relações-públicas moderno com um toque do espírito desinibido dos antigos vendedores dos quiosques dos parques de diversões. Recordando os seus apelos para Dearborn, Warnock disse o seguinte: "Quando Dick Krafve me contratou, no outono de 1955, ele me disse: 'Quero que você programe a publicidade do E-Car a partir de agora até o Dia do Lançamento.' Respondi: 'Francamente, Dick, o que você quer dizer com *programar*?' Ele disse que estava se referindo a algo como dar uma distância, começar do fim e trabalhar retroativamente. Isso era uma novidade para mim — eu estava acostumado a aproveitar as oportunidades quando as conseguia — mas logo descobri o quanto Dick estava certo. Era quase fácil demais conseguir publicidade para o Edsel. No início de 1956, quando ele ainda era chamado de E-Car, Krafve deu uma pequena palestra a respeito dele em Portland, Oregon. Não fizemos nada além de colocar um anúncio no jornal local, mas as agências de notícias captaram a história, que foi então divulgada no país inteiro. Clipagens chegavam incessantemente. Foi quando me dei conta do problema que talvez fôssemos enfrentar. O público estava ficando histérico para ver o carro, imaginando que ele seria uma espécie de carro dos sonhos — algo que eles nunca tinham visto. Eu disse para Krafve: 'Quando eles descobrirem que o carro tem quatro rodas e um motor, exatamente como qualquer carro, é bem provável que fiquem desapontados.'"

Todos concordaram que a maneira mais segura de caminhar sobre a corda bamba entre exaltar em exagero e menosprezar o Edsel seria não dizer nada a respeito do carro como um todo, e revelar aos poucos os seus encantos individuais — uma espécie de striptease automotivo (uma frase que o próprio Warnock não poderia usar com a dignidade adequada, mas ficou feliz quando o *New York Times* usou por ele). A política posteriormente foi violada de vez em quando, deliberada ou inadvertidamente. Por um lado, enquanto o verão anterior ao Dia do Edsel se arrastava, os repórteres persuadiram Krafve a autorizar Warnock a mostrar o Edsel para eles, um de cada vez, nos termos do que Warnock chamou de "agora que você viu, esqueça". E, por outro, carros Edsel carregados em furgões para ser entregues às concessionárias estavam aparecendo nas estradas em quantidades cada vez maiores, totalmente cobertos por lonas que, como se para aguçar o desejo do público motorizado, eram levantadas pelo vento o tempo todo. Aquele verão também foi uma época de discursos para o quarteto da Edsel formado por Krafve, Doyle, J. Emmet Judge, que era diretor comercial e de planejamento de produto da Edsel, e Robert F. G. Copeland, o gerente-geral de vendas adjunto para propaganda, promoção de vendas e treinamento. Viajando separadamente para cima e para baixo por todo o país, os quatro oradores se deslocavam com tanta rapidez e tão incansavelmente que Warnock, para não perdê-los de vista, passou a indicar o paradeiro deles com alfinetes coloridos em um mapa na sua sala. "Vejamos. Krafve vai de Atlanta para Nova Orleans, Doyle, de Council Bluffs para Salt Lake City", refletia Warnock certa manhã em Dearborn, bebericando sua segunda xícara de café e depois se levantando para arrancar os alfinetes e espetá-los novamente, em outros lugares.

Embora quase todo o público de Krafve consistisse em banqueiros e representantes de empresas de financiamento que, segundo esperavam, emprestariam dinheiro para os distribuidores do novo modelo, os discursos dele naquele verão, longe de ecoar a propaganda sensacionalista geral, foram quase próprios de um político nas suas referências cautelosas, e até mesmo sombrias, às perspectivas do novo carro. E era como deveriam ter sido, porque acontecimentos no panorama econômico geral da nação estavam fazendo com que homens mais otimistas do que Krafve parecessem perplexos. Em julho de 1957, o mercado de ações despencou, marcando o começo do que é lembrado como a recessão de 1958. Depois, no início de agosto, teve início um declínio nas vendas de carros modelo 1957, de preço médio, de todas as marcas, e a situação em geral piorou tão rápido que, antes do fim do mês, o semanário *Automotive News* informou que as concessionárias de todas as marcas estavam encerrando a temporada com o segundo maior número de carros novos não vendidos na história. Se Krafve, nas suas rondas solitárias, algum dia pensou em se retirar para Dearborn como consolo, ele foi obrigado a afastar essa ideia da cabeça quando, também em agosto, o Mercury, igualmente fabricado pela Ford, advertiu que tornaria as coisas o mais difícil possível para o recém-chegado empreendendo uma campanha publicitária de trinta dias, com o custo de US$1 milhão, voltada especialmente para "compradores conscientes dos preços" — uma clara referência ao fato de que o Mercury 1957, que estava então sendo vendido com desconto pela maioria das concessionárias, tinha um preço menor do que o previsto para o Edsel. Enquanto isso, as vendas do Rambler, que era o único carro pequeno então em produção nos Estados Unidos, estavam começando a aumentar assustadoramente. Em face de todos esses maus augúrios, Krafve adquiriu o hábito de encerrar os seus discursos com uma narrativa pessimista a respeito do presidente do conselho administrativo de uma malsucedida empresa de comida para cachorro que disse para os seus colegas diretores: "Cavalheiros, vamos enfrentar os fatos — os cachorros não gostam do nosso produto." "No que nos diz respeito", Krafve acrescentou em pelo menos uma ocasião, enfatizando a moral com admirável clareza, "muita coisa vai depender de as pessoas gostarem ou não do nosso carro."

No entanto, a maioria dos outros homens da Edsel não se deixou impressionar pelas apreensões de Krafve. Talvez o menos impressionado fosse Judge, que, enquanto fazia a sua parte como orador itinerante, se especializou em grupos comunitários e cívicos. Sem se deixar atemorizar pelas limitações da política de striptease, Judge divertia as suas palestras mostrando um conjunto de gráficos animados, cartuns, tabelas e imagens de partes do carro — todos exibidos em uma tela CinemaScope — tão desconcertante que seus ouvintes geralmente já estavam a meio caminho de casa quando se davam conta de que ele não tinha lhes mostrado um Edsel. Ele perambulava agitadamente pelo auditório enquanto falava, mudando as imagens caleidoscópicas na tela à vontade com a ajuda de um dispositivo automático de trocar slides — um truque que uma equipe de eletricistas tornou possível entrelaçando o local de antemão com um labirinto de fios que ligavam o dispositivo a dezenas de interruptores no chão, os quais, espalhados pelo salão, respondiam quando ele os chutava. Cada uma dessas "superproduções de Judge", como tais apresentações vieram a ser conhecidas, custava US$5 mil à Divisão Edsel — quantia que incluía o pagamento e as despesas da equipe técnica, que chegava ao local no dia anterior ao evento para montar os aparelhos elétricos. No último minuto, Judge chegava melodramaticamente à cidade de avião, seguia apressadamente para o salão e iniciava sua apresentação. "Um dos aspectos mais notáveis de todo esse programa do Edsel é a filosofia do produto e da comercialização por trás dele", Judge poderia começar a sua palestra com um chute assistemático em um interruptor aqui, outro ali. "Todos nós que fizemos parte do processo estamos realmente orgulhosos desses antecedentes e estamos esperando ansiosamente o seu sucesso quando o carro for apresentado no outono. (...) Nunca mais estaremos associados a nada tão gigantesco e repleto de significado quanto este programa particular. (...) Eis um vislumbre do carro que estará diante do público norte-americano no dia 4 de setembro de 1957 [neste ponto, Judge mostrava um slide provocativo de uma calota ou parte de um para-lama] (...) ele é um carro diferente em todos os aspectos, e, no entanto, possui um elemento de conservadorismo que conferirá a ele um extremo encanto. (...) A singularidade da estilização frontal se funde com os padrões esculpidos do tratamento lateral (...)." E assim Judge prosseguia, com entusiasmo, pronunciando frases impressionantes como "folha de metal esculpida", "caráter destacado" e "linhas graciosas e fluentes". Finalmente, vinha a ressonante peroração. "Temos orgulho do Edsel!", gritava ele, chutando interruptores à direita e à esquerda. "Quando for apresentado no outono, ele ocupará o seu lugar nas ruas e nas estradas dos Estados Unidos, trazendo uma nova grandeza para a Ford Motor Company. Essa é a história do Edsel."

O supremo clímax do striptease foi uma apresentação prévia do Edsel à imprensa, realizada em Detroit e Dearborn nos dias 26, 27 e 28 de agosto para 250 repórteres, quando o carro foi desnudado do "focinho" espremido à ofuscante traseira. O evento foi diferente das celebrações automotivas anteriores do seu tipo porque os jornalistas foram encorajados a levar as esposas — o que muitos deles fizeram. Antes de terminar, o evento custara à Ford Company US$90 mil. Embora tenha sido grandioso, o tradicionalismo do seu cenário foi um desapontamento para Warnock, cujas três propostas de local para o evento, que ele julgava constituírem uma atmosfera mais excêntrica, foram rejeitadas — um navio a vapor no rio Detroit ("simbolismo errado"); Edsel, Kentucky ("inacessível por estrada"); e Haiti ("apenas sumariamente preterido"). Com a sua ação restringida, tudo o que Warnock pôde fazer pelos repórteres e suas esposas quando chegaram a Detroit no domingo à noite, no dia 25 de agosto, foi colocá-los no desanimado Sheraton-Cadillac Hotel* e tomar medidas para que eles passassem a tarde de segunda-feira lendo e ouvindo a respeito dos detalhes, havia muito tempo esperados, de toda a safra de Edsels — 18 variedades disponíveis, em quatro linhas principais (Corsair, Citation, Pacer e Ranger), que diferiam principalmente no tamanho, na potência e nos acessórios. Na manhã seguinte, espécimes dos modelos propriamente ditos foram revelados aos repórteres na rotunda do centro de estilização, e Henry II prestou homenagem ao pai proferindo algumas palavras. "As esposas não foram convidadas para o descerramento", recorda um funcionário da Foote que ajudou a planejar o evento. "Era um evento solene e profissional demais para isso. Tudo correu bem. Até mesmo os jornalistas calejados ficaram entusiasmados." (Em resu-

---

*Desanimador porque Cadillac é uma marca de automóvel de um dos grandes concorrentes da Ford, a General Motors. (N. da T.)

mo, as histórias enviadas pela maioria dos entusiasmados jornalistas aos seus jornais registravam que o Edsel parecia ser um bom carro, embora não tão radical quanto a sua propaganda deixara transparecer.)

À tarde, os repórteres foram conduzidos para o campo de provas para assistir aos motoristas de testes pondo o Edsel à prova. Esse evento, programado para ser emocionante, acabou se revelando apavorante, e até mesmo, para algumas pessoas, desestabilizador. Proibido de falar muito a respeito de velocidade e potência, já que poucos meses antes toda a indústria automobilística havia nobremente resolvido se concentrar em fabricar carros em vez de bombas de ação retardada, Warnock decidira enfatizar a jovialidade do Edsel por meio de proezas em vez de palavras, e, para realizar isso, ele tinha contratado uma equipe de motoristas de testes. Edsels correram em duas rodas sobre rampas de 60 centímetros, saltaram de rampas mais elevadas nas quatro rodas, foram dirigidos em padrões entrecruzados, roçando uns nos outros, a 100 ou 115 quilômetros por hora, e derrapavam em curvas fechadas a mais de 80. Para amenizar, havia um motorista palhaço parodiando as acrobacias temerárias. O tempo todo, podia-se ouvir a voz de Neil L. Blume, o engenheiro-chefe da Edsel, em um alto-falante, ronronando a respeito "das funcionalidades, da segurança, da robustez, da capacidade de manobra e do desempenho desses novos carros", evitando as palavras "velocidade" e "potência" tão delicadamente quanto o diabo foge da cruz. Em determinado momento, quando um Edsel que saltou de uma rampa elevada quase capotou, o rosto de Krafve adquiriu uma palidez lúgubre; posteriormente, ele informou que não sabia que as acrobacias seriam tão radicais, e que ficou preocupado tanto com a reputação do Edsel quanto com a vida dos motoristas. Warnock, notando a aflição do seu chefe, aproximou-se e perguntou a Krafve se ele estava gostando do espetáculo. Krafve replicou laconicamente que responderia quando o evento tivesse terminado e todos estivessem sãos e salvos. No entanto, todas as outras pessoas pareciam estar se divertindo a valer. O homem da Foote declarou: "Olhávamos por cima da colina verde de Michigan e víamos aqueles gloriosos Edsels apresentando-se esplendidamente, em uníssono. Foi lindo. Foi como um espetáculo das Rockettes. Estimulante. O moral estava elevado."

O bom humor de Warnock havia conduzido sua imaginação a extremos ainda mais extravagantes. Tanto a exibição dos motoristas de testes quanto o descerramento foram considerados fortes demais para o sangue das esposas, mas o inventivo Warnock estava preparado para entretê-las com um desfile de modas e esperava que elas o considerassem, pelo menos, igualmente divertido. Ele não precisava ter se preocupado. A estrela do desfile, que foi apresentada por Brown, o projetista do Edsel, como uma *couturière* de Paris, ao mesmo tempo bela e talentosa, acabou se revelando, no final, uma atriz — fato que Warnock, para intensificar a verossimilhança do ato, não avisara a Brown com antecedência. Depois disso, as coisas nunca mais foram as mesmas entre Brown e Warnock, mas as esposas puderam oferecer aos maridos um ou dois parágrafos adicionais para as matérias deles.

Naquela noite, foi realizada uma grande festa para todos no centro de estilização, que tinha sido decorado como uma casa noturna para a ocasião, e contava, ainda, com uma fonte que dançava no ritmo da banda de Ray McKinley, cujo emblema, as letras "GM" — um remanescente dos dias do seu fundador, o falecido Glenn Miller —, estava brasonado, como de costume, no suporte de partitura de

cada músico, o que quase arruinou a noite para Warnock.*
Na manhã seguinte, em uma entrevista coletiva realizada
por executivos da Ford para resumir a conferência, Breech
declarou o seguinte a respeito do Edsel: "Ele é uma criança
robusta, e, como quase todos aqueles que acabam de ter um
filho, somos pais orgulhosos e extremamente corujas." Em
seguida, 71 dos repórteres sentaram-se ao volante do mesmo
número de Edsels e partiram para casa — não para colocá-
los nas suas garagens, mas para entregá-los aos showrooms
das concessionárias locais do Edsel. Deixemos que Warnock
descreva os pontos altos dessa última extravagância: "Houve várias ocorrências infelizes. Certo homem simplesmente
cometeu um erro de cálculo e bateu com o carro. Não foi
culpa do Edsel *nesse caso*. Um carro perdeu o reservatório
de óleo, de modo que, naturalmente, o motor parou de funcionar. Isso pode acontecer ao melhor dos carros. Por sorte,
na ocasião dessa avaria, o motorista estava passando por
uma cidade com um belo nome — Paradise, Kansas, acho
eu —, e isso conferiu à reportagem que descreveu o fato
um pequeno toque agradável e positivo. A concessionária
mais próxima entregou ao repórter um novo Edsel, e ele
foi dirigindo para casa, subindo no caminho o Pikes Peak,
nas Montanhas Rochosas. Depois, um carro avançou sobre
uma barreira de pedágio quando os freios falharam. Isso
foi ruim. É engraçado, mas a coisa a respeito com a qual
estávamos mais preocupados — que os outros motoristas
estivessem tão ansiosos para dar uma olhada nos Edsels a
ponto de tirar os nossos carros da estrada — só aconteceu
uma vez. Isso ocorreu na Pennsylvania Turnpike. Um dos
nossos repórteres estava dirigindo tranquilamente, sem

---

*GM também era o emblema da General Motors, a grande concorrente da Ford. (*N. da T.*)

problemas, quando o motorista de um Plymouth parou ao lado dele para xeretar, chegando tão perto que bateu na lateral do Edsel, causando um pequeno dano."

No final de 1959, logo depois do falecimento do Edsel, a revista *Business Week* declarou que, na apresentação prévia à imprensa, um executivo da Ford teria dito a um repórter: "Se a companhia não estivesse tão comprometida com o projeto em todos os aspectos, nós jamais teríamos lançado o carro agora." No entanto, como a *Business Week* deixou de publicar essa notícia evidentemente sensacional durante mais de dois anos, e como até hoje todos os antigos altos executivos da Edsel (inclusive Krafve, apesar da sua preocupação com a desafortunada empresa de comida para cachorro) ainda afirmam que até o Dia do Edsel e até mesmo por um curto período depois dele, todos esperavam que o carro fosse um sucesso, a citação deveria ser encarada como uma descoberta arqueológica altamente suspeita. Na realidade, durante o período entre a apresentação prévia e o Dia do Edsel, parece que todas as pessoas de alguma maneira ligadas ao empreendimento estavam bastante otimistas. "Adeus, Oldsmobile!" foi o título de um anúncio no jornal *Free Press* de Detroit, a respeito de uma agência que estava trocando um Oldsmobile por um Edsel. Um distribuidor em Portland, Oregon, relatou que já tinha vendido dois Edsels, sem que os clientes os tivessem visto de perto. Warnock descobriu uma empresa de fogos de artifício no Japão disposta a fabricar para ele, por US$9 cada, 5 mil rojões que, explodindo em pleno ar, liberariam modelos em escala de quase 3 metros do Edsel feitos de papel de arroz que inflariam e desceriam como paraquedas; com a cabeça atordoada pela ideia de preencher os céus dos Estados Unidos bem como as estradas de Edsels no Dia do Edsel, Warnock estava prestes a enviar um pedido quando Krafve, parecendo algo mais do que pensativo, balançou negativamente a cabeça.

No dia 3 de setembro — véspera do Dia E — foram anunciados os preços de vários modelos do Edsel; para os carros entregues em Nova York, eles iam de pouco menos de US$2,8 mil para pouco mais de US$4,1 mil. No Dia E, o Edsel chegou. Em Cambridge, uma banda liderou uma reluzente carreata dos novos carros ao longo da avenida Massachusetts; decolando em Richmond, na Califórnia, um helicóptero contratado por um dos distribuidores mais eufóricos laçados por Doyle estendeu um gigantesco cartaz do Edsel sobre a baía de São Francisco; e em todo o território, das baías pantanosas da Louisiana, passando pelo pico do monte Rainier, até a floresta do Maine, as pessoas só precisavam de um aparelho de rádio ou de televisão para saber que o próprio ar, apesar do contratempo de Warnock no caso dos rojões, estava estremecendo com a presença do Edsel. O tom da enxurrada publicitária do Edsel foi definido por um anúncio, publicado nos jornais de todo o país, no qual o Edsel dividia as atenções com Ford, o presidente da Ford Company, e Breech, presidente do Conselho Administrativo. No anúncio, Ford parecia um respeitável jovem pai, Breech, um respeitável cavalheiro que tinha nas mãos um *full house* contra um possível *straight* e o Edsel parecia um Edsel. O texto declarava que a decisão de produzir o carro havia "se baseado no que sabíamos, adivinhávamos, sentíamos, acreditávamos e desconfiávamos — a seu respeito", acrescentando: "VOCÊ é a razão por trás do Edsel." O tom era calmo e confiante. Não parecia haver muito espaço para dúvidas a respeito da realidade daquele *full house*.

Estima-se que, antes do pôr do sol, US$2,85 milhões de pessoas tinham visto o novo carro nos showrooms das concessionárias. Três dias depois, no Norte da Filadélfia, um

Edsel foi roubado. Podemos afirmar com relativa segurança que o crime marcou o ponto culminante da aceitação pública do Edsel; poucos meses depois, somente os ladrões de carro menos exigentes teriam se dado o trabalho de roubar um Edsel.

DECLÍNIO E QUEDA

A característica física mais impressionante do Edsel era, sem dúvida, a grade do radiador. Ao contrário das grades largas e horizontais de todas as outras 19 marcas norte-americanas na época, a dele era fina e vertical. Feita de aço cromado, com o formato aproximado de um ovo, ela estava situada no meio da frente do carro, e era enfeitada com a palavra "EDSEL" em letras de alumínio colocadas longitudinalmente. Ela fora concebida para se parecer com a frente de praticamente qualquer carro de vinte ou trinta anos antes e da maioria dos carros europeus da época e, portanto, para parecer ao mesmo tempo antiga e sofisticada. O problema era que, enquanto a frente dos carros antigos e dos carros europeus era alta e estreita — consistindo, na verdade, de pouco mais do que a grade do radiador —, a frente do Edsel era larga e baixa, exatamente como a de todos os seus concorrentes norte-americanos. Por conseguinte, havia áreas largas em cada um dos lados da grade que precisavam ser preenchidas com alguma coisa, e preenchidas elas foram — com dois painéis de gradeamento cromado horizontal bastante convencional. O efeito foi o de um Oldsmobile com a proa de um Pierce-Arrow fixada na frente, ou, mais metaforicamente, da dama de companhia experimentando o colar da duquesa. A tentativa de sofisticação era tão transparente que chegava a agradar.

No entanto, embora a grade do Edsel atraísse por sua ingenuidade, a traseira era outra questão. Aqui, também, ocorreu uma acentuada divergência com relação ao design convencional da época. Em vez do notório rabo de peixe, o carro tinha o que pareciam asas para os seus aficionados e, para outros, com uma mentalidade menos etérea, pareciam sobrancelhas. As linhas da tampa da mala e dos para-lamas traseiros, lançando-se para cima e para os lados, de alguma maneira lembravam as asas de uma gaivota voando, mas a semelhança era arruinada por dois faróis longos e estreitos, instalados em parte na tampa da mala e em parte nos para-lamas, que acompanhavam essas linhas e criavam a espantosa ilusão, especialmente à noite, de um largo sorriso oblíquo. Visto de frente, o Edsel parecia, acima de tudo, ansioso para agradar, talvez à custa de ser ridículo; visto pela traseira, ele parecia ardiloso, oriental, presunçoso, melhor do que os outros — talvez também um pouco cínico e desdenhoso. Era como se, em algum lugar entre a grade do radiador e os para-lamas traseiros, ocorresse uma sinistra mudança de personalidade.

Em outros aspectos, a estilização externa do Edsel não estava muito distante da usual. Suas laterais eram adornadas com um pouco menos do que a quantidade costumeira de cromagem, e se caracterizavam por um sulco em forma de bala de arma de fogo cinzelado para fora que se estendia para a frente a partir do para-lama traseiro até mais ou menos a metade da extensão do carro. Na metade desse sulco, a palavra "EDSEL" era exibida em letras cromadas, e logo abaixo da janela traseira havia uma pequena decoração semelhante a uma grade, na qual era possível ler — por incrível que pareça — a palavra "EDSEL". (Afinal de contas, o projetista Brown não tinha declarado sua intenção de criar um veículo que fosse "prontamente reconhecível"?) No seu interior, o Edsel esforçou-se com unhas e dentes para se mostrar à altura da previsão do gerente-geral Krafve de que o carro seria "o epítome da era dos botões". Com a era dos botões nos carros de preço médio sendo o que era, a profecia de Krafve havia sido realmente precipitada, mas o Edsel mostrou-se à altura dela com um diabólico conjunto de dispositivos raramente visto antes, se é que tinha sido. Sobre o painel, ou perto dele, havia um botão que abria a tampa da mala; uma alavanca que abria o capô; uma alavanca que liberava o freio de mão; um velocímetro que ficava vermelho quando o motorista excedia a velocidade máxima definida por ele mesmo; um dial único para o aquecimento e o ar-condicionado; um tacômetro, no estilo dos melhores carros de corrida; botões que operavam ou regulavam os faróis, a altura da antena do rádio, o ventilador de ar quente, o limpador de para-brisa e o isqueiro e uma fileira de oito luzes vermelhas que piscavam para avisar que o motor estava quente demais, que não estava quente o suficiente, que o dínamo não estava funcionando bem, que o freio de mão estava puxado, que uma porta estava aberta, que a pressão do óleo estava baixa e que o nível de gasolina estava baixo; o motorista cético poderia confirmar esta última informação consultando o indicador de gasolina, montado a alguns centímetros de distância. Resumindo, da caixa de controle da transmissão automática conspicuamente colocada em cima da coluna de direção, no centro do volante, brotava uma plêiade de cinco botões tão leves ao toque que, algo que os homens da Edsel não conseguiam deixar de demonstrar, podiam ser pressionados com um palito de dentes.

Das quatro linhas do Edsel, as duas maiores e mais caras, o Corsair e o Citation, tinham 5,5 metros, sendo 5 centímetros mais longo do que o maior dos Oldsmobiles; ambas as linhas tinham 2 metros de largura, sendo essa mais ou menos a largura máxima atingida pelos carros de passeio; e a altura das duas era de apenas 1,5 metro, tão baixa quanto a de qualquer outro carro de preço médio. O Ranger e o Pacer, os Edsels menores, eram 15 centímetros mais curtos, 2,54 centímetros mais estreitos e 2,54 mais baixos do que o Corsair e o Citation. O Corsair e o Citation eram equipados com motores de 345 cavalos, o que os tornava mais potentes do que qualquer outro carro norte-americano na ocasião da sua estreia, e o Ranger e o Pacer eram bons para os seus 303 cavalos, o que estava perto do topo da sua classe. Ao toque de um palito de dentes no botão "Dirigir", um sedã Corsair ou Citation que estivesse em marcha lenta (mais de 2 toneladas de carro, em ambos os casos) poderia, se adequadamente conduzido, arrancar tão bruscamente que em 10,3 segundos ele estaria fazendo 1,6 quilômetro por minuto, e em 17,5 segundos, ele estaria 400 metros adiante. Se algo ou alguém estivesse no caminho quando o palito tocasse o botão, azar.

Quando as capas foram retiradas do Edsel, ele recebeu o que é conhecido no meio teatral como uma recepção mista. Os editores dos jornais automotivos diários ativeram-se principalmente a descrições diretas, com apenas uma ou outra frase elogiosa aqui e ali, algumas delas ambíguas ("A diferença no estilo é espetacular", comentou Joseph C. Ingraham no *New York Times*) e algumas abertamente favoráveis ("um recém-chegado vistoso e de peso", declarou Fred Olmstead no *Free Press* de Detroit). A crítica nas revistas foi, de modo geral, mais exaustiva e ocasionalmente mais severa. A *Motor Trend*, a maior revista mensal dedicada a automóveis comuns, em contraste com as de carros com o motor envenenado, dedicou oito páginas na sua edição de outubro de 1957 a uma análise e crítica do Edsel, feita por Joe H. Wherry, editor de Detroit. Wherry gostou da aparência do carro, do conforto do interior e das engenhocas, embora nem sempre deixasse claro exatamente por quê. Ao elogiar os botões da transmissão na coluna de direção, escreveu: "Você não precisa afastar os olhos da estrada nem mesmo por um instante." Ele admitiu que havia "incontáveis oportunidades para (...) abordagens mais especiais", mas resumiu sua opinião em uma frase que salpicou positivamente o Edsel com advérbios honoríficos: "O Edsel tem bom desempenho, anda bem e manobra bem." Tom McCahill, da *Mechanix Illustrated*, admirou a "caixa de parafusos" como ele afetuosamente chamou o Edsel, mas tinha algumas reservas, as quais, a propósito, esclarecem de maneira interessante o equivalente de um assento no corredor do avião de um crítico de automóveis. "No concreto reforçado", relatou ele, "todas as vezes que eu pressionava rapidamente o acelerador, as rodas giravam como um liquidificador desgovernado. (...) Em altas velocidades, especialmente nas curvas esburacadas, achei a suspensão um pouco dura. (...) Não consegui deixar de me perguntar o que esse carro realmente faria se tivesse aderência suficiente à estrada."

Sem dúvida, a crítica mais direta — e muito provavelmente a mais prejudicial — que o Edsel recebeu durante os seus primeiros meses de existência foi publicada na edição de janeiro de 1958 da publicação mensal da Consumers Union, a *Consumer Reports*, cujos 800 mil assinantes provavelmente incluíam mais possíveis compradores do Edsel do que aqueles que um dia folhearam as páginas da *Motor Trend* ou da *Mechanix Illustraded*. Depois de uma série de testes de pista com um Corsair, a *Consumer Reports* declarou o seguinte:

O Edsel não tem nenhuma vantagem básica importante com relação a outras marcas. A construção do carro é quase que inteiramente convencional. (...) A quantidade de sacudidelas que esse Corsair dá nas estradas esburacadas — que não demorou a se fazer ouvir como guinchos e pancadas — foi bem superior a qualquer limite aceitável. (...) As qualidades de manobra do Corsair — moroso, direção extremamente baixa, oscilar e se inclinar nas curvas e uma sensação geral de afastamento da estrada — não têm, na melhor das hipóteses, nenhuma característica distinta. Na verdade, aliada à tendência do carro de sacudir como gelatina, a manobra do Edsel representa mais um retrocesso do que um progresso. (...) Pisar no acelerador no trânsito, ao ultrapassar outros veículos ou apenas para sentir o agradável surto de poder, na verdade fará com que aqueles grandes cilindros bebam bastante combustível. (...) O centro do volante não é, na opinião da *Consumer Reports*, um bom local para colocar um botão. (...) Olhar para os botões do Edsel tira a atenção do motorista da estrada. [Com o devido respeito, Sr. Wherry.] O "extremamente luxuoso" Edsel, como descrito na capa de uma revista, certamente agradará a alguém que confunda parafernália com o verdadeiro luxo.

Três meses depois, em uma síntese de todos os modelos de carros de 1958, a *Consumer Reports* novamente atacou o Edsel, dizendo que "ele é mais desnecessariamente potente (...) tem mais engenhocas, é mais equipado com acessórios caros do que qualquer carro na sua categoria de preço" e conferindo ao Corsair e ao Citation a última posição na sua classificação competitiva. Assim como Krafve, a revista em questão considerava o Edsel um epítome; mas, diferentemente de Krafve, ela concluiu que o carro parecia "epitomar os numerosos excessos" com os quais os fabricantes de Detroit estavam "repelindo cada vez mais possíveis compradores de carros".

No entanto, de certa maneira, o Edsel não era tão ruim. Ele personificava grande parte do espírito da sua época, ou pelo menos da época em que foi projetado, no início de 1955. Ele era desgracioso, potente, deselegante, desajeitado, bem-intencionado — uma mulher de Kooning. Poucas pessoas, com exceção dos funcionários da Foote, Cone & Belding, que eram pagos para isso, entoaram louvores à sua habilidade, no auge do seu talento, de adular e alegrar o dono estressado, conferindo-lhe uma sensação de bem-estar. Além disso, os designers de várias marcas rivais, entre elas Chevrolet, Buick e Ford, da mesma companhia do Edsel, posteriormente lisonjearam a estilização de Brown, imitando pelo menos uma característica das linhas muito vilipendiadas do carro — o tema da asa na traseira. O Edsel foi obviamente azarado, mas dizer que foi apenas pelo design seria uma simplificação exagerada, como também seria afirmar que ele foi azarado devido a um excesso de pesquisa motivacional. O fato é que, na vida breve e infeliz do Edsel, vários outros fatores contribuíram para sua derrocada comercial. Um deles foi a circunstância quase inacreditável que muitos dos primeiros modelos fabricados — aqueles obviamente destinados a ficar mais gritantemente em evidência para o público — eram dramaticamente imperfeitos. Por meio do seu programa preliminar de promoção e publicidade, a Ford Company tinha gerado grande interesse público pelo Edsel, fazendo com que sua chegada fosse esperada e o próprio carro admirado com mais avidez do que qualquer outro automóvel até então. Depois de tudo isso, ao que pareceu, o carro não deu exatamente certo. Em um espaço de poucas semanas, depois que foi lançado, suas falhas estavam na boca do povo. Os Edsels eram entregues com vazamento de óleo, capôs emperrados, porta-malas que não abriam e botões que, longe de ceder a um palito de dentes, não se mexiam nem com um martelo. Um homem obviamente atormentado entrou cambaleando em um bar na região do rio Hudson, exigindo uma dose dupla sem demora e exclamando que o painel do seu novo Edsel acabara de entrar em combustão. A *Automotive News* informou que, de modo geral, os primeiros Edsels eram pintados com tinta de má qualidade, estavam equipados com chapas metálicas de qualidade inferior e tinham acessórios defeituosos, citando a queixa de um distribuidor a respeito de um dos primeiros conversíveis Edsel que ele recebeu: "A capota estava malencaixada, as portas eram tortas, a barra dianteira tinha sido cortada no ângulo errado e as molas dianteiras estavam frouxas." A Ford Company teve a má sorte de vender para a Consumers Union — que compra os seus carros de teste no mercado aberto, como uma precaução, para não ser favorecida por modelos especialmente adulterados — um Edsel com o câmbio de marcha errado, com um plugue de expansão no sistema de refrigeração que estourou, a bomba da direção hidráulica que vazou, com engrenagens do eixo traseiro barulhentas e cujo aquecedor emitia rajadas de ar quente quando era desligado. Um antigo executivo da Divisão Edsel estimou que apenas a metade dos primeiros Edsels realmente apresentou um desempenho adequado.

Uma pessoa leiga não pode deixar de se perguntar como a Ford Company, em todo o seu poder e glória, pôde ter sido culpada de um número do Rei da Comédia Mack Sennett com crescendo e anticlímax. O pálido e esforçado Krafve explica corajosamente que, quando uma empresa lança um novo modelo de qualquer marca — até mesmo um modelo velho e testado —, os primeiros carros costumam ter defeitos. Uma teoria mais surpreendente — embora seja apenas uma teoria — é que pode ter havido sabotagem em algumas das quatro fábricas que montaram o Edsel, três das quais montavam antes, e continuavam a montar, carros Ford ou Mercury. Na comercialização do Edsel, a Ford Company seguiu uma das diretrizes da General Motors, a qual, durante anos, vinha permitindo, com êxito, e até mesmo encorajando, os fabricantes e vendedores dos seus carros Oldsmobiles, Buicks e Pontiacs, bem como dos seus modelos mais caros do Chevrolet, a disputar os seus clientes sem precisar se restringir a uma única região; ao se defrontar com o mesmo tipo de concorrência interna, alguns membros das Divisões Ford e Lincoln-Mercury da Ford Company torciam abertamente, desde o início, pela derrocada do Edsel. (Krafve, percebendo o que poderia acontecer, tinha pedido que o Edsel fosse montado em fábricas próprias, mas os seus superiores recusaram o pedido.) No entanto, Doyle, falando com a confiabilidade de um veterano do setor de automóveis bem como o homem de confiança de Krafve, desdenhou a ideia de que o Edsel possa ter sido vítima de um trabalho sujo nas fábricas. "É claro que as Divisões Ford e Lincoln-Mercury não queriam ver outro carro da Ford Company na área", disse ele, "mas, até onde sei, tudo o que eles fizeram nos níveis executivo e nas fábricas respeitou o bom gosto competitivo. Por outro lado, no nível da distribuição e das concessionárias, enfrentamos uma dura rivalidade do ponto de vista de boatos e propaganda. Se eu estivesse em uma das outras divisões, teria feito a mesma coisa." Nenhum orgulhoso general da velha-guarda derrotado jamais pronunciou palavras mais nobres.

É uma espécie de tributo aos homens que conferiram ao Edsel o seu grande crescendo e, embora carros propensos a chocalhar, empacar e se desintegrar em montes reluzentes de sucata continuassem a sair das linhas de montagem, as coisas não saíram mal no início. Doyle diz que no Dia do Edsel mais de 6.500 Edsels foram encomendados ou efetivamente entregues a clientes. Essa foi uma boa demonstração, mas houve indícios isolados de resistência. Por exemplo, um distribuidor da Nova Inglaterra que vendia Edsels em um showroom e Buicks em outro relatou que dois potenciais compradores entraram no showroom do Edsel, deram uma olhada no carro e encomendaram Buicks na mesma hora.

Nos dias que se seguiram, as vendas caíram acentuadamente, mas isso era esperado depois do fervor inicial. As entregas de automóveis para as concessionárias — um dos indicadores mais importantes no ramo — costumam ser avaliadas em períodos de dez dias, e nos primeiros dez dias de setembro, nos quais o Edsel só esteve à venda durante seis, elas alcançaram 4.095; esse número foi inferior ao que Doyle previra para o primeiro dia porque muitas das compras iniciais foram de modelos e combinações de cores que não estavam em estoque e tiveram de ser montados na fábrica de acordo com o pedido. A entrega total para o segundo período de dez dias foi levemente menor do que o esperado, e a do terceiro foi levemente inferior a 3,6 mil. Nos primeiros dez dias de outubro, nove dos quais foram dias úteis, houve apenas 2.751 entregas — uma média levemente superior a 300 carros por dia. A fim de vender os 200 mil carros por ano que tornariam a operação Edsel lucrativa, a Ford Company teria que entregar uma média de 600 a 700 carros em cada dia útil — bem mais do que 300 por dia. Na noite de domingo, 13 de outubro, a Ford colocou no ar uma superprodução para o Edsel, ocupando um horário normalmente destinado ao programa de Ed Sullivan. No entanto, embora o programa tenha custado US$400 mil e tenha sido estrelado por Bing Crosby e Frank Sinatra, ele não causou nenhum surto de crescimento nas vendas. Agora estava óbvio que as coisas não estavam indo nada bem.

As opiniões dos ex-executivos da Divisão Edsel diferem quanto ao momento exato em que os augúrios de desastre se tornaram inconfundíveis. Krafve acredita que essa ocasião só chegou em um momento no final de outubro. Wallace, na sua função de semi-*brain truster** fumante de cachimbo do Edsel, é um pouco mais específico e fixa o início do desastre em uma data específica — 4 de outubro, o dia em que o primeiro Sputnik soviético entrou em órbita, abalando o mito da proeminência técnica norte-americana e precipitando uma repugnância pública contra as bugigangas extravagantes de Detroit. Warnock, o diretor de relações-públicas, afirma que sua sensibilidade barométrica com relação ao temperamento do público possibilitou que ele definisse a virada com tendo ocorrido em meados de setembro; contrariando a opinião deste último, Doyle diz que manteve o otimismo até meados de novembro, altura em que ele era praticamente o único homem na divisão que não chegara à conclusão de que seria preciso um milagre para salvar o Edsel. "Em novembro", declarou Wallace, sociologicamente, "ocorreu o pânico e a concomitante ação em grupo." A ação em grupo assumiu a forma de uma tendência conjunta de culpar o design do carro por toda a derrocada; homens da Edsel, que anteriormente só faziam elogiar prodigamente

---

*Membro de um *brain trust*, um grupo de peritos/especialistas (ou seja, grupo restrito de técnicos, peritos, altamente qualificados, encarregado da elaboração de projetos ou de planos). (*N. da T.*)

a grade do radiador e a traseira, agora passaram a resmungar que qualquer idiota podia ver que elas eram ridículas. Evidentemente, o bode expiatório foi Brown, cuja reputação tinha subido às alturas na época do lançamento do seu design altamente elogiado, em agosto de 1955. Agora, sem nada ter feito depois disso, para o bem ou para o mal, o pobre homem se tornou o bode expiatório da companhia. "A partir de novembro, todo mundo parou de falar com Roy", relatou Wallace. No dia 27 de novembro, como se as coisas já não estivessem ruins o suficiente, Charles Kreisler, o qual, por ser o único distribuidor do Edsel em Manhattan, oferecera sua mostra especial, anunciou que estava entregando sua franquia por causa do baixíssimo volume de vendas, e corria o boato de que ele teria acrescentado: "A Ford Motor Company pôs um ovo." Em seguida, ele assinou um contrato com a American Motors para vender o Rambler, que, por ser o único carro pequeno nacional no mercado, já apresentava uma curva de vendas em rápida ascensão. Doyle, de cara amarrada, comentou que a Divisão Edsel não estava preocupada com a deserção de Kreisler.

Em dezembro, o pânico na Edsel já diminuíra a ponto de os seus responsáveis conseguirem se recompor e começarem a procurar maneiras de voltar a estimular as vendas. Henry Ford II, ao se manifestar falando para os distribuidores do Edsel, recomendou com insistência que eles permanecessem calmos, prometeu que a companhia lhes daria todo o apoio possível e declarou, categoricamente: "O Edsel veio para ficar." Um milhão e meio de cartas foram enviadas com a assinatura de Krafve para os proprietários de carros de preço médio, pedindo que eles dessem uma passada nas concessionárias locais e fizessem um test-drive com o Edsel; todos que o fizessem, prometeu Krafve, receberiam de brinde uma miniatura de plástico de 20 centímetros do carro, quer o comprassem ou não. A Divisão Edsel pagou a conta das miniaturas — efetivamente, um sintoma de desespero, porque, em circunstâncias normais, nenhum fabricante de automóveis mexeria uma única palha para pagar uma conta dessas para seus distribuidores. (Até aquela época, as concessionárias pagavam por tudo, como de praxe.) A divisão também começou a oferecer aos seus distribuidores a chamada "bonificação de vendas", o que significava que as concessionárias poderiam abater algo que variava entre US$100 e US$300 do preço de cada carro sem reduzir sua margem de lucro. Krafve disse a um repórter que as vendas até então estavam sendo o que ele esperara, embora não o que ele torcera que fossem; no seu zelo de não se mostrar desagradavelmente surpreso, ele pareceu estar dizendo que esperara um fracasso. A campanha publicitária do Edsel, que começara com uma dignidade estudada, começou a emitir uma nota estridente. "Todo mundo que viu o carro sabe, assim como nós, que o Edsel é um sucesso", declarou um anúncio em uma revista; e em um anúncio posterior essa frase foi repetida duas vezes: "O Edsel é um sucesso. É uma nova ideia — uma ideia para VOCÊ — nas estradas norte-americanas. (...) O Edsel é um sucesso." Logo, logo, temas publicitários ainda menos pretensiosos, porém mais dependentes do preço e do status social, começaram a ser introduzidos, como nas frases "Eles vão saber que você *chegou* quando você dirige um Edsel" e "Aquele que é realmente novo e também o mais barato!".* Nos setores mais refinados da Madison Avenue, o expediente de usar slogans que rimem geralmente é encarado como indício de vulgaridade artística induzida pela necessidade comercial.

---

*Slogans originais: "They'll know you've arrived when you drive up in an Edsel" e "The one that's really new is low-priced, too!". (*N. do E.*)

As medidas frenéticas e dispendiosas que a Divisão Edsel adotou em dezembro renderam apenas um simples fruto: no primeiro período de dez dias de 1958, ela pôde informar que as vendas tinham sido 18,6% superiores às dos últimos dez dias de 1957. O problema, como vigilantemente observou o *Wall Street Journal*, foi que o período de 1958 abarcou um dia a mais de vendas do que o de 1957, de modo que, para fins práticos, não houve praticamente nenhum ganho. De qualquer forma, essa informação de falso incentivo acabou sendo o último gesto da Divisão Edsel. No dia 14 de janeiro de 1958, a Ford Motor Company anunciou que estava consolidando a Divisão Edsel com a Divisão Lincoln-Mercury para formar a Divisão Mercury-Edsel-Lincoln, sob a direção de James J. Nance, que até então gerenciara a Lincoln-Mercury. Era a primeira vez em que uma das principais empresas automobilísticas agregavam três divisões em uma, depois que a General Motors fez a fusão das divisões do Buick, do Oldsmobile e do Pontiac na época da Depressão, e para as pessoas da extinta Divisão Edsel o significado da medida administrativa estava bastante claro. "Com toda aquela concorrência em uma divisão, o Edsel não ia sair do lugar", afirma Doyle. "Ele se tornou um projeto secundário."

Ao longo do último ano e dez meses da sua existência, o Edsel foi, em grande medida, um projeto secundário — de modo geral negligenciado, pouco anunciado, e mantido vivo apenas para evitar mais publicidade do que a necessária para um erro idiota e na baldada esperança de que ele *poderia*, afinal de contas, sair do lugar. A publicidade dedicada a ele esforçou-se quixotescamente para garantir ao setor automobilístico que tudo estava às mil maravilhas;

em meados de fevereiro, Nance declarou o seguinte, em um anúncio publicado na *Automotive News*:

> A partir da formação da nova Divisão M-E-L da Ford Motor Company, analisamos com ávido interesse o progresso das vendas do Edsel. Achamos que é bastante significativo que, durante os cinco primeiros meses após o lançamento do Edsel, as vendas do carro foram maiores do que costumam ser nos cinco primeiros meses de vida de qualquer outra nova marca de automóvel introduzida nas estradas norte-americanas. (...) O constante progresso do Edsel pode ser uma fonte de satisfação e um grande incentivo para todos nós.

A comparação de Nance, contudo, foi praticamente inexpressiva, já que nenhuma nova marca jamais fora introduzida de maneira tão grandiosa, e o tom confiante não pôde deixar de soar insincero.

É bem possível que um artigo de S. I. Hayakawa, o semanticista, publicado na primavera de 1958 na revista trimestral *ETC: A Review of General Semantics*, com o título "Why the Edsel Laid an Egg" ["Por que o Edsel pôs um ovo", em tradução livre], nunca tenha atraído a atenção de Nance. Hayakawa, fundador e editor da *ETC*, explicou em uma nota introdutória que ele considerava o assunto dentro do escopo da semântica geral porque os automóveis, assim como as palavras, são "importantes. (...) símbolos da cultura norte-americana", e prosseguiu argumentando que o fiasco do Edsel podia ser atribuído aos executivos da Ford Company que tinham ficado "ouvindo as pessoas das pesquisas motivacionais por tempo demais" e que, nos seus esforços de lançar um carro que satisfizesse as fantasias sexuais dos clientes e coisas afins, deixara de fornecer um transporte razoável e prático, desprezando o "princípio da realidade". "O que os pesquisadores da motivação deixaram de contar aos seus clientes (...) é que *somente* os psicóticos e os gravemente neuróticos *extravasam* suas irracionalidades e suas fantasias compensatórias", advertiu vivamente Hayakawa a Detroit, e acrescentou: "O problema de vender a gratificação simbólica por meio desses itens dispendiosos (...) é a concorrência apresentada por formas muito mais baratas de gratificação simbólica, como a revista *Playboy* (US$0,50 o exemplar), *Astounding Science Fiction* (US$0,35 o exemplar) e a televisão (grátis)."

Apesar da concorrência da *Playboy*, ou, possivelmente, porque o público motivado pelos símbolos abrangia pessoas com condições de comprar as duas coisas, o Edsel continuou a ser vendido — porém escassamente. O carro andava, como dizem os vendedores, embora dificilmente ao toque de um palito de dentes. Na realidade, como um projeto secundário, ele vendeu mais ou menos tão bem quanto vendera quando era um filho favorito, sugerindo que toda aquela publicidade espalhafatosa, fosse a respeito da gratificação simbólica ou de mais potência no motor, teria causado pouco efeito de uma maneira ou de outra. Os novos Edsels registrados nos departamentos de trânsito dos diversos estados durante o ano de 1958 totalizaram 34.481 — número consideravelmente menor do que os carros novos de qualquer marca concorrente, e menos de um quinto dos 200 mil anuais necessários para que o Edsel apresentasse lucro, mas ainda assim representando um investimento de mais de US$100 milhões dos motoristas. O quadro, na verdade, ficou mais claro em novembro de 1958, com o advento dos modelos do segundo ano do Edsel. Com até menos 20 centímetros no comprimento, com até menos 2,3 quilos e com motores que chegavam a ter menos 158 cavalos de potência, os carros estavam em uma faixa de preço que variava de US$500 a US$800 menos do que os seus predecessores. A grade vertical e o traseiro oblíquo continuavam presentes, mas a potência e as proporções modestas convenceram a *Consumer Reports* a ficar mais branda e dizer: "A Ford Motor Company, depois de desabonar o primeiro modelo do Edsel, transformou-o em um automóvel respeitável e até mesmo agradável." Um bom número de motoristas pareceu concordar; foram vendidas cerca de 2 mil unidades no primeiro semestre de 1959 a mais do que tinham sido vendidas nesse mesmo período em 1958, e no início do verão de 1959, 4 mil por mês estavam sendo vendidas. Aqui, finalmente, havia progresso; as vendas estavam alcançando quase um quarto da taxa mínima lucrativa, em vez de apenas um quinto.

No dia 1º de julho de 1959, havia 83.849 Edsels nas estradas dos Estados Unidos. O maior número deles estava na Califórnia, que perpetuamente se caracteriza como tendo, de longe, o maior número de carros de praticamente todas as marcas, e o menor número se encontrava no Alasca, em Vermont e no Havaí (122, 119 e 110, respectivamente). No todo, o Edsel parecia ter encontrado um nicho para si como uma curiosidade divertidamente excêntrica. Embora a Ford Company, com o dinheiro dos seus acionistas ainda desaparecendo, semana após semana, no Edsel, e com os carros pequenos sendo agora claramente o foco, mal pudesse adotar uma abordagem sentimental do assunto, mesmo assim ela decidiu se arriscar e, em meados de outubro de 1959, lançou uma terceira série de modelos anuais. O Edsel 1960 apareceu pouco mais de um mês depois do Falcon — a primeira aventura da Ford no setor de carros pequenos, que fora imediatamente bem-sucedida — e estava bastante descaracterizado em relação ao modelo anterior; a grade vertical e a traseira horizontal tinham desaparecido, e o que permaneceu parecia um cruzamento entre um Ford Fairlane e um Pontiac. As vendas iniciais foram péssimas; em meados de novembro, uma única fábrica — em Louisville, Kentucky — ainda estava produzindo Edsel, e mesmo assim apenas cerca de vinte por dia. No dia 19 de novembro, a Ford Foundation, que estava planejando vender parte de seus vastos investimentos em ações na Ford Motor Company, publicou o folheto que por lei era obrigado a publicar nessas circunstâncias, e declarou, em nota de rodapé em uma seção que descrevia os produtos da companhia, que o Edsel fora "lançado em setembro de 1957 e descontinuado em novembro de 1959". No mesmo dia, o burburinho foi confirmado e ampliado pelo porta-voz da Ford Company, que murmurou ele próprio algumas coisas. "Se soubéssemos por que as pessoas não estão comprando o Edsel, provavelmente teríamos feito algo a respeito", declarou.

A tabela quantitativa final mostrava que, desde o início, até aquele 19 de novembro, 110.810 Edsels foram produzidos e 109.466 foram vendidos. (Os 1.344 remanescentes, quase todos modelos de 1960, foram liquidados com a ajuda de reduções radicais no preço.) No cômputo geral, somente 2.846 dos Edsels 1960 foram fabricados, tornando os modelos desse ano um possível objeto de colecionador. Temos de admitir que apenas após gerações os Edsels modelo 1960 se tornariam tão escassos quanto o Bugatti Tipo 41, do qual só foram fabricadas 11 unidades, no final da década de 1920, para serem vendidos apenas para reis legítimos, e os motivos para que o Edsel 1960 se tornasse uma raridade não eram exatamente tão aceitáveis, quer do ponto de vista social, quer do comercial, quando os do Bugatti Tipo 41. Mesmo assim, ainda poderia surgir um Clube de Proprietários do Edsel 1960.

A tabela fiscal final sobre o fiasco do Edsel provavelmente nunca será conhecida, porque os relatórios públicos da Ford Motor Company não incluem o desmembramento de perdas e lucros dentro das divisões. Entusiastas financeiros estimam, contudo, que a companhia perdeu algo em torno de US$200 milhões no Edsel após seu lançamento. Se acrescentarmos a esse valor os gastos oficialmente anunciados de US$250 milhões antes do lançamento, subtrairmos cerca de US$100 milhões investidos nas fábricas e em equipamentos que eram aproveitáveis em outras coisas, temos uma perda líquida de US$350 milhões. Se essas estimativas estiverem corretas, cada Edsel fabricado custou a ela, em perda de dinheiro, cerca de US$3.200, o que equivale, mais ou menos, ao preço de outro Edsel. Em outras palavras, mais duras, a companhia teria economizado dinheiro se, em 1955, tivesse decidido não produzir o Edsel e simplesmente dar de presente 110.810 unidades do seu carro de preço comparável, o Mercury.

O fim do Edsel desencadeou na imprensa uma orgia de análises baseadas em uma visão retrospectiva. A revista *Time* declarou o seguinte: "O Edsel foi um caso clássico do carro errado para o mercado errado na época errada. Também foi um excelente exemplo das limitações da pesquisa de mercado, com os seus 'investigadores de profundidade' e algaravia incoerente 'motivacional'." A *Business Week*, que pouco antes do lançamento do Edsel o havia descrito com patente seriedade e visível aprovação, agora o declarava "um pesadelo", e acrescentou alguns comentários explicitamente críticos a respeito da pesquisa de Wallace, que estava rapidamente se tornando bode expiatório, assim como o design de Brown. (Reprovar e censurar a pesquisa motivacional era, e continua a ser, um esplêndido esporte, porém, é claro, a insinuação de que ela tenha determinado, ou até mesmo influenciado, o design do Edsel é inteiramente falsa, já que a pesquisa, sendo destinada apenas a fornecer um tema para a propaganda e a promoção, só foi empreendida após o design de Brown ter sido concluído.) O obituário do Edsel no *Wall Street Journal* defendeu uma ideia que era provavelmente lógica e, certamente, mais original.

> As grandes corporações costumam ser acusadas de manipular os mercados, manobrar os preços e, sob outros aspectos, impor sua vontade ao consumidor. E ontem a Ford Motor Company anunciou que a sua experiência de dois anos com o carro de preço médio Edsel chegou ao fim (...) por falta de compradores. Tudo isso está muito distante da afirmação de que os fabricantes de automóveis são capazes de manipular mercados ou obrigar os consumidores a comprar o que eles querem que comprem. (...) E a razão, simplesmente, é que não existe explicação para o gosto. (...) Quando se trata de determinar, o consumidor é o inigualável determinante.

O tom do texto era amigável e solidário; a Ford Company, ao que parecia, caíra nas graças do *Journal* ao interpretar o papel do Papai Incompetente no grande sitcom norte-americano.

Quanto às explicações *post-mortem* da derrocada que foram apresentadas pelos antigos executivos da Edsel, elas são notáveis pelo seu tom ponderado, algo como o de um pugilista profissional nocauteado que abre os olhos e se depara com o microfone de um jornalista quase tocando o seu rosto. Na verdade, Krafve, como muitos pugilistas nocauteados, culpa o seu próprio *timing* infeliz; ele afirma que, se tivesse sido capaz de impedir a mecânica e a economia aparentemente imutáveis de Detroit, e se tivesse, de alguma maneira, conseguido lançar o Edsel em 1955, ou até mesmo em 1956, quando o mercado de ações e o mercado de carros de preço médio estavam aquecidos, o carro teria tido sucesso e continuaria a ter. Em outras palavras, se tivesse visto o soco indo na direção dele, ele teria se esquivado. Krafve se recusa a concordar com um grupo considerável de leigos que tendem a atribuir o colapso à decisão da empresa de chamar o carro de Edsel em vez de dar a ele um nome mais estimulante, mais sonoro, reduzível a um apelido diferente de "Ed" ou "Eddie", e que não estivesse carregado de conotações dinásticas. Até onde consegue enxergar, Krafve continua a afirmar, o nome do Edsel não afetou o destino dele de um jeito ou de outro.

Brown concorda com Krafve em que o *timing* ruim foi o principal erro. "Sinto francamente que a estilização do automóvel teve muito pouco, ou talvez nada, a ver com o seu fracasso", declarou ele mais tarde, e a sua franqueza pode, com considerável segurança, ser deixada incontestada. "O programa do Edsel, como qualquer outro projeto planejado para futuros mercados, se baseou nas melhores informações disponíveis na época em que as decisões foram tomadas. O caminho do inferno está cheio de boas intenções!"

Doyle, com o sentimento intensamente pessoal do vendedor nato a respeito dos seus clientes, fala como um homem traído por um amigo, o público norte-americano. "Foi uma greve de compradores", afirmou ele. "As pessoas não estavam a fim do Edsel. Por que elas não estavam é um mistério para mim. O que encorajou a indústria a construir exatamente esse tipo de carro foi o histórico de compras dos norte-americanos. Nós o entregamos a eles, e eles se recusaram a aceitá-lo. Bem, eles não deveriam ter agido daquela maneira. Você não pode simplesmente acordar uma pessoa e dizer: 'Chega, você estava correndo na direção errada.' De qualquer modo, *por que* eles fizeram aquilo? Por Deus, a indústria trabalhou tanto ao longo dos anos — livrando-se da mudança de marcha, proporcionando conforto no interior dos veículos, oferecendo um desempenho adicional para ser usado em emergências! E agora o público quer esses carros que parecem um besouro. Eu simplesmente não entendo!"

A teoria do Sputnik de Wallace oferece uma resposta para a pergunta de Doyle a respeito de por que as pessoas não estavam a fim, e, além disso, ela é suficientemente cósmica para convir a um semi-*brain truster*. Ela também deixa Wallace livre para defender a validade dos seus estudos investigativos motivacionais na data em que foram realizados. "Não creio que já conheçamos as profundezas do efeito psicológico que aquele primeiro lançamento do satélite em órbita causou em todos nós", disse ele. "Alguém tinha nos derrotado com um avanço importante em tecnologia, e logo depois as pessoas começaram a escrever artigos a respeito da qualidade inferior dos produtos de Detroit, particularmente dos carros de preço médio fortemente ornamentados e que eram um símbolo de status. Em 1958, quando o único carro norte-americano pequeno à venda era o Rambler, a Chevrolet quase dominou o mercado, porque tinha o carro mais simples. O povo norte-americano impusera a si mesmo um programa de austeridade. Deixar de comprar Edsels era o sacrifício deles."

Para qualquer pessoa idosa que tinha vivido os dias da abordagem de cada um por si da indústria norte-americana no século XIX, deve parecer estranho que Wallace possa se permitir dar uma baforada no seu cachimbo e analisar o holocausto de uma maneira tão agradável. A mensagem clara da história do Edsel é a derrota de uma gigantesca empresa automotiva, mas tão surpreendente quanto é o fato de a gigante não ter se desintegrado, ou mesmo ficado seriamente ferida na queda, e que isso tampouco tenha acontecido com a maioria das pessoas que tombaram com ela. Graças ao sucesso de quatro de seus outros carros — o Ford, o Thunderbird e, mais tarde, os pequenos Falcon e Comet e, depois, o Mustang — a Ford Company, como investimento, sobreviveu gloriosamente. É bem verdade que ela passou por maus momentos em 1958, quando, em parte por causa do Edsel, a renda líquida de cada ação da companhia caiu de US$5,40 para US$2,12, os dividendos por ação foram de US$2,40 para US$2 e o preço de mercado das suas ações caiu de um máximo de cerca de US$60 em 1957 para um mínimo de menos de US$40 em 1958. Mas todas essas perdas foram mais do que recuperadas em 1959, quando a renda líquida por ação foi US$8,24, os dividendos por ação foram US$2,80 e o preço das ações no mercado atingiu um máximo de cerca de US$90. Em 1960, as coisas correram ainda melhor. Portanto, os 280 mil acionistas da Ford relacionados nos livros em 1957 tiveram poucos motivos para reclamar, a não ser que tivessem vendido no auge do pânico. Por outro lado, 6 mil funcionários administrativos tiveram as suas funções eliminadas em decorrência da consolidação Mercury-Edsel-Lincoln, e o número médio de funcionários da Ford caiu de 191.759 em 1957 para 142.076 no ano seguinte, voltando a aumentar em 1959 para apenas 159.541. Além disso, é claro, não era muito provável que distribuidores que desistiram de franquias lucrativas em outras marcas e que depois faliram tentando vender Edsels se mostrassem muito animados com relação à experiência. De acordo com os termos da consolidação das Divisões Lincoln-Mercury e Edsel, a maioria das agências das três marcas também foram consolidadas. Na consolidação, algumas concessionárias do Edsel foram fechadas, e pode ter sido pouco confortante para aquelas que faliram tomar conhecimento posteriormente de que, quando a Ford Company finalmente descontinuou a fabricação do carro, ela concordou em pagar a metade do custo original dos seus contratos do Edsel para aquelas que tinham sobrevivido à crise, e estava lhes concedendo abatimentos substanciais em todos os carros daquele modelo em estoque no momento da descontinuação. Ainda assim, as concessionárias, algumas das quais trabalham com margens de crédito tão pequenas quanto as operadoras de hotéis em Miami, às vezes vão à falência trabalhando até com os carros mais populares. E entre aqueles que ganham a vida no mundo de violenta rivalidade dos salões de venda de automóveis, onde Detroit nem sempre é citada com afeto, muitos reconhecerão que a Ford Company, uma vez que se vira empacada com um abacaxi, fez o máximo possível para apoiar as concessionárias que tinham arriscado a sorte com o Edsel. Posteriormente, um porta-voz da National Automobile Dealers Association declarou o seguinte: "Até onde sabemos, as concessionárias do Edsel ficaram, de modo geral, satisfeitas com a maneira como foram tratadas."

A Foote, Cone & Belding também acabou perdendo dinheiro na conta do Edsel, já que suas comissões de publicidade não compensaram inteiramente a enorme despesa que tivera ao contratar sessenta novas pessoas e abrir um escritório elegante em Detroit. Mas as perdas ficaram longe de ser irreparáveis; no minuto em que deixou de haver o Edsel para anunciar, ela foi contratada para fazer a propaganda do Lincoln, e embora esse arranjo não durasse muito tempo, a firma sobreviveu alegremente para enaltecer as glórias de clientes como General Foods, Lever Brothers e

Trans World Airways. Um símbolo bastante comovente da lealdade que os funcionários da agência têm pelo seu antigo cliente é o fato que durante vários anos depois de 1959, todos os dias úteis, o estacionamento do escritório em Chicago ainda estava salpicado de Edsels. A propósito, esses fiéis motoristas não estavam sozinhos. Embora os donos de Edsels não tenham encontrado os recursos para a realização de um sonho, e alguns deles tenham tido que suportar angustiantes problemas mecânicos, muitos deles, mais de uma década depois, valorizam os seus carros como se fossem cédulas confederadas, e, no pátio das revendedoras, o Edsel é um artigo muito especial na fileira de carros usados, com poucos deles sendo oferecidos.

De modo geral, os antigos executivos da Edsel não conseguiram apenas se safar ilesos; eles se safaram em grande estilo. Certamente, ninguém pode acusar a Ford Company de ter dado vazão à sua mortificação do jeito antigo, vulgarmente fazendo com que cabeças rolassem. Krafve foi designado para ajudar Robert S. McNamara, na época um vice-presidente de divisão da Ford (e posteriormente, como todos sabem, secretário de Defesa), durante alguns meses e depois ele foi transferido para uma função administrativa na sede da companhia, permaneceu lá durante um ano e depois saiu da Ford para se tornar um dos vice-presidentes da Raytheon Company, de Waltham, Massachusetts, uma importante firma de eletrônica. Em abril de 1960, ele se tornou presidente da empresa. Em meados da década de 1960, deixou a firma para se tornar um consultor de gestão muito valorizado na Costa Oeste. A Ford também ofereceu a Doyle uma função administrativa, mas, depois de fazer uma viagem ao exterior para refletir sobre o assunto, ele decidiu se aposentar. "Era uma questão do meu relacionamento com os meus distribuidores", explica ele. "Eu tinha garantido a eles que a companhia iria respaldar completamente o Edsel para sempre, e eu não me considerava o cara certo para dizer a eles que isso não ia acontecer." Depois da aposentadoria, Doyle continuou ativo como sempre, de olho em vários negócios nos quais ele tinha colocado vários amigos e parentes, além de dirigir a própria firma de consultoria em Detroit. Cerca de um mês antes da consolidação com as divisões Mercury e Lincoln, Warnock, o homem da publicidade, deixou a divisão para se tornar diretor dos serviços de notícias da International Telephone & Telegraph Corp., em Nova York — cargo que ele deixou em junho de 1960, para se tornar vice-presidente da Communications Counselors, o setor de relações-públicas da McCann-Erickson. Daí ele voltou para a Ford, como chefe de promoção da área Leste da Lincoln-Mercury — o caso de uma cabeça que, em vez de rolar, tinha sido ungida. Brown, o projetista que estava sob ataque, permaneceu em Detroit durante algum tempo como projetista-chefe dos veículos comerciais da Ford, e depois foi transferido para a Ford Motor Company, Ltd., da Inglaterra, onde, uma vez mais como projetista-chefe, foi designado para coordenar o design de carros como o Cônsul e o Anglia, caminhões e tratores. Ele insistiu em afirmar que o cargo não representava a versão da Ford da Sibéria. "Constatei que esta é uma experiência extremamente satisfatória e um dos melhores passos que já dei na minha (...) carreira", declarou, com firmeza, em uma carta que escreveu da Inglaterra. "Estamos criando um escritório de estilização e uma equipe insuperável na Europa." Wallace, o semi-*brain truster*, foi convidado a continuar a ser semi-*brain truster* para a Ford, e, como a ideia de morar na cidade de Detroit, ou perto dela, continuava a não lhe agradar, ele teve permissão para se mudar para Nova York e passar apenas dois dias por semana na sede. ("Eles não pareciam mais se importar com o lugar onde eu trabalhava", diz ele, modestamente.) No final de 1958, ele deixou a Ford e finalmente realizou o seu maior desejo: tornar-se pesquisador e professor em tempo integral. Começou a fazer um doutorado em sociologia na Universidade de Columbia, escrevendo a sua tese sobre mudança social em Westport, Connecticut, cidade que ele investigou interrogando ativamente os seus habitantes; nesse período, ministrou um curso sobre "A dinâmica do comportamento social" na New School for Social Research, em Greenwich Village. "Cansei da indústria", alguém o ouviu declarar certo dia, com evidente satisfação, quando embarcava em um trem para Westport, com um maço de questionários debaixo do braço. No início de 1962, ele se tornou Dr. Wallace.

A subsequente euforia desses ex-homens do Edsel não se originava inteiramente do fato de eles terem sobrevivido economicamente; eles parecem ter enriquecido espiritualmente. Eles se mostram propensos a falar sobre a sua experiência com o Edsel — exceto quem ainda está na Ford, que tende a falar o mínimo possível a respeito do assunto — com o entusiasmo e a loquacidade de velhos companheiros de armas que conversam longamente a respeito da sua mais emocionante campanha. Dos membros do grupo, Doyle talvez seja quem mais gosta de se entregar a reminiscências. "Nunca me diverti tanto, nem antes, nem depois", disse ele a alguém que o visitou em 1960. "Suponho que seja porque trabalhei como nunca. Todos trabalhamos assim. Era uma boa equipe. Aqueles que escolheram trabalhar com o Edsel sabiam que estavam correndo um risco, e gosto de pessoas que correm riscos. Sem dúvida, foi uma experiência maravilhosa, apesar do desfecho trágico. Além disso, estávamos no caminho certo! Quando fui à Europa, pouco antes de me aposentar, pude ver como as coisas são por lá; nada além de carros compactos, e no entanto, mesmo assim, eles têm engarrafamentos, mesmo assim eles têm problemas de estacionamento, mesmo assim eles têm acidentes. Tente entrar e sair daqueles táxis baixos sem bater com a cabeça, ou tente passear pelo Arco do Triunfo sem que um carro esbarre em você. Essa mania de carro pequeno não vai durar para sempre. Não consigo ver os motoristas norte-americanos ficando satisfeitos em passar as marchas manualmente em um carro que tem um desempenho limitado. O pêndulo vai balançar de volta."

Warnock, como muitos relações-públicas antes dele, afirma que sua função lhe provocou uma úlcera — a sua segunda. "Mas consegui superar", disse ele. "A equipe do Edsel era excelente; eu gostaria de ver o que ela poderia ter feito se tivesse tido o produto certo na hora certa. Poderíamos ter ganhado milhões! Jamais me esquecerei desses dois anos da minha vida. Foi a história em formação. Isso não lhe diz alguma coisa a respeito dos Estados Unidos na década de 1950 — grandes esperanças e a sua incompleta realização?"

Krafve, chefe da grande equipe fracassada, está inteiramente preparado para atestar que a conversa dos seus ex-subordinados tem mais conteúdo do que apenas a bazófia romântica de velhos soldados. "Era um grupo maravilhoso para se trabalhar", afirmou ele há relativamente pouco tempo. "Eles realmente davam tudo de si no trabalho. Eu estava interessado em uma equipe que fosse fortemente motivada, e eles eram exatamente isso. Quando as coisas deram errado, os rapazes da Edsel poderiam ter se lamentado e falado nas maravilhosas oportunidades que eles deixaram de aproveitar para trabalhar conosco, mas se alguém, algum dia, fez isso, não chegou ao meu conhecimento. Não estou surpreso com o fato de a maioria deles ter se dado bem. Na indústria, você leva um baque de vez em quando, mas se recupera se não estiver derrotado interiormente. Gosto de me reunir com alguns deles de vez em quando — com Gayle Warnock ou um dos outros — e rememorar os incidentes engraçados, os incidentes trágicos (...)."

Quer a nostalgia dos rapazes da Edsel com relação ao carro se incline para o drama ou para a comédia, ela é um fenômeno que dá o que pensar. Talvez signifique apenas que eles sentem saudades da ribalta na qual inicialmente se deleitaram e posteriormente se contorceram, ou talvez signifique que chegou um momento em que — como no drama elisabetano, porém raramente até então nos negócios norte-americanos — o fracasso possa ter um certo esplendor que o sucesso nunca chega a conhecer.

3. O imposto de renda federal

I

Sem sombra de dúvida, muitos norte-americanos prósperos e aparentemente inteligentes fizeram coisas nos últimos anos que, para um observador ingênuo, poderiam parecer bizarras ou até mesmo insanas. Homens cuja riqueza foi herdada, alguns deles inclinados a fazer acusações ao governo em todas as suas formas e manifestações, se revelaram fervorosamente interessados pelo financiamento dos governos estaduais e municipais, tendo contribuído com grandes quantias para essa finalidade. Há uma tendência a ocorrerem casamentos entre pessoas de alta renda e pessoas de baixa renda, na maioria das vezes, perto do final de dezembro e, com menos frequência, no mês de janeiro. Algumas pessoas excepcionalmente bem-sucedidas, em especial no setor artístico, foram instruídas pelos seus consultores financeiros, de forma abrupta e urgente, a não realizar mais nenhum trabalho lucrativo, em nenhuma circunstância, durante o resto do ano civil vigente, e seguiram esse conselho, embora este, às vezes, tenha tido lugar ainda em maio ou junho. Atores e outras pessoas com rendimentos elevados oriundos de serviços pessoais se tornaram, repetidamente, proprietários de lojas de materiais de construção, pistas de boliche e serviços de atendimento de telefones, sem dúvida adicionando certa animação à conduta desses monótonos estabelecimentos. As pessoas do setor cinematográfico, como se seguindo uma programação de renúncia e reconciliação, repetidamente repudiaram a terra natal em prol de países estrangeiros por períodos de um ano e meio — voltando a abraçá-la novamente no 19º mês. Investidores em petróleo salpicaram o solo do Texas com poços especulativos, correndo riscos bem além do que seriam determinados por uma análise comercial normal. Homens de negócios viajando em aviões, andando de táxi ou jantando em restaurantes têm sido repetidamente vistos fazendo, compulsivamente, lançamentos em caderninhos que, caso lhes fosse perguntado, eles descreveriam como "diários"; no entanto, em vez de ser descendentes espirituais de Samuel Pepys ou Philip Hone, eles estavam apenas anotando tudo o que tinham gasto. E proprietários e coproprietários de empresas tomaram medidas para dividir a sua participação com pessoas mais jovens, não importa o quão jovens fossem; na realidade, pelo menos um caso de acordo de participação foi retardado, por ter ficado aguardando o nascimento de um dos sócios.

Certamente, ninguém precisa ser informado de que todas essas medidas podem ser diretamente rastreáveis às diversas normas da lei do imposto de renda federal. Como lidam com o nascimento, casamento, trabalho e estilos e locais de moradia, elas oferecem alguma ideia da extensão dos efeitos sociais da lei, mas como estão confinadas aos assuntos das pessoas abastadas, não dão a menor ideia da amplitude do seu impacto econômico. Visto que quase 63 milhões de declarações foram apresentadas em um típico ano recente, 1964, não é de causar surpresa que a lei do imposto de renda seja frequentemente considerada a lei vigente que afeta mais diretamente a maioria das pessoas, e na medida em que o recolhimento desse imposto representa quase três quartos da receita bruta do governo norte-americano, é compreensível que ele seja considerado nossa medida fiscal individual mais importante. (De um total de todas as fontes de US$112 bilhões para o ano fiscal que terminou em 30 de junho de 1964, aproximadamente US$54,5 bilhões foram provenientes do imposto de renda de pessoas físicas e US$23,3 bilhões do imposto de renda de corporações.) "Na mente do público, ela é O IMPOSTO", declaram os professores de economia William J. Schultz e C. Lowell Harriss no livro *American Public Finance* [*Finança pública americana*, em tradução livre], e o escritor David T. Bazelon sugeriu que o efeito econômico do imposto tem sido tão arrebatador a ponto de criar duas espécies bem separadas de moeda norte-americana — o dinheiro antes dos impostos e o dinheiro depois dos impostos. De qualquer forma, nenhuma corporação jamais é formada, e tampouco os assuntos de nenhuma corporação são conduzidos nem mesmo por dia sem uma pródiga análise do imposto de renda, e dificilmente alguém, em qualquer faixa de renda, pode viver sem pensar nele ocasionalmente, enquanto algumas pessoas, é claro, presenciaram a ruína de sua fortuna ou reputação, ou ambas, por terem deixado de respeitar suas normas. Na longínqua Veneza, um visitante norte-americano ficou chocado ao ler em uma placa de metal afixada em uma caixa de moedas destinada a contribuições para o fundo de manutenção da Basílica de são Marcos o seguinte: "Dedutível para fins do imposto de renda dos Estados Unidos."

Grande parte da atenção concedida ao imposto de renda se baseia na proposição de que o imposto não é lógico nem equitativo. Provavelmente, a acusação mais abrangente e mais grave é que a lei tem em sua essência algo muito semelhante a uma mentira; em outras palavras, ela tributa a renda por meio de uma alíquota acentuadamente progressiva, e depois fornece um conjunto de saídas de emergência tão convenientes que dificilmente alguém, por mais rico que seja, precisará pagar as alíquotas mais elevadas ou qualquer coisa parecida com elas. Em 1960, os contribuintes com renda declarada entre US$200 mil e US$500 mil pagaram, em média, cerca de 44%, e até mesmo aqueles com renda declarada de mais de US$1 milhão pagaram bem menos de 50% — o que na realidade era quase o percentual que um único contribuinte deveria pagar, e frequentemente pagou, se a sua renda fosse de US$42 mil. Outra acusação comum é que o imposto de renda é uma serpente no Jardim do Éden norte-americano, que oferece tantas oportunidades para uma bela sonegação que induz uma queda do paraíso todos os meses de abril. Outra escola de críticos afirma que, por seu caráter labiríntico (o estatuto básico, o Internal Revenue Code* de 1954, tem mais de mil páginas, e as decisões judiciais e as regulamentações do Internal Revenue Service** que o elaboram chegam a 17 mil), o imposto de renda não apenas resulta em idiotices como atores produtores de cascalho e sócios que nem sequer nasceram, como também é uma anomalia, uma lei que o cidadão talvez seja incapaz de cumprir. Essa situação, declaram os críticos, conduz a um estado não democrático, já que apenas os ricos podem arcar com o custo das dispendiosas recomendações técnicas necessárias para minimizar legalmente os seus impostos.

---

*Normas da Receita Federal, como será chamado neste livro. (N. da T.)
**Receita Federal, como será chamado neste livro. (N. da T.)

No geral, o imposto de renda praticamente não tem defensores, embora a maioria daqueles que estudam o assunto com imparcialidade concorde que o efeito dele ao longo do meio século em que esteve em vigor foi o de causar uma enorme e saudável redistribuição da riqueza. Quando se trata do imposto de renda, praticamente todos nós desejamos uma restituição. Como reformadores, no entanto, somos em grande medida impotentes, em função, principalmente, da desconcertante complexidade do assunto como um todo, que faz com que muitos tenham um branco diante da mera menção dele e da vigorosa defesa levada a cabo por pequenos grupos das normas particulares das quais eles se beneficiam. Como qualquer lei tributária, a norte-americana tem uma espécie de imunidade à reforma; as próprias riquezas que as pessoas acumulam por meio do uso de mecanismos de sonegação fiscal podem ser — e constantemente são — investidas no combate à eliminação desses mecanismos. Essas influências, aliadas às ardorosas exigências feitas ao Tesouro para gastos com a defesa e outros custos em ascensão do governo (mesmo deixando de lado guerras controversas como a do Vietnã), ocasionaram duas tendências tão acentuadas que assumiram a forma de uma lei política natural: nos Estados Unidos é relativamente fácil aumentar as alíquotas de impostos e introduzir mecanismos de sonegação fiscal, e é relativamente difícil reduzir as alíquotas e eliminar mecanismos de sonegação fiscal. Ou pelo menos era o que parecia até 1964, quando metade dessa lei natural foi desafiada de maneira espetacular por um conjunto de leis, originalmente propostas pelo presidente Kennedy e levadas adiante pelo presidente Johnson, que reduziram as alíquotas básicas de pessoa física em dois estágios de uma alíquota mínima de 20% para 14% e de uma alíquota máxima de 91% para 70%, reduzindo também a alíquota máxima de pessoa jurídica de 52% para 48% — no todo, de longe a maior redução de impostos na história do país. Enquanto isso, contudo, a outra metade da lei natural permanece imaculada. Sem dúvida, as mudanças tributárias propostas pelo presidente Kennedy incluíam um programa de reformas substanciais para eliminar os mecanismos de sonegação fiscal, mas o protesto contra as reformas foi tão grande que o próprio Kennedy logo abandonou a maioria delas, e praticamente nenhuma foi aprovada; pelo contrário, a nova lei, na verdade, estendeu ou ampliou um ou dois dos mecanismos.

"Sejamos realistas, Clitus, vivemos em uma era de impostos. Tudo são impostos", diz um advogado para outro no livro de contos *Powers of Attorney* [*Poderes de advogado*, em tradução livre], de Louis Auchincloss, e o segundo advogado, um tradicionalista, pode fazer apenas uma objeção simbólica. Considerando a onipresença do imposto de renda na vida norte-americana, no entanto, a raridade com que encontramos referências a ele na ficção norte-americana é, no mínimo, bizarra. Essa omissão provavelmente reflete a falta de elegância literária do tema, mas pode também refletir um mal-estar nacional a respeito do imposto de renda — o sentimento de que o criamos pela nossa vontade e não somos capazes de extingui-lo apenas por ela, uma presença que não é inteiramente boa nem inteiramente má e sim, mais exatamente, tão imensa, afrontosa e moralmente ambígua que não pode ser abarcada pela imaginação. Como foi possível, poderemos perguntar, que isso acontecesse?

O imposto de renda só pode ser verdadeiramente eficaz em um país industrial onde haja muitos trabalhadores assalariados e horistas, e os anais da tributação sobre a renda até o século XX eram relativamente breves e simples. Os impostos universais da Antiguidade, como aquele que levou Maria e José a Belém pouco antes do nascimento de Jesus, eram, invariavelmente, impostos de capitação, com uma quantia fixa a ser paga por todos, e não sobre a renda. Antes de aproximadamente 1800, só foram feitas duas importantes tentativas de estabelecer impostos sobre a renda — uma em Florença, no século XV, e a outra na França, no século XVIII. Falando de modo geral, as duas tentativas representaram esforços de governantes gananciosos de extorquir dinheiro dos seus súditos. De acordo com o mais destacado historiador do imposto de renda, o falecido Edwin R. A. Seligman, a tentativa florentina definhou em resultado de uma administração corrupta e ineficaz. O imposto francês do século XVIII, nas palavras do mesmo especialista, "logo foi enfraquecido por abusos" e se degenerou em "uma imposição totalmente desigual e profundamente arbitrária sobre as classes menos abastadas" e, desse modo, ele sem dúvida desempenhou o seu papel em instigar o fervor assassino que se introduziu na Revolução Francesa. A alíquota do imposto do Antigo Regime aprovada por Luís XIV em 1710 era de 10%, percentual que foi posteriormente reduzido à metade, porém não a tempo; o regime revolucionário eliminou o imposto junto com os seus perpetradores. Em face desse exemplo admonitório, a Grã-Bretanha aprovou um imposto sobre a renda em 1798 para ajudar a financiar sua participação nas guerras revolucionárias francesas, o qual foi, em vários aspectos, o primeiro imposto moderno; por um lado, ele tinha alíquotas progressivas, avançando do zero, que abrangia as rendas anuais inferiores a £60, a 10%, sobre as rendas de £200 ou mais e, pelo outro, era complicado, contendo 124 seções, que cobriam 152 páginas. Sua impopularidade foi geral e instantânea, e assim que ele apareceu foi alvo de uma enxurrada de panfletos repletos de acusações; um panfletista, que professou estar no ano 2000 examinando antigas barbaridades, referiu-se àqueles que recolhiam o imposto sobre a renda como "mercenários impiedosos" e "selvagens (...) com toda a grosseria que a insolência e a ignorância arrogante podiam sugerir". Depois de gerar apenas cerca de £6 milhões por ano durante três anos — em grande parte por causa da difundida sonegação —, ele foi revogado em 1802, depois do Tratado de Amiens, mas no ano seguinte, quando o Tesouro britânico se viu novamente em dificuldades financeiras, o Parlamento aprovou uma nova lei de imposto sobre a renda. Este novo imposto estava extraordinariamente à frente do seu tempo, já que incluía um dispositivo para a retenção na fonte, de modo que, talvez por essa razão, fora odiado ainda mais do que o imposto anterior, embora sua alíquota superior fosse apenas a metade da do outro. Em uma reunião de protesto realizada em Londres em julho de 1803, vários oradores fizeram o que, para os britânicos, certamente deve ter sido a maior demonstração de contrariedade ao imposto sobre a renda. Se essa medida era necessária para salvar o país, declaram eles, então, relutantemente, teriam de optar por desistir do país.

No entanto, pouco a pouco, apesar de repetidos reveses e até mesmo de extensos períodos de total esquecimento, o imposto de renda britânico começou a florescer. Isso pode ter sido, tanto quanto qualquer outra coisa, uma questão de simples aceitação, já que um ponto comum se estende através da história do imposto sobre a renda em todos os lugares: a oposição é sempre extremamente temerária e estridente no início; com o passar dos anos, o imposto tende a se tornar mais forte e a voz dos seus inimigos, mais atenuada. O imposto de renda da Grã-Bretanha foi repetido no ano seguinte ao da vitória de Waterloo, foi revivido timidamente em 1832, defendido com entusiasmo por Sir Robert Peel uma década depois e permaneceu em vigor a partir de então. A alíquota básica durante a segunda metade do século XIX variou entre 5% e menos de 1%, e foi de apenas 2,5%, com uma modesta sobretaxa sobre as rendas elevadas, ainda em 1913. No entanto, a ideia norte-americana de alíquotas muito altas sobre rendas elevadas com o tempo se popularizou na Grã-Bretanha e, em meados da década de 1960, a faixa superior britânica ultrapassava os 90%.

Em outros lugares do mundo, ou pelo menos no mundo economicamente desenvolvido, país após país seguiu o exemplo da Grã-Bretanha e instituiu um imposto de renda em uma ocasião ou outra durante o século XIX. A França pós-revolucionária logo aprovou um imposto sobre a renda, mas depois revogou-o e conseguiu prosseguir sem ele durante vários anos na segunda metade do século; com o tempo, contudo, a perda de receita se revelou intolerável, e o imposto voltou, tornando-se parte integrante da economia francesa. O imposto de renda foi um dos primeiros frutos, embora não um dos mais doces, da unidade italiana, enquanto vários dos estados separados que se combinariam para formar a nação alemã tinham impostos sobre a renda mesmo antes de se unirem. Já em 1911, o imposto sobre a renda também existia na Áustria, na Espanha, na Bélgica, na Suécia, na Noruega, na Dinamarca, na Suíça, na Holanda, na Grécia, em Luxemburgo, na Finlândia, na Austrália, na Nova Zelândia, no Japão e na Índia.

Com sua impressionante arrecadação de imposto de renda e visível docilidade dos seus contribuintes, que causam inveja de governos em toda parte, os Estados Unidos foram retardatários na questão de instituir um imposto sobre a renda e, durante anos, foram um inveterado apóstata na questão de manter um no seu código civil. É bem verdade que na época colonial houve vários sistemas de receita que apresentavam uma leve semelhança com os impostos sobre a renda — certa época, em Rhode Island, por exemplo, cada cidadão devia estimar o status financeiro de dez dos seus vizinhos, tanto no que dizia respeito à renda quanto às propriedades, a fim de fornecer uma base para a avaliação dos impostos — mas esses esquemas, por serem ineficazes e facilmente burlados, foram de curta duração. O primeiro homem a propor um imposto de renda federal foi o secretário do Tesouro do presidente Madison, Alexander J. Dallas; ele fez isso em 1814, mas a guerra de 1812 terminou alguns meses depois, a necessidade de receita do governo diminuiu e o secretário foi alvo de uma oposição tão forte que o assunto só foi revivido na época da Guerra Civil, quando tanto a União quanto a Confederação aprovaram leis de imposto sobre a renda. Antes de 1900, poucos impostos parecem ter sido aprovados em qualquer lugar sem o estímulo de uma guerra. Os impostos sobre a renda nacionais eram — e continuaram a ser até bem recentemente — medidas de guerra e de defesa. Em junho de 1862, incitado pela preocupação popular a respeito de uma dívida pública que estava aumentando no ritmo de US$2 milhões por dia, o Congresso relutantemente aprovou uma lei estipulando alíquotas de imposto de renda progressivas até um máximo de 10% e, no dia 1º de julho, o presidente Lincoln assinou a lei, junto com um projeto que puniria a prática da poligamia. (No dia seguinte, as ações da Bolsa de Valores de Nova York despencaram, o que provavelmente não foi em decorrência do projeto de lei sobre a poligamia.)

"A minha renda está sendo tributada! Isso é absolutamente maravilhoso! Nunca me senti tão importante", escreveu Mark Twain no jornal *Territorial Enterprise* de Virginia City, Nevada, depois de ter pago sua primeira cobrança do imposto de renda, pelo ano de 1864 — US$36,82, que incluiu uma multa de US$3,12 por ter sido paga com atraso. Embora um número muito pequeno de outros contribuintes tenha se mostrado tão entusiasmado, a lei permaneceu em vigor até 1872. Ela foi, contudo, submetida a uma sucessão de reduções das alíquotas e emendas, uma delas tendo sido, em 1865, a eliminação das alíquotas progressivas, sob a impressionante alegação de que recolher 10% sobre as rendas elevadas e alíquotas mais baixas sobre as rendas inferiores constituía uma discriminação inadequada da riqueza. Os recolhimentos de receita anuais subiram de US$2 milhões em 1863 para US$73 milhões em 1866, e depois caíram acentuadamente. Durante duas décadas, começando no início da década de 1870, a simples ideia de um imposto sobre a renda não entrava na cabeça dos norte-americanos, exceto em raras ocasiões em que algum agitador populista ou socialista propunha a instituição de um imposto desse tipo especificamente projetado para sugar os ricos urbanos. Depois, em 1893, quando ficara claro que o país estava apoiado em um sistema de receita obsoleto que colocava um ônus muito pequeno nos homens de negócios e profissionais liberais, o presidente Cleveland propôs um imposto de renda. O protesto que se seguiu foi estridente. O senador John Sherman, de Ohio, o pai da Lei Antitruste, chamou a proposta de "socialismo, comunismo e demonismo", e outro senador falou sombriamente a respeito dos "professores com seus livros, os socialistas com seus esquemas (...) [e] os anarquistas com suas bombas", enquanto na Câmara um deputado da Pensilvânia colocou as cartas na mesa nos seguintes termos:

> Um imposto sobre a renda! Um imposto tão odioso que nenhum governo jamais ousou impô-lo, a não ser em época de guerra. (...) Ele é impronunciavelmente

repugnante tanto nos seus aspectos morais quanto materiais. Ele não cabe em um país livre. É uma lei classista. (...) O senhor deseja oferecer uma recompensa para a desonestidade encorajar o perjúrio? A imposição do imposto corromperá as pessoas. Trará atrás de si o espião e o informante. Necessitará de um enxame de burocratas com poderes inquisitórios. (...) Sr. Presidente, se o senhor aprovar esta lei, o Partido Democrata estará assinando sua sentença de morte.

A proposta que deu origem a essa explosão era de um imposto com uma alíquota uniforme de 2% sobre a renda acima de US$2 mil, que foi transformada em lei em 1894. O Partido Democrata sobreviveu, mas a nova lei, não. Antes que pudesse entrar em vigor, ela foi derrubada pela Suprema Corte, sob a alegação de violar o dispositivo constitucional que proibia os impostos "diretos" a não ser que eles fossem rateados entre os estados de acordo com a população (curiosamente, esse ponto não tinha sido levantado com relação ao imposto sobre a renda da Guerra Civil), e a questão do imposto de renda novamente emudeceu, dessa vez durante uma década e meia. Em 1909, por meio do que o especialista em impostos Jerome Hellerstein chamou de "uma das guinadas mais irônicas dos eventos políticos na história norte-americana", a Emenda Constitucional (a 16ª), que mais à frente deu ao Congresso o poder de cobrar impostos sem um rateio entre os estados, foi apresentada pelos implacáveis adversários do imposto de renda, os republicanos, que deram o passo como uma medida política, seguros de que a emenda nunca seria sancionada pelos estados. Para sua surpresa, ela foi sancionada em 1913, e mais tarde, no mesmo ano, o Congresso aprovou um imposto progressivo para pessoas físicas com alíquotas que iam de 1% a 7%, e também um imposto fixo de 1% sobre o lucro líquido das corporações. O imposto de renda passou a fazer companhia aos norte-americanos a partir de então.

De modo geral, a história do imposto de renda a partir de 1913 tem sido de alíquotas crescentes e do surgimento oportuno de provimentos especiais para poupar as pessoas nas faixas superiores do inconveniente de ter de pagar esses impostos. O primeiro aumento acentuado teve lugar durante a Primeira Guerra Mundial, e já em 1918 a alíquota inferior era de 6% e a superior, aplicável à renda tributável acima de US$1 milhão, era de 77%, ou bem mais do que qualquer governo tinha se aventurado anteriormente a cobrar sobre uma renda de qualquer valor. No entanto, o fim da guerra e o "retorno à normalidade" causaram uma reversão da tendência, e seguiu-se uma era de impostos baixos tanto para os ricos quanto para os pobres. As alíquotas foram gradualmente reduzidas até 1925, quando a progressão de alíquotas padrão ia de 1,5% até um máximo absoluto de 25%, e, além disso, a maioria dos horistas do país ficou isenta de pagar qualquer imposto por serem permitidas isenções pessoais de US$1,5 mil para o contribuinte individual, US$3,5 mil para um casal e US$400 por cada dependente. Essa não era toda a história, pois foi durante a década de 1920 que os provimentos de interesse especial começaram a aparecer, estimulados pelo conjunto de forças políticas que tem sido responsável pelo aumento deles de tempos em tempos a partir de então. O primeiro provimento importante, adotado em 1922, estabeleceu o princípio do tratamento preferencial para os ganhos de capital, ou seja, o dinheiro adquirido por meio de um aumento no valor do investimento seria, pela primeira vez, tributado por uma alíquota menor do que o dinheiro auferido em salários ou em troca de serviços — o que, aliás, ainda ocorre até hoje. Depois, em 1926, veio a brecha que, sem dúvida, causou mais ranger de dentes do que qualquer outra entre aqueles que não estavam em posição de lucrar com ela — a cota de exaustão percentual sobre o petróleo, que permite que o proprietário de um poço de petróleo ativo deduza da sua renda tributável até 27,5% da sua renda anual bruta oriunda do poço e continue a fazer essa dedução ano após ano, embora ele tenha deduzido muitas vezes o custo original do poço. Quer a década de 1920 tenha ou não sido uma era de ouro para o povo norte-americano em geral, certamente foi uma era de ouro para o contribuinte.

A Depressão e o New Deal trouxeram com eles a tendência para alíquotas de imposto mais elevadas e menos isenções, o que conduziu a uma era verdadeiramente revolucionária no imposto de renda federal, a da Segunda Guerra Mundial. Já em 1936, em grande medida por causa do aumento de gastos do público, as alíquotas nas faixas superiores eram aproximadamente o dobro das do final da década de 1920, e a faixa superior era de 79%, enquanto, na extremidade inferior da escala, as isenções individuais tinham sido reduzidas a um ponto em que uma única pessoa era obrigada a pagar uma pequena taxa, mesmo que a sua renda fosse de apenas US$1,2 mil. (Na verdade, naquela época, a renda da maioria dos trabalhadores industriais não ultrapassava US$1,2 mil.) Em 1944 e 1945, a progressão de alíquotas para pessoa física atingiu o seu auge histórico — 23% na extremidade inferior e 94% na superior —, enquanto o imposto de renda de pessoa jurídica, que viera aumentando gradualmente da alíquota original de 1% em 1913, chegou a um ponto em que algumas empresas estavam sujeitas a um imposto de 80%. Mas o que havia de revolucionário na tributação na época da guerra não eram as alíquotas elevadíssimas sobre as rendas elevadas;

na realidade, em 1942, quando esse ímpeto ascendente estava chegando ao auge, apareceu um novo meio de escape para os contribuintes das faixas superiores, ou um antigo meio se ampliou, pois o período durante o qual as ações ou outros ativos precisavam ser mantidos para poder se beneficiar do provimento dos ganhos de capital foi reduzido de 18 meses para seis. O evento revolucionário foi o aumento dos salários industriais e a extensão de substanciais alíquotas de imposto para o assalariado, tornando-o, pela primeira vez, um importante contribuinte para a receita do governo. Abruptamente, o imposto de renda se tornou um imposto de massa.

E assim ele permaneceu. Embora os impostos sobre as grandes e médias empresas tenha se estabilizado em um imposto fixo de 52%, as alíquotas na renda da pessoa física não mudaram significativamente entre 1945 e 1964. (Em outras palavras, as alíquotas básicas não mudaram significativamente; houve perdões e anistias temporárias, correspondendo a alguma coisa entre 5% e 17% das quantias devidas de acordo com as alíquotas básicas, durante os anos de 1946 até 1950.) A amplitude foi de 20% a 91% até 1950; houve um pequeno aumento durante a Guerra da Coreia, mas ela logo voltou aos percentuais anteriores em 1954. Em 1950, outra importante rota de escape, a chamada "opção de compra de ações com restrições", se tornou acessível, possibilitando que parte da remuneração de alguns executivos corporativos fosse tributada com as alíquotas baixas dos ganhos de capital. A mudança significativa, invisível na tabela de alíquotas, foi uma continuação daquela que começou na época da guerra; a saber, o aumento na carga tributária proporcional carregada pelos grupos de renda média e baixa. Embora possa parecer paradoxal, o imposto de renda norte-americano evoluiu de um imposto com alíquotas baixas, cuja receita se apoiava no grupo de renda elevada, para um imposto com alíquotas elevadas, que se apoia nos grupos de renda média e baixa. O tributo da Guerra Civil, que só afetou 1% da população, foi inequivocamente um imposto do homem rico, e o mesmo pode ser dito sobre o tributo de 1913. Até mesmo em 1918, no auge do arrocho orçamentário causado pela Primeira Guerra Mundial, menos de 4,5 milhões de norte-americanos, de uma população total de mais de 100 milhões, tiveram que apresentar declarações de imposto de renda. Em 1933, nas profundezas da Depressão, somente 3,75 milhões de declarações foram apresentadas, e em 1939, uma elite constituída por 700 mil contribuintes, de uma população de 130 milhões de pessoas, foi responsável por nove décimos de todo o recolhimento do imposto de renda, enquanto em 1960 cerca de 32 milhões de contribuintes — um número que ultrapassa um sexto da população — foram responsáveis por nove décimos do recolhimento total, e foram nove décimos colossais, totalizando cerca de US$35,5 bilhões, em comparação com menos de US$1 bilhão em 1939.

O historiador Seligman escreveu, em 1911, que a história da tributação da renda no mundo inteiro consistia essencialmente na "evolução em direção a baseá-la na capacidade de pagar". Nós nos perguntamos o que mais ele poderia acrescentar, baseado na experiência norte-americana a partir de então, se ainda estivesse vivo. É claro que uma das razões pelas quais as pessoas com renda média pagam muito mais em impostos do que costumavam pagar é o fato de que há muito mais pessoas nessa situação hoje em dia. Modificações na estrutura social e econômica do país foram um fator tão fundamental na mudança quanto o foi a estrutura do imposto de renda. No entanto, permanece provável que, na prática, o imposto de renda original de 1913 extraísse dinheiro dos cidadãos com mais consideração pela capacidade deles de pagar do que o imposto de renda atual.

Sejam quais forem as falhas da lei norte-americana do imposto de renda, ela é, sem sombra de dúvida, a lei de imposto de renda mais obedecida no mundo, e o imposto sobre a renda é hoje onipresente, do Oriente ao Ocidente e de polo a polo. (Praticamente todas as nações que passaram a existir ao longo dos últimos anos adotaram medidas de imposto sobre a renda. Walter H. Diamond, editor de uma publicação chamada *Foreign Tax & Trade Briefs*, observou que, em 1955, ele poderia recitar o nome de duas dúzias de países, grandes e pequenos, que não tributavam a pessoa física, mas que em 1965 os únicos nomes de que ele tinha conhecimento eram os de duas colônias britânicas, as Bermudas e as Bahamas; duas minúsculas repúblicas, São Marinho e Andorra; três países ricos em petróleo no Oriente Médio, o Sultanato de Muscat e Oman, o Kuwait e Qatar; e dois outros países um tanto inóspitos, Mônaco e a Arábia Saudita, que tributavam a renda dos estrangeiros residentes mas não a de seus cidadãos. Até mesmo os países comunistas têm um imposto sobre a renda, embora só contem com ele para um pequeno percentual da sua receita total; a Rússia aplica diferentes alíquotas a diferentes ocupações, com os donos de lojas e eclesiásticos ocupando a faixa de imposto mais elevada, os artistas e escritores situados mais ou menos no meio e os trabalhadores braçais e os artesãos na faixa inferior.) Não faltam provas do quão eficiente é o recolhimento de impostos nos Estados Unidos; os custos de administração e fiscalização, por exemplo, são de apenas cerca de US$0,44 para cada US$100 recolhidos, em comparação com uma taxa duas vezes maior no Canadá, mais de três vezes maior na Inglaterra, na França e na Bélgica, e muitas vezes maior em outros países. Esse tipo de eficiência norte-americana é o desespero dos coletores de impostos estrangeiros. Já no final de sua permanência no cargo, Mortimer M. Caplin, que foi diretor da Receita Federal de janeiro de 1961 a julho de 1964, manteve conversas com os principais administradores de impostos de seis países da Europa Ocidental, e a pergunta que ele ouviu repetidamente foi: "Como você faz isso? Eles *gostam* de pagar impostos lá?" É claro que não, mas, como Caplin disse na ocasião, "temos muitas coisas a nosso favor que os europeus não têm". Uma delas é a tradição. O imposto de renda norte-americano não foi resultado das tentativas de monarcas de encher os seus cofres à custa dos seus súditos; ele teve origem e se desenvolveu como resultado dos esforços de um governo eleito para servir o interesse geral. Um advogado tributarista muito viajado comentou há relativamente pouco tempo: "Na maioria dos países, é impossível iniciar uma conversa séria sobre o imposto de renda, porque ele não é levado a sério." Ele é levado a sério nos Estados Unidos, e parte da razão disso é o poder e a capacidade da força policial do imposto de renda no país, a Receita Federal.

Indiscutivelmente, o "enxame de burocratas" temido pelo congressista da Pensilvânia em 1894 veio a existir — e há quem acrescentaria que os funcionários têm os "poderes inquisitórios" que ele também temia. No início de 1965, a Receita Federal tinha aproximadamente 60 mil funcionários, entre eles mais de 6 mil agentes e mais de 12 mil auditores fiscais, e esses 18 mil homens, que têm o direito de investigar cada centavo da renda de todo mundo e assuntos como o que foi discutido em um almoço lançado na conta de despesas, e armados com a ameaça de pesadas punições, têm poderes que poderiam razoavelmente ser chamados de inquisitórios. Mas a Receita Federal está envolvida em muitas outras atividades além do recolhimento efetivo de impostos, e algumas dessas sugerem que ela exerce os seus poderes despóticos de maneira equitativa, talvez até mesmo, efetivamente, de maneira benevolente. Digno de nota entre as atividades adicionais está um programa de educação do contribuinte em uma escala que ocasionalmente inspira um dirigente a alardear que a Receita Federal administra a maior universidade do mundo. Como parte desse programa, há dezenas de publicações explicando vários aspectos da lei, e a Receita tem orgulho de sua publicação mais genérica — um livreto de capa azul intitulado *O seu imposto de renda federal*, publicado anualmente e que, em 1965, podia ser comprado por US$0,40 no escritório de qualquer diretor de distrito — ser tão popular que é frequentemente reproduzida por editoras particulares, que a vendem por US$1 ou mais, indicando, com precisão triunfante, que se trata de uma publicação oficial do governo. (Como as publicações do governo não são protegidas por leis de direitos autorais, isso está perfeitamente dentro da lei.) A Receita Federal também realiza seminários sobre assuntos técnicos todos os anos em dezembro para o treinamento do vasto corpo de "profissionais de impostos" — contadores e advogados —, que logo estarão preenchendo as declarações de pessoas físicas e corporações. Ela publica manuais elementares de impostos concebidos especialmente para serem distribuídos gratuitamente para qualquer escola de ensino médio que os solicite — e, de acordo com um dos dirigentes da Receita Federal, cerca de 85% das escolas norte-americanas os tinham solicitado em um ano recente. (Discutir se as crianças que frequentam a escola deveriam estar despendendo tempo estudando a fundo as leis tributárias é algo que a Receita Federal considera fora da sua esfera de ação.) Além disso, anualmente, pouco antes do prazo final para a entrega das declarações, a Receita Federal costuma fazer breves anúncios na televisão oferecendo conselhos e lembretes para a declaração. Ela tem orgulho em afirmar que uma notória maioria dos anúncios tem sido feita no sentido de evitar que os contribuintes paguem mais imposto do que o devido.

No outono de 1963, a Receita Federal deu um grande passo para aumentar ainda mais a eficiência do seu recolhimento, e, por meio de uma façanha digna do lobo na história da "Chapeuzinho Vermelho", ela conseguiu apresentar esse passo ao público como uma medida característica de uma avozinha que quer ajudar todo mundo. O passo foi a instituição de um arquivo de identidade nacional, envolvendo a atribuição de um número de conta a cada contribuinte (geralmente o número dele na Previdência Social), e sua intenção era eliminar praticamente o problema criado pelas pessoas que deixam de declarar a renda que recebem de dividendos corporativos ou de juros sobre contas bancárias ou títulos — uma forma de sonegação que, segundo se acreditava, estava custando ao Tesouro centenas de milhões de dólares por ano. Mas isso não é tudo. Quando o número for inserido no lugar adequado na declaração, "isso garantirá que você receberá o crédito imediato pelos impostos informados e pagos por você, e que qualquer restituição será prontamente registrada a seu favor" — assim comentou vivamente o xadrez na capa dos formulários da declaração do imposto de renda de 1964. A Receita Federal começou então a dar outro passo gigante — a adoção de um sistema para automatizar grande parte do processo de análise dos impostos, no qual sete computadores regionais iriam recolher e organizar informações que seriam inseridas em um centro principal de processamento de dados em Martinsburg, Virgínia Ocidental. Essa instalação, projetada para fazer 250 mil comparações de números por segundo, começou a ser chamada de Monstro de Martinsburg até mesmo antes de estar operando plenamente. Em 1965, entre 4 e 5 milhões de declarações por ano foram alvo de uma completa auditoria, e todas as declarações foram analisadas para a verificação de erros de conta. Parte desse cálculo estava sendo feita por computadores e parte por pessoas, mas já em 1967, quando o sistema do computador estava trabalhando a todo vapor, *todos* os cálculos foram feitos por ele, liberando muitos funcionários da Receita Federal para que pudessem submeter uma quantidade ainda maior de declarações a uma auditoria detalhada. De acordo com uma publicação autorizada pela Receita Federal em 1963, contudo, "a capacidade e a memória do sistema [de computador] ajudará os contribuintes que se esquecem dos créditos do ano anterior ou que não aproveitam completamente os seus direitos perante a lei". Em resumo, ele ia ser um monstro *do bem*.

Se a máscara que a Receita Federal apresentara ao país nos anos anteriores tinha uma expressão um tanto macabra de bondade, parte da explicação não é provavelmente mais sinistra do que o fato de que Caplin, o homem que a dominou naqueles anos, é um político nato, alegre e extrovertido, e de que sua influência ainda se fez sentir na gestão daquele que o sucedeu como diretor em dezembro de 1964 — um jovem advogado de Washington chamado Sheldon S. Cohen, que assumiu o cargo depois de um intervalo de seis meses, durante o qual um funcionário de carreira da Receita Federal chamado Bertrand M. Harding atuou como diretor interino. (Quando Caplin se demitiu do cargo de diretor, se afastou da política, pelo menos temporariamente, voltando a exercer a advocacia em Washington como especialista em problemas tributários de empresários, entre outras coisas.) Caplin é amplamente considerado um dos melhores diretores da Receita Federal na história, e, no mínimo, ele certamente foi responsável por uma melhora com relação a dois ocupantes relativamente recentes do cargo, um dos quais, algum tempo depois de deixá-lo, foi condenado a dois anos de prisão por sonegação do seu próprio imposto de renda, o outro subsequentemente se candidatou a um cargo público em uma plataforma de oposição a qualquer imposto de renda federal — como um ex-árbitro de beisebol que fizesse uma campanha política no país contra o esporte. Entre as realizações atribuídas a Mortimer Caplin, um homem baixo, dinâmico, de elocução rápida, criado em Nova York e que fora professor de direito na Universidade da Virgínia, na qualidade de diretor, está a extinção da prática que supostamente existia até então de atribuir quotas de recolhimento aos auditores fiscais da Receita Federal. Ele conferiu aos escalões superiores da Receita Federal um ar de integridade acima de qualquer suspeita, e, o que talvez tenha sido mais surpreendente, alcançou a estranha façanha de projetar para a nação uma espécie de entusiasmo pelos impostos, considerados de uma maneira abstrata. Desse modo, ele conseguiu recolhê-los com certa elegância — uma espécie de Nova Fronteira* subsidiária, que ele chamou de Nova Direção. O objetivo principal da Nova Direção era colocar mais ênfase em uma educação que conduzisse a uma crescente aquiescência voluntária às leis tributárias, em vez de se concentrar em procurar e perseguir os infratores conscientes. Caplin escreveu o seguinte em

---

*O termo Nova Fronteira (*New Frontier*) foi usado pelo presidente John F. Kennedy em seu discurso de posse quando assumiu a presidência em 1960. A frase se tornou um rótulo para os programas internos e externos de seu governo. "Estamos hoje no limite de uma Nova Fronteira — a fronteira da década de 1960, a fronteira de oportunidades e perigos desconhecidos (...)." (*N. da T.*)

um manifesto publicado para o seu enxame de burocratas na primavera de 1961: "Devemos todos compreender que a Receita não está administrando simplesmente um negócio de fiscalização que visa obter US$2 bilhões adicionais em avaliações, recolher outro bilhão de contas infratoras e perseguir algumas centenas de sonegadores. Mais exatamente, ela está encarregada de administrar um enorme sistema tributário de autoavaliação que arrecada mais de US$90 bilhões a partir do que as próprias pessoas colocam em suas declarações de renda e voluntariamente pagam, com outros US$2 ou US$3 bilhões oriundos de atividades de fiscalização direta. Em resumo, não podemos nos esquecer de que 97% da receita total dos Estados Unidos são provenientes da autoavaliação ou da aquiescência voluntária, com apenas 3% se originando diretamente da fiscalização. *A nossa principal missão é encorajar e alcançar mais conformidade voluntária.* (...) A Nova Direção é realmente uma mudança na ênfase. *Mas é uma mudança muito importante.*" Pode ser, contudo, que o verdadeiro espírito da Nova Direção seja mais bem-resumido na sobrecapa de um livro intitulado The American Way in Taxation [*O modo americano de cobrar taxas*, em tradução livre], editado por Lillian Doris, publicado em 1963 com a bênção de Caplin, que escreveu o prefácio. "Temos aqui a empolgante história da maior e mais eficiente organização de recolhimento de impostos que o mundo já conheceu — a Receita Federal dos Estados Unidos!", anunciou, em parte, a sobrecapa. "Nela você encontrará os emocionantes eventos, as batalhas legislativas causticamente disputadas, os dedicados funcionários públicos que viveram no século passado e deixaram uma marca indelével na nossa nação. Você ficará emocionado com a batalha judicial para extinguir o imposto de renda (...) e ficará abismado com os futuros planos da Receita Federal. Você verá como gigantescos computadores, agora nas pranchetas, afetarão o sistema de recolhimento de impostos e influenciarão a vida de muitos homens e mulheres norte-americanos de maneiras novas e incomuns!" O texto soou um pouco como o apregoador de um circo romano anunciando uma execução pública.

É discutível se o slogan da Nova Direção de "conformidade voluntária" poderia ser adequadamente usado para descrever um sistema de recolhimento de impostos no qual cerca de três quartos de todos os recolhimentos são obtidos por meio da retenção na fonte, no qual a Receita Federal e o seu Monstro de Martinsburg estão à espreita para capturar o sonegador incauto e no qual a pena para a sonegação é de até cinco anos em regime fechado por cada transgressão, além de penalidades financeiras extremamente rigorosas. Caplin, contudo, não parecia se sentir nem um pouco preocupado com relação a esse ponto. Com um incansável bom humor, ele circulava pelas organizações de empresários, contadores e advogados do país organizando almoços nos quais dava palestras em que elogiava a conformidade voluntária deles no passado, exortava-os a se esforçar mais no futuro e garantia a todos que era tudo por uma boa causa. "Ainda estamos tentando seriamente inserir um toque humano na administração do nosso imposto", declarava o texto na capa dos formulários das declarações de 1964 assinado por Caplin, e supostamente escrito com a colaboração da sua esposa. "Vejo muito humor na minha função", disse ele a um visitante algumas horas depois de ter comentado em um almoço do Kiwanis Club de Washington no Mayflower Hotel: "O 50º aniversário da Emenda Constitucional do imposto de renda foi no ano passado, mas a Receita Federal, de uma maneira ou de outra, não pareceu receber nenhum bolo de aniversário." Isso talvez possa ser considerado uma forma de humor negro, a não ser pelo fato de que o carrasco não deve ser quem conta as piadas.

Cohen, o diretor que sucedeu Caplin e ainda estava no cargo em meados de 1968, nasceu e foi criado em Washington, formou-se em 1952 pela Escola de Direito da Universidade George Washington como um dos melhores da turma; atuou com um cargo júnior na Receita Federal nos quatro anos seguintes; exerceu a advocacia em Washington durante sete anos depois disso, vindo posteriormente a se tornar sócio do famoso escritório Arnold, Fortas & Porter; no início de 1964, ele voltou para a Receita Federal como principal advogado do departamento jurídico; e um ano depois, aos 37 anos, tornou-se o mais jovem diretor da Receita Federal até então. Um homem com o cabelo castanho cortado bem rente, olhar franco e um jeito ingênuo e confiante que faz com que ele pareça ainda mais jovem do que é, Cohen deixou o cargo de advogado principal com a reputação de ter elevado o departamento tanto no sentido prático quanto no filosófico; ele foi responsável por uma reorganização administrativa amplamente elogiada por ter tornado possíveis decisões mais rápidas, e pela exigência de que a Receita Federal fosse coerente em sua posição legal nos casos contra os contribuintes (que ela se abstivesse de adotar uma posição com relação a um detalhe da interpretação das normas da Receita na Filadélfia, digamos, e a posição oposta com relação ao mesmo detalhe em Omaha), o que é considerado um triunfo dos bons princípios sobre a ganância do governo. De modo geral, disse Cohen ao assumir o cargo, ele pretendia dar continuidade às políticas de Caplin — enfatizar a "conformidade voluntária", tentar ter um relacionamento agradável, ou pelo menos não *desagradável*, com os contribuintes e assim por diante. No entanto, ele é um homem menos gregário e mais pensativo do que

Caplin, e essa diferença afetou a Receita Federal como um todo. Ele tem permanecido relativamente perto de sua mesa, deixando os almoços com discursos motivacionais para os seus subordinados. "Mort era maravilhoso nesse tipo de coisa", afirmou Cohen em 1965. "A opinião do público a respeito da Receita está elevada agora em decorrência do grande empurrão dele naquela direção. Queremos mantê-la elevada sem que eu precise empurrar. De qualquer modo, eu não poderia fazer isso bem — esse não é meu estilo."

Uma acusação que frequentemente tem sido feita, e que continua a sê-lo, é que o cargo de diretor da Receita encerra um excesso de poder. O diretor não tem autoridade para propor mudanças nas alíquotas ou introduzir outra nova lei tributária — a autoridade para propor mudanças nas alíquotas é da alçada do secretário do Tesouro, que pode ou não buscar o conselho do diretor a respeito do assunto, e a promulgação da nova lei é, naturalmente, atribuição do Congresso e do presidente —, mas as leis tributárias, como precisam abordar tantas situações diferentes, são necessariamente redigidas em termos muito gerais, e o diretor é o único responsável por redigir as regulamentações que devem explicar detalhadamente as leis. E, às vezes, as próprias regulamentações são um pouco nebulosas, e, nesses casos, quem está mais bem-qualificado para explicá-*las* do que o seu autor, o diretor? Então, praticamente cada palavra que sai da boca do diretor, seja na sua mesa ou nos almoços em que ele discursa, é logo distribuída pelos diversos serviços de publicação para os contadores e advogados tributaristas de todo o país, e é devorada por eles com uma avidez nem sempre em harmonia com os comentários de uma autoridade. Por causa disso, algumas pessoas encaram o diretor praticamente como um tirano. Outras, entre elas especialistas tributários teóricos e práticos, discordam. Jerome

Hellerstein, professor da Escola de Direito da Universidade de Nova York e também consultor tributário, disse o seguinte: "A liberdade de ação concedida ao diretor é grande, e é verdade que ele pode tomar atitudes capazes de afetar o desenvolvimento econômico do país e o destino das pessoas e das corporações. Mas se ele tivesse pouca liberdade de ação, isso resultaria em rigidez e certeza de interpretação, o que tornaria muito mais fácil para profissionais tributários, como eu, manipular a lei em benefício dos seus clientes. A liberdade de ação do diretor lhe confere uma saudável imprevisibilidade."

Caplin com certeza não abusou conscientemente do seu poder, e Cohen tampouco fez isso. Ao visitá-los, cada um à sua época, na sala do diretor, constatei que ambos transmitiam a impressão de serem homens altamente inteligentes que estavam vivendo — como Arthur M. Schlesinger Jr. disse que Thoreau vivia — em um grau elevado de tensão moral. E não é difícil identificar a causa da tensão moral; é quase certo que tinha origem na dificuldade de presidir a conformidade, voluntária ou involuntária, com uma lei que a pessoa não aprova com muito entusiasmo. Em 1958, quando Caplin apareceu — como testemunha versada em questões tributárias e não como diretor da Receita Federal — diante do Comitê Permanente da Câmara de Representantes [House Ways and Means Committee], ele propôs um programa de reformas generalizado, incluindo, entre outras coisas, a total eliminação ou uma drástica contenção do tratamento preferencial dado aos ganhos de capital; a redução das alíquotas de exaustão percentual sobre o petróleo e outros minerais; a retenção de impostos sobre dividendos e juros e a consequente redação de uma lei de imposto de renda inteiramente nova para substituir as Normas de 1954, que ele declarou que haviam conduzido a "dificuldades, complexidades e brechas para a sonegação de impostos". Pouco depois de deixar o cargo, Caplin explicou detalhadamente como seria a sua lei tributária ideal. Comparada com a lei tributária atual, ela seria heroicamente simples, sem brechas e sem a maioria das deduções e isenções pessoais, e com uma tabela de alíquotas que iria de 10% a 50%.

No caso de Caplin, a resolução da tensão moral, na medida em que ele a atingiu, não resultou inteiramente de uma análise racional. "Alguns críticos adotam uma visão completamente cética do imposto de renda", refletiu ele certo dia enquanto ocupava o cargo de diretor. "Eles dizem, na verdade, 'é uma bagunça, e nada pode ser feito a respeito'. Não posso concordar com isso. É bem verdade que são necessárias muitas concessões, e continuarão a sê-lo. Mas me recuso a aceitar uma postura derrotista. Nosso sistema tributário encerra uma qualidade mística. Por pior que seja, do ponto de vista técnico, ele tem vitalidade por causa do elevado nível de conformidade." Ele fez uma pausa bastante longa, talvez por encontrar uma falha em seu próprio argumento; no passado, afinal de contas, a conformidade universal a uma lei nem sempre foi um indício de que ela era inteligente ou justa. Ele, então, prosseguiu: "Examinando a amplitude dos anos, creio que nos sairemos bem. Provavelmente, algum tipo de ponto de crise fará com que comecemos a enxergar além dos interesses egoístas. Estou otimista de que daqui a cinquenta anos teremos um bom sistema tributário."

Cohen, por sua vez, estava trabalhando na seção de minuta da legislação na época em que as normas atuais estavam sendo redigidas, e ele participou da composição delas. Poderíamos supor que esse fato faria com que ele tivesse um certo sentimento de posse com relação a elas, mas aparentemente esse não era o caso. "Lembrem-se de que tínhamos na época um governo republicano, e eu sou democrata", declarou ele certa vez, em 1965. "Ao se redigir um estatuto, você atua como técnico. Qualquer orgulho que se possa sentir depois é orgulho da competência técnica." Cohen, então, pode reler sua velha prosa, agora sacramentada como lei, sem euforia ou remorso, e ele não hesita nem um pouco em endossar a opinião de Caplin de que as normas da Receita conduzem a "dificuldades, complexidades e brechas para a sonegação de impostos". Ele é mais pessimista do que Caplin a respeito de encontrar a resposta na simplificação. "Talvez possamos reduzir as alíquotas e livrar-nos de algumas deduções", disse ele, "mas depois poderemos descobrir que precisamos de novas deduções, no interesse da equidade. Desconfio de que uma sociedade complexa precisa de uma lei tributária complexa. Se introduzirmos normas mais simples, elas provavelmente estarão complexas de novo daqui a alguns anos."

II

"Toda nação tem o governo que merece", declarou o escritor e diplomata francês Joseph de Maistre, em 1811. Como a principal função do governo é criar leis, a declaração implica que toda nação tem as leis que merece, e se a doutrina pode ser considerada, na melhor das hipóteses, uma meia-verdade no caso dos governos que existem por meio da força, ela parece de fato persuasiva no caso dos governos que existem por meio do consentimento popular. Se hoje a lei mais importante do código de leis dos Estados Unidos é a do imposto de renda, conclui-se que o povo norte-americano tem a lei do imposto de renda que merece. Grande parte da polêmica discussão sobre a lei do imposto de renda dos anos recentes tem se concentrado em claras violações dela, dentre as quais o engordamento de contas de despesas operacionais, a questão da renda tributável não declarada nos registros do imposto de renda, fraudulentamente ou de outra maneira — uma quantia estimada em US$25 bilhões por ano — e a corrupção nas fileiras da Receita Federal, que algumas autoridades acreditam ser relativamente comum, pelo menos nas grandes cidades. Essas formas de transgressão da lei, é claro, refletem fraquezas humanas atemporais e mundiais. No entanto, a lei propriamente dita possui certas características mais estreitamente relacionadas com uma época e lugar particulares, e se De Maistre estava certo, a lei deveria refletir características nacionais; em outras palavras, a lei do imposto de renda deve ser, em certa medida, um espelho nacional. Como é esse reflexo?

Repetindo, a lei básica que rege os impostos aplicados sobre a renda consiste nas Normas da Receita Federal de 1954, ampliadas por um sem-número de regulamentações instituídas pela Receita Federal, interpretadas por um sem-número de decisões judiciais e retificadas por várias leis do Congresso, entre elas a Lei da Receita de 1964, que envolveu a maior redução de impostos na história norte-americana. As Normas da Receita, um documento maior do que o livro *Guerra e paz*, está escrito — talvez inevitavelmente — no tipo de jargão que atordoa a mente e desalenta o espírito; uma frase típica, que lida com a definição de "emprego", começa perto da parte inferior da página 564, contém mais de mil palavras, 19 pontos e vírgulas, 42 parênteses simples, três parênteses dentro de parênteses e até mesmo um período intersticial inexplicável, e chega a um fim surpreendente, com um ponto final definitivo, perto do topo da página 567.

Somente depois que penetramos na parte das Normas da Receita que lidam com impostos de exportação-importação (que se enquadram na alçada delas, junto com impostos sobre espólios e vários outros impostos federais), topamos com uma frase compreensível e divertida como "Toda pessoa que exportar margarina marcará em toda vasilha, barrilete ou outra embalagem contendo tal artigo a palavra 'margarina', em tipos romanos simples com não menos de meia polegada quadrada". No entanto, uma cláusula na página 2 das Normas da Receita, embora não seja de modo nenhum uma frase, é extremamente clara e direta; ela apresenta sem maiores delongas as alíquotas pelas quais a renda das pessoas será tributada: 20% sobre a renda tributável que não exceder US$2 mil; 22% sobre a renda tributável de mais de US$2 mil, porém não superior a US$4 mil e assim por diante, até uma alíquota máxima de 91% sobre a renda tributável de mais de US$200 mil. (Como vimos, as alíquotas foram reduzidas em 1964 para um máximo de 70%.) Bem no início, portanto, as Normas da Receita fazem sua declaração de princípio, e, a julgar pela tabela de alíquotas, elas são implacavelmente igualitárias, tributando os pobres de maneira relativamente suave, as pessoas prósperas de maneira moderada e os muito ricos em níveis que tocam as raias do confisco.

No entanto, repetindo um ponto que se tornou tão bem--conhecido que mal precisa ser repetido, as Normas da Receita não vivem à altura dos seus princípios. Como prova dessa afirmação, basta examinarmos as estatísticas recentes do imposto de renda — um conjunto de volumes intitulados *Statistics of Income* [*Estatísticas de renda*, em tradução livre], publicados anualmente pela Receita Federal. Em 1960, as pessoas com renda bruta entre US$4 mil e US$5 mil, depois de se beneficiar de todas as suas deduções e isenções individuais, e aproveitar o dispositivo que permite que os casais e os chefes de família sejam tributados com alíquotas geralmente mais baixas do que as aplicadas a pessoas físicas, acabaram pagando em média cerca de um décimo dos seus recebimentos declaráveis, enquanto aqueles na faixa de US$10 mil a US$15 mil pagaram aproximadamente um sétimo, aqueles na faixa de US$25 mil a US$50 mil pagaram um pouco menos de um quarto e aqueles na faixa de US$50 mil a US$100 mil pagaram cerca de um terço. Até esse ponto, encontramos claramente uma progressão de acordo com a capacidade de pagar, bastante de acordo com o que a tabela de alíquotas determina. No entanto, a progressão para abruptamente quando se atingem as faixas superiores de renda — em outras palavras, exatamente no ponto em que ela deveria se tornar mais acentuada. Em 1960, cada um dos grupos de US$150 mil a US$200 mil, US$200 mil a US$500 mil, US$500 mil a US$1.999 e mais de US$1 milhão pagou, em média, menos de 50% das suas rendas declaráveis, e quando levamos em consideração o fato de que, quanto mais rico é um homem, mais provável é que uma enorme proporção do seu dinheiro não precise nem mesmo ser declarada como renda bruta tributável — todo o rendimento de certos títulos, por exemplo, e a metade de todos os rendimentos de ganhos de capital a longo prazo —, fica evidente que bem no topo da escala de renda a taxa percentual da tributação efetiva toma um rumo descendente. Essa evidência é confirmada pelas *Statistics of Income* de 1961, que desmembra os números em pagamentos de acordo com a faixa, e que mostra que, embora 7.487 contribuintes tenham declarado uma renda de US$200 mil ou mais, menos de 500 deles tinham tido uma renda tributável pela alíquota de 91%. Enquanto durou, a alíquota de 91% foi um tranquilizante do público, fazendo com que todos na faixa inferior se sentissem felizes por não serem ricos, e sem machucar muito estes últimos. E depois, para completar a piada, se realmente o for, existem as pessoas com renda maior do que todo mundo e que pagam menos imposto do que todo mundo — em outras palavras, aquelas com uma renda anual de US$1 milhão ou mais que conseguem encontrar maneiras perfeitamente legítimas de simplesmente não pagar imposto de renda. De acordo com *Statistics of Income*, houve 11 delas em 1960, de um total nacional de 306 milhões de pessoas por ano, e 17 delas em 1961, de um total de 398 milhões. Os fatos puros e simples são que o imposto de renda está longe de ser progressivo.

A explicação dessa enorme disparidade entre a aparência e a realidade, na verdade, capaz de expor as normas a uma ampla acusação de hipocrisia, é encontrada nas detalhadas exceções às alíquotas-padrão que se escondem nas suas indistintas profundezas — exceções que costumam ser chamadas de dispositivos de interesse especial ou, sem meias-palavras, brechas. ("Brecha", como todas as pessoas imparciais que usam a palavra estão prontas para admitir, é uma designação um tanto subjetiva, pois a brecha de um homem pode ser a tábua de salvação de outro — ou talvez, em outra época, a tábua de salvação do mesmo homem.) Era fácil perceber que a lei do imposto de renda de 1913 não dava margem a brechas. Como elas se tornam leis e por que permanecem sendo leis são questões que envolvem a política e talvez a metafísica, mas o seu funcionamento efetivo é relativamente simples, e é esclarecedor observá-lo. O método mais simples de evitar o imposto de renda — pelo menos por alguém que tenha uma grande quantidade de capital à sua disposição — é, de longe, investir nos títulos dos estados, municípios, autoridades portuárias e estradas sujeitas ao pagamento de pedágio; os juros pagos em todos esses títulos estão inequivocamente isentos de impostos. Como os juros nos títulos de alta qualidade isentos de imposto subiram de 3% para 5% ao ano, alguém que invista US$10 milhões neles pode recolher de US$300 a US$500 mil por ano livres de impostos sem causar nenhum problema para si mesmo ou para o seu advogado tributarista; se ele tivesse sido tolo o bastante para aplicar o dinheiro em investimentos comuns que pagam, digamos, 5%, ele teria tido rendimentos tributáveis de US$500 mil, e, de acordo com as alíquotas de 1964, partindo do princípio de que ele fosse solteiro, não tivesse outra renda, e não tivesse recorrido a nenhum artifício, teria de pagar um imposto de quase US$367 mil. A isenção nos títulos estaduais e municipais faz parte da lei norte-americana do imposto de renda desde os seus primórdios, tendo originalmente uma base constitucional e sendo agora defendida sob a alegação de que os estados e as cidades precisam do dinheiro. Quase todos os secretários do Tesouro eram contrários a essa isenção, mas nenhum foi capaz de revogá-la.

Provavelmente, o dispositivo de interesse especial mais importante nas Normas da Receita Federal é o que trata dos ganhos de capital. A equipe do Comitê Econômico Conjunto do Congresso escreveu em um relatório publicado em 1961: "O tratamento concedido aos ganhos de capital se tornou uma das brechas mais impressionantes na estrutura da Receita Federal." O que o dispositivo diz, basicamente, é que o contribuinte que faz uma aplicação de capital (em bens imóveis, uma corporação, um conjunto de ações ou qualquer outra coisa), permanece com a aplicação durante pelo menos seis meses e depois a negocia com lucro, pode ter seu lucro tributado por uma alíquota muito mais baixa do que a que atinge a renda normal; sendo mais específico, a alíquota é a metade da alíquota máxima do contribuinte ou 25%, o que for menor. O que isso significa para qualquer pessoa cuja renda a colocaria em uma faixa de renda muito elevada é óbvio: ela precisa descobrir uma maneira de receber o máximo possível de sua renda na forma de ganhos de capital. Por conseguinte, o jogo cujo objetivo é encontrar maneiras de converter a renda comum em ganhos de capital se tornou muito popular nas duas últimas décadas. Esse jogo frequentemente é vencido sem muita dificuldade. Certa noite na televisão, em meados da década de 1960, David Susskind perguntou a seis multimilionários reunidos se algum deles considerava as alíquotas de impostos um obstáculo no caminho fácil para a riqueza nos Estados Unidos. Fez-se um longo silêncio, quase como se a ideia fosse nova para os multimilionários, e então um deles, no tom de alguém que explica algo para uma criança, mencionou o dispositivo dos ganhos de capital e disse não considerar os impostos um grande problema. Os impostos elevados não foram mais discutidos naquela noite.

Embora o dispositivo dos ganhos de capital lembre a isenção em certos títulos no que diz respeito a proporcionar vantagens que beneficiam principalmente os ricos, ele difere em outros aspectos. É, de longe, a mais favorável das duas brechas; na realidade, ele é uma espécie de brecha-mãe, capaz de desovar outras brechas. Por exemplo, poderíamos pensar que um contribuinte precisaria ter capital antes de poder receber um ganho de capital. No entanto, foi descoberta uma maneira — que se tornou lei em 1950 — de ele receber o ganho antes de ter o capital. Trata-se do dispositivo de opção de compra de ações. De acordo com os termos do dispositivo, uma corporação pode dar aos seus executivos o direito de comprar ações da companhia em qualquer ocasião dentro de um período estipulado — digamos, cinco anos — por um preço igual ou próximo ao do mercado aberto da época da concessão da opção; posteriormente, se, como aconteceu com muita frequência, o preço da ação subir vertiginosamente, os executivos têm opções e podem comprar as ações pelo preço antigo, vendê-las no mercado aberto algum tempo depois pelo novo preço e pagar apenas alíquotas de ganhos de capital sobre a diferença, desde que façam essas operações sem uma pressa inconveniente. A beleza de tudo isso a partir do ponto de vista de um executivo é que, uma vez que o valor da ação tenha aumentado substancialmente, sua própria opção se torna um produto valioso em função do qual ele pode tomar emprestado o dinheiro necessário para exercer o seu direito de opção; depois, tendo comprado as ações e as vendido novamente, ele pode pagar a sua dívida e ter um ganho de capital decorrente da aplicação de nenhum capital. A beleza de tudo isso, a partir do ponto de vista das corporações, é que elas podem pagar em parte os seus executivos com um dinheiro que é tributável por alíquotas relativamente baixas. É claro que todo o esquema não dá em nada se as ações da companhia caírem, o que acontece de vez em quando, ou se elas simplesmente não subirem, mas mesmo assim o executivo teve a oportunidade de jogar de graça na roleta do mercado de ações, com uma chance de ganhar muito e praticamente nenhum perigo de perder alguma coisa — algo que a lei tributária não oferece a nenhum outro grupo.

Ao favorecer os ganhos de capital sobre a renda comum, as Normas da Receita parecem estar apresentando duas noções muito dúbias — a de que uma forma de renda não obtida por meio do trabalho é mais meritória do que qualquer forma de renda obtida por meio do trabalho, e que as pessoas com dinheiro para investir são mais meritórias do que aquelas sem o dinheiro. Dificilmente alguém afirma que o tratamento preferencial dos ganhos de capital pode ser justificado com base na equidade; aqueles que examinam esse aspecto da questão tendem a concordar com Hellerstein, que escreveu o seguinte: "De um ponto de vista sociológico, muito há a ser dito a favor de uma tributação mais severa do lucro sobre a valorização no valor da propriedade do que sobre a renda proveniente de serviços pessoais." A defesa, portanto, se baseia em outros fundamentos. Para começar, existe uma respeitável teoria econômica que defende uma completa isenção do imposto de renda sobre os ganhos de capital, com o argumento de que, enquanto os salários e os dividendos ou juros dos investimentos são frutos da árvore do capital, e, portanto, uma renda tributável, os ganhos de capital representam o crescimento da própria árvore, não sendo, portanto, uma renda. Essa distinção está, na verdade, embutida nas leis tributárias de alguns países — particularmente na lei tributária da Grã-Bretanha, que, em princípio, só começou a tributar os ganhos de capital em 1964. Outro argumento, puramente pragmático, sugere que o dispositivo dos ganhos de capital é necessário para incentivar as pessoas a correr riscos com o seu capital. (De maneira análoga, os defensores das opções de compra de ações dizem que as corporações precisam delas para atrair e manter os seus talentos.) Finalmente, quase todas as autoridades fiscais concordam que tributar os ganhos de capital da mesma maneira que os outros tipos de renda, como a maioria dos reformadores afirma que deveria ser feito, envolveria dificuldades técnicas descomunais.

Subcategorias particulares das pessoas ricas e das bem-remuneradas podem se aproveitar de outros meios de escape, entre eles os planos de pensão corporativos, os quais, assim como as opções de compra de ações, contribuem para a solução dos problemas de impostos dos executivos; fundações isentas do pagamento de impostos criadas pretensamente para fins beneficentes e educacionais, das quais mais de 15 mil ajudam a mitigar o fardo tributário dos seus doadores, embora as atividades beneficentes e educacionais de algumas delas sejam mais ou menos invisíveis; e *holdings* controlados, no máximo, por cinco pessoas, os quais, sujeitos a regulamentações bastante rígidas, possibilitam que pessoas com uma renda muito elevada proveniente de serviços pessoais como escrever e atuar reduzam seus impostos por meio do que equivale a incorporar a si mesmas. No entanto, de todo o conjunto de brechas nas Normas da Receita, provavelmente a mais amplamente detestada é a cota de exaustão percentual sobre o petróleo. A palavra "exaustão", como é usada nas Normas da Receita, se refere à exaustão progressiva de recursos naturais insubstituíveis, mas da maneira como é usada nas declarações de renda dos investidores em poços de petróleo, ela se revela uma forma milagrosamente glorificada do que em geral é chamado de depreciação. Enquanto um dono de fábrica pode pleitear uma depreciação em uma máquina como dedução de imposto, mas somente até ter deduzido o custo original da máquina — em outras palavras, até a máquina estar teoricamente inútil devido ao desgaste —, o investidor individual ou corporativo na área do petróleo, por razões que desafiam a explicação lógica, pode continuar a pleitear indefinidamente a exaustão percentual em um poço ativo, mesmo que isso signifique que o custo original do poço foi recuperado muitas vezes. A cota de exaustão percentual do petróleo é de 27,5% ao ano até o máximo da metade da renda líquida do investidor em petróleo (existem cotas menores para outros recursos naturais, como 23% para o urânio, 10% para o carvão mineral e 5% para a concha de ostra e de marisco), e o efeito disso sobre a renda tributável do investidor em petróleo, especialmente quando combinado com os efeitos de outros dispositivos legais de evitação de impostos, é impressionante; por exemplo, ao longo de um período de cinco anos, um investidor em petróleo tinha uma renda líquida de US$14,3 milhões, sobre os quais ele pagou US$80 mil de imposto, ou seis décimos de 1%. Não é de causar surpresa que a cota de exaustão percentual esteja sempre sendo atacada; no entanto, também não é de surpreender que ela seja defendida com um zelo feroz — tão feroz que nem mesmo as propostas de revisão de impostos de 1961 e de 1963 do presidente Kennedy, as quais, tomadas em conjunto, geralmente são consideradas o mais amplo programa de reforma tributária jamais apresentado por um presidente, se aventuraram a sugerir sua revogação. O argumento habitual é que a cota de exaustão percentual é necessária para compensar os investidores em petróleo dos riscos envolvidos na perfuração especulativa, garantindo um suprimento adequado de petróleo para uso nacional, mas muitas pessoas sentem que esse argumento equivale a dizer o seguinte: "A cota de exaustão é um subsídio federal necessário e desejável para a indústria do petróleo", fazendo com que o argumento destrua a si próprio, já que conceder subsídios para as indústrias individuais dificilmente é uma tarefa apropriada para o imposto de renda.

A Lei da Receita de 1964 não faz praticamente nada para tampar as brechas, mas as torna um pouco menos úteis, já que a drástica redução das alíquotas básicas sobre as rendas elevadas provavelmente fez com que alguns contribuintes das faixas mais elevadas simplesmente deixassem de se preocupar com os artifícios menos convenientes ou eficazes. Em outras palavras, na medida em que a nova lei reduz a desigualdade entre as promessas das Normas da Receita e o seu desempenho, ela representa uma espécie de reforma fortuita. (Uma maneira de curar *toda* a evasão do imposto de renda seria aboli-lo.) Contudo, sem considerar o sofisma — felizmente um tanto reduzido a partir de 1964 — que as Normas da Receita incorporam, elas têm certas características discerníveis e perturbadoras que não foram modificadas e poderão ser particularmente difíceis de modificar no futuro. Algumas delas têm a ver com os métodos de permitir e não permitir deduções para viagens e despesas de entretenimento por pessoas que têm o próprio negócio, ou por pessoas empregadas mas cujas despesas profissionais não são reembolsadas — deduções estimadas como se situando entre US$5 bilhões e US$10 bilhões por ano, com uma redução resultante da arrecadação federal entre US$1 bilhão e US$2 bilhões. O problema das viagens e do entretenimento já existe há bastante tempo e tem resistido obstinadamente a várias tentativas de ser solucionado. Um dos pontos cruciais na história das viagens e do entretenimento ocorreu em 1930, quando os tribunais decidiram que o ator e compositor George M. Cohan — e por conseguinte qualquer um — teria o direito de deduzir as suas despesas profissionais com base em uma estimativa razoável mesmo que ele não pudesse apresentar nenhuma prova de ter pago essa quantia ou mesmo apresentar informações contábeis detalhadas. A regra de Cohan, como veio a ser chamada, permaneceu em vigor durante mais de três décadas, durante as quais era invocada toda primavera por milhares de empresários de maneira tão ritualística quanto os muçulmanos se voltam para Meca. Ao longo das décadas, as deduções profissionais cresceram exponencialmente à medida que as pessoas que faziam as estimativas iam ficando mais audaciosas, o que fez com que a regra de Cohan e outras partes flexíveis das regulamentações das viagens e do entretenimento fossem alvo de uma série de ataques dos defensores da reforma. Projetos de lei que propunham eliminar totalmente, ou quase totalmente, a regra de Cohan foram apresentados ao Congresso em 1951 e novamente em 1959, mas não foram aprovados — em um dos casos, depois de um protesto afirmando que a reforma das viagens e do entretenimento significaria o fim da clássica corrida de cavalos Kentucky Derby — e, em 1961, o presidente Kennedy propôs uma lei que não apenas teria posto de lado a regra de Cohan como também, ao reduzir para entre US$4 e US$7 por dia a quantia que um homem poderia deduzir com comida e bebida, teria praticamente dado um fim à era da possibilidade de deduções na vida norte-americana. Mas essa mudança social fundamental não aconteceu. Surgiram imediatamente longas e estridentes lamentações de angústia tanto dos empresários quanto dos hotéis, restaurantes e casas noturnas, e muitas das propostas de Kennedy foram logo abandonadas. Não obstante, por meio de uma série de emendas às Normas da Receita aprovadas pelo Congresso em 1962 e que entraram em vigor por meio de um conjunto de regulamentações emitidas pela Receita Federal em 1963, elas conduziram à anulação da regra de Cohan, e à estipulação de que, de modo geral, todas as deduções profissionais, por menores que fossem, teriam de, a partir de então, ser devidamente comprovadas por registros, ou até mesmo por recibos efetivos.

No entanto, até mesmo um exame superficial da lei como ela existe a partir de então mostra que as regras modificadas das viagens e do entretenimento estão, de alguma maneira, aquém do ideal — que, na verdade, estão permeadas de absurdos e forradas por uma espécie de filistinismo. Para que seja dedutível, a viagem precisa ser feita basicamente para negócios e não para lazer, e precisa ser "longe do lar" — em outras palavras, não pode ser meramente o deslocamento de casa para o trabalho. A estipulação "longe do lar" levanta a questão de onde é o lar, e conduz ao conceito de "domicílio fiscal", o lugar do qual a pessoa precisa estar afastada a fim de se qualificar para deduções de viagens; o domicílio fiscal de um empresário, não importa quantas casas de campo, alojamentos de caça e sucursais ele possa ter, é a área geral — ou seja, não apenas o prédio específico — do seu local de trabalho. Como resultado, casais que se deslocam para o trabalho em duas cidades diferentes têm domicílios fiscais separados, mas, por sorte, as Normas da Receita continuam a reconhecer a união deles permitindo as vantagens tributárias disponíveis para outras pessoas casadas; embora tenha havido casamentos tributários, o divórcio tributário ainda é um assunto para o futuro.

Quanto ao entretenimento, agora que foram privados da regra de Cohan, os redatores das regulamentações da Receita Federal são obrigados a fazer distinções de requinte quase teológico, e o resultado das distinções é avaliar diretamente o hábito — que algumas pessoas, de qualquer maneira, há muitos anos já consideram demasiadamente preponderante — de conversar a respeito de negócios em todas as horas do dia e da noite, e em todos os tipos de empresas. Por exemplo, só são concedidas deduções para o entretenimento de parceiros comerciais em casas noturnas, teatros ou concertos se "uma discussão de negócios substancial e autêntica" tiver lugar antes, durante ou depois do entretenimento. (Ficamos relutantes em imaginar o que resultará se muitos empresários se puserem a discutir negócios durante peças teatrais ou concertos.) Por outro lado, um empresário que entreter outro em um "tranquilo ambiente empresarial", como um restaurante sem música ao vivo, poderá pleitear uma dedução mesmo que poucos assuntos de negócios, ou até mesmo nenhum, sejam discutidos, desde que o encontro tenha um objetivo comercial. De modo geral, quanto mais barulhento, confuso ou perturbador o ambiente, mais conversas de negócios precisam existir; as regulamentações incluem especificamente os coquetéis na categoria barulhenta e perturbadora, e, consequentemente, requerem muitas discussões de negócios antes, durante ou depois deles, embora uma refeição servida a um parceiro comercial na casa do anfitrião possa ser dedutível sem que negócios sejam ao menos mencionados. Neste último caso, contudo, como o J. K. Lasser Tax Institute adverte em seu popular guia *O seu imposto de renda*, você precisa estar "pronto para provar que o seu motivo (...) foi comercial e não social". Em outras palavras, para não correr riscos, você deve falar um pouco de negócios. Hellerstein escreveu: "Daqui em diante, os advogados tributaristas, sem dúvida, recomendarão aos seus clientes que falem de negócios em todas as situações, e pedirão que digam às esposas para não fazer objeção ao uso do jargão profissional se elas desejarem continuar a ter o estilo de vida a que estão acostumadas."

O entretenimento em uma escala elaborada é desencorajado nas regras posteriores a 1963, como observa o livreto do Lasser, talvez um pouco jubilosamente: "O Congresso não tornou lei um dispositivo excluindo o entretenimento extravagante." Em vez disso, ele decretou que um empresário pode deduzir a depreciação e as despesas operacionais em um "local de entretenimento" — um iate, um alojamento de caça, uma piscina, uma pista de boliche ou um avião, por exemplo — desde que dedique mais da metade do tempo aos negócios. Em um livreto intitulado *Contas de despesas de 1963*, que é uma das inúmeras publicações voltadas para a orientação de consultores tributários lançadas periodicamente pela Commerce Clearing House, Inc., a regra foi explicada por meio do seguinte exemplo:

> Um iate é mantido (...) para o entretenimento de clientes. Ele é usado 25% do tempo para relaxamento. (...) Como é usado 75% do tempo para fins comerciais, o iate é usado principalmente para o estímulo do negócio do contribuinte e 75% das despesas de manutenção (...) são dedutíveis de um local de entretenimento. Se o iate tivesse sido usado apenas 40% do tempo para negócios, nenhuma dedução seria permitida.

O método por meio do qual o proprietário do iate deverá medir o tempo dedicado a negócios e o dedicado ao lazer não é determinado. Presumivelmente, o período em que o iate está no dique seco ou na água, mas apenas com a tripulação, não contaria como uma coisa ou outra, embora pudesse ser argumentado que o dono às vezes sente prazer em simplesmente observar o iate balançando quando ancorado. O tempo a ser rateado, portanto, precisa ser o tempo em que ele e alguns convidados estão a bordo, e talvez a maneira mais eficiente de agir de acordo com a lei seria instalar dois cronômetros, a bombordo e a estibordo, um que funcionaria durante os passeios de negócios e o outro, durante os de lazer. Talvez um vento favorável do oeste pudesse acelerar um cruzeiro social e fazer com que ele chegasse uma hora mais cedo, ou um vento de setembro pudesse retardar a última parte do trajeto de um passeio de negócios e, assim, fazer com que os negócios da temporada ficassem acima do percentual crucial de 50%. Bem que o capitão poderia rezar para enfrentar esses ventos oportunos, já que a possibilidade de dedução do seu iate poderia facilmente duplicar sua renda depois dos impostos naquele ano. Em resumo, a lei é absurda.

Alguns especialistas acreditam que a mudança na regulamentação das viagens e do entretenimento representa um ganho para a sociedade norte-americana, porque um número considerável de contribuintes que poderiam estar inclinados a mentir um pouco na vigência de dispositivos gerais como a regra de Cohan não tem estômago ou coragem para inserir itens fraudulentos específicos. No entanto, o que foi ganho no que diz respeito à conformidade pode ter sido perdido em uma certa depravação da vida nacional. Quase nunca qualquer parte da lei tributária se inclinou tão vigorosamente para forçar a comercialização do convívio social, ou penalizou tão particularmente o espírito amador, o qual, como Richard Hofstadter declara em seu livro *Anti-Intellectualism in American Life* [*Anti-intelectualismo na vida americana*, em tradução livre], caracterizou os fundadores da república. Talvez o maior perigo seja que, ao pleitear deduções por atividades tecnicamente comerciais mas efetivamente sociais — ou seja, ao interpretar literalmente a lei —, um homem pode depreciar sua vida aos seus próprios olhos. Alguém poderia argumentar que os fundadores, se estivessem vivos hoje, desdenhosamente se recusariam a misturar o social com o comercial, o amador com o profissional, e não se dignariam a pleitear nada além das mais inequívocas despesas. No entanto, na vigência das leis atuais, a questão seria se eles poderiam se permitir esse altivo pagamento de impostos, ou se até mesmo lhes seria pedido que escolhessem.

Tem sido afirmado que as Normas da Receita discriminam o trabalho intelectual, e a principal evidência disso é o fato de que, embora a depreciação possa ser pleiteada em todos os tipos de bens físicos exauríveis e a exaustão possa ser pleiteada em todos os tipos de recursos naturais, essas deduções não são permitidas no caso da exaustão da capacidade mental ou imaginativa dos artistas criativos e dos inventores — embora os efeitos do esgotamento mental sejam às vezes demasiadamente visíveis no trabalho e na renda posterior dessas pessoas. (Também tem sido argumentado que existe uma discriminação contra os atletas profissionais, já que as Normas da Receita não levam em conta a depreciação do corpo deles.) Organizações como a Authors League of America afirmaram, ainda, que as Normas da Receita são injustas com os autores e outras pessoas criativas cuja renda, devido à natureza do seu trabalho e aos aspectos econômicos do seu marketing, tende a flutuar de ano para ano, de modo que eles são tributados exorbitantemente nos bons anos e ficam com muito pouco para supri-los nos anos ruins. Um dispositivo do projeto de lei de 1964 destinado a cuidar dessa situação propiciou aos artistas criativos, inventores e outras pessoas que recebem essas grandes rendas repentinas uma fórmula niveladora de quatro anos para atenuar a mordida tributária de um ano excepcionalmente lucrativo.

No entanto, se as Normas da Receita *são*, de fato, anti-intelectuais, é provável que o sejam apenas inadvertidamente — e, com certeza, apenas de maneira assistemática. Ao conceder o status de isento de imposto às fundações beneficentes, elas promovem a concessão de milhões de dólares por ano — cuja maior parte, caso contrário, iria para os cofres do governo — para as despesas de viagem e de moradia de acadêmicos que realizam projetos de pesquisa de todos os tipos. E ao criar dispositivos especiais relacionados com doações de propriedades que se valorizaram, as normas — quer intencional, quer inadvertidamente — tenderam não apenas a fazer subir o preço do trabalho de pintores e escultores como também a canalizar milhares de obras de coleções privadas para os museus públicos. A mecânica desse processo é agora tão bem-conhecida que ela precisa apenas ser meramente resumida: um colecionador que doe uma obra de arte para um museu pode abater na sua declaração do imposto de renda o valor justo da obra no momento da doação, sem precisar pagar nenhum imposto de ganho de capital sobre qualquer aumento no seu valor desde a época em que a comprou. Se o aumento do valor tiver sido grande e a faixa de imposto do colecionador for muito alta, ele poderá sair ganhando no negócio. Além de enterrar alguns museus debaixo de uma tal avalanche de doações que os seus funcionários são mantidos ocupados tentando se desenterrar, esses dispositivos tenderam a ressuscitar aquela encantadora figura do passado pré-impostos, o diletante rico. Nos últimos anos, algumas pessoas das faixas de renda elevadas adquiriram o hábito de fazer coleções em série — pós-impressionistas durante alguns anos, talvez, seguidas por jade chinês e, depois, pintura norte-americana moderna. No final de cada período, o colecionador dá de presente a sua coleção inteira, e quando os impostos que ele teria normalmente pago são calculados, é constatado que a aventura não lhe custou praticamente nada.

O baixo custo das contribuições beneficentes das pessoas de renda elevada, quer na forma de obras de arte ou simplesmente na forma de dinheiro e outras propriedades, é um dos mais bizarros frutos das Normas da Receita. Dos aproximadamente US$5 bilhões declarados todo ano como contribuições dedutíveis nas declarações do imposto de renda de pessoa física, a maior parte, de longe, é na forma de ativos de um tipo ou de outro que se valorizaram, e é feita por pessoas com renda muito elevada. É possível esclarecer os motivos com um simples exemplo: um homem que esteja na faixa dos 20% que doe US$1 mil em dinheiro incorre em um custo líquido de US$800. Um homem que esteja na faixa de 60% e doe a mesma quantia incorre em um custo líquido de US$400. Se, em vez disso, esse mesmo homem na faixa elevada doar US$1 mil na forma de ações compradas originalmente por US$200, ele incorre em um custo líquido de apenas US$200. É o entusiástico incentivo das Normas da Receita das doações beneficentes em grande escala que levou à maioria dos casos de homens que ganham US$1 milhão por ano e que não pagam nenhum imposto; em um de seus dispositivos mais peculiares, qualquer pessoa cujo imposto de renda e contribuições combinados tenham correspondido a nove décimos ou mais da sua renda tributável em oito dos dez anos precedentes tem o direito de desconsiderar no ano vigente as restrições habituais sobre a quantidade de contribuições dedutíveis, e pode escapar completamente do imposto.

Desse modo, os dispositivos das Normas da Receita frequentemente possibilitam uma mera manipulação fiscal disfarçada de caridade, respaldando a frequente acusação de que as Normas da Receita são, no mínimo, moralmente confusas. Os dispositivos também confundem outras pessoas. O apelo feito por grandes promoções de angariação de fundos nos últimos anos, por exemplo, tem estado relutantemente dividido entre um apelo às boas ações e uma explicação das vantagens tributárias para o doador. Um exemplo esclarecedor é um livreto bastante meticuloso intitulado *Maior economia de impostos (...) uma abordagem construtiva*, que foi usado por Princeton em uma grande campanha para arrecadar fundos de capital. (Livretos semelhantes, para não dizer quase idênticos, têm sido usados por Harvard, Yale e muitas outras instituições.) "As responsabilidades da liderança são grandes, particularmente em uma era em que estadistas, cientistas e economistas precisam tomar decisões que quase certamente irão afetar a humanidade durante muitas gerações", começa o prefácio do livreto, grandiosamente, e prossegue explicando: "O principal propósito deste livreto é recomendar com insistência a todos os prováveis doadores que deem uma atenção mais séria à maneira pela qual fazem as suas doações. (...) Existem muitas maneiras diferentes pelas quais doações substanciais podem ser feitas a um custo relativamente baixo para o doador. É importante que os prováveis doadores tomem conhecimento dessas oportunidades." Entre as oportunidades esclarecidas nas páginas subsequentes estão maneiras de economizar em impostos por meio de doações de valores mobiliários valorizados, propriedade industrial, arrendamentos, royalties, joias, antiguidades, opções de compra de ações, residências, seguro de vida e itens de inventario, e por meio da utilização de trustes ("A abordagem do truste é bastante versátil"). Em determinado ponto, é apresentada a sugestão de que, em vez de efetivamente doar alguma coisa, o proprietário de valores mobiliários valorizados poderá desejar *vendê-los* para Princeton, por dinheiro, pelo preço originalmente pago por eles; isso poderá parecer para a pessoa ingênua uma transação comercial, mas o livreto ressalta, com precisão, que aos olhos das Normas da Receita a diferença entre o valor atual de mercado dos valores mobiliários e o preço mais baixo pelo qual eles são vendidos para Princeton representa pura caridade, e é totalmente dedutível como tal. "Embora tenhamos enfatizado fortemente a importância de um cuidadoso planejamento tributário", diz o último parágrafo, "esperamos que não seja feita nenhuma inferência de que a ideia e o espírito de doar devam, de alguma maneira, estar subordinados a considerações tributárias." De fato não deveriam, e nem precisam estar; com a pesada essência de doar tão primorosamente minimizada, ou efetivamente removida, seu espírito decerto pode voar desimpedido.

Uma das características mais acentuadas das Normas da Receita — para encerrar essa varredura do seu caráter —, que é sua complexidade, é, justamente, a responsável por um dos seus efeitos sociais de mais longo alcance; é praticamente uma necessidade para muitos contribuintes procurar ajuda profissional se quiserem minimizar legalmente os seus impostos, e como a assistência de qualidade é cara e escassa, os ricos ainda têm outra vantagem sobre os pobres, e as Normas da Receita se tornam mais antidemocráticas em sua ação do que são em seus dispositivos. (E o fato que os honorários pagos pela consultoria tributária são dedutíveis significa que essa consultoria é mais um item na longa lista de coisas que custam cada vez menos para quem tem cada vez mais.) E os projetos gratuitos de educação do contribuinte e assistência ao contribuinte oferecidos pela Receita Federal — e eles são amplos e bem-intencionados — não podem, nem de longe, competir com os serviços remunerados de um especialista tributário independente, até porque a Receita Federal, cuja principal função é recolher receita, fica envolvida em um óbvio conflito de interesses quando se propõe explicar às pessoas como evitar os impostos. O fato de que cerca de metade de toda a arrecadação obtida com as declarações de pessoa física de 1960 tenha sido proveniente de rendas brutas de US$9 mil ou menos não é inteiramente atribuível a dispositivos das Normas da Receita; em parte, ele resulta do fato que os contribuintes de baixa renda não podem arcar com o custo de aprender como pagar menos.

O enorme exército de assessores tributários — "especialistas", como são chamados no meio — é um estranho e perturbador efeito colateral da complexidade das Normas da Receita. O tamanho exato desse exército é desconhecido, mas existem algumas indicações. De acordo com uma contagem recente, cerca de 80 mil pessoas, a maioria advogados, contadores e ex-funcionários da Receita Federal, tinham cartões, concedidos pelo Departamento do Tesouro, que oficialmente as autoriza a exercer a ocupação de consultor fiscal e de se apresentar como tal diante da Receita Federal; além disso, existe uma multidão não calculada de pessoas que não têm licença, frequentemente não qualificadas, que cobram para fazer declarações — um serviço que qualquer pessoa pode legalmente prestar. Quanto aos advogados, os incontestáveis plutocratas, ou até mesmo os incontestáveis aristocratas, da indústria da assessoria fiscal, dificilmente existe um único advogado nos Estados Unidos que não se envolva com impostos em uma ou outra ocasião durante um ano do exercício da profissão, e a cada ano existem mais advogados que não fazem outra coisa. A seção de tributação da American Bar Association*, composta principalmente por advogados tributaristas, tem cerca de 9 mil membros; em um grande escritório de advocacia típico de Nova York, um em cada cinco advogados dedica todo o seu tempo a questões tributárias; e o departamento tributário da Escola de Direito da Universidade de Nova York, uma enorme galinha que choca advogados tributaristas, é maior do que uma escola de direito inteira típica. Há quem diga que os cérebros que se especializam em como evitar pagar impostos, grupo que abarca alguns dos melhores cérebros jurídicos existentes, são um recurso nacional desperdiçado — e essa argumentação é calorosamente sustentada por alguns destacados advogados tributaristas, que parecem extremamente felizes em afirmar, primeiro, que a capacidade mental deles é de fato excepcional e, segundo, que essa capacidade está de fato sendo desperdiçada em trivialidades. "A lei tem os seus ciclos", explicou recentemente um deles. "Nos Estados Unidos, o assunto do dia até mais ou menos 1890 eram as leis da propriedade. Depois, veio um período

---

*Equivale à Ordem dos Advogados do Brasil (OAB). (*N. da T.*)

em que as leis das corporações ficaram em voga, e agora são várias especialidades, das quais a mais importante são os impostos. Estou perfeitamente disposto a admitir que estou envolvido com um trabalho de valor social limitado. Afinal de contas, a respeito do que estamos falando quando falamos sobre as leis tributárias? Na melhor das hipóteses, apenas a questão de o que uma pessoa ou uma corporação deveria pagar, de maneira justa, para apoiar o governo. Então, por que trabalho com impostos? Em primeiro lugar, é uma atividade intelectual fascinante — ao lado do litígio, é provavelmente o ramo intelectualmente mais instigante do direito como é hoje praticado. Em segundo lugar, embora seja uma atividade especializada em certo sentido, em outro, não é. Ela penetra todas as áreas do direito. Um dia posso estar trabalhando com um produtor de Hollywood, no outro, com um proprietário de imóveis e, no outro, com o executivo de uma corporação. Em terceiro lugar, é uma área altamente lucrativa."

Hipocritamente igualitária na superfície e sistematicamente oligárquica embaixo, inescrupulosamente complicada, caprichosamente discriminatória, enganosa no raciocínio, hermética na linguagem, desmoralizante para a caridade, inimiga do discurso, promotora de jargão profissional, esbanjadora de talento, uma rocha de apoio para o proprietário mas um ônus pesado para o malremunerado, amiga inconstante do artista e do erudito — embora a imagem especular nacional seja todas essas coisas, ela também tem os seus pontos positivos. É certo que nenhuma lei do imposto de renda concebível poderia agradar a todos, e provavelmente nenhuma que fosse equitativa poderia agradar por completo a alguém; Louis Eisenstein comenta o seguinte no livro *The Ideologies of Taxation* [*As ideologias da cobrança de impostos*, em tradução livre]: "Os impostos são um produto mutável do esforço sincero de fazer que os outros os paguem." Com exceção das suas disposições de interesse especial mais flagrantes, as Normas da Receita parecem ser um documento redigido com sinceridade — na pior das hipóteses, equivocado — que visa a recolher quantias sem precedentes de uma sociedade complexa sem precedente da maneira mais justa possível, para incentivar a economia nacional e para promover empreendimentos meritórios. Quando administrada de maneira inteligente e conscienciosa, como tem sido ultimamente, a legislação norte-americana do imposto de renda é, bem possivelmente, uma das mais igualitárias do mundo.

Mas aprovar uma legislação insatisfatória e depois tentar compensar suas deficiências por meio de uma boa administração é, claramente, um procedimento absurdo. Uma solução mais lógica — abolir o imposto de renda — é proposta principalmente por alguns membros da direita radical, que consideram qualquer imposto de renda uma medida socialista ou comunista e acham que o governo federal deve simplesmente parar de gastar dinheiro. Embora a extinção também seja promovida como um ideal teórico e não uma possibilidade prática por certos economistas que estão procurando maneiras alternativas de levantar pelo menos uma fração significativa das quantias hoje geradas pelo imposto de renda. Uma dessas alternativas é um imposto de valor agregado, de acordo com o qual os fabricantes, os atacadistas e os varejistas seriam tributados sobre a diferença entre o valor dos bens comprados e o dos bens vendidos; entre as vantagens alegadas para esse tipo de imposto estão que ele distribuiria o ônus do imposto mais uniformemente através do processo produtivo do que o imposto de renda da pessoa jurídica, e que ele possibilitaria que o governo recebesse o seu dinheiro mais cedo. Vários países, entre eles a França e a Alemanha, têm impostos de valor agregado, embora como suplementos e não como alternativa para o imposto de renda, mas nenhum imposto desse tipo está mais do que remotamente em perspectiva nos Estados Unidos. Outros meios sugeridos para aliviar o ônus do imposto de renda são aumentar o número de itens sujeitos a um imposto de consumo e aplicar a eles uma taxa uniforme, de maneira a criar o que equivaleria a um imposto de vendas federal; aumentar os impostos de utilização, como o pedágio nas pontes de propriedade do governo federal e locais de recreação e aprovar uma lei que permita loterias federais, como as loterias permitidas desde a época colonial até 1895, que ajudaram a financiar projetos como a construção de Harvard, a luta da Guerra Revolucionária e a construção de muitas escolas, pontes, canais e estradas. Uma óbvia desvantagem de todos esses métodos é que eles recolheriam receita com relativamente pouca consideração pela capacidade de pagar, e por essa razão, ou por outras, nenhum deles tem a menor chance de ser aprovado em um futuro próximo.

Um dos favoritos dos teóricos, mas praticamente de mais ninguém, é a taxa de dispêndio, a tributação das pessoas baseada em seus gastos anuais totais em vez de em sua renda. Os proponentes dessa taxa — adeptos fervorosos da economia da escassez — argumentam que a principal virtude dela seria a simplicidade; que ela teria o efeito benéfico de encorajar a poupança; que seria mais justa do que o imposto de renda, porque tributaria o que as pessoas tirassem da economia em vez de aquilo que elas colocassem nela; e que ela daria ao governo um instrumento de controle particularmente conveniente com o qual ele poderia manter a economia nacional equilibrada. Os opositores argumentam que essa taxa não seria nem um pouco simples, e seria ridiculamente fácil de sonegar; que ela faria com que os ricos ficassem mais ricos e, sem dúvida, mais mesquinhos; e, finalmente, que ao aplicar uma penalidade aos gastos, ela promoveria uma crise econômica. De qualquer modo, ambos os lados reconhecem que sua aprovação nos Estados Unidos não é politicamente praticável no momento. Uma taxa de dispêndio foi seriamente proposta pelo secretário do Tesouro dos Estados Unidos Henry Morgenthau Jr., em 1942, e na Grã-Bretanha por um economista de Cambridge (que mais tarde se tornou consultor especial do Tesouro Nacional) chamado Nicholas Kaldor, em 1951, embora nenhum dos dois proponentes tenha pedido a anulação do imposto de renda. Ambas as propostas foram quase que unanimemente rejeitadas. "A taxa de dispêndio é uma beleza a ser contemplada", declarou recentemente um dos seus admiradores. "Ela evitaria praticamente todas as armadilhas do imposto de renda. Mas ela é um sonho." E assim ela é, no mundo ocidental; essa taxa foi posta em prática apenas na Índia e no Ceilão.

Sem ter nenhum substituto viável à vista, portanto, o imposto de renda parece ter vindo para ficar, e qualquer esperança de uma melhor tributação parece residir na sua reforma. Como uma das principais falhas das Normas da Receita é a sua complexidade, a reforma poderia muito bem começar com isso. Esforços para simplificá-las têm sido feitos com regularidade desde 1943, quando o secretário Morgenthau criou um comitê para estudar o assunto, e tem havido pequenos sucessos ocasionais; instruções simplificadas, por exemplo, e um formulário mais breve para contribuintes que desejam especificar deduções mas cujas transações são relativamente descomplicadas foram disponibilizadas durante o governo Kennedy. Obviamente, contudo, essas foram apenas pequenas vitórias. Um obstáculo para qualquer vitória mais radical é o fato de que muitas das complexidades das Normas da Receita foram introduzidas sem qualquer outro interesse além do da equidade para todos, e aparentemente não podem ser removidas sem que a equidade seja sacrificada. A evolução dos dispositivos especiais de assistência à família oferece um notável exemplo de como a busca da equidade às vezes conduz diretamente à complexidade. Até 1948, o fato de que alguns estados tinham e outros não tinham leis de comunhão de bens resultava em uma vantagem para os casais residentes nos estados onde havia o regime; esses casais, e somente esses, tinham permissão para ser tributados como se a sua renda total fosse dividida igualmente entre o marido e a mulher, mesmo que um dos cônjuges pudesse ter efetivamente uma renda elevada e o outro não ter nenhuma renda. Para corrigir essa claríssima injustiça, as Normas da Receita foram modificadas para estender o privilégio de dividir a renda a todas as pessoas casadas. Mesmo sem considerar a resultante discriminação contra as pessoas solteiras sem dependentes — que permanece sagrada e incontestada nas Normas da Receita até hoje —, a correção de uma injustiça levou à criação de outra, cuja correção levou ainda a outra; antes que a sequência de caixas chinesas fosse representada, foram levados em conta os legítimos problemas especiais de pessoas que tinham responsabilidades familiares embora não fossem casadas, depois o das esposas que trabalhavam fora e tinham despesas com creches durante as horas de trabalho e, depois, o das pessoas viúvas. E cada mudança tornava as Normas da Receita mais complexas.

As brechas são outra questão. No caso dessas, a complexidade não atende à equidade e sim ao seu oposto, e sua persistente sobrevivência constitui um enigmático paradoxo;

em um sistema no qual a maioria presumivelmente cria as leis, os dispositivos tributários que claramente favorecem minúsculas minorias em detrimento de todas as outras pessoas pareceriam representar o descontrole do princípio dos direitos civis — uma espécie de programa de antidiscriminação para proteger milionários. O processo pelo qual uma nova lei tributária passa a existir — uma proposta original do Departamento do Tesouro ou de alguma outra fonte, a passagem pelo Comitê Permanente da Câmara de Representantes, por toda a Câmara, pelo Comitê de Finanças do Senado e por todo o Senado, seguido pela elaboração de um acordo entre a Câmara e o Senado por meio de um comitê de conferência, seguido da repassagem pela Câmara e pelo Senado e, finalmente, seguido pela assinatura do presidente — é de fato tortuoso, e em qualquer estágio desse processo um projeto de lei pode ser cancelado ou arquivado. No entanto, embora o público tenha muitas oportunidades de protestar contra os dispositivos de interesse especial, a pressão do público tende a ser maior a favor do que contra eles. No livro sobre brechas fiscais *The Great Treasury Raid* [*A grande incursão no Tesouro*, em tradução livre]. Philip M. Stern destaca várias forças que lhe parecem atuar contra a promulgação de medidas de reforma tributária, entre elas a habilidade, o poder e a organização dos lobbies contrários à reforma; a dispersão e a impotência política das forças a favor da reforma dentro do governo e a indiferença do público em geral, que não expressa praticamente nenhum entusiasmo pela reforma tributária por intermédio de cartas aos congressistas ou de quaisquer outros meios, talvez em grande parte porque esteja aturdido na incompreensão e consequente silêncio pela tecnicalidade surpreendente de todo o assunto. Nesse sentido, a complexidade das Normas da Receita é sua casca impenetrável. Desse modo, o Departamento do Tesouro, que, na qualidade de agência encarregada de recolher as receitas federais, tem um interesse natural na reforma tributária, é frequentemente deixado — junto com um punhado de legisladores com uma mentalidade reformista, como os senadores Paul H. Douglas, de Illinois, Albert Gore, do Tennessee, e Eugene J. McCarthy, de Minnesota — em uma proeminência solitária e indefensável.

Os otimistas acreditam que algum "ponto de crise" acabará fazendo com que grupos especialmente favorecidos enxerguem além dos seus interesses egoístas, e com que o resto do país supere sua passividade, a ponto de o imposto de renda vir a refletir uma imagem mais lisonjeira do país do que reflete agora. Quando isso acontecerá, se é que acontecerá, eles não especificam. Mas todo mundo sabe como é a imagem idealizada por aqueles que se preocupam com a questão. O imposto de renda ideal que muitos reformadores imaginam para o futuro distante seria caracterizado por normas simples e breves com alíquotas relativamente baixas e com um mínimo de exceções. Nas suas principais características estruturais, esse imposto ideal seria bem parecido com o imposto de renda de 1913 — o primeiro a entrar em vigor nos Estados Unidos em época de paz. Desse modo, se as visões inatingíveis de hoje um dia se materializassem, o imposto de renda estaria praticamente de volta ao ponto onde começou.

4. Uma quantidade de tempo razoável

As informações privadas, sejam elas sobre acontecimentos públicos distantes, eventos empresariais iminentes ou até mesmo a respeito da saúde de figuras políticas, sempre foram um produto valioso para os negociantes de valores mobiliários, tão valioso que alguns comentaristas aventaram que as bolsas de valores são mercados para essas informações tanto quanto para ações. O valor monetário que um mercado atribui às informações costuma ser mensurável do ponto de vista da mudança no preço das ações que elas ocasionam, e as informações podem ser quase tão prontamente transformadas em dinheiro quanto qualquer outra mercadoria; na realidade, elas chegam a ser usadas como escambo entre os negociadores, elas *são* uma espécie de dinheiro. Além disso, até bem recentemente, a propriedade do uso de informações confidenciais para o enriquecimento pessoal por quem tinha a sorte de ter acesso a elas era, em grande medida, incontestada. A utilização judiciosa de Nathan Rothschild da notícia antecipada sobre a vitória de Wellington em

Waterloo foi a principal base da fortuna Rothschild na Inglaterra, e nenhuma comissão real ou público enfurecido protestou contra o fato; do mesmo modo, e quase simultaneamente, deste lado do Atlântico, John Jacob Astor ganhou uma fortuna incontestada em função da notícia antecipada do tratado de Ghent, que acabou com a guerra de 1812. Na era pós-Guerra Civil nos Estados Unidos, os membros do público investidor, da maneira como era, ainda aceitavam docilmente o direito do detentor de informações privilegiadas, o chamado *insider*, de negociar com base no seu conhecimento privilegiado, e ficavam satisfeitos por apanhar quaisquer migalhas que ele pudesse deixar cair ao longo do caminho. (Daniel Drew, um clássico *insider*, cruelmente negou a eles até mesmo esse consolo, deixando cair migalhas envenenadas na forma de memorandos enganosos a respeito de seus planos de investimento, que ele espalhou pelos locais públicos.) Boa parte das grandes fortunas norte-americanas do século XIX foram ampliadas, quando efetivamente não se basearam, na prática das negociações com informações privilegiadas, ou *insider trading*, e pensar como a ordem social e econômica atual seria se esse tipo de negociação tivesse sido proibido com eficácia naqueles dias é um tema para uma especulação fascinante, porém inútil. Foi somente em 1910 que alguém questionou publicamente a ética dos executivos, diretores e funcionários corporativos ao negociarem em proveito próprio as ações das suas próprias empresas; somente na década de 1920 veio a ser amplamente considerado ultrajante que essas pessoas tivessem permissão para jogar o jogo do mercado com o que equivale a ter um baralho com cartas marcadas; e somente em 1934 o Congresso aprovou uma lei destinada a restaurar a equidade. A lei, o Securities Exchange Act, exige que os *insiders* corporativos entreguem às suas corporações quaisquer lucros que possam ter em negociações a curto prazo com as ações da própria empresa, e também estipula, em uma seção que foi implementada em 1942 por uma regra designada como 10B-5, que nenhum negociador de ações poderá usar qualquer esquema para fraudar ou "fazer qualquer declaração falsa sobre um fato material ou (...) deixar de declarar um fato material".

Como deixar de declarar fatos materiais é a essência da utilização de informações privilegiadas, a lei — embora não proíba os *insiders* de comprar as suas próprias ações nem de manter o lucro obtido desde que permaneçam com as ações por mais de seis meses — parece declarar ilegais as cartas marcadas. Na prática, contudo, até bem recentemente, a regra de 1942 era tratada quase como se não existisse; ela era invocada pela Securities and Exchange Commission (S.E.C.), o órgão federal fiscalizador criado de acordo com a Lei de Valores Mobiliários, apenas raramente e em casos tão flagrantes que provavelmente seriam processados mesmo na ausência dela, segundo o direito comum. E havia claras razões para essa frouxidão. Antes de mais nada, tem sido amplamente argumentado que o privilégio de tirar vantagem dos segredos corporativos é um incentivo necessário aos altos executivos para estimulá-los a se esforçar ao máximo, e algumas autoridades afirmam friamente que a presença sem restrições dos *insiders* no mercado, por mais ofensiva que seja para o espírito da lisura, é fundamental para o fluxo suave e sistemático das negociações. Além disso, argumenta-se que a maioria dos negociadores de ações, quer sejam ou não tecnicamente *insiders*, possui e oculta informações privilegiadas de um tipo ou de outro, ou pelo menos espera e acredita que o faz, e que, portanto, uma aplicação imparcial da Regra 10B-5 resultaria em nada menos do que o caos em Wall Street. Desse modo, ao deixar que a regra permanecesse em grande medida imperturbada no livro de regras durante vinte anos, a S.E.C. parecia estar conscientemente se abstendo de atingir Wall Street em um dos seus pontos mais vulneráveis. Mas, depois de algumas estocadas preliminares, ela atacou o ponto com ímpeto. A ação judicial por meio da qual ela fez isso foi uma petição civil contra a Texas Gulf Sulphur Company e 13 diretores dessa empresa; o processo foi julgado sem um júri na Corte Distrital dos Estados Unidos em Foley Square de 9 de maio a 21 de junho de 1966, e como declarou delicadamente o juiz do tribunal, Dudley J. Bonsal, em determinado momento durante o julgamento: "Creio que todos concordamos que estamos lavrando aqui, de certa forma, um novo terreno." Lavrando, e talvez semeando também; Henry G. Manne, em um livro intitulado *Insider Trading and the Stock Market* [*Insider Trading e o mercado de ações*, em tradução livre], declara que o caso apresenta de forma quase clássica todo o problema do *insider trading*, e expressa a opinião de que a resolução dele "poderá determinar a lei nesta área durante muitos anos".

Os acontecimentos que conduziram à ação da S.E.C. tiveram início em março de 1959, quando a Texas Gulf, uma companhia com sede na cidade de Nova York e a principal produtora mundial de enxofre, começou a realizar levantamentos geofísicos aéreos sobre o planalto Laurenciano, uma vasta região árida e hostil do Leste do Canadá que no passado distante, porém não esquecido, se revelara um fértil manancial de ouro. Os pilotos da Texas Gulf não estavam procurando nem enxofre nem ouro, mas sim sulfetos — depósitos de enxofre que ocorrem em combinação com outros minérios úteis, como o zinco e o cobre. O que eles tinham em mente era descobrir veios exploráveis desses minérios para que a Texas Gulf pudesse diversificar as suas atividades e se tornar menos dependente do enxofre, cujo preço no mercado vinha caindo. De quando em quando, durante os dois anos em que os levantamentos prosseguiram intermitentemente, os instrumentos geofísicos nos aviões que faziam o levantamento se comportavam de maneira estranha, com os ponteiros sacolejando como se para indicar a presença de um material eletricamente condutivo na terra. As áreas onde essas coisas aconteciam, que os geofísicos chamaram de "anomalias", eram devidamente registradas e mapeadas pelos topógrafos. No cômputo geral, foram encontradas milhares de anomalias. Uma anomalia é algo bem diferente de uma mina explorável, como deve ser evidente para qualquer entendido do assunto que saiba que, embora a maioria dos sulfetos seja eletricamente condutiva, muitas outras coisas também o são, entre elas o grafite, as piritas sem valor chamadas de ouro dos tolos e até mesmo água; não obstante, várias das centenas das anomalias encontradas pelos homens da Gulf Texas foram consideradas dignas de uma investigação no solo, e entre as de aparência mais promissora estava uma situada em um lugar designado nos seus mapas como o segmento Kidd-55 — 1,6 quilômetro quadrado de área pantanosa, levemente arborizada e quase desprovida de rochas de afloramento, a cerca de 24 quilômetros ao norte de Timmins, Ontário, uma velha cidade de mineração de ouro localizada cerca de 570 quilômetros a noroeste de Toronto. Como Kidd-55 era propriedade privada, o primeiro problema da companhia era obter o direito de propriedade dela, ou de uma parte suficiente dela que possibilitasse as operações exploratórias do terreno; a compra de um terreno para mineração obviamente é algo bastante delicado, e foi somente em junho de 1963 que a Texas Gulf conseguiu obter uma opção que permitia perfurações em 650 metros quadrados, no Nordeste de Kidd-55.

Nos dias 29 e 30 de outubro daquele ano, um engenheiro da Texas Gulf, Richard. H. Clayton, conduziu um levantamento eletromagnético no solo nesse local, e ficou satisfeito com o que encontrou. Um equipamento de perfuração foi deslocado para o local, e, no dia 8 de novembro, teve início o primeiro teste de furo de sondagem.

Seguiram-se vários dias emocionantes, embora incômodos, em Kidd-55. O responsável pela equipe de perfuração era um jovem geólogo da Texas Gulf chamado Kenneth Darke, fumante de charuto, com um brilho arrojado no olhar, que se encaixava bem mais na ideia tradicional de um explorador de minas do que na do funcionário de uma empresa como ele era. A perfuração prosseguiu durante três dias, extraindo da terra uma amostra cilíndrica de material com pouco mais de 3 centímetros de diâmetro, que funcionou como a primeira amostra efetiva do que havia no subsolo de Kidd-55. Quando a amostra subiu, Darke a examinou criteriosamente, centímetro por centímetro, sem recorrer a instrumentos, usando apenas os olhos e o seu conhecimento da aparência de vários depósitos minerais em estado natural. Na noite de domingo, dia 10 de novembro, quando a sonda tinha descido 45 metros, Darke telefonou para a residência do seu superior imediato, Walter Holyk, o geólogo-chefe da Texas Gulf, em Stamford, Connecticut, para relatar suas descobertas até aquele momento. (Ele deu o telefonema de Timmins, pois não havia telefone no local da perfuração em Kidd-55.) Darke, como Holyk declarou depois, estava "animado". E parece que Holyk também ficou assim depois de ouvir o que Darke tinha a dizer, porque imediatamente ativou uma comoção corporativa, grande demais para uma noite de domingo. Naquela mesma noite, Holyk telefonou para o seu superior, Richard D. Mollison, um dos vice-presidentes da Texas Gulf que morava por perto, em Greenwich, e — ainda nessa mesma noite — Mollison telefonou para *seu* chefe, Charles F. Fogarty, vice-presidente executivo e o segundo homem no comando da companhia, que morava perto, em Rye, para transmitir o relatório de Darke. Outros relatórios foram passados adiante no dia seguinte por meio do mesmo labirinto de comando — Darke para Holyk para Mollison para Fogarty. Em decorrência disso, Holyk, Mollison e Fogarty decidiram ir até Kidd-55 para ver com os próprios olhos o que estava acontecendo.

Holyk foi o primeiro a chegar ao local; ele chegou a Timmins no dia 12 de novembro, fez o check-in no motel Bon Air e foi para Kidd-55 de jipe e trator de pântano a tempo de ver a conclusão do furo de sondagem e ajudar Darke a avaliar visualmente e fazer o registro da amostra. A essa altura, o tempo, que tinha estado até então tolerável para Timmins em meados de novembro, tinha ficado muito ruim. Na realidade, ele ficou "bastante rigoroso", declarou posteriormente Holyk, um canadense na casa dos 40 anos com um doutorado em geologia pelo Massachusetts Institute of Technology (MIT). "Estava frio, ventava muito, ameaçava nevar e chover, e (...) estávamos muito mais preocupados com nosso conforto pessoal do que com os detalhes da amostra. Ken Darke estava escrevendo, e eu estava examinando a amostra, tentando fazer estimativas do conteúdo de minério." Para aumentar a dificuldade de trabalhar ao ar livre nessas condições, algumas das amostras tiveram de ser extraídas do solo cobertas por terra e gordura e precisaram ser lavadas com gasolina antes que alguém pudesse tentar estimar o seu conteúdo. Apesar das dificuldades, Holyk conseguiu fazer uma avaliação da amostra que foi, no mínimo, surpreendente. Ao longo de aproximadamente os últimos 180 metros da sua extensão final, estimou ele, parecia haver um conteúdo médio de cobre de 1,15% e um conteúdo médio de zinco de 8,64%. Um corretor de valores canadense com um conhecimento especial da indústria de mineração diria mais tarde que uma amostra com essa extensão e tal conteúdo mineral "está além das nossas fantasias mais extravagantes".

A Texas Gulf não tinha ainda uma mina cujo sucesso estivesse garantido; sempre havia a possibilidade de que o veio de minério fosse longo e fino, limitado demais para ser comercialmente explorável, e ainda que, por uma casualidade fantástica, a sonda tivesse perfurado de modo certeiro — em outras palavras, diretamente no veio, como uma espada em uma bainha. Eles precisavam de um padrão de vários furos de sondagem, começando em diferentes pontos na superfície e penetrando na terra em diferentes ângulos, para estabelecer a forma e os limites da jazida. Mas esse padrão não poderia ser feito enquanto a Texas Gulf não tivesse o direito de propriedade dos outros três segmentos de Kidd-55 que equivaliam aos três quartos restantes de uma milha quadrada. Conseguir esse direito levaria tempo, se é que seria possível obtê-lo, mas, enquanto isso, a companhia poderia tomar várias outras medidas, as quais ela efetivamente tomou. O equipamento de perfuração foi retirado do local do furo de teste. Árvores jovens foram cortadas e plantadas ao redor do furo, para devolver ao local a aparência do seu estado natural. Uma segunda perfuração de teste foi feita, o mais espalhafatosa possível, a certa distância, em um local onde uma amostra infrutífera era esperada — e encontrada. Todas essas medidas de camuflagem, que estavam de acordo com uma prática consagrada entre os mineiros quando acreditam ter feito uma descoberta, foram complementadas por uma ordem do presidente da Texas Gulf, Claude O. Stephens, de que ninguém fora do grupo de exploração efetivo, mesmo dentro da empresa, deveria ser informado da descoberta. Mais tarde, ainda em novembro, a amostra foi despachada, em seções, para o Departamento de Análise de Minérios da União [Union Assay Office], em Salt Lake City, para a análise científica do seu conteúdo. E nesse ínterim, é claro, a Texas Gulf começou discretamente a estender as suas antenas visando a compra do restante de Kidd-55.

Ao mesmo tempo, outras medidas, que podem ou não ter estado relacionadas com os eventos ao norte de Timmins, estavam começando a ser tomadas. No dia 12 de novembro, Fogarty comprou 300 ações da Texas Gulf; no dia 15, ele adquiriu mais 700, no dia 19 de novembro, mais 500 e no dia 26 de novembro, mais 200. Clayton comprou 200 no dia 15, e Mollison adquiriu cem no mesmo dia; e a Sra. Holyk comprou cinquenta no dia 29 e mais cem no dia 10 de dezembro. Mas essas aquisições, pelo que se viu depois, foram apenas precursoras de um período de afeto aparentemente intenso pelas ações da Texas Gulf entre alguns dos seus executivos e funcionários, e até mesmo entre alguns de seus amigos. Em meados de dezembro, saiu o relatório de Salt Lake City sobre a amostra, revelando que a estimativa tosca de Holyk tinha sido impressionantemente exata; foi constatado que o conteúdo de cobre e de zinco era quase exatamente igual ao que ele tinha dito, e havia ainda 110 gramas suplementares de prata por tonelada, como uma espécie de bonificação. Mais tarde em dezembro, Darke fez uma viagem a Washington, D.C. e arredores, onde recomendou as ações da Texas Gulf para uma moça que ele conhecia lá e para a mãe dela; essas duas, que vieram a ser designadas no julgamento como as *tippees**, passaram

---

*Pessoa que recebe uma dica, especialmente com relação ao preço de ações. (*N. da T.*)

adiante a recomendação para duas outras pessoas que, logicamente, se tornaram as *sub-tippees*. Entre 30 de dezembro e o dia 17 de fevereiro do ano seguinte, as *tippees* e as *sub-tippees* de Darke compraram, no todo, 2,1 mil ações da Texas Gulf e, além disso, compraram o que no jargão da corretagem é chamado de "opções de compra" sobre 1,5 mil ações adicionais. Trata-se de uma opção de comprar uma quantidade declarada de determinada ação por um preço fixo — geralmente próximo do preço de mercado vigente — em qualquer ocasião durante um período declarado. As opções de compra na maioria das ações registradas na bolsa de valores estão sempre à venda por *dealers* que se especializam nelas. O comprador geralmente paga uma quantia bastante moderada pela sua opção; se as ações então subirem durante o período declarado, o aumento pode facilmente ser convertido praticamente em puro lucro para ele, ao passo que se o preço da ação se mantiver ou cair, ele simplesmente rasga sua opção da maneira como um apostador em corridas de cavalo rasga uma aposta perdedora, sem nenhum prejuízo a não ser o custo da opção. Por conseguinte, as opções de compra proporcionam a maneira mais barata possível de apostar do mercado de ações, e a maneira mais conveniente de converter em dinheiro vivo as informações privilegiadas.

De volta a Timmins, Darke, temporariamente inativo como geólogo devido à baixa temperatura do inverno e ao problema da propriedade da terra em Kidd-55, parece ter conseguido evitar o tédio. Em janeiro, ele formou uma sociedade particular com outro homem de Timmins que não era funcionário da Texas Gulf para reservar e requerer o direito sobre terras pertencentes à Coroa britânica ao redor de Timmins para seu próprio benefício. Em fevereiro, ele mencionou para Holyk uma conversa que tivera em um bar em Timmins certa noite gélida de inverno, na qual um conhecido seu deixara escapar que ouvira rumores de uma descoberta da Texas Gulf nas proximidades e que ia, portanto, requerer ele próprio alguns direitos. Horrorizado, Holyk, segundo ele recordou mais tarde, disse a Darke que revertesse a política anterior de evitar Kidd-55 a todo custo, e fosse diretamente "até a (...) área e reservasse todos os direitos de que precisamos"; além disso, ele deveria "evitar esse conhecido. Ofereça a ele um passeio de helicóptero ou qualquer outra coisa, mas tire-o do caminho". Darke presumivelmente acatou essa ordem. Além disso, durante os três primeiros meses de 1964, ele comprou à vista 300 ações da Texas Gulf, comprou opções sobre mais 3 mil ações e adicionou várias outras pessoas, uma delas seu irmão, à sua crescente lista de *tippees*. Holyk e Clayton foram um tanto menos financeiramente ativos durante esse mesmo período, mas aumentaram substancialmente seus investimentos na Texas Gulf — no caso de Holyk e sua esposa, particularmente por meio de opções de compra, algo a respeito do qual eles mal tinham ouvido falar antes, mas que estava se tornando extremamente popular nos círculos da Texas Gulf.

Os sinais da primavera finalmente chegaram e foram acompanhados por uma triunfante conclusão para a compra de terras da companhia. Já no dia 27 de março, a Texas Gulf tinha quase tudo de que precisava; em outras palavras, ela tinha ou o direito irrestrito de propriedade ou direitos minerais dos três segmentos remanescentes de Kidd-55, exceto por concessões de lucro de 10% em dois dos segmentos, com o proprietário obstinado da concessão em um dos casos sendo a Curtis Publishing Company. Depois de um último ímpeto de compras de Darke, de suas *tippees*, e de suas *subtippees* nos dias 30 e 31 de março (entre eles todos, 600 ações e opções de compra em mais 5,1 mil ações durante os dois dias), as perfurações foram reiniciadas na área pantanosa, ainda congelada, de Kidd-55, com Holyk e Darke dessa vez no local. Esse novo furo — o terceiro no total, mas apenas o segundo operacional, já que um dos dois perfurados em novembro tinha sido o destinado a desviar a atenção — foi iniciado em um ponto a uma certa distância do primeiro e em um ângulo oblíquo a ele, para dar início ao processo de delimitação. Ao observar e registrar a amostra extraída do solo, Holyk descobriu que mal conseguia segurar o lápis por causa do frio; mas ele deve ter sido internamente aquecido quando uma mineralização promissora começou a aparecer depois dos primeiros 30 metros. Ele passou o seu primeiro relatório de andamento para Fogarty por telefone no dia 1º de abril. Então, uma dura rotina diária foi adotada em Timmins e Kidd-55. A turma efetiva de perfuração permanecia continuamente no local, enquanto os geólogos, a fim de manter informados os seus superiores em Nova York, tinham de fazer frequentes viagens a Timmins para telefonar. Com a neve acumulada de mais de 2 metros de altura ao longo dos 24 quilômetros entre a cidade e o campo de perfuração, o trajeto levava de três horas e meia a quatro horas. Um depois do outro, novos furos de sondagem, iniciados em diferentes lugares ao redor da anomalia e com inclinações diferentes com relação a ela, foram feitos na terra. Inicialmente, somente um equipamento de sondagem pôde ser usado de cada vez devido à água, que era necessária para a operação; o solo estava sólido por causa do congelamento e coberto por uma espessa camada de neve, e a água precisava ser bombeada com muito esforço de debaixo do gelo em uma lagoa situada a cerca de 800 metros de Kidd-55. O terceiro furo foi concluído no dia 7 de abril, e um quarto começou imediatamente a ser feito com o mesmo equipamento; no dia seguinte, com a falta de água um pouco atenuada, um quinto furo foi iniciado com um segundo equipamento, e dois dias depois, no dia 10, um terceiro equipamento foi colocado em serviço para outro furo. No todo, durante os primeiros dias de abril, os cabeças da operação permaneceram ocupados; na realidade, suas compras de opções da Texas Gulf parecem ter sido paralisadas.

Pouco a pouco, a perfuração revelou as características de uma enorme jazida de minério; o terceiro furo definiu que o furo original não tinha acertado diretamente no veio como haviam receado, o quarto definiu que o veio de minério era satisfatoriamente profundo e assim por diante. Em algum ponto — o momento exato iria se tornar uma questão de litígio — a Texas Gulf tomou conhecimento de que tinha uma mina explorável, de proporções consideráveis e, à medida que esse momento se aproximava, o foco de atenção se deslocou dos perfuradores e geólogos para a equipe administrativa e os financistas, que seriam posteriormente o principal alvo da desaprovação da S.E.C. Em Timmins, nevou tão intensamente no dia 8 de abril e na maior parte do dia 9 que nem mesmo os geólogos conseguiram sair da cidade e ir para Kidd-55, mas já no início da noite do dia 9, quando eles finalmente conseguiram ir até lá, depois de uma horripilante jornada de sete horas e meia, estavam acompanhados nada menos do que pelo vice-presidente Mollison, que aparecera em Timmins no dia anterior. Mollison passou a noite no local das perfurações e partiu mais ou menos ao meio-dia do dia seguinte, para evitar, explicou ele mais tarde, o almoço dos trabalhadores servido em Kidd-55, o qual ele considerava substancial demais para um homem sedentário como ele. Mas, antes de partir, ele deixou instruções para a perfuração de um furo de teste que produziria uma amostra relativamente grande que poderia ser usada para determinar a adaptabilidade do material mineral ao processamento rotineiro da fábrica. Normalmente, um furo de teste para usina só é perfurado quando se acredita que existe uma mina explorável. E este talvez tenha sido o caso; dois especialistas em mineração da S.E.C. iriam insistir mais tarde, contrariando as opiniões dos especialistas da defesa, que na ocasião em que Mollison deu essa ordem a Texas Gulf tinha informações baseadas em testes de análise nos quais teria sido possível calcular que as reservas de minério em Kidd-55 tinham um valor bruto de pelo menos US$200 milhões.

A essa altura, o zum-zum-zum a respeito do famoso local de mineração canadense era intenso, e, em retrospecto, o impressionante é como ele tinha ficado relativamente quieto por tanto tempo. (Um corretor de valores de Toronto iria comentar durante o julgamento: "Vi perfuradores deixarem cair a perfuratriz e se dirigir o mais depressa possível para um escritório de corretagem (...) [ou então] eles pegam o telefone e ligam para Toronto." Depois desse telefonema, prosseguiu o corretor, o status de todo informante de ações baratas de Bay Street* depende, durante algum tempo, do quão pessoal pode dizer ser seu relacionamento com o perfurador que fez a descoberta, exatamente como o status do informante de um hipódromo depende, às vezes, do grau de intimidade que ele pode afirmar ter com um jóquei ou um cavalo.) "Os boatos localizaram a atividade da Texas Gulf na cidadezinha de Kidd. Corre a notícia de que várias perfuratrizes estão em atividade", declarou no dia 9 o semanário *Northern Miner* de Toronto, bastante

---

*Centro financeiro de Toronto. (N. da T.)

influente nas ações do setor de mineração, e no mesmo dia o jornal *Toronto Daily Star* declarou que Timmins estava "de olhos arregalados de emoção" e que "a palavra mágica em todas as esquinas e em todas as barbearias é 'Texas Gulf'". Os telefones na sede da Texas Gulf em Nova York não paravam de tocar com perguntas frenéticas, friamente evitadas pelos executivos. No dia 10, o presidente Stephens estava bastante preocupado para buscar o parecer de um dos sócios em quem ele mais confiava, Thomas S. Lamont, um dos principais membros do conselho diretor da Texas Gulf, ex-sócio da segunda geração da Morgan, proprietário de vários escritórios imponentes, no passado e no presente, na Morgan Guaranty Trust Company, e um nome havia muito tempo tratado com respeito em Wall Street. Stephens contou a Lamont os acontecimentos ao norte de Timmins (essa era a primeira vez que Lamont ouvia falar no assunto), deixou claro que ele próprio ainda não achava que as evidências justificassem olhos arregalados, e perguntou a Lamont o que ele achava que deveria ser feito a respeito das notícias exageradas. "Enquanto elas permanecessem na imprensa canadense", replicou Lamont, "Acho que você será capaz de conviver com elas". "No entanto", acrescentou ele, "caso elas sejam publicadas nos jornais dos Estados Unidos, talvez seja melhor fazer uma declaração para a imprensa esclarecendo os fatos e evitando movimentações indevidas no mercado de ações".

No dia seguinte, sábado, dia 11, as notícias chegaram estrepitosamente aos jornais norte americanos. O *New York Times* e o *Herald Tribune* publicaram relatos sobre a descoberta da Texas Gulf, e este último, publicando a história na primeira página, falou a respeito da "maior descoberta de minério desde que o ouro foi encontrado há mais de sessenta anos no Canadá". Depois de ler essas notícias, talvez com os olhos um pouco arregalados, Stephens comunicou a Fogarty que um comunicado à imprensa deveria ser preparado a tempo de ser publicado nos jornais de segunda-feira, e Fogarty, com a ajuda de vários outros funcionários da empresa, o elaborou no fim de semana. Nesse ínterim, as coisas não estavam paradas em Kidd-55; pelo contrário, testemunhos posteriores afirmaram que, no sábado e no domingo, à medida que um número cada vez maior de amostras subia dos furos de sondagem, cheias de minério de cobre e de zinco, o valor calculável da mina estava aumentando praticamente de hora em hora. Entretanto, Fogarty não se comunicou com Timmins depois de sexta-feira à noite, de modo que a declaração que ele e os seus colegas entregaram à imprensa no domingo à tarde não estava baseada em informações atualizadíssimas. Quer tenha sido por causa disso ou por algum outro motivo, a declaração não transmitiu a ideia de que a Texas Gulf achava que tivesse encontrado um novo Filão de Comstock. Caracterizando as notícias publicadas de exageradas e não confiáveis, o comunicado admitiu apenas que recentes perfurações em "uma propriedade perto de Timmins" haviam conduzido a "indicações preliminares de que mais perfurações seriam necessárias para se avaliar adequadamente a prospecção"; prosseguiu afirmando que "as perfurações feitas até aquela data não tinham sido conclusivas"; e depois, expressando o mesmo pensamento de uma maneira que dificilmente pode ser chamada de diferente, acrescentou que "o trabalho realizado até esta data não foi suficiente para chegar a conclusões definitivas".

A ideia expressa desse modo, ou talvez devêssemos dizer adormecida, chegou ao público pelos jornais da manhã de segunda-feira, porque as ações da Texas Gulf não estiveram, nem de longe, tão animadas naquela semana como poderia ter sido esperado se as notícias do *New York Times* e do

Herald Tribune tivessem passado incontestadas. As ações, que tinham sido vendidas por em torno de 17 ou 18 no mês de novembro anterior e tinham subido ao longo dos meses seguintes até mais ou menos 30, abriram na segunda-feira na Bolsa de Valores de Nova York a 32 — um aumento de quase dois pontos sobre o fechamento de sexta-feira —, revertendo, porém, depois, a tendência e caindo para 30⅞ antes do fechamento do dia, caindo ainda mais nos dois dias subsequentes e, em determinando momento da quarta-feira, atingindo um mínimo de 28⅞. Evidentemente, os investidores e os negociadores tinham ficado consideravelmente impressionados com o espírito depreciativo da Texas Gulf no domingo. No entanto, nesses mesmos três dias, o pessoal da Texas Gulf, tanto no Canadá quanto em Nova York, parece ter estado com um ânimo bem diferente. Na manhã do dia 13, em Kidd-55, no dia em que o modesto comunicado à imprensa foi noticiado nos jornais, o furo de teste para fábrica foi concluído, as perfuratrizes continuaram a escavar em três furos de teste regulares, e um repórter do *Northern Miner* foi guiado pelo local e informado a respeito das descobertas por Mollison, Holyk e Darke. Os relatos para o repórter deixaram claro, em retrospecto, que independentemente do que as pessoas que elaboraram o comunicado possam ter pensado no domingo, os homens em Kidd-55 sabiam muito bem na segunda-feira que tinham uma mina, e das grandes. No entanto, o mundo não iria saber disso, ou pelo menos não a partir dessa fonte, até quinta-feira de manhã, quando a edição seguinte do *Miner* aparecesse na correspondência dos assinantes e nas bancas de jornais.

No início da noite de terça-feira, Mollison e Holyk foram de avião para Montreal, onde planejavam comparecer à convenção anual do Canadian Institute of Mining and Metallurgy, um encontro de várias centenas de pessoas importantes do setor de mineração e de investimento. Chegando ao Queen Elizabeth Hotel, onde a convenção já estava em andamento, Mollison e Holyk ficaram surpresos ao constatar que estavam sendo saudados como astros de cinema. Estava claro que os rumores da descoberta da Texas Gulf haviam tomado conta do evento, e todo mundo queria ser o primeiro a obter de primeira mão as informações privilegiadas sobre o assunto; na realidade, uma bateria de câmeras de televisão tinha sido montada com a finalidade expressa de cobrir os comentários que os emissários de Timmins poderiam querer fazer. Como não estavam autorizados a fazer *nenhum* comentário, Mollison e Holyk deram abruptamente meia-volta e fugiram do Queen Elizabeth, escondendo-se naquela noite em um motel no aeroporto de Montreal. No dia seguinte, quarta-feira, dia 15, eles voaram de Montreal para Toronto, por meio de um arranjo prévio, na companhia do ministro das Minas da província de Ontário e de seu assistente; no caminho, eles deram informações ao ministro sobre a situação em Kidd-55, e o ministro declarou que desejava esclarecer as coisas fazendo um pronunciamento público sobre o assunto o mais brevemente possível, e então, com a ajuda de Mollison, ele o redigiu. De acordo com uma cópia que Mollison fez e guardou, o pronunciamento declarava, em parte, que "as informações que a companhia tem agora em mãos (...) lhe confere a segurança necessária para permitir que eu anuncie que a Texas Gulf Sulphur tem um corpo explorável de minério de zinco, cobre e prata de dimensões substanciais que será desenvolvida e começará a produzir o mais rápido possível". Mollison e Holyk foram levados a acreditar que o ministro faria sua declaração em Toronto às 11 horas daquela mesma noite, no rádio e na televisão, e que, assim, as boas notícias da Texas Gulf se tornariam públicas algumas horas antes de o *Northern Miner* estar nas bancas nas primeiras horas no dia seguinte. Mas, por razões que nunca foram explicadas, o ministro não fez o pronunciamento naquela noite.

Na sede da Texas Gulf, no número 200 da Park Avenue, reinava uma atmosfera semelhante de crise ascendente. A companhia tinha uma reunião regular mensal do conselho diretor programada para a quinta-feira de manhã, e na segunda-feira, Francis G. Coates, um diretor que morava em Houston, Texas, que não tinha ouvido falar na descoberta de Kidd-55, telefonou para Stephens para perguntar se ele deveria se dar ao trabalho de ir até lá para a reunião. Stephens disse que ele deveria ir, mas não explicou por quê. Notícias cada vez melhores continuaram a chegar do local da perfuração, e, em determinado momento da quarta-feira, os executivos da Texas Gulf decidiram que estava na hora de redigir um novo comunicado à imprensa, a ser divulgado em uma entrevista coletiva logo depois da reunião da diretoria na quinta-feira de manhã. Stephens, Fogarty e David M. Crawford, o secretário da companhia, redigiram o comunicado naquela tarde. Dessa vez, o comunicado se baseou nas informações mais atualizadas, e, além disso, a linguagem utilizada estava satisfatoriamente desprovida tanto de repetições quanto de equívocos. Parte dela dizia o seguinte: "A Texas Gulf Sulphur Company fez uma importante descoberta de zinco, cobre e prata na área de Timmins. (...) Sete furos de sondagem estão agora praticamente concluídos e indicam um corpo de minério de pelo menos 240 metros de comprimento, 90 metros de largura e uma profundidade vertical de mais de 240 metros. Trata-se de uma importante descoberta. Os dados preliminares indicam uma reserva de mais de 25 milhões de toneladas de minério." Quanto à extraordinária diferença entre esse comunicado e o outro, de três dias antes, o mais recente declarou que "uma quantidade consideravelmente maior de informações foi acumulada" nesse ínterim. E ninguém poderia negar isso; uma reserva de mais de 25 milhões de toneladas de minério significava que o valor do minério não equivalia aos US$200 milhões que supostamente teria sido calculado uma semana antes, e sim a muitas vezes esse valor.

No decurso do mesmo dia agitado em Nova York, o engenheiro Clayton e Crawford, secretário da companhia, encontraram tempo para telefonar para os seus corretores e mandar comprar para si mesmos algumas ações da Texas Gulf — 200 no caso de Clayton, 300 no de Crawford. E este último logo chegou à conclusão de que o seu mergulho não tinha sido suficientemente profundo; pouco depois das 8 horas da manhã seguinte, depois de passar a noite aparentemente preocupado no Park Lane Hotel, ele acordou o seu corretor com outro telefonema e duplicou a ordem de compra.

Na manhã de quinta-feira, as primeiras notícias importantes a respeito da descoberta de Timmins se espalharam pelo mundo de investimentos da América do Norte, de maneira rápida porém errática. Entre 7 e 8 horas, carteiros e bancas de jornais de Toronto começaram a distribuir exemplares do *Northern Miner* contendo o artigo escrito pelo repórter que tinha visitado Kidd-55, no qual ele descreveu a descoberta com uma grande quantidade de jargão de mineração mas não deixou de chamá-la, em uma linguagem compreensível o bastante para qualquer pessoa, de "um brilhante sucesso de exploração" e "uma importante nova mina de zinco, cobre e prata". Mais ou menos na mesma hora, o *Miner* estava a caminho dos seus assinantes nos Estados Unidos em Detroit e Buffalo, e algumas centenas de exemplares parecem ter chegado às bancas de jornais de Nova York entre 9 e 10 horas. O surgimento físico do jornal em Nova York, contudo, foi precedido por relatos telefônicos do seu conteúdo vindos de Toronto, e mais ou menos às 9h15 as notícias de que a Texas Gulf tinha feito uma grande descoberta era o assunto do dia nos escritórios de corretagem de Nova York. O corretor de um cliente no escritório da E. F. Hutton & Company se queixou mais tarde de que seus colegas corretores tinham ficado tão ansiosos para bater papo no telefone mais cedo naquela manhã a ponto de impedi-lo de se comunicar com seus clientes; no entanto, ele conseguiu telefonar para dois deles, um casal, para quem ele foi capaz de realizar um lucro rápido com as ações da Texas Gulf — para ser exato, um lucro de US$10,5 mil em menos de uma hora. ("Está claro que estamos todos no negócio errado", comentou o juiz Bonsal quando ouviu isso. Ou como o falecido Wieland Wagner observou em outro contexto: "Serei bastante explícito. O Valhalla é Wall Street.") Na Bolsa de Valores propriamente dita, logo cedo naquela manhã, todos os negociadores presentes no Luncheon Club, que antes da abertura às 10 horas funciona como um clube para o café da manhã, estavam digerindo a situação da Texas Gulf junto com a torrada e os ovos.

Na reunião da diretoria no número 200 da Park Avenue, que começou pontualmente às 9 horas, foi mostrada aos diretores a nova declaração que em breve seria liberada para a imprensa, e Stephens, Fogarty, Holyk e Mollison, como representantes do grupo de exploração, teceram comentários, um por um, a respeito da descoberta de Timmins. Stephens também declarou que o ministro das Minas de Ontário havia anunciado publicamente a descoberta na noite anterior (uma declaração errônea, é claro, embora não intencional; na realidade, o ministro estava fazendo a declaração quase no mesmo momento em que Stephens estava falando). A reunião da diretoria terminou mais ou menos às 10 horas, depois da qual um bando de repórteres — 22 ao todo, representando muitos dos principais jornais e revistas dos Estados Unidos, de assuntos gerais e especializados em finanças — entrou na sala da diretoria para a entrevista coletiva, com todos os diretores da Texas Gulf permanecendo em seus lugares. Stephens distribuiu cópias do comunicado à imprensa para os repórteres e então, cumprindo um curioso ritual que governa essas questões, o leu em voz alta. Enquanto ele estava envolvido com esse relato redundante, vários repórteres começaram a sair da sala ("eles começaram mais ou menos a se escoar da sala", foi como Lamont descreveu o fato mais tarde) para passar por telefone a sensacional notícia para as suas publicações; um número ainda maior deles escapuliu durante os eventos que subsequentemente completaram a entrevista coletiva — a exibição de alguns slides coloridos inócuos da região rural ao redor de Timmins, e uma exibição e explicação apresentadas por Holyk de algumas amostras extraídas no local — e quando a entrevista terminou, por volta das 10h15, só restava na sala um punhado de repórteres. Isso certamente não significou que tudo tinha sido um fiasco. Pelo contrário, uma entrevista à imprensa talvez seja o único tipo de show cujo sucesso é diretamente proporcional ao número de pessoas que deixam o local antes que ela termine.

As ações de dois dos diretores da Texas Gulf, Coates e Lamont, durante aproximadamente a meia hora seguinte, deram origem à parte mais controvertida da petição da S.E.C. e, como a controvérsia depois foi registrada na lei, essas ações provavelmente serão estudadas durante pelo menos uma geração por negociadores de ações com informações privilegiadas em busca de orientação a respeito do que devem fazer para se salvar, ou pelo menos para evitar serem amaldiçoados. A essência da controvérsia foi o *timing* e, em particular, o *timing* das manobras de Coates e Lamont com relação ao da disseminação das notícias da Texas Gulf pelo Serviço de Notícias Dow Jones, o famoso dispositivo que dá as notícias de última hora para os investidores. Praticamente todos os escritórios de investimentos nos Estados Unidos têm esse serviço, e o seu prestígio é tal que, em alguns círculos de investimento, o momento que uma notícia se torna pública é determinado pelo momento em que ela passa pela fita larga. Quanto à manhã do dia 16 de abril de 1964, um repórter da Dow Jones não apenas estava entre os presentes na entrevista à imprensa da Texas Gulf como também entre aqueles que saíram mais cedo para passar a notícia por telefone para o seu escritório. Segundo o repórter se recorda, ele fez a ligação entre 10h10 e 10h15, e normalmente um assunto daquela importância começaria a ser impresso pelas máquinas Dow Jones nos escritórios de costa a costa do país dois ou três minutos depois de o telefonema ter sido recebido. No entanto, na realidade, a notícia da Texas Gulf só começou a aparecer às 10h54, depois de inexplicáveis 40 minutos. O mistério da mensagem na fita larga, assim como o mistério do pronunciamento do ministro das Minas, foi deixado sem solução no julgamento sob a alegação de irrelevância; um aspecto sedutor das regras das evidências é sua tendência a deixar algumas coisas para a imaginação.

Coates, o texano, foi o primeiro diretor a tomar um rumo que dificilmente ele teria considerado historicamente significativo na época. Antes ou imediatamente depois do final da entrevista à imprensa, ele foi para uma sala ao lado da sala da diretoria, onde pegou um telefone e ligou para o seu genro, H. Fred Haemisegger, que é corretor em Houston. Coates, conforme ele próprio relatou depois, contou para

Haemisegger a descoberta da Texas Gulf e acrescentou que tinha esperado para telefonar "depois do pronunciamento público" porque estava "velho demais para ter problemas com a S.E.C.". Ele deu, então, uma ordem de compra de 2 mil ações da Texas Gulf para quatro trustes da família dos quais ele era gestor, embora não fosse pessoalmente um beneficiário. As ações, que tinham aberto na bolsa de valores cerca de 20 minutos antes a uma fração acima de 30 em negociações muito ativas mas de modo nenhum decisivamente superaquecidas, estavam agora subindo rapidamente, mas, por agir rápido, Haemisegger conseguiu comprar o bloco para Coates por um preço entre 31 e 31⅝, fazendo a ordem chegar ao corretor de pregão da sua firma bem antes que as notícias inexplicavelmente retardadas começassem a aparecer na fita larga.

Lamont, seguindo a tradição dos especuladores de Wall Street e não dos texanos, tomou suas medidas firmes porém com uma falta de pressa elegante, quase lânguida. Em vez de sair da sala da diretoria no final da entrevista à imprensa, ele permaneceu nela durante cerca de 20 minutos, sem fazer grande coisa. "Andei de um lado para o outro (...) ouvi alguns deles batendo papo e dei tapinhas nas costas das pessoas", narrou ele mais tarde. Depois, às 10h39 ou 10h40, ele foi para uma sala próxima e telefonou para um colega e amigo na Morgan Guaranty Trust Company, Longstreet Hinton, vice-presidente executivo do banco e chefe do seu departamento de truste. Mais cedo naquela semana, Hinton havia perguntado a Lamont se ele, como diretor da Texas Gulf, poderia esclarecer os rumores de uma descoberta de minério que estavam aparecendo na imprensa, e Lamont respondera que não podia. Agora, Lamont, como recordou mais tarde, disse a Hinton que "boas notícias relacionadas com a Texas Gulf Sulphur tinham sido divulgadas, ou logo seriam divulgadas na teleimpressora", e que seriam interessantes para ele. "As notícias são boas?", perguntou Hinton, e Lamont respondeu que eram "bastante boas" ou "muito boas". (Nenhum dos dois tem certeza do que ele disse, mas isso não importa, já que no jargão dos bancos em Nova York "bastante bom" *significa* "muito bom".) De qualquer modo, Hinton não seguiu o conselho de examinar a teleimpressora da Dow Jones, embora houvesse uma máquina funcionando a 6 metros de sua sala; em vez disso, telefonou imediatamente para o departamento de negociações do banco e pediu uma cotação de mercado da Texas Gulf. Depois de obtê-la, ele fez uma ordem de compra de 3 mil ações para a conta do Hospital Nassau, do qual ele era tesoureiro. Tudo isso não levou mais de dois minutos desde a hora em que Lamont deixou a entrevista à imprensa. A ordem fora transmitida do banco para a Bolsa de Valores e executada, e o Hospital Nassau tinha as suas ações antes que Hinton pudesse ter visto qualquer notícia a respeito da Texas Gulf na fita larga se estivesse olhando para ela. Mas ele não estava olhando para ela; estava ocupado com outras coisas. Depois de dar a ordem de compra para o Nassau Hospital, ele foi ao escritório do executivo da Morgan Guaranty responsável pelos trustes de pensão e sugeriu que *ele* comprasse algumas ações da Texas Gulf para os trustes. Em questão de menos de meia hora, o banco tinha feito uma ordem de compra de 7 mil ações para o seu fundo de pensão e a conta de participação nos lucros — 2 mil delas antes que a mensagem tivesse começado a aparecer na fita larga, e as restantes ou enquanto ela estava aparecendo ou poucos minutos depois. Um pouco mais de uma hora depois disso, às 12h33, Lamont comprou 3 mil ações para ele próprio e para membros de sua família, tendo de pagar $34^{1/2}$ por elas, já que a Texas Gulf, a essa altura, estava subindo consideravelmente. E assim ela continuaria, durante dias, meses e anos. Ela fechou naquela tarde a 36⅝, atingiu um pico de 58⅜ mais tarde naquele mês, e no final de 1966, quando a produção comercial de minério estava finalmente em andamento em Kidd-55 e era esperado que a enorme nova mina fosse responsável por um décimo da produção anual total de cobre do Canadá e por um quarto da sua produção total de zinco, as ações estavam sendo vendidas a mais de 100. Qualquer pessoa que tivesse comprado ações da Texas Gulf entre o dia 12 de novembro de 1963 e a manhã (ou até mesmo a hora do almoço) do dia 16 de abril de 1964 tinha, por conseguinte, pelo menos triplicado o seu dinheiro.

Talvez o aspecto mais interessante do julgamento da Texas Gulf — além do fato de estar havendo um julgamento — era a vivacidade e a variedade dos acusados que se apresentavam diante do juiz Bonsal, que variavam entre um explorador de minas de olhos ardentes como Clayton (um verdadeiro galês com um diploma em mineração da Universidade de Cardiff), figurões corporativos práticos e estressados como Fogarty e Stephens, pessoas espertas como Coates e um refinado aristocrata das finanças como Lamont. (Darke, que deixara o seu emprego na Texas Gulf pouco depois de abril de 1964 para se tornar um investidor privado — o que pode ou não indicar que ele se tornara um homem financeiramente independente —, recusou-se a comparecer ao julgamento alegando que sua nacionalidade canadense o deixava fora do alcance da intimação de um tribunal norte-americano, e a S.E.C. fez grande alarde por causa dessa recusa; o advogado da defesa, contudo, desdenhosamente insistiu em afirmar que a S.E.C. ficou, na verdade, encantada por Darke estar ausente, pois isso tornou possível que a querelante o pintasse como um Mefistófeles à espreita.) A S.E.C., depois que o seu advogado, Frank E. Kennamer Jr., anunciara a sua intenção de "trazer à luz e expor a má conduta desses acusados", pediu ao tribunal que emitisse uma injunção permanente proibindo para sempre Fogarty, Mollison, Clayton, Holyk, Darke, Crawford e vários outros *insiders* corporativos, que tinham comprado ações ou feito opções de compra entre os dias 8 de novembro de 1963 e 15 de abril de 1964, de "se envolver em qualquer ato (...) que funcione ou possa funcionar como fraude ou logro contra qualquer pessoa, em algo relacionado com a compra ou a venda de valores mobiliários"; além disso — e neste caso ela estava entrando em um terreno inteiramente novo —, ela pediu que a Corte determinasse que os acusados indenizassem as pessoas que eles tinham presumivelmente defraudado ao fazer opções de compra ou comprar ações delas com base em informações privilegiadas. A S.E.C. também fez a acusação de que o comunicado pessimista à imprensa de 12 de abril fora deliberadamente enganoso, e pediu que, por isso, a Texas Gulf fosse proibida de "fazer qualquer declaração falsa sobre um fato material ou de deixar de declarar um fato material". Sem considerar qualquer questão de perda de dignidade corporativa, o ponto importante aqui residia no fato de que esse parecer, se concedido, poderia muito bem abrir o caminho para que *qualquer* acionista que tivesse vendido as suas ações da Texas Gulf para *qualquer* pessoa no intervalo entre o primeiro comunicado à imprensa e o segundo pudesse entrar com uma ação judicial contra a companhia, e como o número de ações que mudaram de mão durante esse período alcançou os milhões, esse ponto era de fato importantíssimo.

Além das tecnicalidades legais, a defesa baseou sua contestação da acusação relacionada com as primeiras compras de ações, fundamentadas em informações privilegiadas, principalmente no argumento de que as informações propiciadas pelo primeiro furo de sondagem em novembro não tornara a prospecção de uma mina explorável algo certo mas apenas uma hipótese arriscada, e para respaldar esse argumento, ela fez desfilar diante do juiz um pelotão de especialistas em mineração que atestaram a notória inconsistência dos primeiros furos de sondagem, com algumas das testemunhas chegando a afirmar que o furo poderia muito bem ter se revelado uma desvantagem, e não uma vantagem, para a Texas Gulf. As pessoas que tinham comprado ações ou feito opções de compra durante o inverno insistiram em afirmar que o furo tivera muito pouco, ou mesmo nada, a ver com a sua decisão — elas haviam sido motivadas apenas pelo sentimento de que a Texas Gulf era um bom investimento naquele momento, com base em princípios gerais; e Clayton atribuiu o seu abrupto surgimento como um investidor substancial ao fato de ter acabado de se casar com uma mulher de posses. A S.E.C. contra-atacou com o seu próprio desfile de especialistas, afirmando que a natureza da primeira amostra tornara a existência de uma rica mina uma esmagadora probabilidade e que, portanto, as pessoas a par dos fatos a respeito dela estavam de posse de um fato material. Como a S.E.C. declarou astutamente depois do julgamento em um relatório resumido: "o argumento de que os acusados eram livres para comprar as ações enquanto a existência de uma mina não tivesse sido estabelecida equivale, sem sombra de dúvida, a afirmar que não existe nenhuma deslealdade em apostar em um cavalo inscrito em uma corrida, com o conhecimento de que o animal recebeu um estimulante ilegal, porque ele poderia cair morto na reta final." O advogado da defesa se recusou a discutir a analogia equina. Quanto ao comunicado pessimista de 12 de abril, a S.E.C. enfatizou muito o fato de que Fogarty, seu principal redator, o tinha fundamentado em informações que tinham chegado ao seu conhecimento 48 horas antes de serem divulgadas, apesar do fato de a comunicação entre Kidd-55, Timmins e Nova York ser relativamente boa na ocasião, e expressou o ponto de vista de que "a melhor explicação para essa estranha conduta é que o Dr. Fogarty simplesmente não se importou com o fato de estar fornecendo aos acionistas da Texas Gulf e ao público uma declaração desanimadora baseada em informações obsoletas". Pondo de lado a questão da obsolescência, a defesa afirmou que o comunicado "declarava com precisão o status da perfuração no ponto de vista de Stephens, Fogarty, Mollison, Holyk e Clayton", de que "o problema apresentado era obviamente uma questão de opinião", e que a companhia estava em uma posição particularmente difícil e delicada já que, se ela tivesse, ao contrário, feito um relato excessivamente otimista, que mais tarde tivesse demonstrado ter base em falsas esperanças, ela poderia também ter sido acusada de fraude por causa dessas declarações.

Ao examinar a questão crucial, ou seja, se as informações obtidas a partir do primeiro furo de sondagem tinham sido "materiais", o juiz Bonsal concluiu que a materialidade nesses casos precisa ser conservadora. Ele ressaltou que havia uma questão de política pública envolvida: "É importante no nosso sistema de livre empreendimento que os *insiders*, entre eles diretores, executivos e funcionários, sejam encorajados a possuir valores mobiliários da sua empresa. O incentivo que acompanha a propriedade das ações beneficia tanto a empresa quanto os acionistas." Por manter a sua definição conservadora, ele decidiu que até a noite de 9 de abril, quando três furos de sondagem convergentes estabeleceram positivamente a tridimensionalidade da jazida de minério, informações materiais não estavam disponíveis, e a decisão dos *insiders* de comprar ações da Texas Gulf antes daquela data, mesmo que com base nos resultados da perfuração, não tinha passado de um "bom palpite" arriscado e perfeitamente legal. (O colunista de um jornal que discordou da decisão do juiz comentaria que os palpites tinham sido tão bons que poderiam se qualificar como *summa cum laude*.) No caso de Darke, o juiz decidiu que parecia altamente provável que as volumosas compras de ações realizadas pelas suas *tippees* e *sub-tippees* nos últimos dias de março tivessem sido instigadas por uma informação recebida de Darke de que as perfurações em Kidd-55 estavam prestes a ser reiniciadas; mas mesmo nesse caso, de acordo com a lógica do juiz Bonsal, ainda não existiam informações concretas, de modo que elas não poderiam servir de base para medidas efetivas e tampouco ser passadas adiante para outras pessoas.

O processo contra todos aqueles que tinham tido bons palpites e comprado ações, feito opções de compra, ou feito recomendações a *tippees*, antes da noite de 9 de abril, foi, portanto, indeferido. Já no caso de Clayton e de Crawford, que tinham sido bastante imprudentes para comprar ações, ou dar ordens de compra, no dia 15 de abril, a questão foi diferente. O juiz não encontrou nenhuma evidência de que eles tinham tido a intenção de enganar ou defraudar ninguém, mas eles tinham *efetivamente* feito as suas compras com o pleno conhecimento de que uma grande mina fora descoberta, e que essa descoberta seria anunciada no dia seguinte — em resumo, tendo concretamente nas mãos informações sigilosas. Por conseguinte, eles foram considerados culpados de violar a Regra 10B-5, e seriam proibidos de fazer isso de novo e obrigados a recompensar as pessoas de quem compraram as suas ações no dia 15 de abril — partindo do princípio, é claro, de que essas pessoas pudessem ser encontradas, considerando que as complexidades das negociações na bolsa de valores são tantas que nem sempre é fácil descobrir exatamente com quem se estava lidando em uma transação particular. A lei atualmente é, e talvez deva permanecer, quase humanística de uma maneira irreal; aos olhos da lei, as corporações são pessoas, as bolsas de valores são mercados de rua onde comprador e vendedor pechincham frente a frente e os computadores praticamente não existem.

Quanto ao comunicado à imprensa de 12 de abril, o juiz considerou-o "sombrio" e "incompleto", mas reconheceu que seu propósito fora meritório, ou seja, o de corrigir os rumores exagerados que vinham aparecendo, e sentenciou que a S.E.C. tinha deixado de provar que o comunicado era falso, capcioso ou enganador. Desse modo, ele indeferiu a petição que alegava que a Texas Gulf havia deliberadamente tentado confundir os seus acionistas e o público em geral.

Até esse ponto, eram duas vitórias contra toda uma série de derrotas para a S.E.C., e o direito de um mineiro de deixar cair a sua perfuratriz e correr para um escritório de corretagem pareceu ter retido a maior parte da sua inviolabilidade, desde que, pelo menos, o furo de sondagem fosse o primeiro de uma série. Mas ainda faltava definir o assunto que, de todos os debatidos no caso, teve a maior consequência para os acionistas, os negociadores de ações e a economia nacional, em contraste com os membros dos grupos corporativos de exploração de minas. Estou me referindo à questão das atividades de Coates e Lamont no dia 16 de abril, e a sua importância residia no fato que ela trouxe à baila a questão de precisamente quando, aos olhos da lei, uma informação deixa de ser privilegiada e se torna pública. A questão nunca antes fora submetida a um teste tão severo, de modo que o que emergisse do caso da Texas Gulf se tornaria imediatamente jurisprudência sobre o assunto até ser suplantado por algum caso ainda mais refinado.

A posição básica da S.E.C. era de que as compras de ações de Coates e a cautelosa dica que Lamont deu a Hinton por telefone representaram uma utilização ilegal de informações privilegiadas porque foram realizadas antes de a mensagem sobre a descoberta de minério aparecer na fita larga da Dow Jones — mensagem essa que os advogados da S.E.C. chamaram o tempo todo de mensagem "oficial", embora o serviço Dow Jones, por mais que desejasse ser oficial, não derivasse esse status de nenhuma autoridade além do hábito. Mas a S.E.C. foi mais longe. Mesmo que os telefonemas dos dois diretores tivessem sido dados depois do anúncio "oficial", argumentou ela, eles teriam sido inconvenientes e ilegais, a não ser que tivesse transcorrido tempo suficiente para que a notícia fosse completamente absorvida pelo público investidor que não tinha o privilégio de comparecer à entrevista coletiva ou mesmo de observar a fita larga no momento certo. O advogado da defesa encarava os fatos de maneira bastante diferente. Do ponto de vista dele, longe de ser culpados, independentemente de ter ou não agido antes ou depois do anúncio na fita larga, os seus clientes eram inocentes em ambos os casos. Em primeiro lugar, afirmaram os advogados, Coates e Lamont tinham todos os motivos para acreditar que a notícia já era de conhecimento público, pois Stephens havia mencionado na reunião da diretoria que ela tinha sido divulgada pelo ministro das Minas de Ontário na noite anterior e, portanto, Coates e Lamont tinham agido de boa-fé; em segundo lugar, prosseguiu o advogado, levando em consideração o zum-zum-zum nos escritórios de corretagem e a agitação na Bolsa de

Valores desde cedo, para todos os fins práticos, a notícia realmente *era* de conhecimento geral, por assimilação e por intermédio do *Northern Miner*, um tempo considerável antes de aparecer na teleimpressora ou antes que os discutíveis telefonemas tivessem sido dados. Os advogados de Lamont argumentaram que, de qualquer maneira, o seu cliente não tinha aconselhado Hinton a comprar ações da Texas Gulf; ele meramente o aconselhara a dar uma olhada na fita larga, um ato tão inocente para recomendar quanto para executar, e o que Hinton tinha feito depois fora inteiramente por conta dele. Em resumo, os advogados de ambos os lados não conseguiram chegar a um acordo sobre se as regras tinham sido violadas ou sobre quais eram efetivamente as regras; na realidade, uma das alegações da defesa era que a S.E.C. estava pedindo ao tribunal para redigir novas regras e depois aplicá-las retroativamente, enquanto a querelante insistia que estava apenas pedindo que uma antiga regra, a 10B-5, fosse aplicada de modo abrangente, no espírito do marquês de Queensberry.* Perto do final do julgamento, os advogados de Lamont, fazendo forte pressão, criaram uma comoção na sala do tribunal ao introduzir uma exposição-surpresa: um grande e elaborado mapa dos Estados Unidos salpicado de marcadores coloridos: azuis, vermelhos, verdes, dourados e prateados — cada cor, anunciaram os advogados, demonstrava um lugar onde as notícias sobre a Texas Gulf haviam sido disseminadas antes de Lamont ter agido ou de

---

*As chamadas Regras Queensberry foram um conjunto de regulamentos formulado na Inglaterra na década de 1860 que transformou as lutas organizadas por apostadores no pugilismo moderno. As regras foram redigidas pelo Amateur Athletic Club e publicadas com o nome do oitavo marquês de Queensberry, um patrono do esporte. Entre outras coisas, passou a ser proibido bater no adversário caído no chão e foi concedido ao pugilista dez segundos para se levantar depois de ter sido derrubado. (*N. da T.*)

elas terem chegado à fita larga. Durante o interrogatório, foi revelado que todos os marcadores, com exceção de oito, representavam escritórios da firma de corretagem da Merrill Lynch, Pierce, Fenner & Smith, através de cuja linha telegráfica entre escritórios as notícias tinham sido transmitidas às 10h29, mas, embora essa revelação da abrangência altamente limitada da disseminação possa ter mitigado a força legal do mapa, ela aparentemente não mitigou a impressão estética que o mapa causou no juiz. "Não é uma beleza?", exclamou ele, deixando os homens da S.E.C. furiosos e mortificados; e quando um dos orgulhosos advogados da defesa reparou que havia alguns locais no mapa que tinham passado desapercebidos e ressaltou que deveria haver mais marcadores, o juiz Bonsal, ainda admirado, balançou a cabeça e disse que temia que isso não fosse funcionar, pois todas as cores conhecidas pareciam ter sido usadas.

A meticulosidade de Lamont ao esperar até 12h33, quase duas horas depois de ter telefonado para Hinton, antes de comprar ações para si mesmo e para sua família, não impressionou a S.E.C., e foi aí que a Comissão tomou a sua posição mais vanguardista e pediu ao juiz uma decisão que avançaria mais destemidamente pela selva jurídica do futuro. Essa posição foi apresentada da seguinte maneira nas alegações da S.E.C.: "A posição da Comissão é que mesmo depois de as informações corporativas terem sido publicadas na mídia noticiosa, os *insiders* ainda permanecem sob a obrigação de se abster de realizar transações com valores mobiliários até que um intervalo de tempo razoável tenha transcorrido durante o qual o setor mobiliário, os acionistas e o público investidor possam avaliar a ocorrência e tomar decisões de investimento inteligentes. (...) Os *insiders* precisam esperar pelo menos até que as informações tenham provavelmente chegado ao investidor típico que acompanha o mercado e este tenha alguma oportunidade de analisá-las." No caso da Texas Gulf, argumentou a S.E.C., uma hora e 39 minutos depois do início da transmissão da fita larga não era um período longo o bastante para essa avaliação, como foi evidenciado pelo fato de o enorme aumento no preço das ações da Texas Gulf mal ter começado nessa ocasião, e, portanto, as compras de Lamont às 12h33 tinham violado o Securities Exchange Act. Na opinião da S.E.C., qual *seria*, então, "uma quantidade de tempo razoável"? Isso iria "variar de caso para caso", declarou o advogado Kennamer da S.E.C. nos seus argumentos finais, de acordo com a natureza da informação privilegiada; por exemplo, a notícia de uma redução nos dividendos provavelmente permearia o cérebro do investidor mais obtuso em um espaço de tempo muito breve, quando uma notícia tão incomum e obscura como a da Texas Gulf poderia levar dias, ou até mesmo mais tempo. Seria, declarou Kennamer, "uma tarefa praticamente impossível elaborar um conjunto rígido de regras aplicáveis a todas as situações desse tipo". Por conseguinte, de acordo com o critério da S.E.C., a única maneira pela qual um *insider* poderia descobrir se tinha esperado tempo suficiente antes de comprar ações da sua empresa era sendo levado ao tribunal e consultando a decisão do juiz.

A defesa de Lamont, liderada por S. Hazard Gillespie, perseguiu essa posição com o mesmo zelo, ou até mesmo com o mesmo júbilo, que havia marcado sua incursão na cartografia. Em primeiro lugar, declarou Gillespie, a S.E.C. tinha afirmado que o telefonema de Coates para Haemisegger e o de Lamont para Hinton tinham sido errados por terem sido dados antes do anúncio na fita larga; depois, ela dissera que a compra posterior de ações de Lamont tinha sido errada porque fora realizada *depois* do anúncio, porém não suficientemente depois. Se essas duas sequências de ações aparentemente opostas foram ambas fraudulentas, qual era a conduta correta? A S.E.C. parecia desejar que as regras fossem criadas à medida as coisas fossem acontecendo, ou então, mais exatamente, que os tribunais as criassem. Como Gillespie colocou a questão de maneira mais formal, a S.E.C. estava "pedindo ao tribunal para redigir (...) judicialmente uma lei e aplicá-la retroativamente para considerar o Sr. Lamont culpado de fraude por causa de uma conduta que ele, com razão, acreditava ser inteiramente adequada".

O juiz Bonsal concordou que a petição não resistiria a um escrutínio — e, por sinal, isso também era verdade com relação à afirmação da S.E.C. de que a hora da transmissão da fita larga tinha sido a hora em que a notícia se tornou pública. Ele adotou a visão mais limitada de que, com base em um precedente legal, o momento regulador fora aquele em que o comunicado à imprensa fora lido e distribuído para os repórteres, embora dificilmente qualquer pessoa de fora — ou seja, dificilmente qualquer pessoa, ponto final — tivesse tido conhecimento da notícia durante algum tempo depois disso. Claramente perturbado pelas implicações dessa constatação, o juiz Bonsal acrescentou que "é possível, como argumenta a Comissão, que uma regra mais eficaz deva ser estabelecida para impedir que *insiders* ajam movidos por informações depois que elas tenham sido anunciadas, porém, antes que tenham sido absorvidas pelo público". Mas não achava que coubesse a ele redigir essa regra. E tampouco achava que ele devesse determinar se Lamont tinha aguardado tempo suficiente antes de dar sua ordem às 12h33. Se fosse deixado a cargo dos juízes determinar essas coisas, disse ele, "isso só conduziria à incerteza. O veredicto em um caso não influenciaria outro caso com diferentes fatos. Nenhum *insider* saberia se já esperou tempo suficiente. (...) Se um período de espera tiver de ser fixado, isso poderia ser feito mais apropriadamente pela Comissão". Ninguém se atreveu a correr o risco, e as petições contra Coates e Lamont foram indeferidas.

A S.E.C. recorreu de todos os indeferimentos, e Clayton e Crawford, os dois únicos acusados que se acreditavam ter violado o Securities Exchange Act, recorreram da sentença. Em suas alegações do recurso, a Comissão reexaminou meticulosamente as evidências e sugeriu para a vara civil que o juiz Bonsal havia errado ao interpretá-las, enquanto as alegações da defesa de Clayton e Crawford se concentraram nos efeitos possivelmente perniciosos da doutrina implícita no veredicto contra eles. A doutrina não poderia significar, por exemplo, que todo analista de valores mobiliários que faz o possível para descobrir fatos pouco conhecidos a respeito de uma empresa específica, e depois recomenda as ações dessa empresa para os seus clientes, como é pago para fazer, poderia ser declarado um *insider* que está inadequadamente distribuindo dicas precisamente por causa do seu empenho? Não poderia a doutrina tender a "sufocar o investimento dos funcionários corporativos e obstruir o fluxo das informações corporativas para os investidores"?

É possível que sim. De todo jeito, em agosto de 1968, o Tribunal de Recursos do Segundo Circuito dos Estados Unidos transmitiu uma decisão que reverteu categoricamente os veredictos do juiz Bonsal em praticamente todos os casos, exceto nos veredictos contra Crawford e Clayton, que foram confirmados. O Tribunal de Recursos determinou que o furo de sondagem original de novembro *havia* fornecido evidências materiais de uma valiosa jazida de minério e que, portanto, Fogarty, Mollison, Darke, Holyk e todos os outros *insiders* que haviam comprado ações ou feito opções de compra da Texas Gulf durante o inverno eram culpados de ter transgredido a lei; que o sombrio comunicado à imprensa de 12 de abril fora ambíguo e talvez enganoso e que Coates tinha inadequada e ilegalmente avançado o sinal quando deu suas ordens de compra logo depois da entrevista coletiva no dia 16 de abril. Somente Lamont — que tinha tido as acusações contra ele retiradas ao falecer pouco depois do veredicto da primeira instância — e um gerente de escritório da Texas Gulf, John Murray, permaneceram inocentados.

A decisão foi uma famosa vitória para a S.E.C., e a primeira reação de Wall Street foi gritar que ela tenderia a contribuir para uma total confusão. Aguardando decisões adicionais de recursos à Suprema Corte, isso resultaria, pelo menos, em uma interessante experiência. Pela primeira vez na história mundial, Wall Street deveria testemunhar o esforço de conduzir um mercado de ações sem recorrer a cartas marcadas.

5. Xerox xerox xerox xerox

Quando o mimeógrafo original — a primeira duplicadora mecânica de páginas escritas, prática, para ser usada no escritório — foi colocado no mercado pela A. B. Dick Company, de Chicago, em 1887, ela não tomou o país de assalto. Pelo contrário, o Sr. Dick — um ex-madeireiro que ficara entediado de copiar suas listas de preços à mão, tentara inventar ele próprio uma máquina duplicadora, e finalmente obtivera de seu inventor, Thomas Alva Edison, o direito de produzir o mimeógrafo — se viu diante de um terrível problema de marketing. "As pessoas não *queriam* fazer muitas cópias de documentos de escritório", declarou o seu neto C. Matthews Dick Jr., atualmente um dos vice-presidentes da A. B. Dick Company, que fabrica toda uma linha de copiadoras e duplicadoras, entre elas, mimeógrafos. "De modo geral, os primeiros usuários da máquina foram organizações não comerciais como igrejas, escolas e unidades de escoteiros. Para atrair empresas e profissionais liberais, meu avô e seus sócios tiveram de fazer um enorme esforço missionário.

A duplicação de documentos de escritório por uma máquina era uma ideia nova e perturbadora que abalava padrões de escritório consagrados. Afinal de contas, em 1887, a máquina de escrever estava no mercado havia pouco mais de uma década e seu uso ainda não era muito difundido, e o mesmo acontecia, na verdade, com relação ao papel-carbono. Se um executivo ou um advogado desejasse cinco cópias de um documento, ele mandava um auxiliar de escritório fazê-las, à mão. As pessoas diziam para o meu avô: 'Por que eu iria querer ter uma porção de cópias disto e daquilo espalhadas por aí? Isso representaria mais entulho no escritório, uma tentação para olhos intrometidos e um desperdício de papel de qualidade.'"

Em outro nível, as dificuldades que o Sr. Dick mais velho encontrou talvez estivessem relacionadas com a reputação, de modo geral ruim, que a ideia de fazer cópias de material gráfico desfrutava havia vários séculos — má reputação refletida nas várias conotações do substantivo e verbo inglês *"copy"*. O *Oxford English Dictionary* deixa claro que durante esses séculos havia uma aura de logro associada à palavra; na realidade, a partir do final do século XVI até a época vitoriana, as palavras *"copy"* e *"counterfeit"* [falsificação] eram praticamente sinônimos. (Em meados do século XVII, o emprego medieval do substantivo *"copy"*, no sentido robusto de "fartura" ou "abundância", havia gradualmente desaparecido, deixando para trás apenas sua forma adjetiva, *"copious"* [copioso].) "As únicas boas cópias são aquelas que exibem os defeitos dos maus originais", escreveu Rochefoucauld nas suas *Máximas* em 1665. "Jamais compre uma cópia de um quadro", pronunciou Ruskin dogmaticamente em 1857, fazendo uma advertência não contra a trapaça e sim contra a degradação. E a cópia de documentos escritos também era frequentemente suspeita. "Embora a Cópia autenticada de um Registro seja uma boa prova, a Cópia de uma Cópia nunca tão bem-autenticada (...) não será aceita como prova no âmbito jurídico", escreveu John Locke em 1690. Mais ou menos na mesma época, o ramo da impressão contribuiu com a sugestiva expressão "cópia defeituosa" para a linguagem, e um dos hábitos vitorianos prediletos era chamar um objeto, ou pessoa, de uma cópia pálida de outro/a.

A necessidade prática que surgiu da crescente industrialização foi, sem dúvida, especialmente responsável pela inversão dessas atitudes no século XX. De qualquer modo, a reprodução no escritório começou a aumentar muito rapidamente. (Pode parecer paradoxal o fato de esse crescimento ter coincidido com o surgimento do telefone, mas talvez não seja. Todas as evidências sugerem que a comunicação entre as pessoas, seja por que meio for, longe de simplesmente alcançar o seu propósito, invariavelmente gera a necessidade de mais comunicação.) A máquina de escrever e o papel-carbono passaram a ser usados rotineiramente depois de 1890, e a mimeografagem se tornou um procedimento padrão pouco depois de 1900. "Nenhum escritório está completo sem um Mimeógrafo Edison", pôde a Dick Company alardear em 1903. A essa altura, já havia cerca de 150 mil máquinas em uso; já em 1910, o número delas provavelmente ultrapassava 200 mil, e, em 1940, chegava a quase 500 mil. A máquina de impressão offset — uma valorosa concorrente, capaz de produzir um trabalho muito mais bonito do que o mimeógrafo — foi adaptada com sucesso para a utilização no escritório nas décadas de 1930 e 1940, e é hoje um equipamento padrão na maioria dos grandes escritórios. Assim como o mimeógrafo, contudo, uma página mestre precisa ser preparada antes de se começar a reprodução — um processo relativamente dispendioso e demorado —, de modo que a impressora offset só é economicamente útil quando se deseja um número substancial de cópias. No jargão do equipamento de escritório, a impressora offset e o mimeógrafo são "duplicadoras" e não "copiadoras", com a linha divisória entre duplicar e copiar sendo, de modo geral, traçada entre dez e vinte cópias. Onde a tecnologia demorou mais foi no desenvolvimento de copiadoras eficientes e econômicas. Vários aparelhos fotográficos que não exigiam a criação de páginas mestres — dos quais o mais famoso foi o Photostat — começaram a aparecer por volta de 1910, mas por causa do seu custo elevado, lentidão e dificuldade de operação, a sua utilidade em grande medida se limitava apenas a copiar desenhos arquitetônicos e de engenharia, e documentos jurídicos. Até depois de 1950, a única máquina prática para fazer uma cópia de uma carta comercial ou uma página de um texto datilografado era uma máquina de escrever com papel-carbono no cilindro.

Os anos 1950 foram os anos rudimentares e pioneiros da cópia mecanizada no escritório. Em um breve intervalo de tempo, apareceu de repente no mercado uma série de máquinas capazes de reproduzir a maior parte dos documentos de escritório sem a utilização de uma página mestre, com o custo de apenas alguns centavos de dólar por cópia, em um intervalo de tempo de um minuto ou menos por cópia. A tecnologia variava — a Thermo-Fax da Minnesota Mining & Manufacturing, introduzida em 1950, usava papel para cópias sensível ao calor; a Dial-A-Matic Autostat (1952) da American Photocopy se baseava em um refinamento da fotografia comum; a Verifax (1953) da Eastman Kodak usava um método chamado processo de transferência de pigmentos e assim por diante —, mas quase todas elas, ao contrário do mimeógrafo do Sr. Dick, imediatamente encontraram um mercado pronto, em parte porque preenchiam uma necessidade real e, em parte, agora parece claro, porque elas e a sua função exerciam um poderoso fascínio psicológico sobre seus usuários. Em uma sociedade eternamente caracterizada pelos sociólogos como "de massa", a ideia de transformar coisas singulares em múltiplas mostrou indícios de se tornar uma verdadeira compulsão. No entanto, todas essas pioneiras máquinas de copiar tinham graves e frustrantes defeitos; por exemplo, a Autostat e a Verifax eram difíceis de operar e produziam cópias que precisavam ser secadas, enquanto as cópias Thermo-Fax tendiam a escurecer quando expostas a um excesso de calor, e todas as três só podiam fazer cópias em um papel especialmente tratado fornecido pelo fabricante. O que era necessário para que a compulsão se transformasse em uma mania era um grande avanço tecnológico, e esse avanço aconteceu na virada da década, com o advento de uma máquina que funcionava com base em um novo princípio, conhecido como xerografia, e era capaz de fazer cópias secas, de boa qualidade e permanentes, em papel comum e com um mínimo de dificuldade. O efeito foi imediato. Em grande medida como resultado da xerografia, o número estimado de cópias (em contraste com duplicatas) feitas nos Estados Unidos saltou de cerca de 20 milhões em meados da década de 1950 para 9,5 *bilhões* em 1964 e para 14 bilhões em 1966 — sem mencionar outros bilhões na Europa, na Ásia e na América Latina. Mais do que isso, a atitude dos educadores com relação a livros-texto impressos e dos executivos com relação à comunicação escrita passou por uma notória mudança; filósofos de vanguarda começaram a aclamar a xerografia como uma revolução cuja importância era comparável à invenção da roda; e copiadoras operadas com moedas começaram a aparecer nas confeitarias e nos salões de beleza. A mania — que não foi de imediato tão perturbadora quanto a mania da tulipa no século XVII na Holanda, mas provavelmente estava destinada a ter consequências consideravelmente mais amplas — estava indo de vento em popa.

A empresa responsável pelo grande avanço e aquela em cujas máquinas a maioria desses bilhões de cópias eram feitas era, é claro, a Xerox Corporation, de Rochester, Nova York. Como resultado, ela se tornou o maior sucesso comercial da década de 1960. Em 1959, o ano em que a companhia — na ocasião chamada Haloid Xerox, Inc. — introduziu seu primeiro centro automático de cópias xerográficas, as suas vendas foram de US$33 milhões. Em 1961, elas foram de US$66 milhões, em 1963, de US$176 milhões, e em 1966 de mais de US$500 milhões. Como Joseph C. Wilson, o executivo principal da empresa, ressaltou, essa taxa de crescimento era tão grande que, caso se mantivesse por umas duas décadas (o que, talvez afortunadamente para todo mundo, não era possível acontecer), as vendas da Xerox seriam maiores do que o Produto Nacional Bruto dos Estados Unidos. Não tendo se classificado entre as 500 maiores empresas industriais norte-americanas da revista *Fortune* em 1961, em 1964 a Xerox ficou colocada no 227º lugar, e já em 1967 tinha subido para a 126ª colocação. A classificação da *Fortune* se baseia nas vendas anuais; de acordo com alguns outros critérios, a Xerox se colocou em uma posição muito mais elevada do que a 171ª. No início de 1966, por exemplo, ela estava classificada mais ou menos no 63º lugar no país na categoria lucro líquido, provavelmente em nono no índice lucro das vendas e mais ou menos no 15º do ponto de vista do valor de mercado do seu material — e neste último aspecto a jovem recém-chegada estava na frente de gigantes consagrados como a U.S. Steel, a Chrysler, a Procter & Gamble e a R.C.A. Na realidade, o entusiasmo que o público investidor demonstrou pela Xerox fez das suas ações a golconda* dos anos 1960. Qualquer pessoa que tivesse comprado as suas ações no final de 1959 e as mantido até o início de 1967 teria nas mãos títulos que valiam cerca de 66 vezes o seu preço original, e qualquer pessoa realmente dotada de visão que tivesse comprado ações da Haloid em 1955 teria visto o seu investimento original crescer — poderíamos quase dizer milagrosamente — 180 vezes. Não é de causar surpresa que tenha surgido um bando de "milionários da Xerox" — no cômputo geral, várias centenas deles, cuja maioria morava na área de Rochester ou viera de lá.

A Haloid Company, fundada em Rochester em 1906, era a avó da Xerox, assim como um dos seus fundadores — Joseph C. Wilson, que em certa ocasião foi penhorista e, em certa ocasião, prefeito de Rochester — era o avô do seu homônimo, o mandachuva da Xerox de 1946 a 1968. A Haloid fabricava papéis fotográficos e, como todas as empresas fotográficas — e especialmente as de Rochester —, vivia à sombra da sua vizinha, a gigantesca Eastman Kodak. No entanto, mesmo nessa luz fraca, a firma foi bastante eficiente para resistir à Depressão relativamente em boa forma. Entretanto, nos anos que se seguiram à Segunda Guerra Mundial, tanto a concorrência quanto os custos trabalhistas aumentaram, o que levou a Haloid a procurar novos produtos. Uma das possibilidades que os seus cientistas encontraram foi um processo de reprodução que estava sendo investigado no Battelle Memorial Institute, uma grande organização de pesquisa industrial sem fins lucrativos situada em Columbus, Ohio. Nesse ponto, a história tem um flashback para 1938

---

*Golconda era uma cidade da Índia famosa pela lapidação de diamantes no século XVI e que passou a identificar operações com muito lucro a partir de muito pouco. (N. do R.T.)

e uma cozinha no segundo andar, em cima de um bar no bairro de Astória, distrito de Queens, em Nova York, que estava sendo usada como laboratório improvisado por um obscuro inventor de 32 anos chamado Chester F. Carlson. Filho de um barbeiro de descendência sueca, e formado em física pelo California Institute of Technology, Carlson trabalhava em Nova York no departamento de patentes da P. R. Mallory & Co., um fabricante de componentes elétricos e eletrônicos de Indianápolis; em busca de fama, fortuna e independência, ele estava dedicando o seu tempo livre à tentativa de inventar uma máquina copiadora de escritório, e para ajudá-lo nesse empreendimento ele contratara Otto Kornei, um físico alemão refugiado. O fruto das experiências dos dois homens foi um processo pelo qual, no dia 22 de outubro de 1938, depois de usar uma grande quantidade de equipamentos toscos e produzir bastante fumaça e mau cheiro, eles conseguiram transferir de um pedaço de papel para outro a nada heroica mensagem "10-22-38 Astoria". O processo, que Carlson chamou de eletrofotografia, tinha, e tem, cinco passos básicos: sensibilizar uma superfície fotocondutora à luz, conferindo-lhe uma carga eletrostática (por exemplo, esfregando-a com uma pele de animal); expor essa superfície a uma página escrita para formar uma imagem eletrostática; desenvolver a imagem latente polvilhando a superfície com um pó que adere às áreas carregadas; transferir a imagem para algum tipo de papel e fixar a imagem por meio da aplicação de calor. Essa combinação de passos, cada um dos quais, isoladamente, era bastante familiar no que diz respeito a outros tipos de tecnologia, era completamente nova — tão nova, na verdade, que os bambambãs do comércio foram notoriamente lentos em reconhecer as potencialidades do processo. Aplicando o conhecimento que assimilara no seu trabalho no centro da cidade, Carlson imediatamente teceu uma complicada rede de patentes em torno da invenção (Kornei foi embora pouco depois para trabalhar em outro lugar, desaparecendo de vez do cenário eletrofotográfico) e começou a tentar vendê-la. Ao longo de cinco anos, enquanto continuava a trabalhar para a Mallory, Carlson passou a tratar o produto do seu trabalho secundário de uma nova forma, oferecendo direitos do processo para todas as empresas importantes de equipamento de escritório no país, mas sua oferta foi rejeitada todas as vezes. Finalmente, em 1944, Carlson convenceu o Battelle Memorial Institute a desenvolver o trabalho nesse processo em troca de três quartos de quaisquer royalties que pudessem resultar da sua venda ou licença.

Aqui termina o flashback e a xerografia, como tal, passa a existir. Em 1946, o trabalho do Battelle no processo de Carlson tinha chamado a atenção de várias pessoas na Haloid, entre elas, do Joseph C. Wilson mais jovem, que estava prestes a assumir a presidência da empresa. Wilson comunicou o seu interesse a um novo amigo, Sol M. Linowitz, um jovem advogado inteligente e imbuído de espírito público, que servira na Marinha e estava, na época, ocupado em organizar uma nova estação de rádio em Rochester que divulgaria opiniões liberais para contrabalançar as opiniões conservadoras dos jornais de Gannett. Embora a Haloid tivesse os seus próprios advogados, Wilson, impressionado com Linowitz, pediu que ele examinasse o assunto da Battelle como um trabalho freelance para a empresa. "Fomos a Columbus ver um pedaço de metal esfregado com pelo de gato", declarou Linowitz mais tarde. Essa e outras viagens geraram um acordo concedendo à Haloid os direitos do processo de Carlson em troca de royalties para Carlson e o instituto Battelle. Nesse acordo, a Haloid se comprometia a dividir com o Battelle o trabalho e os custos de desenvolvimento do processo. Tudo o mais, ao que pareceu, fluiu a partir desse acordo. Em 1948, em busca de um novo nome para o processo de Carlson, um homem do Battelle se reuniu com um professor de línguas clássicas da Universidade do Estado de Ohio e, combinando duas palavras do grego clássico, inventaram a palavra "xerografia", ou "escrita seca". Enquanto isso, pequenas equipes de cientistas do Battelle e da Haloid, no esforço de desenvolver o processo, estavam encontrando uma série de problemas técnicos desconcertantes e inesperados; em determinado momento, na verdade, as pessoas da Haloid ficaram tão desanimadas que chegaram a pensar em vender a maior parte dos seus direitos de xerografia para a International Business Machines (IBM). Mas a transação foi finalmente cancelada e, à medida que as pesquisas continuaram e as contas delas aumentaram, o compromisso da Haloid com o processo gradualmente foi se tornando uma questão de honra. Em 1955, um novo acordo foi redigido, segundo o qual a Haloid assumiu o controle das patentes de Carlson e todo o custo de desenvolvimento do projeto, em troca do que emitiu uma enorme quantidade de ações da Haloid para o Battelle, o qual, por sua vez, emitiu algumas para Carlson. O custo era descomunal. Entre 1947 e 1960, a Haloid gastou cerca de US$75 milhões em pesquisas de xerografia, o que equivale a mais ou menos o dobro do que ela ganhou com as suas operações regulares durante esse período; a diferença foi levantada por meio de empréstimos e da maciça emissão de ações ordinárias para qualquer pessoa que fosse bondosa, descuidada ou visionária o bastante para comprá-las. A Universidade de Rochester, em parte pelo seu interesse em uma indústria local batalhadora, comprou uma enorme quantidade para o seu fundo de doações por um preço que, subsequentemente, por causa do desdobramento das ações, correspondeu a US$0, 50 por ação. "Por favor, não fique zangado conosco se constatarmos que teremos de vender as nossas ações da Haloid para reduzir as nossas perdas com elas", advertiu nervosamente a Wilson um dos dirigentes da universidade. Wilson prometeu que não ficaria zangado. Nesse ínterim, ele e outros executivos da companhia recebiam a maior parte do seu pagamento na forma de ações, e alguns deles chegaram ao ponto de lançar mão das suas poupanças e hipotecar as suas casas para ajudar a causa. (A essa altura, entre os executivos destacava-se Linowitz, cuja associação com a Haloid se revelara tudo menos um trabalho de freelance; em vez disso, ele se tornou o braço direito de Wilson, cuidando dos esquemas cruciais de patentes da companhia, organizando e conduzindo as suas afiliações internacionais e, com o tempo, atuando como presidente do conselho diretor da empresa.) Em 1958, depois de uma compenetrada consideração, o nome da companhia foi modificado para Haloid Xerox, embora nenhum produto xerográfico de grande importância estivesse ainda no mercado. A marca registrada "XeroX" fora adotada pela Haloid vários anos antes — uma descarada imitação da "Kodak" da Eastman, como admitiu o próprio Wilson. O "X" final logo teve que ser reduzido para letra minúscula, porque eles constataram que ninguém se daria o trabalho de colocá-lo em maiúscula, mas o quase palíndromo, pelo menos tão irresistível quanto o da Eastman, permaneceu. XeroX ou Xerox, a marca registrada, declarou Wilson, foi adotada e mantida contra a veemente recomendação de muitos dos primeiros consultores, que temiam que o público considerasse o nome impronunciável ou pensasse que ele denotava um anticongelante, ou, ainda, que o nome pudesse colocar na cabeça das pessoas uma palavra altamente desalentadora para os ouvidos financeiros — "zero".*

---

*Em inglês, a palavra xerox é pronunciada "zirox", pronúncia muito parecida com a da palavra *zero* ("ziro"). (N. da T.)

Depois, em 1960, veio a explosão, e de repente tudo foi invertido. Em vez de se preocupar com o fato de o nome fazer ou não sucesso, a companhia estava preocupada com a possibilidade de ele se tornar popular *demais*, já que o novo verbo "xerocar" começou a aparecer com tanta frequência nas conversas e no material impresso que os direitos de propriedade da companhia foram ameaçados, e ela precisou iniciar uma elaborada campanha contra essa utilização. (Em 1961, a empresa resolveu ir até o fim e mudou o seu nome para Xerox Corporation.) E em vez de os executivos da Xerox se preocuparem com seu futuro e o de suas famílias, eles estavam preocupados com sua reputação junto aos amigos e parentes a quem eles tinham prudentemente aconselhado a *não* investir nas ações quando elas custavam US$0,20 cada uma. Em resumo, todo mundo que tinha uma grande quantidade de ações da Xerox ficara rico ou mais rico — os executivos que tinham economizado e se sacrificado, a Universidade de Rochester, o Battelle Memorial Institute e até mesmo, quem diria, Chester F. Carlson, que saíra dos vários acordos com ações da Xerox que, nos preços de 1968, valiam muitos milhões de dólares, o que o incluiu (de acordo com a revista *Fortune*) entre as 66 pessoas mais ricas dos Estados Unidos.

A história da Xerox, resumida dessa maneira simples, tem um toque antiquado, parecendo até mesmo do século XIX — o solitário inventor no seu laboratório improvisado, a pequena empresa com orientação familiar, os reveses iniciais, a dependência do sistema de patentes, o fato de ela ter recorrido ao grego clássico para criar um nome comercial, o triunfo final que gloriosamente confirmou o sistema de livre iniciativa. Mas a Xerox encerra outra dimensão. Na questão de expressar um senso de responsabilidade para a sociedade como um todo, em vez de apenas para os seus acionistas, funcionários e clientes, ela se revelou o inverso da maioria das empresas do século XIX — ela demonstrou, na verdade, estar na vanguarda das empresas do século XX. "Definir metas elevadas, ter aspirações quase inatingíveis, imbuir as pessoas da convicção de que elas podem ser atingidas — são coisas tão importantes quanto o balanço patrimonial, e talvez até mais importantes", declarou certa vez Wilson. Outros executivos da Xerox têm, com frequência, se esforçado ao máximo para mostrar que "o espírito da Xerox" consiste mais em enfatizar os "valores humanos" por suas vantagens intrínsecas do que em um meio para alcançar um objetivo. É claro que essa retórica de palanque está longe de ser incomum nos círculos das grandes empresas, e quando ela se origina dos executivos da Xerox está igualmente propensa a despertar ceticismo — ou até mesmo, se levarmos em conta os enormes lucros da companhia, irritação. Mas existem evidências de que as palavras da Xerox são sinceras. Em 1965, a companhia doou US$1.632.548 para instituições educacionais e beneficentes e US$2.246.000 em 1966; em ambos os anos, os maiores beneficiários foram a Universidade de Rochester e o Rochester Community Chest, e em cada um dos casos a quantia representou cerca de 1,5% da renda líquida da empresa antes dos impostos. Esse é um percentual acentuadamente mais elevado do que aquele que a maioria das grandes companhias reserva para as obras de caridade; citando alguns exemplos daquelas frequentemente lembradas por sua liberalidade, as contribuições da R.C.A. em 1965 equivaleram a cerca de sete décimos de 1% da renda antes dos impostos, e as da American Telephone & Telegraph corresponderam a consideravelmente menos de 1%. O fato de a Xerox pretender prosseguir nos seus costumes imbuídos de ideais elevados foi indicado quando a empresa, em 1966, se comprometeu com o "programa de 1%", frequentemente chamado de Plano Cleveland — um sistema inaugurado naquela cidade, segundo o qual as indústrias locais concordam em doar anualmente 1% da renda antes dos impostos para instituições educacionais locais, além das suas outras doações — de maneira que, se a Xerox continuasse a crescer vertiginosamente, a Universidade de Rochester e as suas coirmãs na área poderiam enfrentar o futuro com certa segurança.

Em outros assuntos, a Xerox correu riscos por razões que não têm nada a ver com o lucro. Wilson declarou o seguinte, em um discurso que proferiu em 1964: "A corporação não pode se recusar a tomar uma posição em questões públicas de grande interesse" — um exemplo de heresia comercial, se é que já houve alguma, pois posicionar-se a respeito de uma questão pública é a maneira óbvia de indispor clientes e possíveis clientes que tomam a posição oposta. A principal posição pública que a Xerox tomou foi a favor das Nações Unidas e, consequentemente, contra os seus críticos. No início de 1964, a companhia decidiu gastar US$4 milhões — o equivalente a um ano do seu orçamento publicitário — financiando uma série de programas exibidos na televisão que tratavam da ONU; os programas não deveriam conter comerciais ou fazer qualquer menção à Xerox exceto por uma declaração no início e no final de cada um informando que a Xerox pagara por ele. Em julho e agosto daquele ano — cerca de três meses depois de a decisão ter sido anunciada — a Xerox recebeu, de repente, uma avalanche de cartas condenando o projeto e recomendando, com insistência, que a companhia o abandonasse. O tom das cartas, que totalizavam quase 15 mil, variava de amáveis ponderações a acusações enérgicas e emocionais. Muitas das cartas afirmavam que a ONU era um instrumento destinado a privar os norte-americanos de seus direitos constitucionais, que a sua Carta tinha sido redigida, em parte, por comunistas estadunidenses e que ela estava constantemente sendo usada para promover objetivos comunistas, e algumas cartas, escritas por presidentes de empresas, ameaçavam abertamente remover as máquinas Xerox dos seus escritórios se a série não fosse cancelada. Somente um punhado dos autores das cartas fazia menção à John Birch Society*, e nenhum se identificou como membro dela, mas evidências circunstanciais sugeriram que a avalanche representou uma campanha cuidadosamente planejada da Birch. Antes de mais nada, uma publicação da Birch Society recomendara com insistência que os seus membros escrevessem para a Xerox para protestar contra a série da ONU, ressaltando que uma enxurrada de cartas conseguira convencer uma grande companhia aérea a remover o emblema da ONU dos seus aviões. Evidências adicionais de uma campanha sistemática apareceram quando uma análise, solicitada pela Xerox, revelou que as 15 mil cartas tinham sido escritas por apenas cerca de 4 mil pessoas. De qualquer modo, os escritórios e os diretores da Xerox se recusaram a ser convencidos ou intimidados; a série da ONU foi exibida na rede da American Broadcasting Company em 1965, recebendo aplausos de todos os lados. Wilson afirmou mais tarde que a série — e a decisão de desconsiderar o protesto contra ela — conquistou para a Xerox muito mais amigos do que inimigos. Em todas

---

*A John Birch Society é um movimento político conservador norte-americano que apoia o anticomunismo e o governo limitado, uma forma de governo em que as funções e os poderes exercidos pelo Estado são limitados ou restringidos por lei, geralmente por meio de uma Constituição. Esses poderes não podem interferir nas liberdades de cada pessoa. Desse modo, o governo estaria limitado às suas funções de segurança, justiça e obras públicas. O movimento é considerado de extrema-direita. (*N. da T.*)

as suas declarações públicas sobre o assunto, ele insistiu em caracterizar o que muitos observadores consideraram um traço bastante raro de idealismo empresarial, simplesmente como bom senso empresarial.

No outono de 1966, a Xerox começou a enfrentar alguma adversidade pela primeira vez desde a introdução da xerografia. Àquela altura, havia mais de quarenta empresas no negócio de cópias de documentos de escritório, muitas delas produzindo aparelhos xerográficos com licença da Xerox. (A única parte importante da sua tecnologia para a qual a Xerox se recusara a conceder licença era um tambor de selênio que possibilitava que suas máquinas fizessem cópias em papel comum. Todos os produtos concorrentes ainda requeriam um papel tratado.) A grande vantagem de que a Xerox vinha desfrutando era aquela da qual o primeiro a entrar em área nova sempre desfruta — a vantagem de cobrar preços elevados. Agora, como ressaltou o semanário *Barron's*, parecia que "essa invenção um dia fabulosa poderá em breve evoluir para um lugar-comum corriqueiro, como acontece com todos os avanços tecnológicos". Retardatários com preços reduzidos estavam entrando em grande quantidade no mercado de cópias; certa companhia, em uma carta dirigida a seus acionistas em maio, anteviu uma época em que uma copiadora vendida por US$10 ou US$20 poderia ser comercializada "como um brinquedo" (efetivamente, uma máquina foi comercializada por cerca de US$30 em 1968), e falava-se até do dia em que copiadoras seriam dadas de presente para promover as vendas de papel, da maneira como aparelhos de barbear havia muito tempo eram distribuídos gratuitamente para promover as lâminas de barbear. Durante alguns anos, compreendendo que o seu aconchegante pequeno monopólio acabaria passando para o domínio público, a Xerox estivera ampliando os seus interesses por meio de fusões com empresas de outras áreas, principalmente no setor editorial e educacional; em 1962, por exemplo, ela comprara a University Microfilms, uma biblioteca de microfilmes de originais não publicados, livros, teses, dissertações de doutorado, periódicos e jornais, e em 1965 ela acrescentara duas outras empresas — a American Education Publications, a maior editora de periódicos educacionais para alunos de ensino fundamental e médio, e a Basic Systems, fabricante de máquinas de ensino. Mas essas medidas deixaram de tranquilizar aquele crítico dogmático, o mercado, e as ações da Xerox passaram por um período de intempérie. Entre o final de junho de 1966, quando ela estava em 267¾, e o final de outubro, quando caiu para 131⅝, o valor de mercado da companhia foi reduzido para menos da metade. Na semana comercial de 3 a 7 de outubro, a Xerox caiu 42½ pontos, e em um dia particularmente alarmante, 6 de outubro, as negociações da Xerox na Bolsa de Valores de Nova York tiveram de ser interrompidas porque havia cerca US$25 milhões em ações à venda que ninguém queria comprar.

Acho que as empresas tendem a ser mais interessantes quando estão passando por alguma adversidade, de modo que escolhi o outono de 1966 para dar uma olhada na Xerox e no seu pessoal — algo que eu já planejava fazer havia mais ou menos um ano. Comecei me familiarizando com um dos seus produtos. A linha de copiadoras da Xerox e itens correlatos era, naquela altura, bastante abrangente. Havia, por exemplo, a 914, uma máquina do tamanho de uma mesa de trabalho que tira cópias em preto e branco de praticamente qualquer página — impressa, manuscrita, datilografada ou desenhada, desde que a página não tenha mais do que 9 x 14 polegadas — a uma velocidade de cerca de uma cópia a cada seis segundos; a 813, uma máquina muito menor, que pode ficar em cima de uma mesa de trabalho e é essencialmente uma versão em miniatura da 914 (ou, como os técnicos da Xerox gostam de dizer, "uma 914 com o ar deixado de fora"); a 2400, uma máquina de reprodução parecida com um fogão moderno e capaz de produzir quarenta cópias por minuto, ou 2.400 por hora; a Copyflo, que é capaz de ampliar páginas microfilmadas para o tamanho de páginas de um livro comum e imprimi-las; a LDX, por meio da qual documentos podem ser transmitidos por fios telefônicos, rádios de micro-ondas ou cabo coaxial; e a Telecopier, uma máquina não xerográfica, projetada e fabricada pela Magnavox porém vendida pela Xerox, que é uma espécie de versão júnior da LDX e é especialmente interessante para uma pessoa leiga porque consiste simplesmente de uma pequena caixa que, quando ligada a um telefone comum, permite que o usuário transmita rapidamente uma pequena imagem (sem dúvida com uma boa dose de chiados e estalos) para qualquer pessoa equipada com um telefone e uma pequena caixa semelhante. De todos esses, a máquina 914, o primeiro produto xerográfico automático e aquele que constituiu o maior avanço revolucionário, ainda era, em grande medida, o mais importante tanto para a Xerox quanto para os seus clientes.

Acredita-se que a 914 tenha sido o produto comercial de maior sucesso na história, mas a declaração não pode ser assertivamente confirmada ou negada, pois, apesar de a Xerox não publicar valores de receita sobre seus produtos isolados, a empresa declara que, em 1965, a 914 foi responsável por cerca de 62% de todas as suas receitas operacionais, o que resulta em algo superior a US$243 milhões. Em 1966, ela poderia ser comprada por US$27,5 mil, ou ser alugada por US$25 mensais, mais um mínimo equivalente a US$49 em cópias, a US$0,04 cada uma. Essa cobrança era deliberadamente estabelecida para tornar o aluguel mais atraente do que a compra, porque a Xerox, em última análise, ganha mais dinheiro dessa maneira. A 914, que é de cor bege e pesa 294 quilos, é bem parecida com uma mesa de trabalho moderna de metal em forma de L; o objeto a ser copiado — uma página lisa, duas páginas de um livro aberto ou mesmo um pequeno objeto tridimensional como um relógio ou uma medalha — é colocado virado para baixo sobre uma janela de vidro na superfície superior plana, um botão é pressionado e, nove segundos depois, a cópia salta em uma bandeja onde uma caixa "de saída" poderia estar se a 914 fosse efetivamente uma mesa de trabalho. Tecnologicamente, a 914 é tão complexa (mais complexa, como insistem em afirmar alguns vendedores da Xerox, do que um automóvel) que tem a tendência incômoda de apresentar defeitos, de modo que a Xerox mantém uma equipe externa de milhares de técnicos presumivelmente preparados para atender a chamados de uma hora para outra. O defeito mais comum é o papel que abastece a máquina ficar preso, o que é um tanto pitorescamente chamado de "sopro errado"*, porque cada folha de papel é alçada à posição onde será usada pela máquina por meio de um sopro interno de ar, e o defeito ocorre quando o sopro sai errado. Um sopro errado pode, ocasionalmente, colocar um pedaço do papel em contato com partes quentes da máquina, inflamando-a e fazendo com que uma alarmante nuvem de fumaça branca seja emitida pela máquina; nesse caso, o operador é instado a não fazer nada, ou, no máximo, usar um pequeno extintor de incêndio que vem preso à máquina, já que o fogo se apaga sozinho de maneira relativamente inofensiva se nada for feito, ao passo que um balde d'água jogado sobre uma 914 pode gerar voltagens potencialmente letais na sua superfície de metal. Além dos

---

*"*Mispuff*" no original. (*N. da T.*)

defeitos, a máquina requer regularmente bastante atenção da parte do operador, que é, quase invariavelmente, uma mulher. (As moças que trabalhavam nas primeiras máquinas de datilografar eram chamadas de "datilógrafas", mas, por sorte, ninguém chama as operadoras das máquinas Xerox de "xerógrafas" ou algo assim.) O seu suprimento de papel para as cópias e do pó eletrostático preto, chamado "tôner", precisa ser reabastecido regularmente, enquanto a sua parte mais crucial, o tambor de selênio, precisa ser limpa regularmente com um algodão especial que não arranha, e polida de vez em quando. Passei umas duas tardes com uma 914 e sua operadora e observei o que pareceu ser o relacionamento mais íntimo entre uma mulher e uma peça de equipamento de escritório que eu jamais vira. A moça que usa uma máquina de datilografar ou uma mesa telefônica não tem nenhum interesse no equipamento, porque ele não encerra nenhum mistério, enquanto aquela que opera um computador fica entediada com ele, porque ele é completamente incompreensível. Mas a 914 possui características animais que a diferenciam: precisa ser alimentada e limpa; é intimidante mas pode ser domada; está sujeita a explosões imprevisíveis de mau comportamento e, falando de modo geral, responde na mesma moeda ao tratamento que recebe. "Eu tinha medo dela no início", disse a operadora que eu estava observando. "Os homens da Xerox dizem: 'Se você tiver medo dela, ela se recusará a trabalhar', e isso é quase verdade. Ela é um bom escoteiro: agora eu gosto dela."

Os vendedores da Xerox, como tomei conhecimento a partir de conversas com alguns deles, estão sempre tentando pensar em novas utilizações para as copiadoras da companhia, mas sempre acabam percebendo que o público está bem à frente deles. Uma utilização um tanto bizarra da xerografia garante que as noivas recebam os presentes de casamento que desejam. A futura esposa entrega uma lista dos seus presentes preferidos a uma loja de departamentos; a loja envia a lista para o balcão de registro das listas de casamento, que está equipado com uma copiadora Xerox; cada amigo ou amiga da noiva, bem-instruído de antemão, vai até esse balcão e recebe uma cópia da lista, para fazer sua compra, e depois devolve a cópia com os objetos comprados destacados, para que a lista-mestre possa ser corrigida e ficar pronta para o próximo a comprar presentes. ("Hymen, iö Hymen, Hymen!"*) Eis outro exemplo: os departamentos de polícia de Nova Orleans e de vários outros lugares, em vez de laboriosamente datilografar um recibo dos pertences removidos das pessoas que passam a noite na cadeia, agora passaram a colocar o próprio objeto — carteira, relógio, chaves e coisas desse tipo — no vidro scanner de uma 914, e em poucos segundos têm uma espécie de recibo fotográfico. Os hospitais usam a xerografia para copiar eletrocardiogramas e resultados de exames dos laboratórios, e as firmas de corretagem a utilizam para fazer com que as dicas quentes cheguem mais rápido aos clientes. Na realidade, qualquer pessoa com algum tipo de ideia que possa ser incrementada por meio de cópias pode ir até uma das inúmeras charutarias ou papelarias que tenha uma copiadora operada com moedas e se distrair. (É interessante observar que a Xerox decidiu produzir máquinas 914 operadas com moedas em duas configurações — uma que funciona com moedas de US$0,10 e outra que funciona

---

*Na mitologia grega, Hymen era o deus das cerimônias de casamento. Ele deveria estar presente em todos os casamentos, porque, se isso não acontecesse, o enlace se revelaria desastroso. Assim, os gregos andavam de um lado para o outro gritando o nome dele. Hymen era celebrado na antiga canção do casamento de origem desconhecida (chamada *"Hymenaios"*): *Hymen o Hymenae, Hymen*. (N. da T.)

com moedas de US$0,25; o comprador ou arrendador da máquina podia decidir quanto cobrar.)

Copiar também tem seus abusos, e eles são bem sérios. O mais óbvio é fazer cópias excessivas. Uma tendência anteriormente identificada em burocratas vem se espalhando — o impulso de tirar duas ou mais cópias quando uma seria suficiente, e de tirar uma quando não seria necessária nenhuma; a frase "em três vias", anteriormente usada para denotar o desperdício burocrático, tornou-se um flagrante eufemismo. O botão esperando para ser pressionado, o zumbido da ação, a elegante reprodução caindo na bandeja — tudo isso resulta em uma inebriante experiência, e o operador neófito de uma copiadora sente o impulso de copiar todos os papéis que tem nos bolsos. E uma vez que tivermos usado uma copiadora, tendemos a ficar viciados. Talvez o principal perigo desse vício não seja tanto o acúmulo de pastas e arquivos, bem como a perda de documentos importantes devido à submersão, e sim o crescimento insidioso de uma atitude negativa com relação aos originais — o sentimento de que nada pode ter importância *a não ser* que seja copiada, ou seja ela própria uma cópia.

Um problema mais imediato da xerografia é a tentação avassaladora à violação das leis de direitos autorais. Quase todas as grandes bibliotecas públicas e universitárias — e muitas bibliotecas das escolas de ensino médio — são equipadas com copiadoras, e professores e alunos que precisam de um grupo de poemas de um livro publicado, de determinado conto de uma antologia ou de certo artigo de periódico científico adquiriram o hábito de simplesmente pegá-lo das estantes, levá-lo até o departamento de reprodução da biblioteca e solicitar o número necessário de cópias. O efeito, é claro, é privar o autor e a editora de receber pela produção. Não existem registros legais dessas violações de direitos autorais, já que as editoras e os autores quase nunca processam educadores, mesmo que seja apenas por não terem conhecimento das violações; além disso, os próprios educadores muitas vezes não têm a menor ideia de que fizeram algo ilegal. A probabilidade de que muitos direitos autorais já tenham sido violados de maneira involuntária por meio da xerografia tornou-se indiretamente evidente há alguns anos, quando um comitê de educadores enviou uma circular para professores de costa a costa do país informando a eles, explicitamente, quais os direitos que eles tinham e não tinham de reproduzir material protegido por direitos autorais, e a consequência quase instantânea foi um acentuado aumento no número de pedidos de autorização de educadores a editoras. E houve mais evidências concretas da maneira como as coisas estavam indo; em 1965, por exemplo, um membro da equipe da escola de biblioteconomia da Universidade do Novo México defendeu publicamente que as bibliotecas despendessem 90% do seu orçamento em pessoal, telefones, copiadoras, aparelhos de fax e coisas afins, e somente 10% — uma espécie de dízimo — em livros e periódicos.

De certa maneira, as bibliotecas tentam policiar sozinhas as reproduções. O serviço fotográfico da principal divisão da Biblioteca Pública de Nova York, que preenche cerca de 1.500 solicitações de cópias de tópicos da biblioteca, informa aos clientes que "material protegido pelas leis de direitos autorais não será reproduzido além do 'uso razoável'" — ou seja, a quantidade e o tipo de reprodução, geralmente restrito a breves trechos, que foram estabelecidos por precedentes legais e que não constituem violações. A biblioteca continua: "O requerente assume total responsabilidade por qualquer dúvida que possa surgir na execução da cópia e no uso feito dela." Na primeira parte da declaração, a biblioteca parece assumir a responsabilidade e, na segunda, parece renunciar a ela, e essa ambivalência pode refletir um mal-estar amplamente sentido entre os usuários de copiadoras da biblioteca. Fora dos muros da biblioteca, frequentemente, não parece haver nem mesmo esse grau de escrúpulo. Empresários que normalmente são meticulosos no cumprimento da lei parecem encarar a violação dos direitos autorais com a mesma seriedade com que encaram atravessar a rua sem dar atenção aos sinais de trânsito. Ouvi falar de um escritor que foi convidado para participar de um seminário de líderes industriais de alto nível, imbuídos de elevados princípios morais, e ficou surpreso ao constatar que um dos capítulos do seu livro mais recente tinha sido copiado e distribuído para os participantes, para servir de base para discussão. Quando o autor protestou, os empresários ficaram perplexos, e até mesmo ofendidos; eles tinham imaginado que o autor ficaria contente com a atenção concedida ao seu trabalho, mas a adulação, afinal de contas, foi como se um ladrão exibido elogiasse a joia de uma mulher após tê-la roubado.

Na opinião de alguns comentaristas, o que aconteceu até agora é apenas a primeira fase de uma espécie de revolução nas artes gráficas. "A xerografia está trazendo um reino de terror para o mundo da indústria editorial, porque significa que todo leitor pode se tornar tanto autor quando editor", escreveu o sábio canadense Marshall McLuhan na edição da primavera de 1966 da revista *American Scholar*. "A autoria literária e os leitores podem ficar voltados para a produção na presença da xerografia. (...) A xerografia é a eletricidade invadindo o mundo da tipografia, e isso significa uma total revolução nessa antiga esfera." Mesmo levando em conta a exuberância instável de McLuhan ("Mudo de opinião diariamente", confessou ele certa vez), nesse caso, ele parece ter se deparado com algo concreto. Vários artigos em revistas prognosticaram nada menos do que o desaparecimento do livro como existe agora, e visualizaram a biblioteca do futuro como uma espécie de computador monstro capaz de armazenar e acessar eletronicamente e xerograficamente o conteúdo dos livros. Os "livros" nessa biblioteca seriam minúsculos chips de filmes de computador — "edições de um exemplar". Todo mundo concorda que tal biblioteca ainda está a uma certa distância no futuro. (Mas não tão distante a ponto de impedir uma cautelosa reação das editoras previdentes. A partir do final de 1966, o conhecido lenga-lenga que contém a frase "todos os direitos reservados" na página de direitos autorais de todos os livros publicados pela Harcourt, Brace & World foi alterado, um pouco sinistramente, para o seguinte texto: "Todos os direitos reservados. Nenhuma parte desta publicação pode ser reproduzida ou transmitida em qualquer forma ou por qualquer método, eletrônico ou mecânico, inclusive por fotocópia, gravação ou qualquer sistema de armazenamento e recuperação [...]." Outras editoras seguiram rapidamente o exemplo.) Uma das abordagens mais próximas dessa biblioteca no final dos anos 1960 foi a da subsidiária da Xerox, a University Microfilms, que podia ampliar, e ampliava, os seus microfilmes de livros esgotados e os imprimia como livros em brochura atrativos e altamente legíveis, a um custo para o cliente de US$0,04 por página; nos casos em que o livro estava protegido por direitos autorais, a firma pagava royalties para o autor sobre cada cópia produzida. Mas a época em que quase todo mundo poderá fazer sua própria cópia de um livro publicado por um preço mais baixo do que o do mercado não está alguns anos à frente; ela está aqui, agora. Tudo o que uma editora amadora precisa é ter acesso a uma máquina Xerox e a uma pequena impressora offset. Um dos atributos secundários, mas mesmo assim importante, da xerografia é sua capacidade de fazer cópias mestres para uso em impressoras offset, e fazê-las a um custo muito menor e muito mais rápido do que era possível até então. De acordo com Irwin Karp, advogado da Authors League of America, uma edição de cinquenta cópias de qualquer livro impresso poderia, em 1967, ser belamente "publicada" (com exceção da encadernação) por meio dessa combinação de tecnologias em uma questão de minutos a um custo de aproximadamente oito décimos de centavo de dólar por página, e menos do que isso se a edição fosse maior. Um professor que desejasse distribuir para uma turma de cinquenta alunos o conteúdo de um livro de 64 páginas de poesia que esteja à venda por US$3,65, poderia fazer isso, se estivesse disposto a desprezar a lei dos direitos autorais, por um custo de pouco mais de US$0,50 por cópia.

O perigo da nova tecnologia, argumentam autores e editoras, é que, ao acabar com o livro, ela poderá acabar com eles, e dessa maneira com a própria produção literária. Herbert S. Bailey, Jr., diretor da Princeton University Press, escreveu na revista *Saturday Review* sobre um acadêmico amigo seu que cancelou todas as suas assinaturas de periódicos científicos; ele agora examina o sumário deles na biblioteca pública que frequenta e tira cópias dos artigos que lhe interessam. Bailey comentou que: "Se todos os acadêmicos seguissem [essa] prática, não haveria mais periódicos científicos." A partir de meados da década de 1960, o Congresso vem pensando em fazer uma revisão da lei de direitos autorais — a primeira desde 1909. Nas audiências, um comitê representando a National Education Association e outros grupos educacionais argumentaram firme e persuasivamente que, para a educação acompanhar o crescimento nacional, a atual lei dos direitos autorais e a doutrina do uso razoável deveriam ser liberalizados para fins acadêmicos. Os autores e as editoras, compreensivelmente, se opuseram a essa liberalização, insistindo que qualquer extensão dos direitos existentes tenderia a privá-los, em certo grau, do seu meio de vida agora, e em um grau muito maior no desconhecido futuro xerográfico. Um projeto de lei aprovado em 1967 pelo Comitê Judiciário da Câmara pareceu representar uma vitória para eles, já que estabeleceu explicitamente a doutrina do uso razoável e não continha nenhuma isenção para cópias educacionais. Mas o resultado final da luta ainda estava incerto no final de 1968. McLuhan, por exemplo, estava convencido de que todos os esforços de preservar as antigas formas de proteção ao autor representam um modo de pensar retrógrado e estão predestinados ao fracasso (ou, de qualquer modo, ele estava convencido disso quando escreveu o artigo na *American Scholar*). "A única maneira possível de nos protegermos da tecnologia é por meio da tecnologia", escreveu ele. "Quando criamos um novo ambiente com uma fase da tecnologia, temos de criar um antiambiente com a fase seguinte." Mas os autores raramente são bons em tecnologia, e provavelmente não vicejam em antiambientes.

Ao lidar com essa caixa de Pandora que os produtos da Xerox abriram, a companhia parece ter se mostrado toleravelmente à altura dos elevados ideais estabelecidos por Wilson. Embora ela tenha um interesse comercial em encorajar — ou, pelo menos, em não *des*encorajar — cada vez mais cópias de praticamente qualquer coisa que possa ser lida, ela faz mais do que um esforço simbólico para informar os usuários das suas máquinas das suas responsabilidades legais; cada nova máquina despachada é acompanhada de um pôster de cartolina com uma longa lista de coisas que não podem ser copiadas, entre elas papel-moeda, títulos do governo, selos postais, passaportes e "material protegido por direitos autorais de qualquer tipo sem a permissão do detentor dos direitos". (Quantos desses pôsteres vão parar nas cestas de lixo é outra questão.) Além disso, imprensada no meio entre facções opostas na luta a respeito da revisão da lei dos direitos autorais, ela resistiu à tentação de se colocar hipocritamente de lado enquanto recolhia os lucros, e demonstrou um senso exemplar de responsabilidade social — pelo menos do ponto de vista dos autores e das editoras. A indústria da reprodução em geral, em contrapartida, tendeu a permanecer neutra ou a se inclinar para o lado dos educadores. Em um simpósio de 1963 sobre a revisão da lei dos direitos autorais, um porta-voz da indústria chegou ao ponto de argumentar que a cópia feita à máquina por um acadêmico é meramente uma extensão conveniente da cópia à mão, que tem sido tradicionalmente aceita como legítima. Mas não a Xerox. Em vez disso, em setembro de 1965, Wilson escreveu para o Comitê Judiciário da Câmara opondo-se categoricamente a qualquer tipo de regalia especial relacionada com as cópias em qualquer nova lei. É claro que, ao avaliar essa posição aparentemente quixotesca, devemos nos lembrar de que a Xerox é uma editora e também uma empresa de copiadoras; na realidade, por causa da American Education Publications e da University Microfilms, ela é uma das maiores editoras dos Estados Unidos. Inferi a partir das minhas pesquisas que as editoras convencionais acham, às vezes, um pouco desconcertante ser confrontadas por esse gigante futurístico não meramente como uma ameaça estranha ao seu mundo familiar, mas como um colega e competidor dinâmico dentro dele.

Depois de dar uma olhada em alguns produtos da Xerox e refletir um pouco a respeito das implicações sociais de sua utilização, fui até Rochester para obter informações diretamente com a empresa e ter uma ideia de como o seu pessoal estava reagindo aos problemas, materiais e morais, que estava enfrentando. Na ocasião, os problemas materiais certamente pareciam estar na berlinda, já que a semana da queda de 42,5 pontos das ações não estava muito distante no passado. No avião, indo para lá, eu tinha diante de mim uma cópia do mais recente relatório aos acionistas,* que relacionava o número de ações da Xerox que cada diretor possuía com data de fevereiro de 1966, e me distraí calculando alguns dos prejuízos no papel de alguns dos diretores naquela semana de outubro, pressupondo que eles tivessem mantido as suas ações. Wilson, o presidente do conselho administrativo, por exemplo, tinha 154.026 ações ordinárias em fevereiro, de modo que a sua perda teria sido de US$6.546.105. Linowitz tinha 35.166 ações nessa ocasião, com uma perda de US$1.494.555. O Dr. John H. Dessauer, vice-presidente executivo responsável pelas pesquisas, tinha 73.845 ações e presumivelmente perdeu US$3.138.412,50. Essas quantias dificilmente poderiam ser consideradas triviais até mesmo pelos executivos da Xerox. Iria eu, então, encontrar suas instalações tomadas pela tristeza, ou pelo menos por indícios de choque?

As salas dos executivos estavam situadas nos últimos andares do prédio Midtown Tower, de Rochester, cujo piso térreo é ocupado pelo Midtown Plaza, um shopping center. (Mais tarde, ainda naquele ano, a companhia mudou a sede para o Xerox Square, do outro lado da rua, um complexo que inclui um prédio de 32 andares, um auditório para uso do público e da companhia e um rinque de patinação abaixo do nível do solo.) Antes de subir para os escritórios

---

*É uma tradução livre do termo original *proxy statement*. Trata-se de um documento que se destina a fornecer aos acionistas as informações necessárias para que eles possam estar bem-informados ao votar os assuntos abordados na reunião de acionistas. Esse documento também é exigido por lei para que os acionistas possam votar por procuração. (*N. da T.*)

da Xerox, dei uma volta no shopping e notei que ele abriga os mais diferentes tipos de lojas, uma cafeteria, quiosques, laguinhos, árvores e bancos, os quais — apesar de uma atmosfera opressivamente superficial e abastada — eram ocupados, em parte, pelos sem-teto exatamente como os bancos dos centros comerciais ao ar livre. As árvores definhavam por falta de luz e ar, mas os sem-teto não tinham a pior das aparências. Depois de subir de elevador, fui até a sala de um relações-públicas da Xerox com quem eu tinha um encontro agendado. Perguntei-lhe imediatamente como a companhia tinha reagido à queda das ações. "Ah, ninguém leva isso muito a sério", respondeu. "Você ouve muita conversa despreocupada a respeito disso nos clubes de golfe. Um cara diz para outro: 'Você paga os drinques — perdi mais US$80 mil na Xerox ontem.' Joe Wilson *de fato* achou um pouco traumático as negociações terem tido de ser suspensas na bolsa de valores, mas, de resto, aceitou a situação com tranquilidade. Na verdade, certo dia, em uma festa, quando as ações estavam lá embaixo e muitas pessoas se aglomeravam à volta dele, perguntando o que tudo aquilo significava, eu o ouvi dizer: 'Bem, você sabe, um raio não cai duas vezes no mesmo lugar.' Quanto ao escritório, você raramente ouve o assunto ser mencionado." Na verdade, eu mal o ouvi ser mencionado enquanto estive na Xerox, e esse sangue-frio acabou se revelando justificado, porque no intervalo de pouco mais de um mês as ações já tinham recuperado toda a perda, e alguns meses depois disso tinham atingido um pico nunca antes alcançado.

Passei o restante daquela manhã visitando três homens das áreas científica e técnica da Xerox, ouvindo narrativas nostálgicas dos primeiros anos do desenvolvimento da xerografia. O primeiro desses homens foi o Dr. Dessauer, aquele que tinha perdido US$3 milhões na semana anterior, mas que, mesmo assim, eu encontrei com uma aparência tranquila — como deveria ter esperado, pois suas ações da Xerox presumivelmente ainda valiam mais de US$9,5 milhões. (Alguns meses depois elas presumivelmente estavam valendo quase US$20 milhões.) O Dr. Dessauer, um veterano da companhia, nascido na Alemanha, que estivera no controle das áreas de pesquisa e de engenharia desde 1938 e que era, quando o entrevistei, também vice-presidente do conselho administrativo, foi o homem que chamou, pela primeira vez, a atenção de Joseph Wilson para a invenção de Carlson após ler a respeito dela em um artigo de um periódico em 1945. Reparei que, preso na parede da sua sala, havia um cartão de felicitações dos membros da equipe do seu escritório no qual ele era saudado como o "Mago", e descobri que ele era um homem sorridente, de aparência jovial, com apenas um leve sotaque, porém suficiente para que ele estivesse à altura da magia.

"Então você quer que eu fale sobre os velhos tempos?", disse o Dr. Dessauer. "Bem, era uma época emocionante. Maravilhosa. Também era terrível. Às vezes, eu achava que estava ficando maluco, mais ou menos literalmente. O dinheiro era o principal problema. A empresa tinha a sorte de não estar no vermelho, mas não era suficiente. Todos os membros da nossa equipe estavam apostando no projeto. Cheguei a hipotecar minha casa. Tudo o que me restou na ocasião foi o meu seguro de vida. Eu estava com a corda no pescoço. O meu sentimento era que, se a coisa não desse certo, Wilson e eu seríamos fracassos comerciais, mas, no que dizia respeito a mim, eu também seria um fracasso técnico. Ninguém jamais me daria um emprego de novo. Eu teria de abandonar a ciência e vender seguros ou algo do tipo." O Dr. Dessauer deu uma olhada distraída para o teto e prosseguiu: "Quase ninguém estava muito otimista nos primeiros anos.

Vários membros do nosso próprio grupo me procuravam para me dizer que aquilo nunca daria certo. O maior risco era que a eletrostática demonstrasse não ser exequível na presença de umidade elevada. Quase todos os especialistas partiam desse princípio. Eles diziam: 'Nunca conseguiremos tirar cópias em lugares como Nova Orleans.' E mesmo que tudo desse certo, o pessoal do marketing achava que estávamos lidando com um mercado potencial de não mais do que alguns milhares de máquinas. Alguns consultores nos diziam que éramos completamente malucos por levar o projeto adiante. Bem, como você sabe, tudo funcionou às mil maravilhas — a 914 funcionou, mesmo em Nova Orleans, e havia um grande mercado para ela. Depois veio a versão de mesa, a 813. Eu me arrisquei muito novamente no caso dela, defendendo um design que alguns especialistas consideravam frágil demais."

Perguntei ao Dr. Dessauer se ele estava se arriscando com algo relacionado com novas pesquisas e, caso ele estivesse, se era algo tão estimulante quanto a xerografia. Ele respondeu o seguinte: "A resposta é sim para ambas as perguntas, mas não posso dar nenhuma informação porque o assunto é confidencial."

Dr. Harold E. Clark, o segundo homem com quem me encontrei, estivera no comando direto do desenvolvimento da xerografia sob a supervisão do Dr. Dessauer, e ele me forneceu mais detalhes a respeito de como a invenção de Carlson tinha sido adulada e acalentada para poder se tornar um produto comercial. "Chet Carlson era morfológico", começou o Dr. Clark, um homem baixo, com um jeito professoral, que fora, na verdade, professor de física antes de trabalhar na Haloid em 1949. Acho que pareci estar confuso, porque o Dr. Clark deu um risinho e prosseguiu: "Não sei se 'morfológico' realmente significa alguma coisa. *Acho* que significa colocar uma coisa junto com outra para obter algo novo. De qualquer modo, Chet era isso. A xerografia não tinha praticamente nenhuma base em trabalhos científicos anteriores. Chet reuniu um grupo de fenômenos bastante bizarro, cada um obscuro por si só e nenhum deles jamais tinha sido associado a nenhum dos outros na cabeça de alguém. O resultado foi a coisa mais importante no tratamento de imagens desde o surgimento da própria fotografia. Além disso, Chet fez tudo sem a ajuda de um clima científico favorável. Como você sabe, existem dezenas de ocorrências de descobertas simultâneas ao longo da história científica, mas ninguém chegou ao menos perto de alguma simultaneidade com Chet. Estou tão impressionado com a descoberta dele hoje quanto fiquei quando ouvi falar nela pela primeira vez. Como invenção, era magnífica. O único problema era que, como produto, não tinha valor."

O Dr. Clark deu outro risinho e prosseguiu explicando que o ponto crucial foi alcançado no Battelle Memorial Institute, e de uma maneira totalmente compatível com a tradição de avanços científicos que ocorrem mais ou menos por engano. O principal problema era que a superfície fotocondutora de Carlson, revestida de enxofre, perdia suas qualidades depois de fazer algumas cópias e se tornava inútil. Deixando-se guiar por um palpite sem o respaldo de uma teoria científica, os pesquisadores do Battelle tentaram adicionar ao enxofre uma pequena quantidade de selênio, um elemento não metálico anteriormente usado principalmente em resistências elétricas e como material corante para avermelhar o vidro. A superfície de selênio e enxofre funcionou um pouco melhor do que a superfície apenas de enxofre, de modo que os homens do Battelle tentaram adicionar um pouco mais de selênio. Houve mais uma melhora. Eles continuaram gradualmente a aumentar a porcentagem, até que se viram diante de uma superfície formada inteiramente de selênio — sem nenhum enxofre. Essa foi a que funcionou melhor, e assim foi descoberto, de maneira circunlocutória, que o selênio, e apenas o selênio, poderia tornar a xerografia prática.

"Veja só", disse o Dr. Clark, ele próprio parecendo pensativo. "Algo simples como o selênio — um dos minerais do planeta, que mal passam de cem no total, e, além disso, um mineral bastante comum. Isso se revelou a chave do problema. Quando sua eficácia foi descoberta, nós estávamos quase lá, embora não soubéssemos disso na ocasião. Nós ainda temos patentes que cobrem o uso do selênio na xerografia — quase uma patente para cada um dos minerais. Nada mau, não é mesmo? Nós também não entendemos exatamente *como* o selênio funciona, nem mesmo agora. Estamos perplexos, por exemplo, por ele não ter efeitos de memória, ou seja, nenhum resquício de cópias anteriores permanece no tambor revestido de selênio, e que parece ser capaz de durar indefinidamente. No laboratório, um tambor revestido de selênio dura cerca de 1 milhão de operações, e não entendemos por que ele se desgasta mesmo então. Portanto, como você pode ver, o desenvolvimento da xerografia foi, em grande medida, empírico. Éramos cientistas diplomados, não curiosos amadores, mas encontramos um ponto de equilíbrio entre o amadorismo e a pesquisa científica."

Em seguida, conversei com Horace W. Becker, o engenheiro da Xerox que foi o principal responsável por levar o 914 do estágio de modelo funcional para a linha de produção. Procedente de Brooklyn, Nova York, com um talento, adequado à sua missão, para a angústia eloquente, ele descreveu os apavorantes obstáculos e riscos profissionais que cercavam o andamento do projeto. Quando ele ingressou na Haloid Xerox em 1958, seu laboratório era um sobrado em cima de um estabelecimento de acondicionamento de sementes de jardim; havia algo de errado com o telhado, e nos dias quentes, gotas de alcatrão pingavam através dele e respingavam nos engenheiros e nas máquinas. A 914 finalmente atingiu a maioridade em outro laboratório, na rua Orchard, no início de 1960. "Também era um sobrado, um prédio velho e malconservado, com um elevador que rangia e estalava, com vista para um desvio ferroviário onde carros cheios de porcos passavam o tempo todo", contou-me Becker, "mas tínhamos o espaço que de precisávamos, e não pingava alcatrão. Foi na rua Orchard que a coisa finalmente decolou. Não me pergunte como aconteceu. Decidimos que estava na hora de criar uma linha de montagem, e foi o que fizemos. Todo mundo estava animado. As pessoas do sindicato se esqueceram temporariamente das suas reclamações, e os chefes se esqueceram dos seus índices de desempenho. Era impossível distinguir um engenheiro de um montador naquele lugar. Ninguém conseguia ficar afastado — se você entrasse furtivamente em um domingo, quando a linha de montagem estava desligada, ia encontrar alguém ajustando alguma coisa ou apenas andando de um lado para outro admirando o nosso trabalho. Em outras palavras, a 914 finalmente estava a caminho."

Mas, uma vez que a máquina estava a caminho da loja, dos showrooms e dos clientes, relatou Becker, os problemas estavam apenas começando, porque ele era agora responsabilizado pelas defeitos e falhas do design, e quando ocorreu um colapso espetacular exatamente no momento em que toda a atenção do público estava voltada para ela, a 914 se revelou um verdadeiro Edsel. Complexos relés se recusaram a funcionar, molas quebraram, o abastecimento de energia falhou, usuários inexperientes deixaram cair grampos e clipes dentro dela, bloqueando seu mecanismo (o que evidenciou a necessidade de instalar um aparador de grampos) e as esperadas dificuldades nos climas úmidos se manifestaram, além de problemas não previstos em altitudes elevadas. "Em suma", declarou Becker, "naquela época, as máquinas tinham o mau hábito de simplesmente não fazer nada quando apertávamos o botão." Ou, quando faziam alguma coisa, era a coisa errada. Na primeira grande demonstração da 914 em Londres, por exemplo, o próprio Wilson estava presente para apertar o botão da máquina com um indicador cerimonial; foi o que ele fez, mas não apenas nenhuma cópia foi feita como também um gerador gigante que supria a rede parou de funcionar. Assim foi a xerografia introduzida na Grã-Bretanha, e, tendo em vista a natureza da sua estreia, o fato de a Grã-Bretanha ter se tornado, de longe, a maior usuária internacional da 914 parece ser um tributo tanto à resiliência da Xerox quanto à paciência britânica.

Naquela tarde, um guia da Xerox me levou de carro a Webster, uma cidade agrícola perto da margem do lago Ontário, a alguns quilômetros de Rochester, para ver o incongruente sucessor dos sobrados malvedados e ventosos de Becker — um enorme complexo de modernos prédios industriais, entre eles um com 93 mil metros quadrados onde todas as copiadoras da Xerox estão reunidas (com exceção daquelas fabricadas pelas empresas associadas à companhia na Grã-Bretanha e no Japão), e outro, um tanto menor e mais elegante, onde a pesquisa e o desenvolvimento são conduzidos. Quando percorríamos uma das linhas de produção que zuniam no prédio da fábrica, o meu guia explicou que a linha opera 16 horas por dia em dois turnos, que ela e as outras linhas vêm ficando continuamente atrás da demanda há vários anos, que agora quase 2 mil funcionários trabalham no prédio, e que o sindicato deles é uma divisão local do Amalgamated Clothing Workers of America*, anomalia causada principalmente porque Rochester costumava ser um centro da indústria de vestuário e os Clothing Workers são, há muito tempo, o sindicato mais forte da região.

Depois de o meu guia me levar de volta para Rochester, comecei a recolher sozinho algumas opiniões sobre a atitude da comunidade com relação à Xerox e ao sucesso dela. Constatei que elas eram ambivalentes. "A Xerox foi algo bom para Rochester", afirmou um empresário local. "É claro que a Eastman Kodak foi a grande presença na cidade durante anos, e ainda é, de longe, a maior empresa local, embora a Xerox esteja agora em segundo lugar e avançando rápido. Enfrentar essa espécie de desafio não causa nenhum dano à Kodak — na verdade, é muito bom para ela. Além disso, uma nova empresa local significa dinheiro novo e novos empregos. Por outro lado, algumas pessoas por aqui estão incomodadas com a Xerox. A maior parte das indústrias locais recua ao século XIX, e seus funcionários e proprietários nem sempre são famosos pela sua receptividade a recém-chegados. Quando a Xerox estava tendo sua ascensão meteórica, algumas pessoas achavam que a bolha ia explodir — na verdade, elas *torciam* para que explodisse. E, além disso, tem havido certo ressentimento porque Joe Wilson e Sol Linowitz estão sempre falando a respeito de valores humanos e ganhando dinheiro a rodo. Mas, você sabe, esse é o preço do sucesso."

Fui até a Universidade de Rochester, situada em uma posição elevada nas margens do rio Genesee, e conversei com o seu presidente, W. Allen Wallis. Um homem alto, ruivo, formado em estatística, Wallis atuou no conselho administrativo de várias empresas de Rochester, entre elas

---

*Trabalhadores Unidos da Indústria de Vestuário dos Estados Unidos. (*N. da T.*)

a Eastman Kodak, que sempre fora o Papai Noel da universidade e continuava a ser seu maior doador anual. Quanto à Xerox, a universidade tinha várias sólidas razões para gostar dela. Em primeiro lugar, a universidade era um exemplo destacado de um *multi*milionário da Xerox, já que o seu claro ganho de capital sobre o investimento correspondeu a cerca de US$100 milhões e ela retirara mais de US$10 milhões em lucros. Em segundo lugar, a Xerox contribuía anualmente com doações em dinheiro superadas apenas pelas da Kodak, e havia prometido doar US$6 milhões para a campanha de fundos de capital da universidade. Em terceiro lugar, Wilson, ele próprio diplomado pela Universidade de Rochester, estivera no conselho de administração da universidade desde 1949 e era o presidente deste último desde 1959. "Antes de eu vir para cá, em 1962, eu nunca ouvira falar em corporações doando somas tão elevadas como as que a Kodak e a Xerox doam para nós agora", declarou o presidente Wallis. "E tudo o que elas querem como retribuição é que proporcionemos uma educação de qualidade superior; não pedem que façamos pesquisas para elas ou nada desse tipo. De fato, há muita consultoria técnica informal entre as pessoas da nossa área científica e as da Xerox — e o mesmo acontece com a Kodak, a Bausch & Lomb e outras —, mas não é por isso que elas estão ajudando a universidade. Elas querem tornar Rochester um lugar atrativo para as pessoas que elas desejam ver por aqui. A universidade nunca inventou nada para a Xerox, e acho que nunca fará isso."

Na manhã seguinte, nas salas dos executivos da Xerox, me encontrei com os três homens mais importantes da companhia, que não têm formação tecnológica, encerrando com o próprio Wilson. O primeiro foi Linowitz, o advogado que Wilson contratou "temporariamente" em 1946 e manteve permanentemente como seu assistente nada dispensável. (Depois que a Xerox ficou famosa, o público em geral pensava que Linowitz era mais do que isso; na verdade, acreditava que ele era o principal executivo da companhia. Os dirigentes da Xerox estavam conscientes dessa visão equivocada, e ficaram perplexos com ela, já que Wilson, quer fosse chamado de presidente, como o foi efetivamente até maio de 1966, quer de presidente do conselho administrativo, como foi depois disso, sempre fora o chefe.) Peguei Linowitz quase literalmente em retirada, pois acabara de ser nomeado embaixador dos Estados Unidos na Organização dos Estados Americanos e estava prestes a deixar Rochester e a Xerox e ir para Washington para assumir sua nova função. Um homem vigoroso, na casa dos 50 anos, ele transparecia dinamismo, intensidade e sinceridade. Depois de se desculpar pelo fato de só dispor de poucos minutos para passar comigo, ele disse, rapidamente, que em sua opinião o sucesso da Xerox era uma prova de que os antigos ideais da livre iniciativa ainda eram válidos, e que as qualidades que tinham contribuído para o sucesso da companhia eram o idealismo, a tenacidade, a coragem de correr riscos e o entusiasmo. Com isso, ele acenou um até logo e partiu. Fiquei me sentindo um pouco como um eleitor de uma pequena cidade que tivesse recebido, por alguns instantes, a atenção de um candidato que fazia campanha em um trem parador, mas, como muitos desses eleitores, fiquei impressionado. Linowitz usara aquelas palavras banais não apenas como se realmente representassem o que ele queria dizer mas como se ele próprio as tivesse inventado, e tive a sensação de que Wilson e a Xerox sentiriam saudades dele.

Encontrei C. Peter McColough, que fora presidente da empresa depois que Wilson passara a ser o presidente do conselho administrativo, e estava aparentemente destinado a sucedê-lo como chefe (o que efetivamente aconteceu em

1968), andando de um lado para o outro em sua sala como um animal enjaulado, parando de vez em quando em uma mesa para trabalho em pé, onde rabiscava alguma coisa ou vociferava algumas palavras em um ditafone. McColough é um advogado democrata, como Linowitz, porém nascido no Canadá. Ele é animado e extrovertido, e por estar no início da casa dos 40 anos falavam nele como um representante da nova geração da Xerox, encarregado de determinar o rumo que a empresa tomaria em seguida. "Enfrento os problemas do crescimento", disse ele depois de parar de andar de um lado para o outro e se sentar, inquieto, na beirada de uma cadeira. "Um futuro crescimento em grande escala simplesmente não é possível na xerografia", prosseguiu — não resta um espaço suficiente —, "e a Xerox está se voltando para técnicas educacionais." Ele mencionou computadores e máquinas de ensino, e quando declarou que conseguia "sonhar com um sistema por meio do qual poderíamos escrever coisas em Connecticut e horas depois reproduzi-las e distribuí-las em salas de aula em todo o país", tive a sensação de que alguns dos sonhos educacionais da Xerox poderiam facilmente se transformar em pesadelos. Mas em seguida ele acrescentou: "O perigo do hardware engenhoso é que ele distrai a atenção, afastando-a da educação. De que adianta uma máquina maravilhosa se não soubermos o que colocar nela?"

McColough disse que, desde que tinha ido para a Haloid, em 1954, ele sentira que fazia parte de três companhias inteiramente diferentes — até 1959, foi uma empresa pequena envolvida com um jogo perigoso e estimulante; de 1959 a 1964, foi uma empresa que estava crescendo e saboreando os frutos da vitória; e, agora, era uma companhia enorme, se diversificando em novas direções. Perguntei de qual ele gostava mais, e ele ficou pensando durante um bom tempo. "Não sei", respondeu finalmente. "Eu costumava sentir mais liberdade, e também sentia que todos na empresa tinham a mesma atitude com relação a assuntos específicos como relações trabalhistas. Hoje, não sinto tanto a mesma coisa. As pressões são maiores, e a companhia está mais impessoal. Eu não diria que a vida ficou mais fácil, ou que é provável que ela fique mais fácil no futuro."

De todas as coisas inesperadas a respeito de Joseph C. Wilson, uma bastante interessante, pensei eu enquanto era conduzido à sua presença, era o fato de seu escritório estar decorado com um papel de parede florido e antiquado. Um traço sentimental no homem que estava no comando da Xerox parecia a mais improvável das anomalias. Mas ele tinha um porte agradável e simpático para acompanhar o papel de parede; um homem pequeno, no final da casa dos 50 anos, ele se mostrou sério, quase solene, durante a maior parte da minha visita, e falou de maneira lenta, um tanto hesitante. Eu perguntei como ele entrara no negócio de sua família, e ele respondeu que, para falar a verdade, quase não tinha entrado. Literatura inglesa tinha sido sua segunda especialização na universidade, e ele havia pensado em se dedicar ao magistério ou ingressar no setor financeiro e administrativo do trabalho universitário. No entanto, depois de se formar, ele cursou a Harvard Business School, onde se destacou como um dos melhores alunos, e de alguma maneira... De qualquer modo, ele ingressara na Haloid no ano que se formara em Harvard, e ali, me disse ele com um sorriso repentino, estava ele.

Os temas que Wilson parecia estar mais interessado em discutir eram as atividades sem fins lucrativos da Xerox e suas teorias de responsabilidade corporativa. "As pessoas alimentam um certo ressentimento com relação a nós", disse ele. "Não estou me referindo apenas aos acionistas que se queixam de estarmos distribuindo o dinheiro deles — esse ponto de vista está perdendo terreno. Estou me referindo à comunidade. Nós não ouvimos efetivamente essas coisas, mas, às vezes, temos a sensação de que as pessoas estão dizendo: 'Afinal, quem esses principiantes pensam que são?'"

Perguntei se a campanha das cartas escritas contra a série de televisão sobre a ONU tinha causado muita apreensão ou até mesmo consternação dentro da companhia, e ele respondeu o seguinte: "Como organização, nunca vacilamos. Praticamente sem exceção, as pessoas que trabalham aqui sentiram que os ataques só serviram para chamar atenção para a ideia que estávamos defendendo, ou seja, que a cooperação mundial é o nosso negócio, porque sem ela poderia não haver um mundo e, portanto, nenhum negócio. Acreditamos que agimos de acordo com uma política de negócios judiciosa ao dar continuidade à série. Ao mesmo tempo, não vou afirmar que foi *apenas* uma judiciosa política de negócios. Duvido que tivéssemos feito isso, digamos, se fôssemos todos membros da Birch Society."

Wilson prosseguiu lentamente: "Toda a questão de levar a companhia a tomar uma posição em importantes assuntos públicos suscita perguntas que nos impelem a fazer uma constante autoavaliação. É uma questão de equilíbrio. Não podemos apenas ser afáveis, caso contrário jogamos fora nossa influência. Mas tampouco podemos assumir uma posição em todos os assuntos importantes. Não achamos que seja função de uma corporação assumir uma posição com relação às eleições nacionais, por exemplo — o que é uma sorte, já que Sol Linowitz é democrata e eu sou republicano. Questões como a educação universitária, os direitos civis e a contratação de negros claramente *são* da nossa alçada. Eu esperaria que tivéssemos a coragem de defender um ponto de vista impopular se julgássemos necessário fazer isso. Até agora, não enfrentamos uma situação desse tipo — não encontramos um conflito entre o que consideramos nossa responsabilidade cívica e a prática correta de negócios. Mas esse momento poderá chegar. Talvez ainda tenhamos que nos postar na linha de fogo. Tentamos, por exemplo, sem muito alarde, preparar alguns jovens negros para executar tarefas além de varrer o chão e coisas desse tipo. O programa requeria uma completa cooperação da parte do nosso sindicato, e nós a obtivemos. No entanto, tomamos conhecimento, de uma maneira sutil, de que a lua de mel acabou. Existe uma tendência oculta de oposição. Eis, portanto, algo iniciado que, se crescesse, poderia nos colocar diante de um verdadeiro problema nos negócios. Se surgissem algumas centenas de opositores em vez de algumas dezenas, as coisas poderiam até mesmo conduzir a uma greve, em cujo caso espero que nós e a liderança do sindicato iríamos nos erguer e lutar. Mas realmente não sei. Uma pessoa não pode prever o que faria em um caso desse tipo. E *acho* que sei o que faríamos."

Levantando-se e indo até uma janela, Wilson disse que, da maneira como ele via as coisas, um dos maiores empenhos da empresa naquela ocasião, e mais ainda no futuro, precisaria ser manter a qualidade pessoal e humana pela qual ela se tornou conhecida. "Já vemos alguns indícios de que a estamos perdendo", afirmou. "Estamos tentando doutrinar novas pessoas, mas 20 mil funcionários em todo o Hemisfério Ocidental não é a mesma coisa que mil funcionários em Rochester."

Eu me juntei a Wilson na janela, preparando-me para ir embora. A manhã estava escura e úmida, como a cidade tem a fama de ser grande parte do ano, e perguntei se, em um dia sombrio como aquele, ele costumava ser assediado por dúvidas a respeito de se a antiga qualidade *poderia* ser preservada. Ele assentiu brevemente com a cabeça e respondeu: "É uma batalha eterna, que poderemos vencer ou não."

6. Tornando os clientes sãos

Na manhã de terça-feira, 19 de novembro de 1963, um homem bem-vestido, de 30 e poucos anos, porém com uma aparência tensa e fatigada, se apresentou no setor executivo da Bolsa de Valores de Nova York, no número 11 de Wall Street, declarando ser Morton Kamerman, sócio-diretor da firma de corretagem Ira Haupt & Co., membro da Bolsa de Valores, e que queria falar com Frank J. Coyle, chefe do departamento das empresas-membro da Bolsa. Depois de fazer uma verificação, a recepcionista explicou educadamente que o Sr. Coyle estava em reunião, então o visitante informou que o assunto era urgente e pediu para falar com Robert M. Bishop, hierarquicamente logo abaixo de Coyle. A recepcionista constatou que Bishop também estava indisponível, ocupado em um importante telefonema. Finalmente, Kamerman, que parecia estar ficando cada vez mais perturbado, foi conduzido à presença de um executivo menos exaltado da Bolsa chamado George H. Newman. Ele, então, transmitiu devidamente sua mensagem — que, no entender dele, a reserva de capital da firma Haupt havia caído abaixo dos requisitos da Bolsa para as empresas-membro e que ele estava formalmente informando esse fato, de acordo com o regulamento. Enquanto essa surpreendente declaração estava sendo feita, Bishop, em uma sala próxima, continuava sua importante conversa no telefone; a pessoa com quem ele estava falando era um *insider* bem-informado de Wall Street que Bishop posteriormente se recusou a identificar. A pessoa que tinha telefonado estava dizendo a Bishop que tinha razões para acreditar que duas empresas-membro da Bolsa de Valores — a J. R. Williston & Beane, Inc. e a Ira Haupt & Co. — estavam enfrentando dificuldades financeiras bastante sérias para justificar a atenção da Bolsa. Depois de desligar, Bishop deu um telefonema interno para Newman para lhe contar o que acabara de ouvir. Para sua surpresa, Newman já tinha conhecimento do fato, ou pelo menos de parte dele. "Na verdade, Kamerman está ao meu lado neste momento", disse ele.

Nesse monótono cenário de confusão de escritório, teve início uma das mais difíceis — e sob certos aspectos uma das mais graves — crises na longa história da Bolsa de Valores. Antes de terminar, essa crise fora exacerbada pela crise maior resultante do assassinato do presidente Kennedy, e dela, a Bolsa de Valores — que nem sempre tem sido famosa por agir em interesse do público, e que, na verdade, fora acusada poucos meses antes pela Securities and Exchange Commission de ter a tendência antissocial de se conduzir como um clube privado — emergiu temporariamente mais pobre em quase US$10 milhões, porém incalculavelmente mais rica no apreço de pelo menos alguns de seus compatriotas. O evento que colocara a Haupt e a Williston & Beane em dificuldades financeiras faz parte da história — ou, mais exatamente, da história futura. Foi a repentina deterioração de uma enorme especulação com a qual essas duas firmas (junto com vários corretores não membros da Bolsa) tinham se envolvido no interesse de um único cliente, a Allied Crude Vegetable Oil & Refining Co., de Bayonne, Nova Jersey. A especulação foi em contratos para comprar vastas quantidades de óleo de semente de algodão e de óleo de soja para entrega futura. Esses contratos são conhecidos como contratos de futuros de commodities, e o elemento de especulação neles reside na possibilidade de que na data da entrega a commodity valerá mais (ou menos) do que o preço do contrato. Os futuros de óleos vegetais são negociados diariamente na Bolsa de Mercadorias de Nova York, no número 2 da Broadway, e na Câmara de Comércio em Chicago, e são comprados e vendidos em nome de clientes por cerca de oitenta das quatrocentas e poucas firmas que pertencem à Bolsa de Valores e conduzem um negócio público. No dia em que Kamerman foi à Bolsa, a Haupt estava mantendo para a Allied, a crédito, um número tão grande de contratos de óleo de semente de algodão e de óleo de soja que a mudança de um único centavo por libra-peso significava uma mudança de US$12 milhões no valor da conta da Allied com a Haupt. Nos dois dias úteis anteriores — sexta-feira, dia 15, e segunda-feira, dia 18 — os preços tinham caído em média pouco menos de um centavo e meio por libra-peso, e por isso a Haupt exigira que a Allied depositasse cerca de US$15 milhões em dinheiro para manter a conta operando normalmente. A Allied se recusara a fazer isso, de modo que a Haupt — como faz qualquer corretora quando um cliente que está operando a crédito fica inadimplente — se viu diante da necessidade de vender os contratos da Allied para reaver o que fosse possível dos seus adiantamentos. A extensão suicida do risco que a Haupt assumira também pode ser percebida pelo fato de que, embora o capital da firma no início de novembro equivalesse apenas a cerca de US$8 milhões, ela tomara dinheiro emprestado para fornecer ao único cliente, a Allied, aproximadamente US$37 milhões para financiar as especulações dos óleos vegetais. O que era ainda pior, como se viu depois, é que ela havia aceitado como garantia para alguns desses adiantamentos enormes quantidades físicas de óleo de semente de algodão e de óleo de soja do estoque da Allied, cuja presença em tanques em Bayonne fora confirmada por recibos de armazéns declarando a quantidade exata e o tipo de óleo em questão. A Haupt tinha tomado emprestado o dinheiro que forneceu à Allied em vários bancos, passando adiante para estes últimos a maioria dos recibos dos armazéns como garantia. Tudo isso teria sido ótimo se não tivesse sido descoberto, mais tarde, que muitos dos recibos dos armazéns eram forjados, que grande parte do óleo registrado dos recibos não estava, e provavelmente nunca tinha estado, em Bayonne, e que o presidente da Allied, Anthony De Angelis (que mais tarde foi preso por um grande número de acusações), tinha praticado a maior fraude comercial depois da de Ivar Kreuger, o rei do fósforo.

Onde estava o óleo desaparecido? Como puderam os credores diretos e indiretos da Allied, entre eles alguns dos mais poderosos e mundialmente experientes bancos dos Estados Unidos e da Grã-Bretanha, ter sido logrados dessa maneira? A soma de todas as perdas chegaria a US$150 milhões, como algumas autoridades haviam estimado, ou a conta seria ainda maior? Como pôde uma empresa destacada da Bolsa de Valores como a Haupt ter sido tola a ponto de assumir um compromisso tão inconcebivelmente arriscado para favorecer um único cliente? Essas perguntas ainda não tinham sido nem mesmo formuladas, e, muito menos, respondidas, no dia 19 de novembro; algumas delas ainda não foram, e outras talvez não sejam respondidas durante anos. O que começou a emergir naquele 19 de novembro, e o que se tornou claro nos angustiantes dias que se seguiram, foi que, no caso da Haupt, que tinha cerca de 20 mil clientes individuais no mercado de ações nos seus registros, e no caso da Williston & Beane, que tinha cerca de 9 mil, o desastre iminente envolvia de forma direta as economias pessoais de muitas pessoas inocentes que nunca tinham ouvido falar na Allied e que tinham apenas uma ideia muito vaga a respeito do que é uma negociação de commodities.

A denúncia de Kamerman à Bolsa de Valores não significou que a Haupt tivesse falido e, na ocasião, o próprio Kamerman certamente não achava que sua firma *tivesse* ido à falência; há uma grande diferença entre insolvência e o mero insucesso em atender às exigências de capital bastante rigorosas da Bolsa, que se destinam a proporcionar uma margem de segurança. Na realidade, vários executivos da Bolsa de Valores declararam que naquela manhã de terça-feira eles não consideraram a situação da Haupt especialmente séria, enquanto ficou claro desde o início que a situação da Williston & Beane era ainda menos grave. Uma das primeiras reações no departamento das empresas-membro foi de contrariedade, porque Kamerman fora até a Bolsa com o seu problema antes que esta última, por meio do seu elaborado sistema de auditorias e investigações, descobrisse o problema por si mesma. Isso, a Bolsa insiste obstinadamente em afirmar, embora de maneira um tanto inconvincente, foi uma questão de má sorte e não de má administração. Como uma questão de rotina, a Bolsa exigia que cada uma das suas empresas-membro preenchesse detalhados questionários sobre sua situação financeira várias vezes por ano e, à guisa de uma verificação adicional, um contador especializado aparecia inesperadamente em cada empresa-membro, pelo menos uma vez por ano, para uma inspeção surpresa. A Ira Haupt & Co. havia preenchido o seu mais recente questionário no início de outubro, e como o enorme aumento na posição da Allied em commodities ocorreu depois disso, o questionário não revelou nada de errado. Quanto à inspeção surpresa, o auditor da Bolsa estava nos escritórios da Haupt realizando-a bem no momento em que o problema ocorreu. O auditor estava lá havia uma semana, com o nariz enterrado nos livros de contabilidade da Haupt, mas a tarefa de conduzir uma inspeção desse tipo é tediosa, e no dia 19 de novembro, o auditor ainda não começara a examinar o departamento de commodities da Haupt. "Eles tinham dado ao nosso homem uma mesa em um departamento onde nada fora do comum estava acontecendo", declarou depois um executivo da Bolsa. "É fácil dizer agora que ele deveria *ter sentido o cheiro* de problemas, mas isso não aconteceu."

No meio da manhã da terça-feira, dia 19, Coyle e Bishop se reuniram com Kamerman para verificar o que precisava e o que podia ser feito a respeito do problema da Haupt. Bishop se lembra de que a atmosfera da reunião não estava nada pesada; de acordo com os valores de Kamerman, a quantidade de capital que a Haupt precisava para resolver a situação era cerca de US$180 mil — bagatela para uma empresa do tamanho da Haupt. Esta poderia compensar o problema obtendo externamente dinheiro novo ou convertendo em dinheiro valores mobiliários que possuía. Bishop recomendou com insistência esta última medida como a mais rápida e segura. Então, Kamerman telefonou para sua firma e instruiu os sócios a começar a vender de imediato alguns dos papéis da empresa. Aparentemente, a dificuldade seria solucionada de maneira bem simples.

No entanto, ao longo do restante do dia, depois que Kamerman deixara o prédio da Bolsa de Valores, a crise revelou a tendência de passar pelo processo que nos círculos políticos veio a se chamar escalada. No final da tarde, chegou uma notícia agourenta. A Allied acabara de dar entrada em uma petição de falência voluntária em Newark. Teoricamente, a falência não afetava a posição financeira dos seus ex-corretores, pois eles tinham garantias para o dinheiro que haviam fornecido à Allied; apesar disso, a notícia era alarmante porque indicava que o pior estava por vir. De fato, essas notícias não demoraram a chegar; naquela mesma noite, a Bolsa de Valores foi informada de que os dirigentes da Bolsa de Mercadorias de Nova York, no esforço de evitar o caos no seu mercado, tinham decidido suspender todas as negociações nos futuros do óleo de semente de algodão até segunda ordem, e exigir a imediata liquidação de todos os contratos pendentes por um preço determinado por eles. Como o preço determinado teria de ser baixo, isso significava que qualquer chance remanescente que a Haupt ou a Williston & Beane pudesse ter de escapar das especulações da Allied de uma maneira favorável deixara de existir.

No departamento das empresas-membro, naquela noite, Bishop estava tentando freneticamente entrar em contato com G. Keith Funston, o presidente da Bolsa de Valores, que estava em um jantar no centro da cidade e, depois, em um trem a caminho de Washington, onde ele daria, no dia seguinte, um depoimento diante de um comitê do Congresso. Por causa de uma coisa e outra, Bishop ficou ocupado em sua sala boa parte da noite; perto da meia-noite, ele constatou que era o último homem no departamento de empresas-membro, e percebendo que era tarde demais para ir para casa em Fanwood, Nova Jersey, ele desmoronou em um sofá de couro na sala de Coyle. Bishop passou uma noite agitada; as mulheres da limpeza fizeram muito pouco barulho, disse ele mais tarde, mas os telefones não pararam de tocar a noite inteira.

Às 9h30 da quarta-feira, o conselho diretor da Bolsa de Valores se reuniu na Sala do Presidente — a qual, com o seu magnífico tapete vermelho, antigos retratos severos e colunas douradas caneladas, possui conotações um tanto incômodas do passado variável de Wall Street — e, de acordo com as regulamentações da Bolsa, votaram pela suspensão da Haupt e da Williston & Beane tendo em vista suas dificuldades de capital. Henry M. Watts, Jr., presidente do conselho diretor, tornou pública a suspensão alguns minutos depois da abertura das negociações, às 10 horas. Ele subiu a uma tribuna acima da sala do pregão, tocou o sino que normalmente assinala o início ou o final de um dia de negociação e leu o comunicado. Do ponto de vista do público, o efeito imediato foi o congelamento das contas dos quase 30 mil clientes das empresas suspensas — em outras palavras, os proprietários das contas não podiam nem vender as suas ações nem retirar o seu dinheiro. Tocados pelo drama desses infelizes, os mandachuvas da Bolsa de Valores começaram, então, a tentar ajudar as firmas afetadas a levantar capital suficiente para revogar as suspensões e liberar as contas. No caso da Williston & Beane, os esforços alcançaram um êxito triunfante. Foi constatado que essa firma precisava de cerca de US$500 mil para retomar as suas atividades, e um número tão grande de colegas corretores se ofereceu para ajudar com empréstimos que a firma teve de recusar ofertas indesejadas. Os US$500 mil foram finalmente aceitos parcialmente da Walston & Co. e parcialmente da Merrill Lynch, Pierce, Fenner & Smith. (Convenientemente, o Beane de Williston & Beane era o próprio homem cujo nome fora o último nome quando a empresa se chamava Merrill Lynch, Pierce, Fenner & Beane.) Tendo a sua saúde financeira restabelecida por essa oportuna injeção de capital, a Williston & Beane foi liberada da suspensão — e seus 9 mil clientes foram liberados da sua ansiedade — apenas dois dias depois do meio-dia da sexta-feira, ou pouco mais de dois dias depois da suspensão.

Entretanto, no caso da Haupt as coisas caminharam de maneira diferente. Na quarta-feira, já estava claro que o valor do déficit de capital de US$180 mil fora um sonho exageradamente otimista. Mesmo assim, parecia que a firma ainda poderia estar solvente apesar do seu prejuízo na venda forçada dos contratos de óleo vegetal — com uma condição. A condição era: o óleo nos tanques em Bayonne que a Allied dera à Haupt como garantia — e que agora, devido à inadimplência da Allied, pertenciam à Haupt — pudesse ser vendido por um preço justo. Richard M. Crooks, um dos diretores da Bolsa que, ao contrário de quase todos os seus colegas, conhecia a fundo a negociação de commodities, calculou que se o óleo de Bayonne fosse vendido dessa maneira, a Haupt ainda poderia acabar com um pequeno saldo credor. Por conseguinte, ele telefonou para alguns dos principais processadores de óleo vegetal do país e encorajou-os a fazer uma oferta de compra do produto. As respostas foram unânimes e surpreendentes. Os principais processadores se recusaram a fazer qualquer oferta de compra do óleo, e deixaram Crooks com a sensação de que eles estavam desconfiados dos recibos dos armazéns de Bayonne em posse da Haupt — que eles desconfiavam que alguns, ou todos eles, fossem falsificados. Se essas suspeitas fossem bem-fundamentadas, significava que parte ou todo o óleo confirmado pelos recibos não estava em Bayonne. "A situação era bem simples", declarou Crooks. "Os recibos de armazéns são aceitos no setor de commodities praticamente como se fossem moeda corrente, e agora foi levantada a possibilidade de que milhões de dólares dos bens em propriedade da Haupt consistissem em dinheiro falsificado."

Ainda assim, tudo o que Crooks sabia com certeza na manhã de quarta-feira era que os processadores não fariam nenhuma oferta para comprar o óleo da Allied, e durante o restante da quarta-feira e toda a quinta-feira a Bolsa continuou fortemente empenhada em tentar ajudar a Haupt a se reerguer junto com a Williston & Beane. Não é preciso mencionar que os 15 sócios da Haupt estavam ocupados fazendo a mesma coisa e, para ajudar a situação, Kamerman declarou alegremente ao *New York Times* na quarta-feira à noite: "A Ira Haupt & Co. está solvente e em uma excelente situação financeira." Também na quarta-feira à noite Crooks jantou em Nova York com um corretor veterano de commodities de Chicago. "Embora eu tenha um temperamento otimista, minha experiência diz que essas coisas sempre acabam se revelando muito piores do que parecem inicialmente", declarou Crooks. "Mencionei isso para meu amigo corretor, e ele concordou. Na manhã seguinte, por volta de 11h30, ele me telefonou e disse: 'Dick, esta coisa é 100% pior do que até mesmo *você* pensa'". Um pouco depois, ao meio-dia da quinta-feira, o departamento de empresas-membro da Bolsa tomou conhecimento de que muitos dos recibos de armazéns que a Allied oferecera como garantia eram, de fato, falsos.

Até onde se sabe, os sócios da Haupt estavam fazendo a mesma triste descoberta quase no mesmo momento. De qualquer modo, vários deles não foram para casa na quinta-feira, passando a noite em suas salas no número 111 da Broadway, tentando descobrir qual era a sua posição. Bishop foi para sua casa em Fanwood naquela noite, mas não conseguiu dormir muito melhor lá do que no sofá da sala de Coyle. Por conseguinte, ele se levantou antes do amanhecer, pegou o trem das 5h08 da Jersey Central para a cidade e, seguindo um palpite, foi até o escritório da Haupt. Lá, na área dos sócios — recém-redecorada com modernas cadeiras anatômicas, arquivos com tampo de mármore e geladeiras disfarçadas de escrivaninhas —, ele encontrou vários dos sócios, desgrenhados e com a barba por fazer, cochilando nas cadeiras. "Eles estavam bastante arrasados", comentou Bishop mais tarde. E não era para menos. Depois de serem acordados, eles lhe disseram que tinham passado a noite em claro fazendo contas, e que por volta das 3 horas da manhã tinham chegado à conclusão de que o cenário era desesperador; tendo em vista que os recibos dos armazéns eram falsos, a Haupt estava insolvente. Bishop levou essa desastrosa informação com ele para a Bolsa de Valores, onde esperou que o sol nascesse e todo mundo chegasse para trabalhar.

Às 13h40 de sexta-feira, quando o mercado de ações já estava extremamente perturbado pelos rumores da iminente falência da Haupt, as primeiras notícias do assassinato do presidente chegaram ao pregão da Bolsa, de forma confusa. Crooks, que estava lá, disse que a primeira coisa que ouviu foi que tinham atirado no presidente, a segunda, foi que o irmão do presidente, o procurador-geral, também tinha sido atingido, e a terceira era que o vice-presidente tinha sofrido um ataque do coração. "Os rumores chegavam como balas de uma metralhadora", afirmou Crooks. E eles golpeavam com um impacto semelhante. Nos 27 minutos seguintes, durante os quais nenhuma notícia concreta chegou para aliviar a atmosfera de apocalipse, o preço das ações declinou em uma velocidade sem precedente na história da Bolsa. Em menos de meia hora, o valor de ações registradas decresceu em US$13 bilhões, e teria caído ainda mais se o conselho diretor não tivesse fechado o mercado naquele dia às 14h07. O efeito imediato do pânico sobre a situação da Haupt foi tornar o status das 20 mil contas congeladas bem pior, porque agora, em caso de falência da Haupt e consequente liquidação de um grande número das contas, a retirada em dinheiro teria de ser feita a preços de queima, com pesadas perdas para os donos das contas. Um efeito maior e menos calculável dos eventos em Dallas era o desespero paralisante. No entanto, Wall Street — ou, mais exatamente, algumas das pessoas envolvidas com Wall Street — tinha uma vantagem psicológica sobre o restante do país, porque havia trabalho a fazer. Essa convergência de desastres deixou todas elas com um objetivo claro.

Depois de depor em Washington na quarta-feira à tarde, Funston tinha voltado para Nova York naquela noite e passado a maior parte da quinta-feira e a manhã da sextafeira trabalhando para fazer com que a Williston & Beane retomasse suas atividades. Em algum momento durante esse período, à medida que estava se tornando claro, pouco a pouco, que a Haupt não estava meramente com déficit de capital mas sim efetivamente insolvente, Funston se convenceu de que a Bolsa e as suas empresas-membro precisavam pensar na possibilidade de fazer algo sem precedente — em outras palavras, reembolsar as vítimas inocentes da imprudência da Haupt com o seu próprio dinheiro. (O mais próximo de um precedente para essa atitude foi o caso da DuPont, Homsey & Co., uma pequena firma da Bolsa de Valores que foi à falência em 1960 em decorrência de uma fraude cometida por um dos seus sócios; a Bolsa ressarciu aos clientes da firma o dinheiro do qual eles haviam sido privados — cerca de US$800 mil.) Agora, tendo voltado às pressas para sua sala depois de um almoço de negócios antes do fechamento de emergência do mercado, Funston começou a colocar o seu plano em ação, telefonando para cerca de trinta importantes corretores cujos escritórios estavam situados por perto e pedindo que eles fossem imediatamente à Bolsa como uma delegação não oficial representando sua condição de membro. Pouco depois das 15 horas os corretores estavam reunidos na Sala do Comitê do Sul — uma versão um tanto menor da Sala do Presidente —, e Funston apresentou os fatos do caso Haupt como ele os conhecia, junto com um resumo do seu plano de solução. Os fatos eram os seguintes: a Haupt devia cerca de US$36 milhões para um grupo de bancos norte-americanos e britânicos; como mais de US$20 milhões dos seus ativos eram representados por recibos de armazéns que agora pareciam não ter valor, não havia nenhuma esperança de que a Haupt pudesse pagar as suas dívidas. No desenrolar normal dos acontecimentos, portanto, os bancos credores entrariam com uma ação judicial contra a Haupt quando os tribunais reabrissem, na semana seguinte, o dinheiro e muitos dos valores mobiliários mantidos pela Haupt para os seus clientes seriam bloqueados pelos credores e, de acordo com a estimativa liberal de Funston, alguns dos clientes poderiam acabar recuperando — depois de um longo período, causado pelos atrasos legais — não mais do que US$0,65 em cada dólar. E havia ainda um outro lado do caso. Se a Haupt fosse à falência, o efeito psicológico desse fato, aliado ao efeito palpável de os consideráveis ativos da Haupt serem jogados no mercado, poderia conduzir a uma depressão ainda maior de um mercado de ações que já estava em forte recuo em um momento de grave crise nacional. Portanto, não apenas o bem-estar dos clientes da Haupt estava em jogo, mas talvez o bem-estar nacional também. O plano de Funston, cujo resumo era bastante simples, era que a Bolsa de Valores ou os seus membros levantassem dinheiro suficiente para que todos os clientes da Haupt recebessem de volta o seu dinheiro e os seus papéis — que se tornassem novamente "sãos", conforme a expressão bancária. (A expressão bancária é etimologicamente correta; "são" deriva do vocábulo latino *sanu*, que significa sem ferimento ou que se recuperou de um ferimento; a palavra "sadio" deriva de *sanativu*, que tem o mesmo radical de *sanu* e do qual "sadio" deriva.) Funston propôs, ainda, que os credores da Haupt, os bancos, fossem convencidos a adiar quaisquer tentativas de cobrar o seu dinheiro até que a situação dos clientes tivesse sido resolvida. Funston estimava que o total necessário para fazer isso chegaria a US$7 milhões, ou talvez ainda mais.

Praticamente todos os corretores presentes concordaram em apoiar esse plano de ajuda ao próximo, quase caridoso. No entanto, antes que a reunião terminasse, surgiu uma dificuldade. Agora que a Bolsa de Valores e as empresas-membro tinham decidido realizar um ato de autossacrifício, o problema que cada lado enfrentava — de qualquer modo, até certo ponto — era como conseguir que o outro lado fizesse o sacrifício. Funston urgiu que as empresas-membros assumissem toda a questão. As empresas recusaram essa sugestão, agradecendo, e fizeram uma contraproposta, instando que a Bolsa de Valores lidasse com a situação. "Se fizermos isso", declarou Funston, "vocês terão de nos pagar de volta a quantia desembolsada." Desse diálogo não muito respeitável surgiu o acordo de que, inicialmente, os recursos sairiam dos cofres da Bolsa, com o ressarcimento a ser repartido posteriormente entre as empresas-membro. Um comitê de três homens, chefiado por Funston, recebeu poderes para conduzir as negociações necessárias para que a proposta tivesse êxito.

Os principais protagonistas com quem teriam que ser feitas negociações eram os bancos credores da Haupt. O seu consentimento unânime ao plano era fundamental, porque, mesmo que apenas um deles insistisse na imediata liquidação dos seus empréstimos, "a casa iria cair", como declarou pungentemente o presidente do conselho administrativo da Bolsa, Henry Watts, um graduado de Harvard e de Omaha Beach, 1944, de aparência paternal. Entre os credores destacavam-se quatro bancos locais de elevado prestígio — Chase Manhattan, Morgan Guaranty Trust, First National City e Manufacturers Hanover Trust —, os quais, entre si, haviam emprestado à Haupt cerca de US$18,5 milhões. (Três dos bancos permaneceram particularmente reticentes com relação ao valor exato dos seus malfadados empréstimos à Haupt, mas censurá-los pelo seu silêncio seria como censurar um jogador de pôquer que não está falando muito a respeito de uma noite de perdas. O Chase, contudo, declarou que a Haupt devia a ele US$5,7 milhões.) Anteriormente, nessa mesma semana, George Champion, presidente do conselho administrativo do Chase, havia telefonado para Funston; não apenas a Bolsa de Valores tinha um amigo no Chase, assegurou Champion, como também o banco estava pronto a oferecer qualquer ajuda possível na questão da Haupt. Funston agora telefonou para Champion e disse que estava preparado para aceitar sua oferta. Ele e Bishop, então, começaram a tentar reunir representantes do Chase e dos três outros bancos para uma conferência imediata. Bishop se lembra de se sentir bastante pessimista a respeito da probabilidade de reunir um grupo de banqueiros às 17 horas de uma sexta-feira — mesmo em uma sexta-feira excepcional como aquela —, mas, para sua surpresa, ele encontrou praticamente todos nos seus postos de combate e dispostos a ir imediatamente à Bolsa.

Funston e os seus colegas negociadores para a Bolsa — Watts, presidente do conselho administrativo, e Walter N. Frank, o vice-presidente — reuniram-se com os banqueiros pouco depois das 17 horas e avançaram pela hora do jantar.

A reunião foi construtiva, embora tensa. "Inicialmente, todos concordamos que a situação era terrível, sob todos os aspectos", relembrou Funston posteriormente. "Depois, começamos a discutir o assunto. Os banqueiros, é claro, tinham a esperança de que a Bolsa fosse assumir tudo, mas logo acabamos com essa ilusão. Em vez disso, fiz uma proposta. Entraríamos com determinada quantia em dinheiro apenas em benefício dos clientes da Haupt; em troca de cada dólar que colocássemos, os bancos adiariam a cobrança — em outras palavras, se absteriam temporariamente de executar a dívida — de US$2. Se, como nós então estimávamos, US$22,5 milhões eram necessários para tornar a Haupt solvente, entraríamos com US$7,5 milhões, e os bancos adiariam a cobrança de US$15 milhões. Eles não estavam tão seguros com relação aos nossos valores — achavam que estávamos calculando muito por baixo — e insistiram que a reivindicação da Bolsa de recuperar qualquer parte da sua contribuição a partir dos ativos da Haupt teria de vir depois que os bancos reivindicassem o pagamento dos seus empréstimos. Concordamos com isso. Lutamos e negociamos, e quando finalmente fomos para casa, estávamos de acordo com relação ao esboço geral da coisa. É claro que todos reconheceram que essa reunião era apenas preliminar — para começar, nem todos os bancos credores estiveram representados — e que tanto o trabalho detalhado quanto grande parte da negociação concreta teriam de ser feitos durante o fim de semana."

Exatamente o quanto de trabalho detalhado e negociações concretas havia pela frente foi revelado no sábado. O conselho diretor da Bolsa reuniu-se às 11 horas, e mais de dois terços dos seus 33 membros estavam presentes; por causa da crise da Haupt, alguns diretores tinham cancelado os planos para o fim de semana, e outros tinham chegado de avião da Geórgia ou da Flórida, por exemplo. A primeira decisão da diretoria — de manter a Bolsa fechada na segunda-feira, o dia do enterro do presidente — foi acordada com um profundo alívio, porque o feriado daria aos negociadores 24 horas para fechar um acordo antes do fim do prazo representado pela reabertura dos tribunais e dos mercados. Funston pôs os diretores a par do que se sabia a respeito da posição financeira da Haupt e do status das negociações que haviam começado com os bancos; ele também apresentou uma nova estimativa da quantia que poderia ser necessária para tornar os clientes da Haupt sãos: US$9 milhões. Depois de um ínfimo momento de silêncio, vários diretores se levantaram para dizer, basicamente, que sentiam haver mais dinheiro em jogo; era uma questão da relação entre a Bolsa de Valores e os muitos milhões de investidores do país. A reunião foi, então, temporariamente interrompida e, com a autoridade dos elevados sentimentos dos diretores para respaldá-lo, o comitê de três homens da Bolsa deu início às negociações com os banqueiros.

Desse modo, o padrão para o sábado e o domingo foi estabelecido. Enquanto o restante da nação ficava sentado estupefato diante de seus aparelhos de televisão, e enquanto as ruas do centro de Manhattan estavam tão desertas quanto devem ter ficado durante a epidemia de febre amarela do início do século XIX, o sexto andar do número 11 de Wall Street era um centro de atividade completamente absorto. O comitê da Bolsa ficava reunido a portas fechadas com os banqueiros até chegar a um ponto em que Funston e seus colegas precisavam de uma autorização adicional; o conselho diretor iniciava, então, uma nova sessão e concedia a nova autorização ou se recusava a concedê-la. Entre as sessões, os diretores se reuniam nos corredores ou fumavam e refletiam em salas vazias. Um canto obscuro da burocracia da Bolsa chamado Departamento de Conduta e Reclamações também estava tendo um fim de semana movimentado; uma equipe de meia dúzia de pessoas estava continuamente no telefone lidando com consultas ansiosas de clientes da Haupt, que estavam longe de se sentirem sadios. Além disso, é claro, havia advogados por toda parte — "Nunca vi tantos advogados em toda a minha vida", declarou um veterano da Bolsa de Valores. Coyle estima que mais de cem pessoas tenham estado presentes no número 11 de Wall Street durante a maior parte do fim de semana, e como praticamente todos os restaurantes da área e também os da Bolsa de Valores estavam fechados, alimentar-se era um problema crítico. No sábado, toda a produção de uma pequena lanchonete no centro da cidade que espertamente ficou aberta foi comprada e consumida, e depois um táxi foi enviado a Greenwich Village para buscar mais provisões; no domingo, uma das secretárias da Bolsa trouxe uma cafeteira elétrica e uma enorme sacola com gêneros alimentícios e instalou-se na Sala de Jantar do presidente do conselho administrativo para vender lanches.

O comitê negociador dos banqueiros incluía agora homens de dois dos credores da Haupt não representados na sexta-feira — o National State Bank de Newark e o Continental Illinois National Bank & Trust Co., de Chicago. (Os quatro credores britânicos — Henry Ansbacher & Co.; William Brandt's Sons & Co., Ltd.; S. Japhet & Co., Ltd. e Kleinwort, Benson, Ltd. — ainda não estavam representados. Além do mais, já tendo se passado metade do fim de semana, eles pareciam estar temporariamente não representáveis. Ficou resolvido que as negociações continuariam sem os bancos britânicos e depois, na segunda-feira de manhã, qualquer acordo que fosse decidido seria submetido a eles para que fosse aprovado.) Surgiu, então, um ponto de discussão crucial, que era a quantia com a qual a Bolsa de Valores teria de entrar para cumprir sua parte do acordo. Os bancos aceitaram a fórmula de Funston segundo a qual eles adiariam a cobrança de US$2 para cada dólar com que a Bolsa contribuísse para a causa, e eles não duvidavam de que a Haupt estivesse emperrada com cerca de US$22,5 milhões correspondentes a recibos de armazéns sem valor; no entanto, eles não estavam dispostos a aceitar esse valor como a quantia máxima possivelmente necessária para liquidar a Haupt. Por via das dúvidas, argumentaram eles, a quantia deveria se basear no débito global da Haupt com eles, US$36 milhões — e isso significava que a contribuição em dinheiro da Bolsa teria de ser de US$12 milhões e não de US$7,5 milhões. Outro ponto de discussão era a quem a Bolsa pagaria a quantia acordada. Alguns dos banqueiros achavam que o dinheiro deveria ir diretamente para os cofres da Ira Haupt & Co., para que a própria firma o distribuísse aos seus clientes; o problema dessa sugestão, como os representantes da Bolsa logo ressaltaram, era que isso colocaria a contribuição da Bolsa totalmente fora do seu controle. Uma última complicação era o fato de um dos bancos, o Continental Illinois, estar claramente relutante em participar do acordo. "O pessoal do Continental estava pensando do ponto de vista da exposição do seu banco", explicou compreensivamente um dos homens da Bolsa. "Eles achavam que o nosso acordo poderia, em última análise, ser mais prejudicial para eles do que a falência e concordata formal da Haupt. Eles precisavam de tempo para pensar, para ter certeza de que estavam adotando a linha de ação adequada, mas devo dizer que eles foram cooperativos." Na realidade, como era basicamente a reputação da Bolsa de Valores que estava no centro do acordo planejado, parecia que todos os bancos eram prodígios de cooperação. Afinal de contas, o banqueiro tem a responsabilidade legal e moral de fazer o melhor possível pelos seus depositantes e acionistas, estando, portanto, dificilmente em uma posição de se permitir gestos grandiosos para o bem público; se os seus olhos são duros, eles podem encobrir um coração bondoso, porém reprimido. Quanto ao Continental, ele tinha motivos para ser particularmente lento nas ações, porque sua "exposição" equivalia a bem mais de US$10 milhões, ou muito mais do que a de qualquer um dos outros bancos. Nenhuma das pessoas envolvidas se mostrou disposta a dizer exatamente em que pontos o Continental ofereceu resistência, mas me parece seguro pressupor que nenhum banco ou pessoa que emprestara menos de US$10 milhões à Haupt poderia saber exatamente como o Continental estava se sentindo.

Quando as negociações foram interrompidas, por volta das 18 horas do sábado, as partes tinham chegado a um denominador comum com relação às principais questões. A controvérsia com relação à quantia tinha sido resolvida por meio de um acordo no qual a Bolsa entraria inicialmente com US$7,5 milhões com a promessa de poder chegar a US$12 milhões se necessário, e a controvérsia a respeito de como o dinheiro seria pago aos clientes da Haupt por meio de um acordo que dizia que o principal inspetor da Bolsa seria nomeado liquidante da Haupt. No entanto, o Continental ainda estava hesitante, e, além disso, é claro, ninguém tinha ainda sequer entrado em contato com os bancos britânicos. De qualquer modo, todo mundo encerrou as atividades por aquela noite, com a promessa de voltar cedo na tarde do dia seguinte, embora fosse um domingo. Funston, que estava começando a demonstrar sintomas de um forte resfriado, foi para casa em Greenwich. Os banqueiros foram para suas casas em lugares como Glen Cove e Basking Ridge. Watts, que teimosamente vinha trabalhar e voltava todos os dias para sua casa na Filadélfia, voltou nesse sábado para aquela tranquila cidade. Até mesmo Bishop foi para sua residência em Fanwood.

Às 14 horas de domingo, os diretores da Bolsa, com as suas fileiras agora aumentadas por recém-chegados de Los Angeles, Minneapolis, Pittsburgh e Richmond, se reuniram em uma sessão conjunta com os trinta representantes das empresas-membro, que estavam ansiosos para saber com o que estavam se comprometendo. Depois que o status vigente do acordo que estava se formando lhes fora explicado, eles votaram unanimemente a favor de levá-lo adiante. À medida que a tarde foi avançando, até mesmo o Continental Illinois reduziu sua oposição e, por volta das 18 horas, depois de uma série de frenéticos telefonemas interurbanos e tentativas de localizar diretores do Continental em trens e aeroportos, o banco de Chicago concordou em cooperar, explicando que estava fazendo isso no interesse público e não pelo bom senso empresarial da sua diretoria. Mais ou menos na mesma hora, o editor financeiro do *New York Times*, Thomas E. Mullaney — que, assim como o restante da imprensa, fora rigidamente excluído do sexto andar durante todas as negociações —, telefonou para Funston para dizer que ouvira rumores a respeito de que um plano com relação à Haupt estaria em andamento. Como os bancos britânicos teriam motivos para ficar no mínimo ofendidos se lessem nas publicações do dia seguinte sobre um esquema para dispor dos seus créditos sem a sua concordância, ou mesmo sem o seu conhecimento, Funston teve de dar uma resposta que só poderia deprimir ainda mais a disposição dos 20 mil clientes que estavam aguardando uma decisão. "Não existe nenhum plano", declarou.

A questão de quem empreenderia a delicada tarefa de persuadir os bancos britânicos surgira no início da tarde de domingo. Funston, apesar do seu resfriado, estava ansioso para fazer a viagem (antes de mais nada, ele admitiu mais tarde, o drama da situação lhe agradava), e chegara a pedir à sua secretária para fazer uma reserva em um voo para ele, mas à medida que a tarde ia avançando e os problemas locais continuavam a parecer de difícil solução, foi decidido que ele não poderia ser dispensado. Vários outros diretores logo se ofereceram para ir, e um deles, Gustave L. Levy, acabou sendo escolhido, pois sua empresa, a Goldman, Sachs & Co., tinha uma longa e estreita relação com Kleinwort, Benson, um dos bancos britânicos, e que o próprio Levy tinha excelentes relações pessoais com alguns dos sócios do Kleinwort, Benson. (Mais tarde, Levy iria suceder Watts como presidente do conselho administrativo.) Consequentemente, Levy, acompanhado por um executivo e um advogado do Chase — que presumivelmente foram incluídos na esperança de dar aos bancos ingleses um inspirador exemplo de cooperação —, deixou o número 11 de Wall Street pouco depois das 17 horas, e eles pegaram um jato com destino a Londres às 19 horas. O trio ficou acordado quase a noite inteira, planejando cuidadosamente a maneira como abordariam os banqueiros pela manhã. Eles foram muito sensatos ao fazer isso, porque os bancos britânicos certamente não tinham nenhum motivo para sentir vontade de cooperar; a Bolsa de Valores *deles* não estava com problemas. E não era só isso. De acordo com fontes incontestáveis, os quatro bancos britânicos tinham emprestado à Haupt um total de US$5,5 milhões, e esses empréstimos, como muitos empréstimos a curto prazo feitos por bancos estrangeiros a corretoras norte-americanas, não tinham sido protegidos por nenhuma garantia. Fontes apenas ligeiramente mais contestáveis afirmam que alguns dos empréstimos tinham sido prorrogados muito recentemente, ou seja, uma semana ou menos antes do desastre. Sabe-se que o dinheiro emprestado consistia de eurodólares, uma moeda fictícia mas mesmo assim útil que consistia de depósitos em dólar em bancos europeus; cerca de 4 bilhões de eurodólares foram ativamente negociados entre instituições financeiras europeias naquela época, e os bancos que emprestaram os US$5,5 milhões para a Haupt os tinham, primeiro, tomado emprestado de outro lugar. De acordo com um especialista local em operações bancárias internacionais, os eurodólares costumam ser negociados em enormes blocos com um lucro relativamente muito pequeno; por exemplo, um banco poderia tomar emprestado um bloco a 4,25% e emprestá-lo a 4,5%, com um ganho líquido de 0,25% ao ano. Obviamente, essas transações são encaradas como quase sem risco. Pelo período de uma semana, 0,25% de US$5,5 milhões equivale a US$264,42, o que dá uma ideia do tamanho do lucro da transação com a Haupt que os quatro bancos britânicos teriam conseguido dividir entre si mesmos, menos as despesas, se tudo tivesse corrido como planejado. Em vez disso, eles agora poderiam perder tudo o que tinham emprestado.

Levy e os homens do Chase chegaram com os olhos vermelhos em Londres, pouco depois do romper do dia, em uma manhã depressivamente garoenta. Eles foram para o Hotel Savoy trocar de roupa e tomar o café da manhã, seguindo depois diretamente para o distrito financeiro de Londres. A primeira reunião foi no William Brandt's Sons na rua Fenchurch, que emprestara mais da metade dos US$5,5 milhões. Os sócios do Brandt gentilmente ofereceram condolências pela morte do presidente, e os norte-americanos concordaram que aquilo era uma lástima, e em seguida começaram a tratar do assunto principal. Os homens do Brandt estavam a par da falência iminente da Haupt mas não do plano em andamento para socorrer os clientes da Haupt, evitando uma falência formal; Levy explicou o plano, e seguiu-se uma hora de discussão, durante a qual os britânicos demonstraram certa relutância em cooperar, como esperado. Tendo acabado de ser enganados por um grupo de ianques, eles não estavam ansiosos para ser imediatamente enganados por outro. "Eles estavam muito descontentes", declarou Levy. "Eles criaram um caso danado comigo porque eu era um representante da Bolsa de Valores de Nova York, um dos membros da qual os tinha colocado nessa difícil situação. Eles quiseram fazer um negócio conosco — ter prioridade na cobrança das suas reivindicações em troca de colaborarem conosco e concordarem em adiar a cobrança. Mas sua postura na negociação não era, na verdade, muito boa; em um processo de falência, as suas reivindicações, baseadas em empréstimos sem garantias, teriam sido consideradas *depois* das reivindicações de credores que tinham garantias, e, na minha opinião, eles jamais teriam recebido um centavo. Por outro lado, nos termos da nossa oferta, eles seriam tratados em igualdade de condições com todos os outros credores da Haupt exceto os clientes. Tivemos de explicar para eles que nós não estávamos negociando."

Os homens do Brandt responderam que, antes de decidir, eles queriam refletir sobre o assunto, e também saber o que os outros bancos britânicos diriam. Os emissários dos Estados Unidos se dirigiram então, para o escritório londrino do Chase, na rua Lombard, onde, por meio de um arranjo prévio, se reuniram com representantes dos três outros bancos britânicos, e Levy teve a oportunidade de se encontrar com os seus amigos do Kleinwort Benson. As circunstâncias da reunião não eram obviamente felizes, mas Levy disse que os seus amigos adotaram uma visão realista da situação e, com heroica objetividade, efetivamente ajudaram seus compatriotas britânicos a enxergar o lado norte-americano da questão. Não obstante, essa reunião, assim como a anterior, terminou sem que ninguém assumisse um compromisso. Levy e seus colegas ficaram no Chase para o almoço e depois foram até o Banco da Inglaterra, que estava interessado nos empréstimos à Haupt na medida em que a falta de pagamento afetaria o balanço de pagamentos da Grã-Bretanha. O Banco da Inglaterra, por meio de um dos seus representantes, assegurou aos visitantes que estavam muito tristes com a tragédia nacional norte-americana e com a tragédia mais limitada de Wall Street, e informou a eles que, embora carecesse do poder de dizer aos bancos londrinos o que fazer, na sua opinião, o sensato seria que eles cooperassem com o esquema norte-americano. Depois, por volta das 14 horas, o trio retornou à rua Lombard para aguardar nervosamente uma notícia dos bancos. Ao que se revelou, uma vigília semelhante estava começando em Wall Street, onde eram 9 horas da manhã de segunda-feira, e onde Funston, que acabara de chegar à sua sala e estava bastante consciente de que ele só tinha um dia para fechar o acordo, estava andando de um lado para o outro enquanto esperava um telefonema que lhe diria se Londres faria com que a casa caísse.

Kleinwort, Benson e S. Japhet & Co. foram os primeiros a concordar em cooperar, recorda Levy. Depois — após um silêncio talvez de meia hora, durante o qual Levy e seus colegas começaram a ter uma sensação angustiante dos minutos se passando em Nova York — eles receberam uma resposta afirmativa do Brandt. Esse foi um resultado realmente importante; com a concordância do principal credor e de dois dos outros três, estava quase certo que a resposta do Ansbacher seria positiva. Por volta das 16 horas, horário de Londres, a resposta esperada realmente chegou, e Levy pôde dar o telefonema tão ansiado por Funston. Com a missão cumprida, os norte-americanos foram diretamente para o aeroporto de Londres, e três horas depois estavam a bordo de um avião voando para casa.

Ao receber a boa notícia, Funston sentiu que todo o acordo estava finalmente quase garantido, já que tudo o que era preciso para efetivamente concluí-lo eram as assinaturas dos 15 sócios solidários da Haupt, que pareciam não ter nada a perder e tudo a ganhar com o plano. Ainda assim, a tarefa de obter essas assinaturas era imprescindível. Exceto no caso de um processo judicial de falência, o que todo mundo estava tentando evitar, nenhum liquidante poderia distribuir os bens da Haupt — nem mesmo os arquivos com tampo de mármore e as geladeiras — sem a permissão dos sócios. Então, no final da tarde de segunda-feira, os sócios da Haupt, cada um acompanhado pelo seu advogado, foram até a sala de Watts, o presidente do conselho administrativo, para saber exatamente que destino os mandachuvas de Wall Street tinham planejado para eles.

Os sócios da Haupt dificilmente poderiam ter considerado bom o acordo planejado, visto que ele preceituava, entre outras coisas, que eles deveriam dar uma procuração legal concedendo a um liquidante o pleno controle dos negócios da Haupt. No entanto, um dos seus próprios advogados teve uma conversa breve e dolorosa com eles na qual explicou que eles eram pessoalmente responsáveis pelas dívidas da firma quer ou não assinassem o acordo, de modo que era preferível que se mostrassem imbuídos de solidariedade e o assinassem. Falando sem rodeios, eles estavam em uma sinuca de bico. (Muitos deles, mais tarde, deram entrada em pedidos de falência pessoais.) Um evento espantoso quebrou o aparente equilíbrio dessa pesada reunião. Pouco depois de o advogado da Haupt ter concluído sua dissertação sobre os fatos da vida, alguém notou um rosto desconhecido e visivelmente juvenil no grupo e pediu à pessoa que se identificasse. A resposta resoluta foi: "Sou Russell Watson, repórter do *Wall Street Journal*." Seguiu-se um silêncio breve e chocado, já que todos reconheceram de imediato que um vazamento na hora errada ainda poderia perturbar o delicado equilíbrio entre o dinheiro e a emoção que compunha o acordo. O próprio Watson, que na ocasião tinha 24 anos de idade e um ano como repórter do *Journal*, explicou depois como entrara na reunião, e em que circunstâncias ele saíra do local. "Eu era novo na área de atuação da Bolsa na época", declarou ele posteriormente. "Mais cedo naquele dia, havia se espalhado a notícia de que Funston provavelmente daria uma entrevista coletiva à imprensa à noite, então, fui até a Bolsa. Na entrada principal, perguntei a um guarda onde era a reunião do Sr. Funston. Ele respondeu que era no sexto andar, e me conduziu a um elevador. Ele deve ter achado que eu era um banqueiro, um dos sócios da Haupt ou um advogado. No sexto andar, pessoas estavam circulando por toda parte. Eu simplesmente saí do elevador e entrei na sala da reunião, sem ser impedido por ninguém. Eu não entendi grande parte do que estava acontecendo. Tive a sensação de que, independentemente do que estava em jogo, havia uma concordância geral, porém muitos questionamentos a respeito dos detalhes a serem especificados. A única pessoa que eu reconheci foi Funston. Fiquei quieto durante mais ou menos cinco minutos até que alguém reparou em mim, e depois todo mundo disse, mais ou menos ao mesmo tempo: 'Santo Deus, saia daqui agora!' Eles não me *expulsaram* exatamente, mas percebi que estava na hora de ir embora."

Durante a fase de negociações que se seguiu — dolorosamente longa — os sócios da Haupt e seus advogados transformaram a sala de Watts em um posto de comando, enquanto os representantes dos bancos e os advogados *deles* acamparam na Sala do Comitê do Norte, situada um pouco mais adiante no corredor. Funston, que estava determinado a conseguir que a notícia de um acordo estivesse nas mãos dos investidores antes da abertura do mercado na manhã seguinte, estava ficando louco de irritação e frustração e, no esforço de acelerar as coisas, ele elegeu a si mesmo uma espécie de combinação de mensageiro e emissário. "Durante toda a noite da segunda-feira, eu corri de um lado para o outro dizendo: 'Vejam, eles não vão ceder neste ponto, então, vocês têm que aceitar.'", recorda ele. "Ou então eu dizia: 'Vejam que horas são. Só faltam 12 horas para a abertura do mercado amanhã! Rubriquem aqui'".

À meia-noite e 15, nove horas e 45 minutos antes da reabertura do mercado, o acordo foi assinado na Sala do Comitê do Sul pelas 28 partes interessadas, em uma atmosfera descrita por um dos participantes como de exaustão e alívio geral. Tão logo os bancos abriram, na terça-feira de manhã, a Bolsa de Valores depositou US$7,5 milhões, uma quantia equivalente a aproximadamente um terço da sua reserva disponível, em uma conta da qual o liquidante da Haupt poderia fazer saques; nessa mesma manhã, o próprio liquidante — James P. Mahoney, membro veterano da equipe da Bolsa — se transferiu para os escritórios da Haupt para assumir o controle. O mercado de ações, incentivado pela confiança no novo presidente ou pelas notícias sobre o acordo da Haupt, ou por uma combinação das duas coisas, teve sua maior alta, em um único dia, na história, ultrapassando as perdas da sexta-feira. Uma semana depois, no dia 2 de dezembro, Mahony anunciou que US$1,75 milhão já tinha sido pago com recursos da conta da Bolsa de Valores para socorrer os clientes da Haupt; no dia 12 de dezembro, o valor subira para US$5,4 milhões, e no Natal, para US$6,7 milhões. Finalmente, no dia 11 de março de 1964, a Bolsa pôde informar que havia distribuído US$9,5 milhões, e que os clientes da Haupt, com exceção de um punhado que não fora encontrado, estavam novamente sãos.

O acordo, no qual algumas pessoas viram uma implicação inequívoca de que o *Establishment* na Wall Street agora se sentia responsável pelo dano público causado pelas transgressões, ou até mesmo pelos infortúnios, de qualquer um dos seus membros, deu origem a uma variedade de reações. Como era esperado, os clientes socorridos da Haupt estavam muito agradecidos. O *New York Times* disse que o acordo era prova de "um senso de responsabilidade que serviu para inspirar a confiança do investidor" e "pode ter ajudado a evitar um possível pânico". Em Washington, o presidente Johnson interrompeu seu primeiro dia no cargo para telefonar para Funston e parabenizá-lo. O presidente do conselho administrativo da S.E.C., William L. Cary, que não é muito chegado a papariçar a Bolsa de Valores, declarou em dezembro que ela tinha fornecido "uma dramática e impressionante demonstração da sua força e preocupação com o interesse público". Outras bolsas de valores ao redor do mundo permaneceram em silêncio a respeito do assunto, mas, a julgar pela maneira fria pela qual a maioria delas faz negócios, alguns dos seus executivos devem ter ficado um tanto estupefatos diante dos estranhos acontecimentos de Nova York. As empresas-membro da Bolsa de Valores, que tiveram de pagar os US$9,5 milhões ao longo de um período de três anos, pareciam estar de modo geral satisfeitas, embora se tenha ouvido que algumas delas se queixaram de que antigas firmas de qualidade com uma reputação justificada pela sua capacidade e honradez não deveriam ter de pagar as perdas de arrivistas gananciosas que passam dos limites e são apanhadas. Por mais estranho que pareça, ninguém parece ter expressado gratidão aos bancos norte-americanos e britânicos, que recuperaram algo em torno da metade das suas perdas. Pode ser que as pessoas simplesmente não agradeçam aos bancos, a não ser nos anúncios de televisão.

A própria Bolsa de Valores, nesse ínterim, estava dividida entre aceitar acanhadamente as congratulações ou, de uma maneira prudente, embora talvez rude, declarar com firmeza que o que fizera não deveria ser encarado como um precedente — que ela não teria, necessariamente, a mesma atitude de novo. Tampouco os executivos da Bolsa estavam seguros de que a mesma atitude teria sido tomada se o caso da Haupt tivesse ocorrido mais cedo — mesmo que só um pouquinho mais cedo. Crooks, que fora presidente do conselho administrativo da Bolsa no início da década de 1950, sentia que as chances de uma medida desse tipo ocorrer durante o período em que permaneceu no cargo teriam sido mais ou menos de 50%. Funston, que assumiu o cargo em 1951, sentia que o assunto teria sido "questionável" durante os primeiros anos da sua incumbência. "A ideia da responsabilidade pública é evolucionária", declarou. Ele estava particularmente incomodado com a ideia, que ele ouvira repetidamente, de que a Bolsa agira movida por um sentimento de culpa. As interpretações psicanalíticas do evento, na opinião dele, eram desnecessárias, para não dizer grosseiras. Quanto aos diretores mais velhos, que contemplaram furiosos as negociações, talvez até ameaçadoramente, através das suas armações folheadas a ouro na sala da Diretoria e nas salas dos Comitês do Norte e do Sul, sua reação diante de todo o procedimento pode ser imaginada mas não conhecida.

7. Os filósofos impactados

Entre os maiores problemas enfrentados atualmente pela indústria norte-americana, o que podemos descobrir conversando com qualquer um dos numerosos industriais que não são conhecidos por serem especialmente chegados a grandes explicações, está "o problema da comunicação". Essa preocupação com a dificuldade de levar um pensamento de uma cabeça para outra é algo que os industriais compartilham com uma quantidade substancial de intelectuais e escritores criativos, dos quais um número cada vez maior parece inclinado a encarar a comunicação, ou a falta dela, como um dos maiores problemas não apenas da indústria como também da humanidade. (Um grupo de escritores e artistas de vanguarda conferiu à importância da comunicação um impulso indireto pronunciando-se inequivocamente *contra* ela.) No que diz respeito aos industriais, admito que o tempo todo em que os ouvi invocar a palavra "comunicação" — não raro de maneira quase mística —, durante muitos anos, tenho tido muita dificuldade para entender exatamente o que eles estavam querendo dizer.

A tese geral é bastante clara; isto é, que tudo seria satisfatório, primeiro, se eles pudessem transmitir as ideias uns para os outros dentro de suas organizações e, segundo, se eles, ou as suas organizações, pudessem transmitir as ideias para todas as outras pessoas. O que me deixa intrigado é como e por que, nos dias de hoje, em que as fundações patrocinam um estudo de comunicação atrás do outro, as pessoas e as organizações deixam tão sistematicamente de se expressar de maneira compreensível, ou como e por que aqueles que as escutam não entendem o que ouvem.

Há alguns anos, adquiri uma publicação em dois volumes do Departamento de Impressão do governo dos Estados Unidos intitulado *Hearings Before the Subcommittee on Antitrust and Monopoly of the Committee on the Judiciary, United States Senate, Eighty-seventh Congress, First Session, Pursuant to S. Res. 52* [Audiências perante o subcomitê de Antitruste e Monopólio do Comitê sobre o Judiciário, Senado dos Estados Unidos, octogésimo sétimo congresso, primeira sessão, de acordo com s. res. 52], e, depois de uma atenta leitura relativamente diligente das suas 1.459 páginas, achei que podia começar a ter noção do que os industriais estão falando. As audiências, realizadas em abril, maio e junho de 1961, sob a presidência do senador Estes Kefauver, do Tennessee, estavam relacionadas com as hoje famosas conspirações de fixação de preços e manipulação fraudulenta de licitações na indústria de produtos elétricos, que já tinha resultado, no mês de fevereiro anterior, na aplicação, por parte de um juiz federal na Filadélfia, de multas que totalizavam US$1.924.500 a 29 empresas e 45 de seus funcionários, e também de sentenças de prisão a sete dos funcionários. Como não houvera nenhuma apresentação pública de provas, com todos os acusados se declarando culpados ou sem defesa, e como os registros dos júris de instrução que os indiciaram eram secretos, o público tinha tido poucas oportunidades de ouvir falar nos detalhes das violações, e o senador Kefauver sentiu que a questão como um todo precisava de uma boa divulgação. A transcrição mostra que ela foi divulgada, revelando a existência — pelo menos dentro da maior empresa envolvida — de um colapso na comunicação interna tão drástico a ponto de fazer com que a construção da Torre de Babel pareça um triunfo de entrosamento organizacional.

Em uma série de indiciamentos feitos pelo governo na Corte Distrital dos Estados Unidos na Filadélfia, entre fevereiro e outubro de 1960, as 29 empresas e os seus executivos foram acusados de ter repetidamente violado a Seção 1 da Lei Sherman de 1890, que declara ilegal "todo contrato, combinação na forma de truste ou de outro tipo, ou conspiração, que restrinja a negociação ou o comércio entre os vários estados, ou com nações estrangeiras". (A Lei Sherman foi o instrumento usado nas famosas atividades de Theodore Roosevelt voltadas para a destruição dos trustes, e junto com a Lei Clayton, de 1914, ela atuou como a arma do governo contra os cartéis e os monopólios a partir de então.) As violações cometidas, alegou o governo, estavam relacionadas com a venda de aparelhos dispendiosos de uma variedade que é requerida principalmente pelas concessionárias de energia elétrica públicas e privadas (transformadores de força, conjuntos de mecanismos de conexão e unidades turbogeradoras entre muitos outros), e resultaram de uma série de reuniões que contaram com a presença de executivos das empresas supostamente concorrentes — começando pelo menos já em 1956 e prosseguindo até 1959 —, nas quais níveis de preços não competitivos foram acordados, propostas nominalmente lacradas em contratos individuais foram fraudulentamente manipuladas de antemão e foi alocado a cada empresa determinado percentual do negócio disponível. O governo alegou ainda que, no esforço de preservar o sigilo dessas reuniões, os executivos tinham recorrido a estratagemas como se referir ao nome de suas empresas por meio de códigos numéricos na correspondência que trocavam, fazer ligações de telefones públicos ou de suas residências em vez de usar o do escritório e adulterar as contas de despesas que abrangiam as suas reuniões para ocultar o fato de que todos tinham estado na mesma cidade determinado dia. Mas os seus estratagemas não foram bem-sucedidos. Os executivos federais, vigorosamente liderados por Robert A. Bicks, na ocasião chefe da Divisão Antitruste do Departamento de Justiça, conseguiram desmascará-los, com uma ajuda considerável de alguns dos próprios conspiradores, os quais, depois que um funcionário de uma pequena empresa conspiradora julgou conveniente vazar o caso no início do outono de 1959, congregaram-se para se tornar prova do Estado.

A importância econômica e social de toda essa questão pode ser demonstrada com bastante clareza pela menção de apenas alguns valores. Em um ano típico na época das conspirações, um total de mais de US$1,75 bilhão foi gasto na compra de máquinas do tipo em questão, quase um quarto desse total pelo governo federal norte-americano e por governos estaduais e municipais (o que, é claro, significa os contribuintes), e a maior parte do restante por empresas privadas de serviços públicos (que tendem a repassar qualquer aumento no custo do seu equipamento para o público, aumentando os preços). Para dar um exemplo específico do tipo de dinheiro envolvido em uma transação individual, o preço de tabela de um turbogerador de 500 mil quilowatts — um aparelho monstruoso que produz energia elétrica a partir da energia a vapor — custava algo em torno de US$16 milhões. Na realidade, os fabricantes às vezes chegavam a reduzir seus preços em até 25% para fechar uma venda, e, portanto, se tudo estivesse funcionando honestamente, poderia ter sido possível comprar a máquina com uma economia de US$4 milhões; no entanto, se representantes das empresas que fabricavam esses geradores fizessem uma única reunião e concordassem em fixar os preços, eles poderiam, com efeito, aumentar o custo para o consumidor em US$4 milhões. E, no final, era quase certo que o consumidor era o público.

Ao apresentar os indiciamentos na Filadélfia, Bicks declarou que, considerados coletivamente, eles revelavam "um padrão de violações que pode ser razoavelmente considerado um dos mais sérios, mais flagrantes, mais difundidos já registrados na indústria de base norte-americana". Pouco antes de aplicar as sentenças, o juiz J. Cullen Ganey foi ainda mais longe; na opinião dele, as violações constituíam "uma chocante acusação de uma vasta seção da nossa economia, porque o que está realmente em jogo aqui é a sobrevivência do (...) sistema de livre iniciativa". As sentenças de prisão mostraram que ele estava falando sério; embora tivesse havido muitas perseguições bem-sucedidas pela violação da Lei Sherman ao longo das sete décadas posteriores à sua aprovação, era de fato muito raro que executivos fossem para a prisão. Por conseguinte, não é de causar surpresa que o caso tenha gerado comoção na imprensa. A revista *New Republic* sem dúvida se queixou de que os jornais e as revistas estavam intencionalmente atenuando "o maior escândalo no mundo dos negócios das últimas décadas", mas a acusação não parecia ser bem-fundamentada. Considerando fatores como a apatia do público com relação aos mecanismos de conexão, a lastimável falta de vitalidade dos casos criminosos envolvendo as leis antitrustes e os relativamente poucos detalhes que tinham emergido, a imprensa em geral concedeu bastante espaço para a história, e até mesmo o *Wall Street Journal* e a revista *Fortune* publicaram relatos intransigentes e altamente informativos do desastre; aqui e ali, na verdade, era possível detectar indícios de uma revitalização do velho jornalismo antiempresarial que existia nos idos da década de 1930. Afinal de contas, o que poderia ser mais estimulante do que ver vários ilustres executivos, impecavelmente trajados e generosamente remunerados, de algumas das corporações mais respeitadas da nação, serem enviados para a prisão como batedores de carteira comuns? Esse foi certamente o momento mais magnífico para os opositores aos empresários desde 1938, quando Richard Whitney, o ex-presidente da Bolsa de Valores de Nova York, foi posto atrás das grades por especular com o dinheiro dos seus clientes. Alguns dizem que foi o momento mais espetacular desde o escândalo do Teapot Dome.*

Para rematar tudo, prevalecia uma suspeita de hipocrisia na cúpula. Nem o presidente do conselho administrativo nem o presidente da General Electric, a maior das rés corporativas, tinham sido apanhados na rede do governo, e o mesmo era verdade com relação à Westinghouse Electric, a segunda maior ré; esses quatro chefes supremos levaram ao conhecimento geral que desconheciam completamente o que estivera acontecendo dentro dos seus domínios até que o primeiro depoimento sobre o assunto foi dado ao Departamento de Justiça. Muitas pessoas, contudo, não ficaram satisfeitas com essas declarações de isenção de

---

*Escândalo ocorrido nos Estados Unidos entre 1921 e 1924, em que o secretário do Interior, Albert Bacon Fall, arrendou as reservas de petróleo da Marinha em Teapot Dome para companhias privadas por um preço baixo e sem licitação. (*N. da T.*)

responsabilidade, assumindo, em vez disso, a posição de que os executivos acusados eram intermediários que haviam transgredido a lei apenas por estar cumprindo ordens ou como reação a um clima corporativo que favorecia a fixação dos preços, e que agora estavam pagando os pecados dos seus superiores. Entres os insatisfeitos estava o próprio juiz Ganey, que declarou o seguinte ao proferir a sentença: "Alguém teria que ser mesmo muito ingênuo para acreditar que essas violações da lei, que perduraram tanto tempo, afetaram um segmento tão grande da indústria e, finalmente, envolveram tantos milhões de dólares, eram fatos desconhecidos daqueles responsáveis pela conduta da corporação. (...) Estou convencido de que, em grande número dos casos desses acusados, eles estavam divididos entre a sua consciência e a política corporativa aprovada, com os gratificantes objetivos da promoção, da segurança cômoda e dos grandes salários."

O público naturalmente desejava o cabeça de um grupo, um arquiconspirador, e pareceu encontrar o que queria na General Electric, que — para imensa consternação de quem se empenhava em guiar o destino dela na sede da companhia, no número 570 da avenida Lexington, em Nova York — foi alvo da maior parte da atenção tanto da imprensa quanto nas audiências do subcomitê. Com cerca de 300 mil funcionários, e vendas girando em torno de uma média de US$4 bilhões por ano nos dez anos anteriores, ela era não apenas, de longe, a maior das 29 companhias acusadas, mas, avaliada com base nas vendas de 1959, a quinta maior empresa do país. Ela também recebeu um total de multas (US$437.500) maior do que o de qualquer outra companhia, e teve um número maior de executivos enviados para a prisão (três, com outros oito recebendo penas com suspensão condicional). Além disso, como se para intensificar, nessa hora de crise, o horror e o choque dos esperançosos — e a alegria dos zombadores —, seus executivos de nível mais elevado tinham tentado, durante anos, representar a empresa para o público como um modelo de virtude bem-sucedida emitindo encômios ao sistema de livre concorrência, o próprio sistema que as reuniões de fixação de preços foram organizadas para ridicularizar. Em 1959, pouco depois de a investigação do governo ter se feito notar pelos elaboradores de políticas da GE, a companhia rebaixou de cargo e reduziu o salário dos assumidamente envolvidos no esquema; um dos vice-presidentes, por exemplo, foi informado que em vez dos US$127 mil anuais que ele vinha recebendo ele agora passaria a perceber US$40 mil. (Ele mal tinha se ajustado a esse golpe quando o juiz Ganey o multou em US$4 mil e o enviou para a prisão por trinta dias, e pouco depois de ter sido solto, a empresa o afastou por completo.) A política da GE de ela própria aplicar penalidades aos seus funcionários, independentemente da punição que a Corte pudesse estipular, não foi adotada pela Westinghouse, que esperou até que o juiz tivesse liquidado o caso para então decidir se as multas e sentenças de prisão eram punição suficiente, e ela própria não os puniu de nenhuma maneira. Algumas pessoas encararam essa atitude como prova de que a Westinghouse estava perdoando as conspirações, mas outras a consideraram uma admissão louvável, embora tácita, de que a administração no nível mais elevado nas empresas coniventes era responsável, pelo menos do ponto de vista moral, por toda a confusão, e não estava, portanto, em posição de disciplinar os seus funcionários transgressores. Na opinião dessas pessoas, a pressa da GE em punir os culpados confessos sugeria que a empresa estava tentando salvar a própria pele atirando aos lobos alguns desafortunados funcionários, ou — nas palavras mais impactantes que o senador Philip A. Hart, de Michigan, proferiu durante as audiências — "para fazer uma operação no estilo de Pôncio Pilatos".

Dias conflituosos no número 570 da avenida Lexington! Depois de passar anos encobrindo a companhia no manto de uma instituição corporativa sábia e benevolente, o pessoal de relações-públicas do escritório central da GE se viu diante da desagradável escolha de representar o seu papel no caso da fixação dos preços como o de um idiota ou um tratante. Eles se inclinaram fortemente na direção de "idiota". O juiz Ganey, como havia declarado que as conspirações não só tinham sido toleradas como também aprovadas pelos mandachuvas e pela companhia como um todo, claramente escolheu "tratante". Mas sua análise pode ou não ter sido correta, e depois de ler os depoimentos do subcomitê Kefauver cheguei à melancólica conclusão de que é muito provável que a verdade nunca venha à tona. Digo isso porque, como mostram os depoimentos, as águas límpidas da responsabilidade moral na GE se tornaram irremediavelmente turvas pelo esforço da comunicação — um esforço tão confuso que em alguns casos, ao que parece, se um dos figurões da GE *tivesse* ordenado que um subordinado infringisse a lei, a mensagem teria sido de alguma maneira deturpada no seu recebimento, e se o subordinado *tivesse* informado ao chefe que ele estava participando de reuniões conspiratórias com concorrentes, o chefe poderia muito bem ter tido a impressão de que o subordinado estava ociosamente fofocando a respeito de festas ao ar livre ou sessões de jogos de cartas. Especificamente, ao que parece, um subordinado que recebesse uma ordem verbal direta do seu chefe teria de descobrir se ela queria dizer o que parecia ou exatamente o oposto, enquanto o chefe, ao conversar com um subordinado, precisaria descobrir se podia interpretar ao pé da letra o que o homem disse a *ele* ou se deveria tentar traduzir o conteúdo a partir de um código secreto cuja chave ele nem sabia se tinha. Esse era, resumidamente, o problema, e eu o declaro aqui clara e abertamente como uma sugestão de tema de pesquisa para qualquer beneficiário potencial de uma bolsa de uma fundação que esteja em busca de um projeto adequado no qual possa basear um plano de estudo.

Durante mais ou menos os oito anos anteriores, a GE tivera uma regra na companhia chamada Política Diretiva 20.5, que dizia, em parte, o seguinte: "Nenhum funcionário entrará em qualquer entendimento, acordo, plano ou esquema, expresso ou implícito, com qualquer concorrente, que tenha relação com preços, termos ou condições de venda, produção, distribuição, territórios ou clientes; também não permutará ou discutirá com um concorrente preços, termos ou condições de venda, ou quaisquer outras informações competitivas." Na realidade, essa regra era simplesmente uma ordem para que os funcionários da GE obedecessem às leis antitruste federais, com a diferença de ser um tanto mais concreta e abrangente na questão do preço do que as leis. Era quase impossível que executivos com jurisdição sobre políticas de determinação de preços na GE desconhecessem a 20.5, ou mesmo que estivessem confusos com relação a ela, porque, para garantir que os novos executivos tivessem conhecimento dela, e para refrescar a memória dos antigos, a empresa formalmente a reeditava e distribuía de tempos em tempos, e era pedido a todos esses executivos que assinassem o nome nela como um sinal de que estavam naquele momento agindo de acordo com aquela regra e que tinham a intenção de continuar a segui-la. O problema — pelo menos durante o período coberto pela ação judicial, e, aparentemente, durante um longo tempo antes dela também — era que algumas pessoas na GE, entre elas algumas das quais regularmente assinavam a 20.5, simplesmente não acreditavam que ela deveria ser levada a sério. Essas pessoas partiam do princípio de que a 20.5 era apenas um jogo de cena: estava nos livros apenas para oferecer proteção legal para a empresa e para os figurões; que se reunir ilegalmente com concorrentes era reconhecido e aceito como prática corrente dentro da companhia; e que frequentemente, quando um executivo de alto nível determinava que um executivo subordinado respeitasse a 20.5, ele estava na verdade ordenando que ele a violasse. Por mais ilógico que possa parecer, essa última suposição torna-se compreensível à luz do fato de que, durante algum tempo, quando alguns executivos transmitiam verbalmente a ordem, ou a retransmitiam, eles tinham adquirido o hábito de acompanhá-la com uma inconfundível piscadela. Em maio de 1948, por exemplo, houve uma reunião dos gerentes de vendas da GE durante a qual o hábito de piscar foi abertamente discutido. Robert Paxton, um executivo de alto nível da GE que mais tarde veio a se tornar presidente da companhia, falou na reunião e proferiu a advertência habitual a respeito das violações antitruste, ao que William S. Ginn, na ocasião um executivo de vendas na divisão de transformadores, sob o comando de Paxton, o deixou espantado ao dizer: "Não vi você piscar." Paxton retrucou com firmeza: "Eu não pisquei. É exatamente isso que queremos dizer, e estas são as ordens." Quando o senador Kefauver perguntou a Paxton durante quanto tempo ele estivera consciente de que as ordens dadas na GE eram às vezes acompanhadas por piscadelas, ele respondeu que a primeira vez que observara essa prática fora nos idos de 1935, quando o seu chefe lhe dera uma instrução acompanhada de uma piscadela ou algo equivalente. Paxton respondeu, ainda, que quando, algum tempo depois, lhe ocorreu qual fora o significado do gesto, ele ficara tão enfurecido que, para não prejudicar sua carreira, a custo se abstivera de dar um soco na cara do chefe. Paxton prosseguiu dizendo que suas objeções à prática da piscadela tinham sido tão fortes que lhe conquistaram a reputação na empresa de ser um homem antipiscadela, e que ele, da sua parte, nunca piscara.

Embora Paxton tenha dado a impressão de ter deixado poucas dúvidas a respeito de como ele pretendia que a sua ordem de 1948, sem piscadela, fosse interpretada, esse significado deixou de ser assimilado por Ginn, porque não muito tempo depois que a ordem foi dada, ele se pôs a fixar preços com perfeição. (Obviamente, é preciso mais de uma empresa para fazer um acordo de fixação de preços, mas todos os depoimentos tendem a indicar que era a GE que geralmente estabelecia o padrão para o restante da indústria nessas questões.) Treze anos depois, Ginn — renovado depois de passar algumas semanas na prisão, e recém-afastado de um cargo de US$135 mil por ano — se apresentou diante do subcomitê para explicar, entre outras coisas, sua estranha resposta à ordem sem piscadela. Ele a tinha desconsiderado, disse ele, porque recebera uma ordem contrária de dois dos seus outros superiores na cadeia de comando da GE, Henry V. B. Erben e Francis Fairman, e ao explicar por que ele dera atenção à ordem deles e não à de Paxton, ele introduziu o fascinante conceito dos graus de comunicação — outro tema que pode ser aprofundado em uma pesquisa. Erben e Fairman, declarou Ginn, tinham sido mais eloquentes, persuasivos e vigorosos ao dar sua ordem do que Paxton; Fairman, em particular, como Ginn enfatizou, demonstrara ser "um grande comunicador, um grande filósofo e, francamente, um grande entusiasta da estabilidade de preços". Tanto Erben quanto Fairman haviam descartado Paxton como ingênuo, atestou Ginn, e, em um resumo adicional de como ele fora levado para o mau caminho, ele disse que "as pessoas que estavam defendendo o diabo foram capazes de vender melhor para mim do que os filósofos que estavam promovendo o Senhor".

Seria proveitoso ter à mão um relato dos próprios Erben e Fairman sobre a técnica de comunicação que lhes possibilitou levar a melhor sobre Paxton, mas lamentavelmente nenhum desses filósofos pôde depor diante do subcomitê, porque, na ocasião dos depoimentos, ambos já tinham falecido. Paxton, que estava disponível, foi descrito no depoimento de Ginn como tendo sido o tempo todo um dos vendedores-filósofos do lado do Senhor. "Posso explicar como era o Sr. Paxton dizendo que ele chegou mais perto de ser um partidário de Adam Smith do que qualquer homem de negócios que conheci nos Estados Unidos", declarou Ginn. Ainda assim, em 1950, quando Ginn admitiu para Paxton em uma conversa casual que ele tinha "comprometido a si mesmo" com relação a questões antitruste, Paxton apenas lhe disse que ele era um completo idiota, e não relatou a confissão para mais ninguém na companhia. Ao depor explicando por que não relatara, Paxton disse que, no momento da conversa, ele não era mais o chefe de Ginn, e que, à luz da sua ética pessoal, repetir aquela confissão feita por um homem que não estava sob a sua autoridade seria "fofoca" e "tagarelice".

Enquanto isso, Ginn, que não era mais subordinado a Paxton, continuou a se reunir, de tempos em tempos, com os concorrentes e a galgar regularmente os degraus corporativos. Em novembro de 1954, ele foi nomeado gerente-geral da divisão de transformadores, cujo escritório central era em Pittsfield, Massachusetts — um cargo que lhe conferia boas chances de chegar a uma vice-presidência. Na época da mudança de Ginn, Ralph J. Cordiner, que é presidente do conselho administrativo da General Electric desde 1949, o chamou a Nova York com o propósito expresso de ordenar que ele respeitasse rígida e irrestritamente a Política Diretiva 20.5. Cordiner transmitiu essa ideia com tanto êxito que ela ficou bastante clara para Ginn naquele momento, mas permaneceu com ele apenas durante o tempo que ele levou, depois de se despedir do presidente do conselho, para caminhar até a sala de Erben. Lá, o entendimento do que ele acabara de ouvir se tornou nebuloso. Erben, chefe do grupo de distribuição da GE, estava hierarquicamente logo abaixo de Cordiner e diretamente acima de Ginn, e, de acordo com o depoimento deste último, assim que ficaram sozinhos na sala de Erben, este revogou a ordem de Cordiner, dizendo: "Você deve continuar a fazer as coisas da maneira como vem fazendo, mas seja sensato a respeito do assunto e use a cabeça." O extraordinário talento comunicativo de Erben uma vez mais levou a melhor, e Ginn continuou a se encontrar com os concorrentes. "Eu sabia que o Sr. Cordiner poderia me demitir", disse ele ao senador Kefauver, "mas eu também sabia que estava trabalhando para o Sr. Erben".

No final de 1954, Paxton assumiu o cargo de Erben, tornando-se assim, novamente, o chefe de Ginn. Este continuou a se reunir com concorrentes, mas, como sabia que Paxton desaprovava essa prática, nada contou para ele. Além disso, atestou Ginn, um ou dois meses depois ele se convencera de que não poderia se permitir deixar de comparecer às reuniões em nenhuma circunstância, pois, em janeiro de 1955, toda a indústria de equipamentos elétricos se envolveu em uma drástica guerra de preços — conhecida como a "liquidação branca", por causa da época em que aconteceu* e das pechinchas oferecidas aos compradores —, na qual

---

*Branca por causa da neve no inverno dos Estados Unidos. (N. da T.)

os outrora afáveis concorrentes começaram a competir ferozmente entre si, vendendo por preços cada vez menores. Essa manifestação de livre iniciativa era, é claro, o que as conspirações entre as empresas se destinavam a evitar, mas, naquela ocasião, a oferta de aparelhos elétricos excedia tão significativamente a demanda que inicialmente alguns dos conspiradores e, depois, um número cada vez maior deles começaram a romper os acordos que eles próprios haviam feito. Ao lidar com a situação da melhor maneira que podia, declarou Ginn, "usei as filosofias que me haviam sido ensinadas anteriormente" — querendo dizer que ele continuou a realizar reuniões para a fixação de preços, na esperança de que pelo menos *alguns* dos acordos feitos nelas fossem honrados. Quanto a Paxton, na opinião de Ginn, esse filósofo não apenas ignorava as reuniões como era tão constante em sua devoção ao conceito da concorrência livre e agressiva que efetivamente apreciava a guerra de preços, por mais desastrosa que fosse para os lucros de todos. (Em seu depoimento, Paxton negou vigorosamente que tivesse apreciado essa guerra.)

Mais ou menos um ano depois, a indústria de equipamentos elétricos teve uma mudança para melhor e, em janeiro de 1957, Ginn, tendo conseguido enfrentar relativamente bem o momento de crise, chegou à vice-presidência. Ao mesmo tempo, ele foi transferido para Schenectady, cidade situada na região Leste do estado de Nova York, para se tornar gerente-geral da divisão de turbogeradores da GE, e Cordiner o chamou novamente à sede da empresa e fez uma preleção a respeito da 20.5. Essas preleções estavam se tornando uma rotina com Cordiner; todas as vezes que um novo funcionário era designado para um cargo administrativo estratégico, ou um antigo funcionário era promovido para esse cargo, o sortudo poderia ter razoável certeza de que seria convocado à sala do presidente do conselho administrativo para ouvir uma interpretação do austero credo. No livro *The Heart of Japan* [*O coração do Japão*, em tradução livre], Alexander Campbell relata que uma grande empresa elétrica japonesa preparou uma lista de sete mandamentos para a companhia (por exemplo, "Seja cortês e sincero!"), e todas as manhãs, em cada uma das suas trinta fábricas, os trabalhadores são obrigados a ficar em posição de sentido e recitar os mandamentos em uníssono, e depois a cantar a música da empresa ("Por uma produção sempre crescente/Ame o seu trabalho, dê tudo de si!"). Cordiner não obrigava seus subordinados a recitar ou cantar a 20.5 — até onde se sabe, ele nunca nem mesmo a representara em forma de música —, mas tendo em vista o número de vezes que ela foi lida ou de outras maneiras levada à atenção de homens como Ginn, estes devem ter passado a conhecê-la bem o bastante para cantá-la, improvisando uma melodia enquanto prosseguiam.

Dessa vez, a mensagem de Cordiner não apenas deixou uma marca na mente de Ginn, mas permaneceu lá de uma forma não adulterada. Ginn, segundo o seu depoimento, tornou-se um executivo regenerado e abandonou os hábitos de fixação de preços da noite para o dia. No entanto, parece que sua repentina conversão não pode ser totalmente atribuída aos poderes de comunicação de Cordiner, ou mesmo ao efeito gotejante da repetição, porque ela teve, de modo considerável, um caráter pragmático, como a conversão de Henrique VIII ao protestantismo. Ele se regenerou, explicou Ginn ao subcomitê, porque sua "retaguarda deixara de existir".

"O que deixara de existir?", perguntou o senador Kefauver.

"A minha retaguarda deixara de existir", respondeu Ginn. "Quero dizer que eu perdera a minha retaguarda, a minha proteção. O Sr. Erben não estava mais presente, todos os meus colegas tinham ido embora e eu estava agora trabalhando diretamente para o Sr. Paxton, sabendo como ele se sentia a respeito do assunto. (...) Qualquer filosofia que eu tivesse assimilado no passado se tornara ineficaz."

Se Erben, que deixara de ser o chefe de Ginn no final de 1954, fora a sua retaguarda, Ginn deve ter ficado sem a proteção dele durante mais de dois anos, mas, presumivelmente, na emoção da guerra dos preços ele deixara de notar essa ausência. Independentemente de como isso possa ter acontecido, aqui estava ele agora, um homem repentinamente sem sua proteção mas também sem sua filosofia. Preenchendo rapidamente o vazio desta última com um conjunto inteiramente novo de princípios, ele distribuiu cópias da 20.5 aos seus gerentes de departamento na divisão de turbogeradores e rematou isso adotando energicamente o que chamou de "política leprosa"; em outras palavras, ele orientou seus subordinados a evitar até mesmo contatos sociais eventuais com colegas de empresas concorrentes, porque "cheguei à conclusão, depois de muitos anos, que, uma vez que os relacionamentos são estabelecidos, eles tendem a se propagar e a trapaça começa a acontecer". Mas agora o destino pregou uma peça cruel em Ginn, e, sem ter conhecimento disso, ele se viu na mesma posição em que Paxton e Cordiner tinham estado durante anos — a de um filósofo tentando em vão promover o Senhor para os membros de um rebanho que se recusavam a acreditar na sua mensagem e que estavam, na verdade, sistematicamente se envolvendo com as trapaças contra as quais seu líder os havia advertido. Especificamente, durante todo o ano de 1957 e em 1958, e também na primeira parte de 1959, dois dos subordinados de Ginn estavam hipocritamente assinando a 20.5 com uma das mãos e, com a outra, redigindo vivamente acordos de fixação de preços em toda uma série de encontros — em Nova York, Filadélfia, Chicago, Hot Springs, Virgínia e em Skytop, na Pensilvânia, citando apenas alguns dos seus locais de reunião.

Tudo indica que Ginn não fora capaz de transmitir muita coisa da sua brilhante nova filosofia para os outros, e que a base dessa dificuldade era aquela velha maldição: o problema da comunicação. Quando lhe perguntaram nas audiências como seus subordinados puderam ter se desencaminhado tanto, ele respondeu o seguinte: "Devo admitir que houve uma falha de comunicação. Não promovi bem o bastante essa ideia para os rapazes. (...) O preço é tão importante na condução de um negócio como um todo que, filosoficamente, precisamos convencer as pessoas não apenas do fato de que isso é contra a lei, mas (...) que não deve ser feito por inúmeros motivos. Mas é preciso que seja uma abordagem filosófica e uma abordagem de comunicação. (...) Embora (...) eu tivesse dito aos meus colaboradores que não fizessem aquilo, alguns dos rapazes saíram da linha. (...) Devo admitir para mim mesmo, neste caso, que houve uma falha de comunicação (...) pela qual estou perfeitamente disposto a aceitar minha parte da responsabilidade."

Ao se esforçar sinceramente para analisar a causa do fracasso, declarou Ginn, ele tinha chegado à conclusão de que meramente distribuir diretivas, não importa com que frequência, não era suficiente; o que era necessário era "uma completa filosofia, um completo entendimento, um completo rompimento de barreiras entre as pessoas, para que consigamos obter algum entendimento e realmente viver e administrar essas empresas dentro das filosofias segundo as quais elas devem ser administradas".

O senador Hart se permitiu comentar: "Você pode comunicar coisas até estar morto e enterrado, mas se a ideia que você estiver comunicando, mesmo que ela seja uma lei vigente, causar em sua audiência a impressão de ser apenas um mito (...) você nunca conseguirá vender o pacote."

Ginn pesarosamente reconheceu que isso era verdade.

O conceito de graus de comunicação foi mais bem-desenvolvido, por inferência, no depoimento de outro acusado, Frank E. Stehlik, que fora gerente-geral do departamento de mecanismos de conexão de baixa voltagem da GE de maio de 1956 a fevereiro de 1960. (Como quase todos os usuários de energia elétrica, com exceção de uma minúscula minoria, alegremente desconhecem, o mecanismo de conexão serve para controlar e proteger os aparelhos usados na geração, conversão, transmissão e distribuição de energia elétrica, e as vendas anuais desses mecanismos nos Estados Unidos ultrapassam US$100 milhões.) Stehlik recebeu parte da sua orientação organizacional na forma convencional de ordens, verbais e escritas, e parte — talvez na mesma proporção, a julgar pelo seu depoimento — por meio de um meio de comunicação menos intelectual, mais intuitivo, que ele chamou de "impactos". Aparentemente, quando algo que acontecia na companhia o impactava, ele consultava uma espécie de voltímetro metafísico interior para determinar a força do choque recebido, e, a partir da leitura que obtinha, ele tentava avaliar a verdadeira tendência da política da empresa. Ele atestou, por exemplo, que durante 1956, 1957 e na maior parte de 1958 ele acreditava que a GE era franca e totalmente a favor de que a 20.5 fosse respeitada. No entanto, no outono de 1958, George E. Burens, o superior imediato de Stehlik, lhe disse ter sido orientado por Paxton, que a essa altura era presidente da GE, a almoçar com Max Scott, presidente da I-T-E Circuit Breaker Company, uma importante concorrente no mercado de mecanismos de conexão. Paxton declarou em seu depoimento que, embora tivesse, de fato, pedido a Burens que almoçasse com Scott, ele lhe dera instruções categóricas para não falar a respeito de preços, mas aparentemente Burens não mencionou esse detalhe para Stehlik; de qualquer modo, a revelação de que o alto comando havia dito a Burens que fosse almoçar com um arquirrival, atestou Stehlik, "causou um forte impacto em mim". Quando lhe pediram para explicar melhor esse comentário, ele disse o seguinte: "Existem muitos impactos que influenciam as minhas ideias com relação à verdadeira atitude da companhia, e esse foi um deles." À medida que os impactos, grandes e pequenos, se sucederam, o seu efeito cumulativo finalmente indicou a Stehlik que ele estivera errado ao supor que a companhia tinha efetivamente algum respeito pela 20.5. Por conseguinte, no final de 1958, quando Stehlik recebeu ordens de Burens para começar a ter reuniões de fixação de preços com os concorrentes, ele não ficou nem um pouco surpreso.

O fato de Stehlik ter obedecido à ordem de Burens acabou provocando uma série totalmente nova de impactos, de um tipo muito mais grosseiramente comunicativo. Em fevereiro de 1960, a GE reduziu a remuneração anual de Stehlik de US$70 mil para US$26 mil por ele ter violado a 20.5; um ano depois, o juiz Ganey lhe aplicou uma multa de US$3 mil e uma pena com suspensão condicional de trinta dias na prisão por ter violado a Lei Sherman; e mais ou menos um mês depois *disso*, a GE pediu, e conseguiu, o seu pedido de demissão. Na realidade, durante os seus últimos anos na companhia, Stehlik parece ter recebido quase tantos impactos lacerantes quanto um herói dos livros de Raymond Chandler. Mas o depoimento feito nas audiências por L. B. Gezon, gerente da seção de marketing do departamento de mecanismos de conexão de baixa voltagem da GE, indicou que Stehlik, também como um herói de Chandler, era tão capaz de distribuir impactos bruscos quanto de recebê-los. Gezon, que estava diretamente abaixo de Stehlik na linha de comando, declarou ao subcomitê que, embora tivesse participado de reuniões de fixação de preços antes de abril de 1956, quando Stehlik se tornou seu chefe, ele não se envolveu em mais nenhuma violação antitruste até o final de 1958, e que ele se envolveu então somente como resultado de um impacto que não se caracterizava por nenhuma das sutilezas mencionadas por Stehlik em suas primeiras experiências com esse fenômeno. O impacto veio diretamente de Stehlik, que, ao que parece, não deixou qualquer margem para dúvida ao se comunicar com os seus subordinados. Nas palavras de Gezon, Stehlik lhe disse "que reiniciasse as reuniões; que a política da companhia estava inalterada; o risco continuava a ser tão grande quanto sempre fora e que, se nossas atividades fossem descobertas, eu seria pessoalmente demitido ou advertido [pela empresa], e também punido pelo governo". Desse modo, Gezon foi deixado com três escolhas: pedir demissão, desobedecer a uma ordem direta do seu superior (em cujo caso, pensou ele, "eles talvez tivessem encontrado outra pessoa para fazer o meu trabalho") ou obedecer à ordem, e com isso violar as leis antitrustes, com nenhuma imunidade contra as possíveis consequências. Em resumo, suas alternativas eram comparáveis àquelas enfrentadas por um espião internacional.

Embora Gezon tivesse reiniciado as reuniões, ele não foi indiciado, possivelmente porque fora um fixador de preços de importância relativamente secundária. A GE, de sua parte, o rebaixou de cargo, mas não exigiu que ele pedisse demissão. No entanto, seria um erro pressupor que Gezon não sofrera com sua experiência. Quando o senador Kefauver perguntou se ele não achava que a ordem recebida de Stehlik o colocara em uma posição delicada, ele respondeu que não tinha encarado a situação dessa maneira na época. Quando lhe foi perguntado se ele achava injusto ter sido rebaixado por ter cumprido a ordem de um superior, ele respondeu o seguinte: "Pessoalmente, não penso assim." A julgar pelas suas respostas, o impacto no coração e na mente de Gezon parece ter sido realmente pesado.

O outro lado do problema da comunicação — a dificuldade que um superior está propenso a encontrar para entender o que um subordinado lhe diz — é bem-ilustrado pelo depoimento de Raymond W. Smith, que foi gerente-geral da divisão de transformadores da GE do início de 1957 ao final de 1959, e de Arthur F. Vinson, que, em outubro de 1957, foi nomeado vice-presidente encarregado do grupo de aparelhos da GE, e também membro do comitê executivo da companhia. O cargo de Smith era aquele que Ginn ocupara nos dois anos anteriores, e quando Vinson foi designado para o *seu* cargo, ele se tornou chefe imediato de Smith. A remuneração mais elevada de Smith durante o período em questão foi de aproximadamente US$100 mil anuais, enquanto Vinson chegou a um salário básico de US$110 mil e também recebeu um bônus, que variava entre US$45 mil e US$100 mil. Smith atestou que no dia 1º de janeiro de 1957, exatamente no dia em que ele assumiu o comando da divisão de transformadores — que por sinal era feriado —, ele se reuniu com Cordiner, o presidente do conselho administrativo, e com o vice-presidente Paxton, e Cordiner fez a conhecida preleção a respeito de viver à altura da 20.5. No entanto, mais tarde nesse mesmo ano, a competição ficou tão acirrada que os transformadores estavam sendo vendidos com descontos de até 35%, de modo que Smith decidiu por conta própria que estava na hora de começar a negociar com as empresas rivais, na esperança de estabilizar o mercado. Ele achou que sua atitude era justificada, disse ele, porque estava convencido de que, tanto nos círculos da companhia quanto na indústria como um todo, negociações desse tipo eram "a ordem do dia".

Quando Vinson se tornou seu superior, em outubro, Smith estava participando regularmente de reuniões para fixação de preços, e sentiu que deveria informar ao seu novo chefe o que estava fazendo. Por conseguinte, declarou ele ao subcomitê, em duas ou três ocasiões em que os dois homens ficaram sozinhos, durante o desenrolar normal das atividades profissionais, ele disse a Vinson: "Tive uma reunião com a turma hoje de manhã." O advogado do subcomitê perguntou a Smith se ele em alguma ocasião tinha colocado o assunto de maneira mais direta, se alguma vez ele dissera algo como: "Estamos nos reunindo com concorrentes para fixar preços. Vamos ter aqui uma pequena conspiração e não quero que isso vaze." Smith respondeu que nunca tinha dito nada remotamente parecido com isso — que não fizera nada mais do que fazer comentários do tipo "Hoje de manhã tive uma reunião com a turma". Ele não explicou mais detalhadamente por que não falara de maneira direta, mas havia duas justificativas plausíveis. Talvez ele esperasse poder manter Vinson informado da situação e ao mesmo tempo protegê-lo do risco de se tornar um cúmplice. Ou talvez ele não tivesse tal intenção, e estivesse simplesmente se expressando da maneira evasiva, coloquial, bastante característica de modo como falava. (Paxton, um amigo próximo de Smith, se queixara certa vez a este último que ele era "inclinado a ser um tanto enigmático" em seus comentários.) De qualquer modo, Vinson, de acordo com o seu próprio depoimento, entendera completamente errado o que Smith quisera dizer; na realidade, ele não conseguia se lembrar de jamais ter ouvido Smith usar a expressão "reunião da turma", embora se lembrasse de ele ter dito coisas como: "Bem, vou pegar este novo plano sobre os transformadores e mostrá-lo para os rapazes." Vinson atestou que pensara que os "rapazes" eram o pessoal do setor de vendas do distrito da GE e os clientes da empresa, e que o "novo plano" era um novo plano de marketing; ele disse que fora um grande choque para ele tomar conhecimento — alguns anos mais tarde, depois que o caso estourara — que, ao falar nos "rapazes" e no "novo plano", Smith estava se referindo a concorrentes e um esquema de fixação de preços. "Creio que o Sr. Smith é um homem sincero", atestou Vinson. "Estou certo de que o Sr. Smith (...) achou que estava me contando sobre essas reuniões. Mas as palavras dele não significaram nada para mim."

Smith, por outro lado, estava seguro de que o que ele quisera dizer tinha sido assimilado por Vinson. "Nunca fiquei com a impressão de que ele tinha me interpretado erroneamente", insistiu em afirmar Smith para o subcomitê. Ao questionar Vinson mais tarde, Kefauver perguntou se um executivo na posição dele, com trinta e poucos anos de experiência na indústria elétrica, poderia ser ingênuo a ponto de entender erroneamente um subordinado em uma questão importante como compreender quem eram os "rapazes". "Não creio que isso seja um excesso de ingenuidade", respondeu Vinson. "Temos muitos rapazes. (...) Posso ser ingênuo, mas certamente estou dizendo a verdade, e nesse tipo de coisa tenho certeza de que sou ingênuo."

SENADOR KEFAUVER: Sr. Vinson, o senhor não seria um vice-presidente com um salário de US$200 mil por ano se fosse ingênuo.

SR. VINSON: Acho que posso muito bem ter chegado lá sendo ingênuo nessa área. Isso pode ajudar.

Aqui, em um campo completamente diferente, o problema de comunicação torna-se uma vez mais proeminente. Estava Vinson dizendo para Kefauver o que ele parecia estar dizendo — que a ingenuidade a respeito de violações antitruste poderia ajudar um homem a conseguir e manter um emprego de US$200 mil por ano na GE? Parece pouco provável. E, no entanto, o que mais ele poderia ter tentado dizer? Independentemente da resposta, nem os homens do antitruste federal nem os investigadores do Senado foram capazes de provar que Smith tinha tido êxito em suas tentativas de comunicar a Vinson seu envolvimento na fixação de preços. E na ausência dessa prova, eles foram incapazes de estabelecer o que pareciam estar fazendo todo o possível para estabelecer: a saber, que pelo menos um dos homens do pináculo da diretoria GE — um membro do próprio sagrado comitê executivo — estava envolvido no esquema. Na realidade, quando a história das conspirações veio à tona pela primeira vez, Vinson não apenas concordou com uma decisão da companhia de punir Smith drasticamente por meio de um rebaixamento de cargo, como também foi ele quem pessoalmente o informou da decisão — dois atos que, se ele tivesse entendido em 1957 o que Smith quisera dizer, teriam indicado um grau extraordinário de cinismo e hipocrisia. (A propósito, Smith, em vez de aceitar o rebaixamento, pediu demissão da GE e, depois de ter sido multado em US$3 mil e recebido uma pena com suspensão condicional de trinta dias na prisão pelo juiz Ganey, conseguiu um emprego em outro lugar, ganhando US$10 mil por ano.)

Essa não foi a única vez em que Vinson esbarrou com o caso. Ele também estava entre aqueles citados em um dos indiciamentos do júri de instrução que precipitaram a ação judicial, dessa vez não por sua interpretação do jargão de Smith, mas pela da conspiração no departamento de mecanismos de conexão. Nesse aspecto do caso, quatro executivos do departamento de mecanismos de conexão — Burens, Stehlik, Clarence E. Burke e H. Frank Hentschel — atestaram diante do júri de instrução (e mais tarde diante do subcomitê) que em algum momento em julho, agosto ou setembro de 1958 (nenhum deles foi capaz de estabelecer a data precisa) Vinson almoçara com eles no Refeitório B da fábrica de mecanismos de conexão na Filadélfia, e que durante a refeição ele lhes dera instruções para que tivessem reuniões sobre preços com concorrentes. Em decorrência dessa ordem, disseram eles, uma reunião da qual participaram representantes da GE, Westinghouse, Allis-Chalmers Manufacturing Company, Federal Pacific Electric Company e I-T-E Circuit Breaker Company foi realizada no Hotel Traymore em Atlantic City no dia 9 de novembro de 1958, na qual as vendas de mecanismos de conexão para agências federais, estaduais e municipais foram repartidas, com a GE recebendo 39% do negócio; a Westinghouse, 35%; a I-T-E, 11%; a Allis-Chalmers, 8%; e a Federal Pacific Electric, 7%. Em reuniões subsequentes, eles chegaram a um acordo para a alocação das vendas dos mecanismos de conexão também para os compradores privados, e foi elaborada uma fórmula complexa pela qual o privilégio de apresentar a oferta mais baixa para os clientes em potencial foi alternado entre as empresas conspiradoras em intervalos de duas semanas. Por causa da sua natureza periódica, essa fórmula foi chamada de "fases da lua" — uma designação que no devido tempo conduziu ao seguinte diálogo lírico entre o subcomitê e L. W. Long, um executivo da Allis-Chalmers:

SENADOR KEFAUVER: Quem eram os participantes da Operação Fases da Lua?

SR. LONG: Da maneira como as coisas se desenvolveram, essa operação chamada Fases da Lua foi conduzida em um nível abaixo do meu; acho que ela se referia a um grupo de trabalho. (...)

SR. FERRALL [advogado do subcomitê]: Eles nunca o mantiveram informado a respeito do andamento da operação?

SR. LONG: Fases da Lua? Não.

Vinson declarou para o promotor do Departamento de Justiça, e repetiu para o subcomitê, que não soubera da reunião no Hotel Traymore nem da operação Fases da Lua, e que só soubera da própria conspiração quando o caso veio à tona; quanto ao almoço no Refeitório B, insistiu em afirmar que ele nunca ocorrera. Nesse ponto, Burens, Stehlik, Burke e Hentschel se submeteram a testes no polígrafo, ministrados pelo FBI, e passaram. Vinson se recusou a fazer os testes, primeiro explicando que estava agindo de acordo com a recomendação do seu advogado e contra a sua inclinação pessoal, e depois, após tomar conhecimento de como os outros quatro homens tinham se saído, argumentando que, se a máquina não os havia declarado mentirosos, não poderia dar certo. Foi estabelecido que somente em oito dias úteis nos meses de julho, agosto e setembro Burens, Burke, Stehlik e Hentschel tinham estado juntos na fábrica da Filadélfia na hora do almoço, e Vinson apresentou algumas das suas contas de despesas, as quais, ressaltou ele para o Departamento de Justiça, mostraram que ele tinha estado em outro lugar em cada um desses dias. Diante dessa prova, o Departamento de Justiça encerrou o processo contra Vinson, e ele permaneceu como vice-presidente da General Electric. Nada que o subcomitê extraiu dele lançou qualquer dúvida substancial sobre a defesa que havia impressionado os promotores do governo.

Por conseguinte, o mais elevado escalão da GE conseguiu escapar incólume; o registro mostrou que a participação na conspiração envolvia cargos mais baixos da organização, mas não atingiu o topo. Todos concordaram que Gezon tinha seguido ordens de Stehlik, e Stehlik tinha seguido ordens de Burens, mas esse foi o fim da pista, porque, embora Burens tivesse afirmado que recebera ordens de Vinson, este negou tudo e conseguiu que a negação se firmasse. O governo, no final da sua investigação, declarou no tribunal que não podia provar, e que não afirmava, que Cordiner, o presidente do conselho administrativo, ou o presidente Paxton tivessem autorizado ou até mesmo tivessem conhecimento, das conspirações, e, portanto, excluíam oficialmente a possibilidade de que eles tivessem recorrido a pelo menos uma piscadela figurativa. Mais tarde, Paxton e Cordiner foram a Washington para depor diante do subcomitê, e os seus interrogadores também foram incapazes de estabelecer que eles tivessem um dia praticado qualquer variedade de piscadela.

Depois de ter sido descrito por Ginn como o mais obstinado e dedicado defensor da livre concorrência da General Electric, Paxton explicou ao subcomitê que seu modo de pensar sobre o assunto não tinha sido diretamente influenciado por Adam Smith e sim, mais exatamente, por um ex-chefe seu na GE, o falecido Gerard Swope. Este, segundo Paxton, sempre acreditara firmemente que a meta suprema dos negócios era produzir mais produtos para mais pessoas a um custo mais baixo. "Acreditava nisso quando trabalhei com ele, e também acredito agora", afirmou Paxton. "Acho que essa é a declaração de filosofia econômica mais maravilhosa que qualquer industrial jamais expressou." No decurso do seu depoimento, Paxton tinha uma explicação, filosófica ou de outro tipo, para cada uma das várias situações relacionadas com a fixação de preços nas quais o seu nome fora anteriormente mencionado. Viera à luz, por exemplo, que, em 1956 e 1957, um jovem chamado Jerry Page, um obscuro funcionário da divisão de mecanismos de conexão, havia escrito diretamente para Cordiner alegando que as divisões de mecanismos de conexão da GE e as de várias empresas concorrentes estavam envolvidas em uma conspiração na qual informações a respeito de preços eram trocadas por intermédio de um código secreto baseado em diferentes cores de papel de carta. Cordiner entregara o assunto para Paxton com ordens para que ele chegasse ao fundo da questão, e, então, Paxton iniciara uma investigação que o levou a concluir que a conspiração com um código de cores era "uma total alucinação da parte desse rapaz". Paxton estivera aparentemente certo ao chegar a essa conclusão, embora tenha sido revelado mais tarde que houvera uma conspiração na divisão de mecanismos de conexão durante 1956 e 1957; esta, contudo, fora bastante convencional, baseada simplesmente em reuniões para fixação de preços, e não em algo tão elaborado como um código de cores. Page não pôde ser chamado para depor porque não estava em boas condições de saúde.

Paxton admitiu que houve algumas ocasiões em que ele "deve ter sido bastante idiota". (Idiota ou não, pelos seus serviços como presidente da companhia ele era, é claro, remunerado em uma escala consideravelmente mais grandiosa do que Vinson, recebendo um salário anual básico de US$125 mil, mais uma remuneração de incentivo anual de cerca de US$175 mil, além de opções de compra de ações destinadas a possibilitar que ele recebesse muito mais com alíquotas de imposto baixas.) Quanto à atitude de Paxton no que tange à comunicação na companhia, ele emerge como um pessimista nesse item. Nas audiências, quando lhe pediram que comentasse sobre as conversas entre Smith e Vinson, de 1957, ele disse que, por conhecer Smith, simplesmente não podia "encaixar o homem no papel de um mentiroso", e prosseguiu:

> Quando eu era mais jovem, costumava jogar muito bridge. Nós jogávamos cerca de cinquenta partidas de bridge, quatro de nós, todos os invernos, e acho que íamos muito bem. Se os senhores, cavalheiros, jogam bridge, sabem que há um código de sinais para comunicação entre os parceiros à medida que o jogo avança. É uma forma estilizada de jogar. (...) Agora, como eu penso a respeito disso — e fiquei particularmente impressionado quando li o depoimento de Smith sobre "uma reunião da turma" ou "reunião dos rapazes" — comecei a imaginar que deve ter havido um método estilizado de comunicação entre quem lidava com a concorrência. Ora, Smith poderia dizer: "Contei para Vinson o que eu estava fazendo", e Vinson não teria a menor ideia do que estava sendo dito para ele, e os dois homens poderiam depor sob juramento, um dizendo sim e outro dizendo não, e ambos dizendo a verdade. (...) [Eles] não estariam no mesmo comprimento de onda. [Eles] não teriam os mesmos significados. Eu acho, acredito agora, que esses homens pensavam estar dizendo a verdade, mas não estavam se entendendo.

Aqui está, certamente, a análise mais sombria possível do problema da comunicação.

O status de Cordiner, o presidente do conselho administrativo, ao que parece de acordo com o seu depoimento, era parecido com o status dos Cabots de Boston no famoso jingle. Os seus serviços para a companhia, pelos quais ele era remunerado em um estilo realmente generoso (com um salário, em 1960, superior a US$280 mil, mais uma receita diferida contingente de cerca de US$120 mil, mais opções de compra de ações valendo potencialmente mais centenas de milhares de dólares), eram sem dúvida numerosos e valiosos, mas eram executados em um nível tão elevado que, pelo menos nas questões antitruste, ele não parece ter sido capaz de ter qualquer comunicação terrena. Ao declarar enfaticamente para o subcomitê que em nenhum momento ele tivera sequer uma suspeita da rede de conspirações, poderia ser deduzido que o caso dele não era de uma comunicação defeituosa e sim de completa falta de comunicação. Ele não falou ao subcomitê a respeito de filosofia ou de filósofos, como Ginn e Paxton tinham falado, mas, a partir da sua história de determinar reedições da 20.5 e de salpicar os seus discursos e declarações públicas com louvores à livre iniciativa, parece claro que ele era *un philosophe sans le savoir* — e um filósofo do lado que promovia o Senhor, já que nenhuma prova foi apresentada que sugerisse que ele era chegado a qualquer forma de piscadelas. Kefauver examinou brevemente uma longa lista de violações antitruste das quais a GE fora acusada ao longo do meio século anterior, perguntando a Cordiner, que entrara para a companhia em 1922, o quanto ele sabia a respeito de cada uma delas; ordinariamente, ele respondeu que tomara conhecimento delas depois do fato. Ao comentar o depoimento de Ginn de que Erben havia revogado a ordem direta de Cordiner em 1954, Cordiner declarou que ficara "muito alarmado" e "muito assombrado" quando o lera, já que Erben sempre indicara para ele "um intenso espírito competitivo", em vez de qualquer disposição de fazer amizade com empresas rivais.

Em todo o seu depoimento, Cordiner usou a curiosa expressão "ser responsivo a". Se, por exemplo, Kefauver inadvertidamente fizesse a mesma pergunta duas vezes, Cordiner dizia: "Fui responsivo a isso há poucos instantes", ou se Kefauver o interrompesse, como fazia com frequência, Cordiner perguntava educadamente: "Posso ser responsivo?" Isso é uma boa dica para um bolsista de uma fundação, que talvez deseje examinar a distinção entre ser responsivo (um estado passivo) e responder (uma ação), e sua eficácia relativa no processo da comunicação.

Resumindo a sua posição no caso como um todo, em resposta a uma pergunta de Kefauver a respeito de se ele achava que a GE havia atraído sobre si a "desgraça corporativa", Cordiner declarou: "Não, não serei responsivo e dizer que a General Electric ficou sujeita à desgraça corporativa. Direi que estamos profundamente aflitos e preocupados. (...) Não estou orgulhoso do que aconteceu."

Por conseguinte, Cordiner, o presidente do conselho administrativo, fora capaz de relativamente ensurdecer seus subordinados com palestras sobre a obediência às regras da companhia e às leis do país, mas não fora capaz de levar todos aqueles executivos a obedecer nem às regras nem às leis, e o presidente Paxton pôde refletir ponderadamente a respeito de como dois dos seus subordinados, que tinham feito relatos radicalmente diferentes de uma conversa que acontecera entre eles, poderiam não ser mentirosos e sim meramente maus comunicadores. A filosofia parece ter alcançado um ponto elevado na GE, e a comunicação, um ponto baixo. Se os executivos pudessem ao menos aprender a entender uns aos outros, disseram ou insinuaram quase todas as testemunhas, o problema das violações antitruste seria resolvido. Mas talvez o problema seja tanto cultural quanto técnico, e tenha algo a ver com a perda da identidade pessoal que ocorre quando as pessoas trabalham em uma enorme organização. O cartunista Jules Feiffer, contemplando o problema da comunicação em um contexto não industrial, disse o seguinte: "Na verdade, o colapso é entre a pessoa e ela própria. Se você não é capaz de se comunicar bem consigo mesmo, como acha que poderá fazê-lo com os desconhecidos do lado de fora?" Suponhamos, apenas hipoteticamente, que o dono de uma empresa que ordena aos seus subordinados que obedeçam às leis antitruste tenha uma comunicação tão deficiente consigo mesmo que não saiba realmente se quer que a ordem seja cumprida ou não. Se a ordem for desobedecida, a fixação de preço resultante poderá beneficiar os cofres da empresa; se ela for obedecida, ele terá feito a coisa certa. No primeiro caso, ele não está pessoalmente implicado em nenhuma transgressão, ao passo que no segundo ele está positivamente envolvido com a ação *correta*. Afinal de contas, o que ele pode perder? Talvez seja razoável supor que esse executivo poderá comunicar sua incerteza com mais vigor do que a sua ordem. Possivelmente, outro pesquisador deveria dar uma olhada no inverso da falha de comunicação, e talvez descubra que mensagens que o emissor nem mesmo se dá conta de que está enviando, às vezes, acabam sendo assimiladas pelos destinatários com excessiva eficácia.

Nesse ínterim, nos primeiros anos depois de o subcomitê ter concluído a investigação, as companhias acusadas não conseguiram de modo nenhum se esquecer das suas transgressões. A lei permite que clientes capazes de provar que pagaram preços artificialmente elevados em decorrência da violação das leis antitruste processem as empresas por danos — na maioria dos casos, por danos triplos —, e ações judiciais cujo total chegava a muitos milhões de dólares formaram uma pilha tão elevada que Warren, o presidente do tribunal, precisou formar um painel especial de juízes federais para planejar como eles iriam lidar com essas ações. Não é preciso dizer que tampouco deixaram Cordiner se esquecer do assunto; na realidade, seria surpreendente se ele tivesse a oportunidade de pensar em outra coisa, porque, além das ações judiciais, precisou enfrentar medidas ativas — que se revelaram infrutíferas — de um grupo minoritário de acionistas que queria destituí-lo. Paxton renunciou à presidência em abril de 1961, por problemas de saúde que haviam começado, pelo menos, desde janeiro do mesmo ano, quando ele se submeteu a uma importante cirurgia. Quanto aos executivos que admitiram a culpa e foram multados ou enviados para a prisão, sendo a maioria funcionários de outras empresas que não a GE, continuaram a trabalhar nelas, quer nos seus antigos cargos, quer em outros semelhantes. Dos que eram funcionários da GE, nenhum permaneceu. Alguns se aposentaram permanentemente, outros se contentaram com empregos relativamente insignificantes, e alguns conseguiram excelentes posições — mais espetacularmente Ginn, que em junho de 1961 se tornou presidente da Baldwin-Lima-Hamilton, fabricante de maquinaria pesada. Quanto ao futuro da fixação de preços na indústria elétrica, parece seguro afirmar que, com o Departamento de Justiça, o juiz Ganey, o senador Kefauver e as ações de danos triplos, o impacto sobre os filósofos que orientam a política corporativa foi tal que é bem provável que eles, e até mesmo os seus subordinados, tenham tentado se manter escrupulosamente na linha por bastante tempo. Uma questão bem diferente, contudo, é se eles tinham melhorado sua capacidade de se comunicar.

8. O último grande *corner*

Entre a primavera e meados do verão de 1958, as ações ordinárias da E. L. Bruce Company, a principal fabricante de pisos de madeira de lei, saíram de um mínimo de pouco menos de US$17 para um máximo de US$190 por ação. Esse aumento espantoso, até mesmo alarmante, aconteceu em uma escala ascendente que chegou ao clímax por meio de um frenético crescendo no qual o preço aumentou US$100 por ação em um único dia. Nada parecido havia acontecido durante uma geração. Além disso, e ainda mais alarmante, o aumento não pareceu ter qualquer relação com alguma ânsia da parte do público norte-americano por novos pisos de madeira de lei. Para consternação de quase todos os interessados, incluindo até alguns dos detentores de ações da Bruce, ele pareceu resultar inteiramente de uma situação técnica do mercado de ações chamada *corner**. Com exceção de um pânico generalizado como o que

---

*O *corner* é a situação decorrente do ato de comprar uma ação ou mercadoria aos poucos, a fim de obter o controle de seu preço; quando o mercado está em *corner*, os que venderam a descoberto têm de liquidar suas posições a preços elevados. (*N. da T.*)

ocorreu em 1929, um *corner* é o mais drástico e espetacular de todos os fenômenos do mercado de ações, e mais de uma vez no século XIX e no início do século XX os *corners* haviam ameaçado acabar com a economia do país.

A situação da Bruce nunca ameaçou fazer isso. Por um lado, a Bruce Company era tão pequena em relação à economia como um todo que até mesmo as mais frenéticas movimentações em suas ações dificilmente poderiam ter grande efeito nacional. Por outro, o *corner* da Bruce foi acidental — o subproduto de uma briga pelo controle corporativo — e não o resultado de manipulações calculadas, como a maioria dos *corners* históricos tinha sido. Finalmente, esse acabou não se revelando um verdadeiro *corner*, mas apenas algo próximo; em setembro, as ações da Bruce se acalmaram e se acomodaram em um nível razoável. Mas o incidente serviu para revolver memórias, algumas delas talvez com um quê de nostalgia, entre as pessoas empedernidas de Wall Street que tinham vivido o bastante para presenciar os *corners* clássicos, ou pelo menos o último deles.

Em junho de 1922, a Bolsa de Valores de Nova York iniciou o processo de registro das ações de uma corporação chamada Piggly Wiggly Stores — uma rede de mercados varejistas self-service localizados principalmente nas regiões Sul e Oeste, com sede em Memphis —, e o palco estava montado para uma das mais dramáticas batalhas financeiras dessa vistosa década quando Wall Street, apenas negligentemente protegida pelo governo federal, costumava ser abalada pelas maquinações de operadores que buscavam enriquecer e destruir seus inimigos. Entre os aspectos dramáticos dessa batalha particular — uma batalha tão celebrada na época que os redatores das manchetes a chamavam simplesmente de "Crise Piggly" — estava a personalidade do herói (ou, como algumas pessoas viam a coisa, o vilão), que era um recém-chegado a Wall Street, um rapaz do interior que se propôs desafiadoramente, entre os aplausos de boa parte da região rural dos Estados Unidos, aprisionar os manipuladores de Nova York. Esse homem era Clarence Saunders, de Memphis, um homem rechonchudo, bem-cuidado, bonito, de 41 anos, que já era uma espécie de lenda em sua cidade natal, principalmente por causa de uma casa que ele estava construindo lá para si mesmo. Chamada de Palácio Cor-de-Rosa, ela era uma enorme estrutura revestida com mármore rosa da Geórgia e construída ao redor de um impressionante átrio romano de mármore branco, e, de acordo com Saunders, ela ficaria de pé por mil anos. Embora não estivesse terminado, o Palácio Cor-de-Rosa não se parecia com nada visto em Memphis. O terreno abrigaria um campo de golfe privativo, já que Saunders gostava de jogar em reclusão. Até mesmo a propriedade onde ele, a mulher e os quatro filhos do casal estavam morando temporariamente, enquanto o Palácio não ficava pronto, tinha seu próprio campo de golfe. (Algumas pessoas diziam que a preferência dele pela privacidade relacionava-se com a atitude dos dirigentes do clube campestre local, que se queixavam de que ele corrompera todos os *caddies* com suas generosas gorjetas.) Saunders, que fundara a Piggly Wiggly Stores em 1919, tinha a maioria das características típicas dos novos empresários exibicionistas — generosidade suspeita, uma queda para atrair publicidade, amor pela ostentação e assim por diante — mas também alguns traços bem menos comuns, em particular um estilo extraordinariamente vívido, tanto no modo de falar quanto de escrever, e um dom, do qual ele poderia ou não ter estado consciente, para a comédia. Mas, como tantos grandes homens que o antecederam, ele tinha uma fraqueza, um trágico defeito. Ele insistia em se considerar um caipira, um idiota e um trouxa, e, por esse motivo, às vezes se tornava todos os três.

Foi esse homem pouco promissor que planejou o último verdadeiro *corner* em ações negociadas em âmbito nacional nos Estados Unidos.

O jogo de Corner — porque no seu apogeu ele era um jogo, um jogo altamente arriscado, puro e simples, reunindo muitas das características do pôquer — era uma fase da incessante competição entre os touros, que querem que o preço de uma ação suba, e os ursos, que querem que o preço caia. Quando um jogo de Corner estava em andamento, o método básico de operação dos touros era, é claro, comprar ações, e o dos ursos, vendê-las. Como o urso típico não dispunha de nenhuma das ações da competição, ele lançava mão da prática comum de vender a descoberto. Quando é feita uma venda a descoberto, a transação é consumada com ações que o vendedor tomou emprestadas de um corretor (a uma taxa de juros adequada). Como os corretores são apenas agentes, e não donos absolutos, eles, por sua vez, precisam tomar emprestadas as próprias ações. Eles fazem isso recorrendo à "oferta flutuante" de ações que estão em constante circulação entre as empresas de investimento — ações que investidores privados deixaram com uma ou outra empresa para negociação, ações de propriedade de espólios e trusts e liberadas para negociação sob certas condições e assim por diante. Essencialmente, a oferta flutuante consiste em todas as ações de uma corporação particular que estão disponíveis para negociação e não estão confinadas em um cofre ou guardadas sob o colchão. Embora a oferta flutue, ela é escrupulosamente acompanhada; o investidor que faz a venda a descoberto e que tomou emprestadas, digamos, mil ações do seu corretor, sabe que contraiu uma dívida imutável. O que ele espera — a esperança que o mantém vivo — é que o preço de mercado da ação caia, possibilitando que ele compre as mil ações que está devendo por uma pechincha, pague sua dívida e embolse a diferença. O risco é que o emprestador, por algum motivo, pode exigir a devolução das mil ações em um momento em que o preço de mercado delas estiver elevado. Nesse caso, a opressiva verdade do antigo jingle de Wall Street se abate sobre ele: "Aquele que vende o que não é seu precisa comprá-lo de volta ou ir para a cadeia." E nos dias em que os *corners* eram possíveis, o sono do vendedor a descoberto era adicionalmente perturbado pelo fato de estar operando atrás de uma barreira intransponível; por lidar somente com agentes, ele nunca conhecia a identidade do comprador das suas ações (alguém com a intenção de fazer um *corner*?) ou a identidade do dono das ações emprestadas (a mesma pessoa que está tentando fazer um *corner*, atacando pela retaguarda?).

Embora a venda a descoberto às vezes seja condenada como uma ferramenta do especulador, ela ainda é autorizada, de forma bastante restrita, nas bolsas de todas as nações. Em seu estado irrestrito, ela era o estratagema clássico no jogo de Corner. A situação era configurada quando um grupo de ursos fazia uma farra bem-organizada de vendas a descoberto, ajudando frequentemente a própria causa espalhando rumores de que a empresa por trás da ação em questão estava nas últimas. Essa operação era chamada de invasão de ursos. A contra-ação mais formidável dos touros — porém, é claro, mais arriscada — era tentar um *corner*. Só era possível fazer um *corner* com uma ação que muitos negociadores estivessem vendendo a descoberto; uma ação que estivesse no meio de uma verdadeira invasão de ursos era ideal. Nessa última situação, a pessoa que pretendia fazer o *corner* tentaria comprar a oferta flutuante das ações das empresas de investimento e um número suficiente das ações de propriedade privada para boicotar os ursos; se a tentativa alcançasse êxito, quando ele pedisse aos vendedores a descoberto que entregassem as ações que tinham tomado emprestadas, eles só poderiam comprá-las dele, e de mais ninguém. E teriam de comprá-las por qualquer preço que ele decidisse pedir, e a única alternativa deles — pelo menos teoricamente — era abrir falência ou ir para a cadeia por não ter cumprido com suas obrigações.

Nos velhos dias das titânicas e mortais lutas financeiras, quando o fantasma de Adam Smith ainda sorria em Wall Street, os *corners* eram relativamente comuns e, com frequência, muito sanguinários, com centenas de espectadores inocentes, bem como os alvos principais sob ataque, tendo a cabeça financeira decepada. O especialista em *corners* mais famoso da história foi o celebre velho pirata, comodoro Cornelius Vanderbilt, que engendrou nada menos do que três *corners* bem-sucedidos durante a década de 1860. Provavelmente, seu trabalho clássico foi nas ações da Harlem Railway. Ao comprar secretamente todas as ações disponíveis da empresa ao mesmo tempo em que disseminou rumores falsos de sua iminente falência para atrair os vendedores a descoberto, ele preparou uma armadilha perfeita. Finalmente, com o ar de um homem que estava fazendo um favor ao evitar que os alvos do *corner* fossem presos, ele lhes ofereceu a US$179 por ação as ações que ele tinha comprado por uma pequena fração desse valor. O *corner* mais desastroso foi o de 1901, nas ações da Northern Pacific; para levantar a enorme quantia que precisavam para cobrir a si mesmos, os vendedores a descoberto venderam um número tão grande de outras ações a ponto de causar um pânico nacional, com repercussões internacionais. O segundo maior *corner* ocorreu em 1920, quando Allan A. Ryan, filho do lendário

Thomas Fortune Ryan, a fim de atormentar os seus inimigos na Bolsa de Valores de Nova York, tentou fazer um *corner* nas ações da Stutz Motor Company, fabricante do famoso carro esportivo Stutz Bearcat. Ryan conseguiu o seu *corner* e os vendedores a descoberto da Bolsa de Valores foram devidamente extorquidos. Ryan, no entanto, ao que se revelou, estava segurando um tigre pela cauda, ou, nesse caso, um *bearcat**. A Bolsa de Valores suspendeu as negociações da Stutz, seguiu-se um longo processo judicial e Ryan acabou financeiramente arruinado.

Depois, como em outras ocasiões, o jogo de Corner sofreu uma dificuldade que assola outros jogos: litígios *post-mortem* a respeito das regras. A reforma da legislação da década de 1930, ao declarar ilegal qualquer venda a descoberto especificamente destinada a desmoralizar uma ação, bem como outras manipulações que conduzem a *corners*, praticamente acabaram com o jogo. As pessoas de Wall Street que falam hoje de Corner estão se referindo à interseção das ruas Broad e Wall. Nos mercados de ações dos Estados Unidos, somente um *corner* acidental (ou um quase *corner*, como o da Bruce) é possível hoje; Clarence Saunders foi o último jogador premeditado do jogo.

Saunders tem sido caracterizado de diferentes maneiras por pessoas que o conheciam bem como "um homem de imaginação e energia ilimitadas", "extremamente arrogante e presunçoso", "basicamente, uma criança de 4 anos de idade, brincando com as coisas" e "um dos homens mais extraordinários da sua geração". Mas não existe nenhuma dúvida de que até mesmo muitas das pessoas que perderam dinheiro com os seus esquemas para se promover

---

*Gato-almiscarado. (*N. da T.*)

acreditavam que ele era a honestidade personificada. Ele nasceu em 1881, em uma família pobre de Amherst County, na Virgínia, e trabalhou na adolescência na mercearia local pela ninharia comum no primeiro emprego dos futuros magnatas — no caso dele, US$4 por semana. Progredindo rápido, foi trabalhar em uma empresa de gêneros alimentícios em Clarksville, no Tennessee, e, depois, em outra em Memphis, e, quando estava ainda na casa dos 20 anos, organizou uma pequena cadeia varejista de comestíveis chamada United Stores. Ele a vendeu depois de alguns anos, passou algum tempo como atacadista de gêneros alimentícios e, depois, em 1919, começou a formar uma rede de mercados varejistas self-service, à qual ele deu o nome sedutor de Piggly Wiggly Stores. (Quando um parceiro comercial de Memphis lhe perguntou certa vez o que motivara a escolha daquele nome, ele respondeu o seguinte: "Para que as pessoas me perguntassem o que você acaba de perguntar.") As lojas prosperaram tanto que, já no outono de 1922, havia mais de 1,2 mil delas. Dessas, cerca de 650 eram de propriedade direta da Piggly Wiggly Stores, Inc., de Saunders; as outras eram independentes, mas os donos pagavam royalties à matriz pelo direito de adotar o método de operações patenteado. Em 1923, uma época em que uma mercearia significava balconistas com aventais brancos e frequentemente um dedo na balança, esse método foi descrito pelo *New York Times* com assombro: "O cliente em um Piggly Wiggly Store passeia por vários corredores, em ambos os lados dos quais há prateleiras. O cliente pega as suas compras e paga na saída." Embora Saunders não tivesse conhecimento disso, ele inventara o supermercado.

Uma ocorrência concomitante e natural da rápida ascensão da Piggly Wiggly Stores, Inc. foi a aceitação das suas ações na lista da Bolsa de Valores de Nova York, e seis meses depois dessa aceitação as ações da Piggly Wiggly tinham se tornado conhecidas como confiáveis e boas pagadoras de dividendos, embora nada sensacionais — o tipo de ação que costuma ser comprada pelas viúvas e órfãos que os especuladores encaram com a respeitosa indiferença que os jogadores de *crap* sentem pelo bridge. Essa reputação, contudo, foi de curta duração. Em novembro de 1922, várias pequenas empresas que vinham administrando mercearias em Nova York, Nova Jersey e Connecticut com o nome de Piggly Wiggly faliram e entraram em concordata. Essas empresas praticamente não tinham nenhuma ligação com a de Saunders; ele apenas lhes vendera o direito de usar o sugestivo nome da sua companhia, arrendara alguns equipamentos patenteados e lavou as mãos para o que dizia respeito a elas. Mas quando essas empresas Piggly Wiggly independentes faliram, um grupo de operadores do mercado de ações (cuja identidade nunca foi revelada, porque eles agiam por intermédio de corretores que mantinham os lábios cerrados) viu na situação uma oportunidade providencial para uma invasão de ursos. Eles raciocinaram que, se lojas isoladas Piggly Wiggly estavam falindo, poderiam espalhar rumores que levariam o público desinformado a acreditar que a empresa controladora também estava. Para fomentar essa crença, eles começaram a vender ativamente a descoberto ações da Piggly Wiggly, a fim de forçar os preços para baixo. As ações cederam prontamente à pressão, e no intervalo de poucas semanas o seu preço, que mais cedo nesse ano tinha pairado em torno de US$50 por ação, caiu para menos de US$40.

Nesse momento, Saunders anunciou para a imprensa que estava prestes a "derrotar os profissionais de Wall Street no próprio jogo deles" com uma campanha de compra. Ele não era, de modo nenhum, um profissional; na realidade, antes de a Piggly Wiggly ser registrada na Bolsa, ele nunca possuíra uma única ação cotada na Bolsa de Valores de Nova York. Existem poucos motivos para acreditar que no início de sua campanha de compra ele tivesse qualquer intenção de tentar um *corner*; parece mais provável que o motivo do anúncio — a razão inexpugnável de respaldar o preço das ações a fim de proteger o seu investimento e o dos outros acionistas da Piggly Wiggly — era tudo o que ele tinha em mente. De qualquer modo, Saunders enfrentou os ursos com uma vivacidade característica, suplementando seus próprios recursos com um empréstimo de cerca de US$10 milhões de um grupo de banqueiros de Memphis, Nashville, Nova Orleans, Chattanooga e St. Louis. Reza a lenda que ele colocou os seus mais de US$10 milhões, em notas de alto valor, dentro de uma mala e embarcou em um trem para Nova York, e, com os bolsos inchados com as notas que não couberam na bagagem, ele marchou para Wall Street, pronto para travar batalha. Anos depois, Saunders negou enfaticamente esse acontecimento, insistindo que permanecera em Memphis e planejara sua campanha por meio de telegramas e telefonemas interurbanos para vários corretores de Wall Street. Onde quer que estivesse na ocasião, ele de fato reuniu um grupo de cerca de vinte corretores, entre eles Jesse L. Livermore, que atuou como seu chefe do estado-maior. Livermore, um dos mais célebres especuladores norte-americanos do século XX, contava então 45 anos, mas ainda era, de vez em quando, zombeteiramente chamado pelo apelido que conquistara algumas décadas antes — o Garoto Especulador de Wall Street. Como Saunders encarava as pessoas de Wall Street de modo geral, e os especuladores em particular, como patifes parasíticos cuja única intenção era arrasar suas ações, parece provável que sua decisão de fazer de Livermore um aliado tenha sido relutante, tendo chegado a ela simplesmente com a ideia de trazer o chefe inimigo para o seu próprio campo.

No primeiro dia do seu duelo com os ursos, Saunders, operando atrás da cobertura de seus corretores, comprou 3 mil ações da Piggly Wiggly, a maioria de vendedores a descoberto; no intervalo de uma semana, ele já tinha um total de 105 mil ações — mais de metade das 200 mil em circulação. Ao mesmo tempo, ventilando suas emoções ao custo de revelar inadvertidamente suas intenções, ele começou a publicar uma série de anúncios nos quais dizia vigorosa e pungentemente aos leitores dos jornais do Sul e do Oeste o que ele achava de Wall Street. "O jogador controlará a situação?", indagou em uma dessas efusões. "Ele monta um cavalo branco. O blefe é sua armadura, e assim protegido reside um coração amarelo. O seu elmo é o logro, as suas esporas retinem com traição e o tropel do seu cavalo troveja destruição. A boa prática dos negócios desaparecerá? Estremecerá de medo? Será ela a pilhagem do especulador?" Em Wall Street, Livermore continuou a comprar ações da Piggly Wiggly.

A eficácia da campanha de compra de Saunders logo se tornou visível; no final de janeiro de 1923, ela havia levado o preço da ação para mais de US$60, mais alto do que jamais estivera. Depois, para intensificar o nervosismo dos ursos especuladores, chegaram notícias de Chicago, onde a ação também era negociada, de que a Piggly Wiggly estava em *corner*, ou seja, os especuladores não poderiam repor as ações que tinham tomado emprestadas sem comprá-las de Saunders. As notícias foram imediatamente negadas pela Bolsa de Valores de Nova York, que anunciou que a oferta flutuante da Piggly Wiggly era ampla, mas isso pode ter posto uma ideia na cabeça de Saunders, a qual, por sua vez, pode ter instigado um passo curioso e — à primeira vista — desconcertante, que ele deu em meados de fevereiro, quando, em outro anúncio amplamente difundido nos jornais, ele colocou *à venda* para o público 50 mil ações da Piggly Wiggly a US$55 por ação. O anúncio ressaltava, de maneira bastante persuasiva, que a ação estava pagando dividendos de US$1 quatro vezes por ano, o que equivalia a um retorno de mais de 7%. "Esta é uma proposta rápida, que pode ser retirada a qualquer momento, sem aviso prévio", prosseguiu o anúncio, de um jeito calmo porém com tom insistente. "Ser um dos primeiros a aceitar uma grande proposta é uma oportunidade que poucos têm, e somente uma vez na vida."

Qualquer pessoa que esteja ao menos um pouco familiarizada com a vida econômica moderna dificilmente poderá deixar de se perguntar o que a Securities and Exchange Commission, cuja função é garantir que todo anúncio financeiro seja mantido factual, impessoal e não emocional, teria a dizer a respeito da venda agressiva das duas últimas frases. Mas se o primeiro anúncio de Saunders oferecendo ações teria feito um inspetor da S.E.C. empalidecer, o segundo, publicado quatro dias depois, poderia muito bem ter causado um ataque de apoplexia. Um anúncio de página inteira gritava, em enormes letras pretas:

OPORTUNIDADE! OPORTUNIDADE!
Ela bate à porta! Ela bate à porta! Ela bate à porta!
Você está ouvindo? Está escutando? Está entendendo?
Você vai esperar? Vai agir agora?...
Terá um novo Daniel aparecido e os leões não o devoram?
Terá surgido um novo José para que os enigmas possam se tornar claros?

Terá um novo Moisés nascido em uma Terra Prometida? Por que, então, pergunta o cético, pode CLARENCE SAUNDERS... ser tão generoso com o público?

Depois de finalmente deixar claro que estava vendendo ações ordinárias e não uma poção mágica, Saunders repetiu a oferta de vendê-las por US$55 por ação, e passou a explicar que estava sendo tão generoso porque, por ser um empresário de visão, estava ansioso para que seus clientes e outros pequenos investidores fossem proprietários da Piggly Wiggly, em vez dos vigaristas de Wall Street. No entanto, muitas pessoas tiveram a impressão de que a generosidade de Saunders beirava à insensatez. O preço da Piggly Wiggly estava perto de US$70; parecia que Saunders estava dando a qualquer pessoa que tivesse US$55 no bolso a chance de ganhar US$15 sem correr nenhum risco. A chegada de um novo Daniel, José ou Moisés pode ser contestável, mas a oportunidade certamente parecia estar batendo à porta.

Na realidade, como o cético deve ter desconfiado, havia uma armadilha. Ao fazer o que parecia uma oferta dispendiosa e nada comercial, Saunders, um completo principiante no Corner, tinha arquitetado um dos ardis mais astuciosos jamais usados no jogo. Um dos grandes riscos do jogo do Corner era sempre que, embora um jogador pudesse derrotar os seus adversários, ele poderia alcançar uma vitória de Pirro. Uma vez que os vendedores a descoberto tivessem sido completamente extorquidos, o autor do *corner* poderia descobrir que a enorme quantidade de ações que ele acumulara durante o processo tinha se tornado um peso morto em volta do seu pescoço; se ele empurrasse todas as ações de volta para o mercado de uma só vez, o preço delas chegaria quase a zero. E se, como Saunders tinha feito, ele tivesse tido que pedir inicialmente grandes empréstimos para entrar no jogo, era quase certo que os seus credores apertariam o cerco em volta dele e talvez não apenas o despojassem dos seus ganhos como também o levassem à falência. Saunders aparentemente anteviu esse risco assim que um *corner* se tornou visível e, por conseguinte, fez planos para se desfazer de algumas das suas ações antes, e não depois, de ganhar. O seu problema era impedir que as ações que ele vendesse voltassem imediatamente à oferta flutuante, o que acabaria com o seu *corner*; e a sua solução foi vender as ações por US$55 a prazo. Em seus anúncios de fevereiro, ele estipulou que o público poderia comprar ações dando apenas US$25 de entrada e o restante em três prestações de US$10, que venceriam em 1º de junho, 1º de setembro e 1º de dezembro. Além disso — o que era imensamente mais importante —, ele disse que só entregaria os certificados das ações aos compradores após o pagamento da última prestação. Como os compradores obviamente só poderiam vender os certificados quando estivessem de posse deles, as ações não poderiam ser usadas para reabastecer a oferta flutuante. Desse modo, Saunders tinha até o dia 1º de dezembro para extorquir completamente os vendedores.

Por mais fácil que possa ser perceber o plano de Saunders em uma visão retrospectiva, sua manobra, na época, foi tão pouco ortodoxa que durante algum tempo nem os diretores da Bolsa de Valores, nem o próprio Livermore conseguiu estar bem certo do que o homem de Memphis estava tramando. A Bolsa de Valores começou a fazer averiguações formais, e Livermore começou a ficar nervoso, mas continuou a comprar para a conta de Saunders, e conseguiu fazer com que o preço da Piggly Wiggly ficasse bem acima de US$70. Em Memphis, Saunders estava confortavelmente relaxado; ele parou temporariamente de entoar louvores às ações da Piggly Wiggly nos seus anúncios, que passaram a elogiar maçãs, grapefruits, cebolas, presuntos e bolos Lady Baltimore. No início de março, contudo, ele publicou outro anúncio financeiro, repetindo a sua oferta de ações e convidando quaisquer leitores que desejassem discutir o assunto com ele a dar uma passada em seu escritório em Memphis. Ele também enfatizou que uma ação rápida se fazia necessária; o tempo estava se esgotando.

A essa altura, era óbvio que Saunders estava tentando um *corner*, e em Wall Street não eram apenas os ursos da Piggly Wiggly que estavam ficando apreensivos. Finalmente, Livermore, possivelmente refletindo que em 1908 perdera quase US$1 milhão tentando fazer um *corner* no algodão, não conseguiu aguentar mais e exigiu que Saunders fosse encontrá-lo para discutir o assunto. Saunders chegou na manhã de 12 de março. Como mais tarde descreveu o encontro para repórteres, havia uma diferença de opinião; Livermore, disse ele — e o seu tom era o de um homem bastante eufórico por ter transformado o Garoto Especulador em um jogador cauteloso —, "me deu a impressão de estar um pouco receoso com relação à minha situação financeira e de não querer se envolver em nenhum colapso do mercado". O desfecho da reunião foi que Livermore se retirou da operação Piggly Wiggly, deixando Saunders sozinho. Este embarcou, então, em um trem para Chicago, a fim de tratar de alguns negócios. Em Albany, ele recebeu um telegrama de um membro da Bolsa de Valores que era o mais próximo que ele tinha de um amigo no cenário do cavalo de batalha e da armadura. O telegrama o informava que o seu comportamento absurdo havia provocado grande perplexidade nos conselhos da Bolsa, e urgiu com ele para que parasse de criar um segundo mercado anunciando ações por um preço muito abaixo da cotação da Bolsa. Na estação seguinte, Saunders enviou um telegrama um tanto frio em resposta ao que recebera. Se a Bolsa estava preocupada com um possível *corner*, disse ele, ele podia tranquilizar os diretores, já que ele próprio estava mantendo a oferta flutuante oferecendo diariamente ações a crédito em qualquer quantidade desejada. Mas ele não disse durante quanto tempo continuaria a fazer isso.

Uma semana depois, na segunda-feira, dia 19 de março, Saunders publicou um anúncio no jornal declarando que a sua oferta de ações estava prestes a acabar; aquela era a sua última chamada. Na ocasião, ou pelo menos foi o que ele afirmou mais tarde, ele tinha adquirido todas as 200 mil ações em circulação da Piggly Wiggly, com exceção de 1.128, perfazendo um total de 198.872 ações, algumas das quais eram de sua propriedade e as restantes ele "controlava" — uma referência às ações que ele vendera a prazo e cujos certificados ainda estavam em seu poder. Na realidade, esse número era bastante discutível (havia um investidor privado em Providence, por exemplo, que possuía, sozinho, 1,1 mil ações), mas não há como negar que Saunders tinha nas mãos praticamente todas as ações da Piggly Wiggly disponíveis para negociação na época — e que, portanto, tinha o seu *corner*. Naquela mesma segunda-feira, segundo consta, Saunders telefonou para Livermore e perguntou se ele aceitaria trabalhar com ele um pouco mais para levar o projeto da Piggly Wiggly até o fim, pedindo que todas as ações devidas a Saunders fossem entregues; em outras palavras, poderia Livermore acionar a armadilha? Nada feito, teria Livermore supostamente respondido, evidentemente considerando-se completamente fora de toda a questão. Assim sendo, na manhã do dia seguinte, 20 de março, Saunders acionou ele próprio a armadilha.

Aquele dia se revelou um dos mais frenéticos de Wall Street. A Piggly Wiggly abriu a 75½, uma alta de 5½ com relação ao preço de fechamento da véspera. Uma hora depois da abertura, chegou a notícia de que Saunders havia pedido a apresentação de todas as suas ações da Piggly Wiggly. De acordo com as regras da Bolsa, as ações exigidas nessas circunstâncias tinham de ser apresentadas às 14h15 do dia seguinte. Mas, como Saunders sabia muito bem, as ações da Piggly Wiggly só poderiam ser compradas dele. Sem dúvida, ainda havia algumas ações nas mãos de investidores privados, e vendedores a descoberto desesperados que estavam tentando comprá-las faziam ofertas de compra com preços cada vez mais elevados. No entanto, de modo geral, não havia muitas negociações efetivas da Piggly Wiggly, porque bem poucas ações da empresa estavam disponíveis para negociação. O posto da Bolsa de Valores onde elas eram compradas e vendidas se tornou o centro de uma grande confusão, já que dois terços dos corretores do pregão se aglomeraram em volta dele, alguns para fazer ofertas, mas a maioria apenas para empurrar, gritar e se envolver com a agitação de uma maneira ou de outra. Vendedores a descoberto desesperados compraram ações da Piggly Wiggly a US$90, depois a US$100 e, depois ainda, a US$110. Notícias de lucros sensacionais circulavam pelo local. O investidor de Providence, que tinha comprado as suas 1,1 mil ações a US$39 no outono anterior, quando a invasão dos ursos estava a todo vapor, veio até a cidade para participar da matança, descarregou as suas ações por um preço médio de US$105 e depois pegou um trem à tarde de volta para casa, carregando um lucro de mais de US$70 mil. Pelo que se viu depois, ele poderia ter se saído ainda melhor se tivesse esperado um pouco mais; por volta da hora do almoço, ou um pouco mais tarde, o preço da Piggly Wiggly tinha subido para US$124, e parecia destinado a atravessar o elevado telhado acima da cabeça dos negociadores. Mas US$124 foi o preço máximo a que as ações chegaram, porque esse número mal tinha sido registrado quando chegou ao pregão o rumor de que os diretores da Bolsa estavam reunidos para pensar na possibilidade de suspender as negociações das ações e o adiamento do prazo final que os vendedores a descoberto tinham para apresentar as ações. O efeito dessa ação seria conceder aos ursos tempo para vasculhar por toda parte em busca de ações, e, portanto, para enfraquecer, ou até mesmo romper, o *corner* de Saunders. Com base apenas nos boatos, as ações da Piggly Wiggly tinham caído para US$82 quando o sino de encerramento da Bolsa acabou com a sessão caótica.

O rumor se revelou verdadeiro. Depois do fechamento do dia, o Comitê Diretor da Bolsa anunciou tanto a suspensão das negociações da Piggly Wiggly quanto a extensão do prazo final dos vendedores a descoberto "até este comitê tomar alguma medida adicional". Não foi fornecida nenhuma razão oficial imediata para essa decisão, mas alguns membros do Comitê informaram extraoficialmente que eles tinham ficado com receio de que houvesse uma repetição do pânico da Northern Pacific se o *corner* não fosse quebrado. Por outro lado, irreverentes pessoas de fora se mostraram inclinadas a se perguntar se o Comitê Diretor não teria sido motivado pela lastimável situação dos vendedores a descoberto que tinham sofrido o *corner*, muitos dos quais, segundo se acreditava — como no caso da Stutz Motor dois anos antes —, eram membros da Bolsa.

Apesar de tudo isso, Saunders, em Memphis, estava com um humor exultante e expansivo naquela noite de terça-feira. Afinal de contas, o seu lucro no papel, naquele momento, era de vários milhões de dólares. O problema, é claro, era que ele não podia realizar os lucros, mas ele parece ter demorado a entender esse fato ou compreender o quanto sua posição tinha sido debilitada. As indicações são de que ele foi para a cama convencido de que, além de ter causado pessoalmente uma bagunça de primeira classe na odiada Bolsa de Valores, ele ganhara uma bolada e demonstrara como um garoto sulista pobre era capaz de dar uma lição aos trapaceiros da cidade. Tudo isso deve ter resultado em uma inebriante sensação. Entretanto, como a maioria dessas sensações, ela não durou muito. Já na quarta-feira à noite, quando Saunders fez o seu primeiro pronunciamento público a respeito da Crise da Piggly, seu humor tinha mudado para uma bizarra mistura de perplexidade, provocação e um eco um tanto atenuado do supremo triunfo da noite anterior. "Uma navalha na minha garganta, metaforicamente falando, foi o motivo pelo qual eu, de repente e sem avisar, puxei o tapete de Wall Street e da sua gangue de jogadores e manipuladores do mercado", declarou ele em uma entrevista coletiva à imprensa. "Foi estritamente uma questão de se eu deveria sobreviver, assim como o meu negócio e os bens dos meus amigos, ou se eu deveria ser 'derrotado' e ser apontado como um bronco do Tennessee. E a consequência foi que as prepotentes e supostamente invulneráveis autoridades de Wall Street viram os seus métodos contestados por planos bem-traçados e uma ação rápida." Saunders encerrou a sua declaração expondo os seus termos: apesar da extensão do prazo final pela Bolsa de Valores, ele esperaria o pagamento total em todas as ações vendidas a descoberto às 15 horas do dia seguinte, quinta-feira, a US$150 por ação; depois disso, o seu preço seria US$250.

Na quinta-feira, para surpresa de Saunders, pouquíssimos vendedores a descoberto se apresentaram para fazer o pagamento; presumivelmente, aqueles que não conseguiram suportar a incerteza. Mas foi aí que o Comitê Diretor puxou o tapete de Saunders, anunciando que as ações da Piggly Wiggly estavam permanentemente eliminadas da sua lista de negociações e que os vendedores a descoberto teriam cinco dias completos a partir do prazo final original — ou seja, até as 14h15 da segunda-feira seguinte — para cumprir as suas obrigações. Em Memphis, Saunders, embora estivesse bem longe do cenário das ocorrências, não pôde deixar de perceber a importância dessas medidas — ele agora estava entre os perdedores da história. Tampouco pôde deixar de perceber que o adiamento do prazo final dos vendedores a descoberto era a questão vital. "Da maneira como interpreto a situação", disse ele em outra declaração que fez a repórteres naquela noite: "o fato de um corretor deixar de cumprir as suas liquidações através da Bolsa de Valores na hora determinada é a mesma coisa que um banco que fosse incapaz de cumprir as suas liquidações, e todos nós sabemos o que aconteceria a esse tipo de banco. (...) O inspetor do banco mandaria afixar na porta da instituição uma placa com a palavra 'Fechado'. Considero inacreditável que a augusta e todo-poderosa Bolsa de Valores de Nova York seja caloteira. Por conseguinte, continuo a acreditar que as (...) ações que ainda me são devidas nos contratos (...) serão pagas da maneira adequada." Um editorial no *Commercial Appeal* de Memphis apoiou o brado de traição de Saunders, declarando o seguinte: "Isso parece o que os jogadores chamam de calote. Esperamos que o nosso garoto acabe completamente com eles."

Nessa mesma quinta-feira, por coincidência, o relatório financeiro da Piggly Wiggly Stores, Inc. foi publicado. Ele foi muito favorável — as vendas, os lucros, o ativo circulante e todos os outros valores importantes tinham aumentado acentuadamente com relação ao ano anterior —

mas ninguém prestou atenção a ele. Naquele momento, o verdadeiro valor da empresa era irrelevante; o que importava era o jogo.

Na manhã de sexta-feira, a bolha da Piggly Wiggly estourou. Estourou porque Saunders, que dissera que o seu preço subiria para US$250 por ação depois das 15 horas de quinta-feira, fez a surpreendente declaração de que ele aceitaria US$100. Perguntaram a E. W. Bradford, o advogado de Saunders em Nova York, por que o seu cliente havia feito essa extraordinária concessão. Saunders a fizera por ter um coração generoso, respondeu Bradford entusiasticamente, mas a verdade logo se tornou óbvia: Saunders fizera a concessão porque fora obrigado. O adiamento concedido pela Bolsa de Valores tinha dado aos vendedores a descoberto e aos seus corretores a chance de examinar as listas de acionistas da Piggly Wiggly, e a partir delas eles conseguiram descobrir pequenos blocos de ações que não haviam entrado no *corner* de Saunders. Viúvas e órfãos em Albuquerque e Sioux City, que nada sabiam a respeito de vendedores a descoberto e *corners*, ficaram extremamente felizes, quando pressionados, por retirar de dentro dos seus colchões ou cofres as suas dez ou vinte ações da Piggly Wiggly e vendê-las — no chamado mercado de balcão, pois a ação não podia mais ser negociada na Bolsa — no mínimo pelo dobro do que haviam pago por elas. Por conseguinte, em vez de ter de comprar ações de Saunders pelo preço estipulado de US$250 e depois devolvê-las para ele para pagar os seus empréstimos, muitos dos vendedores a descoberto conseguiram comprá-las no mercado de balcão por cerca de US$100, e assim, com um prazer amargo, pagar ao seu adversário de Memphis não com dinheiro mas com ações da Piggly Wiggly — a última coisa que ele desejava naquele momento. Ao anoitecer de sexta-feira, praticamente todos os vendedores a descoberto estavam limpos, tendo resgatado sua dívida por meio dessas compras no mercado de balcão ou pagando a Saunders em dinheiro, por ação, o valor repentinamente reduzido para US$100.

Naquela noite, Saunders fez outro pronunciamento, e este, embora ainda provocativo, era inequivocamente um bramido de angústia. "Wall Street foi derrotada e depois chamou a mamãe", dizia a notícia. "De todas as instituições dos Estados Unidos, a Bolsa de Valores de Nova York é a pior das ameaças, devido ao seu poder de arruinar todos os que ousam fazer oposição a ela. Uma lei em si mesma (...) uma associação de homens que reivindicam o direito que nenhum rei ou autocrata jamais ousou professar: criar uma regra que se aplica um dia aos contratos e revogá-la no dia seguinte para deixar escapar um bando de caloteiros. (...) Toda a minha vida, a partir de hoje, será dedicada a proteger o público de ocorrência semelhante. (...) Não estou com medo. Que Wall Street me pegue, se puder." Mas parecia que Wall Street já o tinha pegado; o seu *corner* estava rompido, deixando-o profundamente endividado com o sindicato de banqueiros do Sul e sobrecarregado com uma montanha de ações cujo futuro imediato era, no mínimo, precário.

Os violentos ataques de Saunders não passaram desapercebidos em Wall Street e, como resultado, a Bolsa se sentiu obrigada a se justificar. Na segunda-feira, dia 26 de março, pouco depois de o prazo final dos vendedores a descoberto ter passado e o *corner* de Saunders ser, para todos os efeitos práticos, um assunto encerrado, a Bolsa apresentou sua apologia, na forma de uma longa análise da crise do início ao fim. Ao apresentar a sua defesa, a Bolsa enfatizou o dano público que poderia ter ocorrido se o *corner* não tivesse sido rompido, explicando: "A exigência de que todos os contratos devolvessem simultaneamente as ações teria forçado o preço destas últimas a alcançar quaisquer valores que pudessem ser fixados pelo Sr. Saunders, e os lances competitivos para a oferta insuficiente poderiam ter acarretado condições já vistas em outros *corners*, notadamente o da Northern Pacific em 1901." Depois, com a sintaxe cedendo à sinceridade, a Bolsa prosseguiu dizendo que "os efeitos desmoralizantes de uma situação assim não estão limitados àqueles diretamente afetados pelos contratos, estendendo-se a todo o mercado". Voltando agora a atenção para as duas medidas específicas que ela tomara — a suspensão das negociações das ações da Piggly Wiggly e a extensão do prazo final dos vendedores a descoberto —, a Bolsa argumentou que ambas se encontravam dentro dos limites da sua própria constituição e regras, sendo irrepreensíveis. Por mais arrogante que isso possa soar agora, a Bolsa tinha razão; naqueles dias, as suas regras eram praticamente o único controle que havia sobre a negociação de ações.

A questão se, mesmo pelas suas próprias regras, os trapaceiros de fato agiram corretamente com o idiota ainda é debatida entre os antiquários fiscais. Existem fortes evidências presumíveis de que os próprios trapaceiros vieram mais tarde a ter suas dúvidas. O direito da Bolsa de suspender a negociação de determinada ação não pode ser questionado, pois o direito era, como a Bolsa alegou na ocasião, especificamente admitido em sua constituição. Mas o direito de adiar o prazo final para que os vendedores a descoberto honrassem os seus contratos, embora também tenha sido alegado na época, é outra questão. Em junho de 1925, dois anos depois do *corner* de Saunders, a Bolsa se sentiu obrigada a incluir em sua constituição um artigo que dizia que, "sempre que na opinião do Comitê Diretor um *corner* tiver sido criado em um título registrado na Bolsa (...) o Comitê Diretor poderá adiar o momento da entrega das ações nos contratos da Bolsa envolvidos na situação". Ao adotar um estatuto autorizando-a a fazer o que ela já tinha feito muito tempo antes, a Bolsa parece, no mínimo, ter revelado uma consciência pesada.

O resultado imediato da crise da Piggly foi uma onda de solidariedade a Saunders. Em toda a hinterlândia, sua imagem pública se tornou a de um valente paladino dos zés-ninguém que fora esmagado sem piedade. Até mesmo em Nova York, a própria toca da Bolsa de Valores, o *New York Times* admitiu que na cabeça de muitas pessoas Saunders representava são Jorge e a Bolsa de Valores, o dragão. O fato de o dragão ter triunfado no final, declarou o *Times*, foi "uma má notícia para uma nação formada por pelo menos 66⅔% de 'trouxas', os quais tiveram o seu momento de triunfo quando leram que outro trouxa havia podado os negócios de Wall Street e estava com o pé no pescoço dela, enquanto os odiosos manipuladores se debatiam para conseguir respirar".

Saunders não era homem de desprezar essa multidão de solidários companheiros trouxas, de modo que começou a tirar proveito da situação. E Saunders precisava deles, porque a sua posição era de fato perigosa. O seu maior problema era o que fazer a respeito dos US$10 milhões que ele devia aos banqueiros que o tinham financiado, dinheiro do qual não dispunha. O plano básico por trás do seu *corner* — se é que ele tinha algum plano — deve ter sido ganhar uma bolada tão grande que lhe permitisse pagar uma grande fatia da sua dívida com os lucros, pagar o restante com a receita da sua venda pública de ações e, depois, ainda manter um enorme bloco de ações livres e desembaraçadas da Piggly Wiggly.

Embora o acordo com o valor reduzido para US$100 tenha lhe proporcionado uma bolada de acordo com o padrão da maioria dos homens (não se sabe exatamente qual o valor da bolada, mas ela foi estimada, com segurança, mais ou menos em US$500 mil), não era uma fração do que ele poderia ter esperado, e como não era, toda a sua estrutura se tornou um arco sem um fecho de abóbada.

Depois de pagar aos banqueiros o que recebera dos vendedores a descoberto e da sua venda pública de ações, Saunders constatou que ainda lhes devia cerca de US$5 milhões, com metade dessa quantia vencendo no dia 1º de setembro de 1923 e o restante no dia 1º de janeiro de 1924. Sua maior esperança era levantar o dinheiro vendendo uma quantidade maior do vasto lote de ações da Piggly Wiggly que ainda tinha em mãos. Como não podia mais vendê-las na Bolsa, ele recorreu à sua forma favorita de autoexpressão — a propaganda no jornal, dessa vez complementada por uma abordagem de vendas por catálogo oferecendo ações da Piggly Wiggly novamente por US$50. No entanto, logo se tornou evidente que a solidariedade do público era uma coisa e a disposição do público de converter solidariedade em dinheiro era outra, bem diferente. Todo mundo, quer em Nova York, Memphis ou Texarkana, estava a par das trapaças na Piggly Wiggly e da condição questionável das finanças do presidente da empresa. Nem mesmo os companheiros trouxas de Saunders quiseram participar agora do seu negócio, e a campanha foi um desolador fracasso.

Aceitando com tristeza esse fato, Saunders passou a apelar ao orgulho local e regional dos seus vizinhos de Memphis, voltando os seus extraordinários poderes de persuasão para a tarefa de convencê-los de que o seu dilema financeiro era uma questão cívica. Se ele falisse, argumentou, isso se refletiria não apenas no caráter e no tino para negócios de

Memphis como também na honra sulista em geral. "Não estou pedindo caridade", escreveu ele em um dos grandes anúncios para cujo pagamento ele sempre parecia ser capaz de arranjar dinheiro, "e não estou solicitando flores para o meu funeral financeiro, mas estou pedindo (...) que todos em Memphis reconheçam e saibam que esta é uma declaração séria, feita com a finalidade de comunicar àqueles que desejam participar, que eles podem trabalhar comigo, e com outros amigos e pessoas que acreditam no meu negócio, em uma campanha de Memphis para que cada homem e cada mulher capaz desta cidade se torne um dos sócios da Piggly Wiggly, porque, em primeiro lugar, é um bom investimento, e, segundo, porque é a atitude certa a tomar." Apontando mais alto em um segundo anúncio, ele declarou: "A Piggly Wiggly ir à falência seria uma vergonha para todo o Sul."

É difícil dizer exatamente qual argumento se revelou conclusivo para persuadir Memphis a ajudar Saunders a sair da enrascada em que se encontrava, mas alguma parte da sua linha de raciocínio alcançou o seu objetivo, e logo o *Commercial Appeal* de Memphis estava instando a cidade a ajudar o garoto local em dificuldades. A reação dos líderes comerciais da cidade foi verdadeiramente inspiradora para Saunders. Uma campanha vertiginosa de três dias foi planejada, com o objetivo de vender 50 mil ações da Piggly Wiggly para os cidadãos de Memphis pelo velho preço mágico de US$55 por ação; a fim de dar aos compradores certo grau de garantia de que eles não iriam ficar sozinhos em uma situação perigosa, foi estipulado que, se todo o bloco não fosse vendido dentro dos três dias, todas as vendas seriam canceladas. A Câmara de Comércio patrocinou a campanha; a American Legion, o Civitan Club e o Exchange Club aderiram; e até mesmo a Bowers Stores e a Arrow Stores, ambas concorrentes da Piggly Wiggly em Memphis, concordaram em participar da honrosa causa. Centenas de voluntários cônscios dos deveres cívicos se apresentaram para ir de porta em porta tocando a campainha. No dia 3 de março, cinco dias antes do início programado da campanha, 250 empresários de Memphis se reuniram no Gayoso Hotel em um jantar para festejar o início das atividades. Houve aplausos quando Saunders, acompanhado pela esposa, entrou no salão; um dos numerosos oradores que falaram depois do jantar o descreveu como "o homem que fez mais por Memphis do que qualquer outro nos últimos mil anos" — um emocionante tributo que colocou só Deus sabe quantos caciques da tribo Chickasaw no seu devido lugar. "Rivalidades comerciais e pessoais desapareceram como neblina diante do sol", escreveu um repórter do *Commercial Appeal* a respeito do jantar.

A campanha teve um esplêndido começo. No primeiro dia, 8 de maio, mulheres da sociedade e escoteiros desfilaram pelas ruas de Memphis usando emblemas que diziam: Somos completamente a favor de Clarence Saunders e da Piggly Wiggly. Comerciantes enfeitaram as suas vitrines com tabuletas com o slogan: Uma ação da Piggly Wiggly em cada lar. Telefones e campainhas tocavam incessantemente. Sem demora, 23.698 das 50 mil ações já tinham sido subscritas. No entanto, no momento exato em que a maioria dos habitantes de Memphis tinha sido milagrosamente convencida de que a venda das ações da Piggly Wiggly era uma atividade tão edificante quanto um apelo da Cruz Vermelha ou do Fundo Comunitário, dúvidas comprometedoras estavam fermentando, e algumas víboras no ninho da casa de repente exigiram que Saunders autorizasse uma auditoria imediata dos livros contábeis da sua empresa. Saunders, por alguma razão, se recusou a autorizar, mas se ofereceu para apaziguar os céticos demitindo-se da presidência da Piggly Wiggly se essa atitude "fosse facilitar a campanha de venda das ações". Não lhe foi pedido que desistisse da presidência, mas no dia 9 de maio, o segundo dia da campanha, um comitê de fiscalização formado por quatro pessoas — três banqueiros e um empresário — foi designado pelos diretores da Piggly Wiggly para ajudá-lo a gerir a companhia durante certo período, até que a poeira baixasse. Naquele mesmo dia, Saunders se viu diante de outra situação embaraçosa: os líderes da campanha queriam saber: por que ele continuava construindo o seu palácio cor-de-rosa de US$1 milhão em uma ocasião em que a cidade inteira estava trabalhando para ele de graça? Ele respondeu às pressas que o local seria fechado com tábuas no dia seguinte e que a obra ficaria parada até que o seu futuro financeiro voltasse a parecer radiante.

A confusão causada por esses dois problemas fez com que a campanha sofresse uma paralisação. No final do terceiro dia, o número total de ações subscritas continuava abaixo de 25 mil, e as vendas realizadas foram canceladas. Saunders precisou admitir que a campanha fora um fracasso. "Memphis foi um fiasco", teria acrescentado ele — embora tenha feito enorme esforço para negar isso alguns anos depois, quando precisou de mais dinheiro de Memphis para um novo empreendimento. Seria compreensível, no entanto, que ele tivesse feito algum comentário imprudente, pois estava, o que não seria de estranhar, sofrendo de esgotamento nervoso, e deixava transparecer a tensão. Pouco antes do anúncio do final infeliz da campanha, ele teve uma reunião sigilosa com vários líderes empresariais de Memphis e saiu da reunião com a maçã do rosto contundida e o colarinho rasgado. Nenhum dos outros homens que participaram da reunião exibiu quaisquer marcas de violência. Simplesmente não era o dia de Saunders.

Embora nunca tenha sido comprovado que Saunders tenha manipulado indevidamente os recursos financeiros da Piggly Wiggly durante a operação de *corner*, sua primeira medida empresarial depois do fracasso de sua tentativa de se livrar de ações sugeriu que ele tinha tido, pelo menos, um bom motivo para recusar uma auditoria imediata dos livros da empresa. Apesar dos inúteis resmungos de protesto do comitê de fiscalização, ele começou a vender lojas Piggly Wiggly em vez de ações — liquidando, em parte, a companhia —, e ninguém sabia onde ele iria parar. As lojas de Chicago foram as primeiras, seguidas logo depois pelas de Denver e Kansas City. Ele anunciou que tinha a intenção de aumentar o caixa da empresa para que *o caixa* pudesse comprar as ações que o público desprezara, mas havia certa desconfiança de que o caixa precisava desesperadamente de uma transfusão naquele momento — e tampouco era de ações da Piggly Wiggly. "Consegui derrotar Wall Street e toda a gangue", declarou Saunders alegremente em junho. Mas em meados de agosto, com a aproximação do prazo final de 1º de setembro para que ele pagasse US$2,5 milhões e não tendo nada semelhante àquela quantia em mãos ou em perspectiva, ele renunciou à presidência da Piggly Wiggly Stores Inc. e entregou os seus bens — as suas ações da empresa, o Palácio Cor-de-Rosa e todo o restante das suas propriedades — para os credores.

Faltava apenas que o carimbo formal do fracasso fosse colocado na pessoa de Saunders e na Piggly Wiggly sob a sua direção. No dia 22 de agosto, a firma de leilões nova-iorquina de Adrian H. Muller & Son, que lidava com um número tão grande de ações quase sem valor a ponto de ser chamada por muitos de "cemitério de títulos", bateu o martelo em 1,5 mil ações da Piggly Wiggly a US$1 por ação — tradicional preço para os títulos que tinham caído em desgraça —, e na primavera seguinte Saunders concluiu o processo formal de falência. Mas esses foram vários anticlímax. O verdadeiro ponto baixo da carreira de Saunders ocorreu provavelmente no dia em que ele foi obrigado a deixar a presidência da sua empresa, e foi então que, na opinião de muitos dos seus admiradores, ele alcançou seu apogeu retórico. Quando ele emergiu, atormentado, porém ainda arrogante, de uma reunião de diretoria e anunciou sua renúncia para os repórteres, reinou um silêncio geral. Em seguida, Saunders acrescentou roucamente: "Eles têm o corpo da Piggly Wiggly, mas não podem ter a alma."

Se, ao mencionar a alma da Piggly Wiggly, Saunders se referia a si mesmo, então, ela permaneceu livre — livre para seguir marchando do seu jeito inconstante. Ele nunca se aventurou a jogar outro jogo de Corner, mas o seu espírito estava longe de estar destruído. Embora oficialmente falido, ele conseguiu encontrar pessoas com uma fé verdadeiramente inflexível dispostas a financiá-lo, e elas possibilitaram que ele vivesse em uma escala apenas levemente menos grandiosa do que no passado; reduzido a jogar golfe no Memphis Country Club em vez de no seu campo de golfe privativo, ele distribuía gorjetas que os dirigentes do clube consideravam extremamente generosas. Sem dúvida, ele não era mais dono do palácio cor-de-rosa, mas essa era praticamente a única evidência que servia para lembrar os seus concidadãos das suas desventuras. Com o tempo, o local de recreação inacabado passou às mãos da Prefeitura de Memphis, que destinou US$150 mil para terminá-lo e transformá-lo em um museu de história natural e artes industriais. Desse modo, ele continua a manter a lenda de Saunders em Memphis.

Depois da sua derrocada, Saunders passou a maior parte dos três anos seguintes buscando uma reparação para as injustiças que ele julgava ter sofrido na luta da Piggly Wiggly, e frustrando os esforços dos seus inimigos e credores para tornar as coisas ainda mais desagradáveis para ele. Durante algum tempo, ele ameaçou processar a Bolsa de Valores por conspiração e quebra de contrato, mas uma ação judicial que poderia se tornar um precedente, impetrada por alguns pequenos acionistas da Piggly Wiggly, não obteve resultados, de modo que ele desistiu da ideia. Mais tarde, em janeiro de 1926, ele soube que estava prestes a ser alvo de uma acusação federal por usar os correios para cometer fraude em sua campanha de vender ações da Piggly Wiggly por catálogo. Ele acreditou, erroneamente, que um antigo sócio seu — John C. Burch, de Memphis, que se tornara secretário-tesoureiro da Piggly Wiggly depois da reformulação — encorajara o governo a fazer a acusação. Cada vez menos paciente, Saunders foi até a sede da Piggly Wiggly e ficou frente a frente com Burch. Essa reunião se revelou bem mais satisfatória para Saunders do que a sua briga na sala da diretoria no dia em que a campanha cívica de venda de ações de Memphis fracassou. Burch, segundo Saunders, "se pôs a negar, gaguejando" a acusação, e Saunders aplicou um soco de direita no maxilar dele, quebrando os óculos de Burch mas sem causar maiores danos. Posteriormente, Burch menosprezou o golpe como tendo sido "de raspão", e acrescentou uma desculpa que soou como a de um pugilista derrotado por pontos: "A agressão foi tão repentina que não tive nem tempo nem oportunidade para atingir o Sr. Saunders." Burch se recusou a apresentar queixa.

Cerca de um mês depois, a acusação de fraude pelo correio foi feita contra Saunders, mas a essa altura, convencido de que Burch era inocente e não tinha feito nenhuma intriga, ele voltou a ser o homem afável de sempre. "Eu me arrependo apenas de uma coisa nesta nova questão", anunciou ele de maneira agradável, "o meu encontro pugilístico com o John C. Burch." A nova questão não durou muito tempo; em abril a acusação foi anulada pela Corte Distrital de Memphis, e Saunders e a Piggly Wiggly finalmente ficaram quites. Àquela altura, a empresa estava bem avançada no caminho da recuperação, e, com uma estrutura corporativa amplamente modificada, ela prosperou até a década de 1960; as donas de casa continuaram a passear pelos corredores de centenas de lojas Piggly Wiggly, que agora operavam por meio de um acordo de franquia com a Piggly Wiggly Corporation, de Jacksonville, na Flórida.

Saunders também estava em plena recuperação. Em 1928, começou uma nova rede de mercearias, que ele — mas praticamente mais ninguém — chamava de Clarence Saunders, Sole Owner of My Name, Stores, Inc. Os seus pontos de venda logo passaram a ser conhecidos como lojas Sole Owner [De um único dono], o que elas não eram, na verdade, pois sem os fiéis financiadores de Saunders elas não teriam passado de um sonho. A escolha de Saunders por um título corporativo, contudo, não se destinava a induzir o público ao erro; mais exatamente, era sua maneira irônica de lembrar ao mundo que, depois de ele ter sido esfolado por Wall Street, o seu nome era praticamente a única coisa a que ele ainda tinha um direito livre de propriedade. Quantos clientes da Sole Owner — ou, por sinal, diretores da Bolsa de Valores — entenderam isso é questionável. De qualquer modo, as novas lojas se popularizaram tão rápido e prosperaram tanto que Saunders saltou da falência para a opulência, e comprou uma propriedade de US$1 milhão nos arredores de Memphis. Ele também organizou e financiou um time de futebol americano profissional chamado Sole Owner Tigers — um investimento que compensou generosamente nas tardes de outono quando ele podia ouvir gritos de "Hurra! Hurra! Hurra! Sole Owner! Sole Owner!" ressoando pelo Estádio de Memphis.

Pela segunda vez, a glória de Saunders foi efêmera. A primeiríssima onda da Depressão acertou as lojas Sole Owner Stores com um golpe tão fulminante que em 1930 elas foram à falência, e ele ficou sem dinheiro de novo. No entanto, uma vez mais, ele se recompôs e sobreviveu ao desastre. Conseguindo financiadores, planejou uma nova rede de mercearias, e pensou em um nome para ela que era ainda mais bizarro, se isso é possível, do que os seus dois predecessores: Keedoozle. No entanto, ele nunca mais ganhou outra bolada, ou comprou outra propriedade de US$1 milhão, embora sempre estivesse claro que ele contava com isso. Suas esperanças estavam depositadas na Keedoozle, uma mercearia operada eletricamente, e ele passou a maior parte dos últimos vinte anos de sua vida tentando aperfeiçoá-la. Em uma loja Keedoozle, a mercadoria era exposta atrás de painéis de vidro, cada um com uma fenda do lado, como a comida é exposta em máquinas automáticas. Mas a semelhança acabava aí, porque, em vez de inserir moedas na fenda para abrir um painel e retirar uma compra, os clientes da Keedoozle inseriam uma chave que recebiam ao entrar na loja. Além disso, o raciocínio de Saunders tinha ido muito além do estágio básico de fazer com que a chave abrisse o painel; cada vez que uma chave Keedoozle era inserida em uma fenda, a identidade do artigo selecionado era inscrita em código em um segmento de fita de gravação embutido na própria chave, e, ao mesmo tempo, a mercadoria era transferida automaticamente para uma esteira transportadora que a conduzia para um portão de saída na frente da loja. Quando acabava de fazer as compras, o cliente apresentava sua chave para um funcionário no portão, que decifrava a fita e calculava o total da nota. Assim que esta era paga, as compras eram lançadas nos braços do cliente, devidamente embaladas, por um dispositivo que ficava no final da correia transportadora.

Duas lojas Keedoozle foram testadas — uma em Memphis e a outra em Chicago —, mas descobriram que o mecanismo era excessivamente complexo e dispendioso para competir com os carrinhos dos supermercados. Sem desanimar, Saunders se pôs a trabalhar em um mecanismo ainda mais complicado — o Foodelectric, que faria tudo o que o Keedoozle podia fazer e também calcularia o total da nota. Entretanto, ele nunca dominaria o mercado de equipamentos varejistas, porque ainda estava inacabado quando Saunders faleceu, em outubro de 1953, o que impediu que ele visse o *corner* da Bruce, que ocorreu cinco anos depois, do qual, de qualquer modo, ele teria todo o direito de zombar como sendo uma mera briga entre jogadores insignificantes.

9. Outro tipo de vida

Durante a presidência de Franklin D. Roosevelt, quando as relações entre Wall Street e Washington tendiam a ser como as de cão e gato, talvez nenhum partidário do New Deal, a não ser o próprio "Aquele Homem"*, exemplificasse melhor o New Deal aos olhos de Wall Street do que David Eli Lilienthal. A justificativa dessa avaliação dele no setor Sul de Manhattan não se baseava em nenhum ato específico de Lilienthal contrário a Wall Street — na realidade, alguns financistas, entre eles Wendell L. Willkie, que se relacionavam com ele, o consideravam, de modo geral, um tipo de homem razoável —, mas sim no que ele viera a simbolizar por meio da sua associação com a Tennessee Valley Authority, a qual, como uma empresa governamental de energia elétrica bem maior do que qualquer corporação de energia elétrica no país, personificava a ideia de socialismo galo-

---

*O foco de Roosevelt na classe trabalhadora, o fato de ele ter submetido os mercados financeiros à regulamentação federal e as suas reformas tributárias redistributivas o tornaram alvo de um profundo ressentimento nas classes mais abastadas. Muitos ricos sentiam raiva do presidente Roosevelt. Eles se recusavam a pronunciar seu nome, chamando-o de "aquele homem". (*N. da T.*)

pante de Wall Street. Como Lilienthal fora um membro ostensivo e vigoroso do conselho diretor composto por três homens da T.V.A. de 1933 a 1941, e fora o presidente do seu conselho administrativo de 1941 a 1946, a comunidade empresarial daquele período, usando uma frase sua, achava que ele "tinha chifres". Em 1946, ele se tornou o primeiro presidente do conselho administrativo da Comissão de Energia Atômica (A.E.C.) dos Estados Unidos, e quando se demitiu do cargo, em fevereiro de 1950, aos 50 anos, o *New York Times* declarou em uma notícia que ele fora "talvez a figura mais polêmica em Washington desde o final da guerra".

O que Lilienthal andou fazendo nos anos que se seguiram à sua saída do governo? Segundo as informações de domínio público, ele exerceu uma série de atividades, todas elas, surpreendentemente, concentradas em Wall Street ou em negócios privados, ou em ambos. Por um lado, Lilienthal está inscrito em um grande número de compêndios empresariais como o cofundador e presidente do conselho administrativo da Development & Resources Corporation. Telefonei, há vários anos, para o escritório da D & R, na ocasião no número 50 da Broadway, em Nova York, e descobri que ela era uma empresa privada — respaldada por Wall Street e também estabelecida a poucos quarteirões de distância desta última — que oferece serviços administrativos, técnicos, empresariais e de planejamento relacionados com o desenvolvimento de recursos naturais no exterior. Em outras palavras, a D & R — cujo outro fundador, o falecido Gordon R. Clapp, foi o sucessor de Lilienthal como presidente do conselho administrativo da T.V.A. — atua no setor de ajuda a governos para criar programas mais ou menos semelhantes aos da T.V.A. Descobri que desde a sua formação, em 1955, a D & R havia planejado e administrado, com um lucro moderado porém gratificante, os primórdios de um vasto programa para a recuperação do Khuzistão, uma região muito pobre, porém rica em petróleo, no Irã ocidental; assessorado o governo da Itália no desenvolvimento das suas províncias atrasadas do Sul; ajudado a Colômbia a criar um órgão semelhante à T.V.A. para o vale do Cauca, potencialmente fértil porém castigado por inundações; dado orientação a Gana sobre o fornecimento de água; à Costa do Marfim sobre o desenvolvimento mineral e a Porto Rico sobre energia elétrica e energia nuclear.

Por outro lado — e, quando descobri, isso me impressionou como sendo consideravelmente mais espantoso do que a D & R —, Lilienthal acumulara uma autêntica fortuna como executivo corporativo e empresário. Em um relatório aos acionistas da Minerals & Chemicals Corporation of America, de 24 de junho de 1960, que caiu em minhas mãos, descobri que Lilienthal estava registrado como um dos diretores da empresa e possuía 41.366 ações das ações ordinárias. Essas ações, na época da minha investigação, estavam sendo negociadas na Bolsa de Valores de Nova York por mais de US$25 cada, e uma simples multiplicação revelou que o resultado representava uma quantia colossal segundo o critério da maioria das pessoas, o que certamente incluía o de um homem que passara a maior parte da vida recebendo rendimentos do governo, sem a ajuda de recursos privados.

Além disso, por outro lado, a Harper & Brothers lançou em 1953 o terceiro livro de Lilienthal, *Grandes empreendimentos: uma nova era*. (Os seus livros anteriores eram *TVA — A democracia em marcha* e *This I Do Believe*, publicados originalmente em 1944 e 1949, respectivamente.) Em *Grandes empreendimentos*, Lilienthal argumenta que não apenas a superioridade produtiva e distributiva dos Estados Unidos mas também sua segurança nacional dependem da grandeza industrial; que os norte-americanos agora têm proteções públicas adequadas contra os abusos das grandes empresas, ou conhecimento suficiente para moldá-las de acordo com as necessidades; que as grandes empresas não têm a tendência de destruir as pequenas, como frequentemente se acredita, e sim, mais exatamente, a promovê-las; e, finalmente, que a grande empresa não reprime o individualismo, como acredita a maioria dos intelectuais, inclinando-se, na verdade, a incentivá-lo ao reduzir a pobreza, a doença e a insegurança física, e aumentando as oportunidades de lazer e viagens. Em resumo, palavras polêmicas, vindas de um velho defensor do New Deal.

Como alguém sempre atento às notícias e aos jornais, eu acompanhara, de perto, a carreira de Lilienthal no governo. O meu interesse nele como servidor público chegara ao auge em fevereiro de 1947, quando, em resposta a um violento ataque do seu velho inimigo, o senador Kenneth D. McKellar, do Tennessee, durante audiências no Congresso a respeito da sua aptidão para o cargo na A.E.C., ele fez uma declaração espontânea de confiança democrática pessoal que, para muitas pessoas, ainda se classifica como um dos mais empolgantes ataques ao que mais tarde veio a ser conhecido como macarthismo. ("Um dos princípios da democracia que se originam do núcleo central de uma crença de que o indivíduo tem prioridade, que todos os homens são filhos de Deus e que a personalidade deles é, portanto, sagrada", declarou Lilienthal, entre outras coisas, "é uma crença profunda nas liberdades civis e na sua proteção; e uma repugnância por qualquer pessoa que queira roubar de um ser humano aquilo que lhe é mais precioso, sua reputação, atribuindo coisas a ele, por alusão indireta, ou por insinuação.") Os fragmentos de informação que descobri a respeito da sua nova carreira privada me deixaram confuso. Intrigado a respeito de como Wall Street e a vida empresarial haviam afetado Lilienthal, e vice-versa, na sua tardia aproximação, entrei em contato com ele, e um dia depois, a seu convite, fui a Nova Jersey passar a tarde com ele.

Lilienthal e sua esposa, Helen Lamb Lilienthal, moravam na Battle Road, em Princeton, onde haviam se instalado em 1957, depois de passar seis anos em Nova York, primeiro, em uma casa em Beekman Place e, depois, em um apartamento em Sutton Place. A casa de Princeton, erguida em um terreno com menos de 4 mil metros quadrados, tem venezianas verdes e é revestida de tijolos da Geórgia. Rodeada por outras casas parecidas, o lugar é amplo porém nada ostentoso. Lilienthal, vestindo calças largas de cor cinza e uma camisa esporte xadrez, recebeu-me na porta da frente. Com pouco mais de 60 anos, ele era um homem alto e elegante, com entradas na cabeça, um perfil aquilino e olhos francos e penetrantes. Ele me conduziu à sala de estar, onde me apresentou à Sra. Lilienthal, e em seguida chamou atenção para dois tesouros de família: um grande tapete oriental diante da lareira — segundo ele, um presente do xá do Irã — e, pendurado na parede em frente à lareira, um pergaminho chinês do final do século XIX mostrando quatro homens astuciosos, os quais encerram, para ele, um significado especial, pois são servidores públicos do segmento médio superior. Apontando para um homem de aparência particularmente enigmática, ele acrescentou, com um sorriso, que sempre pensara nele como o seu equivalente oriental.

A Sra. Lilienthal foi buscar café, e durante sua ausência pedi a Lilienthal que me contasse algo a respeito da sua vida pós-governo, desde o início. "Muito bem", disse ele. "O início: eu deixei a A.E.C. por uma série de motivos. Naquele tipo de trabalho, na minha opinião, a pessoa é altamente dispensável. Se ela permanecer lá por tempo demais, poderá dar consigo apaziguando a indústria ou as Forças Armadas, ou ambas — construindo o que resultaria em uma patronagem política nuclear. Além disso, eu queria ter permissão para dizer o que penso com mais liberdade do que a que eu tinha como funcionário do governo. Senti que já completara o meu tempo de serviço. Então, entreguei o meu pedido de demissão em novembro de 1949, e ele entrou em vigor três meses depois. Resolvi afastar-me especificamente naquele momento porque, pelo menos dessa vez, eu não estava sendo fortemente criticado. Originalmente, eu planejara pedir demissão um pouco antes, mas foi quando ocorreu o último ataque do Congresso contra mim — a ocasião em que Hickenlooper, de Iowa, me acusou de um 'incrível malgerenciamento'." Notei que Lilienthal não sorriu ao mencionar a questão Hickenlooper. "Ingressei na vida privada com um misto de apreensão e alívio", prosseguiu ele. "A apreensão era a respeito da minha capacidade de ganhar a vida, e era uma apreensão bastante real. Ah, eu já exercera a advocacia quando era jovem, em Chicago, antes de trabalhar no governo, e até ganhei bastante dinheiro. Mas agora eu não *queria* exercer a advocacia. E estava preocupado com relação ao que mais eu poderia fazer. Estava tão obcecado com o assunto que não o tirava da cabeça, e minha mulher e meus amigos começaram a caçoar de mim. No Natal de 1949, minha esposa me deu uma caneca de lata de mendigo, e um dos meus amigos me presenteou com uma guitarra para acompanhá-la. O sentimento foi de alívio — bem, essa era uma questão de privacidade e liberdade pessoal. Como cidadão comum, fora do governo, eu não precisaria ser seguido por bandos de guardas de segurança como na A.E.C. Não teria de responder às acusações de comitês do

Congresso. E, acima de tudo, eu poderia conversar livremente com a minha mulher de novo."

A Sra. Lilienthal tinha voltado com o café enquanto o marido estava falando, e sentou-se conosco. Eu sabia que ela vinha de uma família de pioneiros que, ao longo de várias gerações, se mudara para o oeste, indo da Nova Inglaterra para Indiana e, depois, para Oklahoma, onde ela nasceu. Ela me pareceu se encaixar bem no papel — uma mulher digna, paciente e prática, possuidora de uma força suave. "Devo dizer que o afastamento do meu marido do cargo representou um alívio para *mim*", declarou ela. "Antes de ele ir trabalhar na A.E.C. sempre falávamos a respeito de todos os aspectos do seu trabalho. Quando ele aceitou aquele emprego, fizemos um acordo de que, embora fôssemos discutir sobre as pessoas importantes com a liberdade de sempre, ele nunca me contaria alguma coisa a respeito do seu trabalho da A.E.C. que eu não pudesse ler nos jornais. Era uma limitação muito desagradável."

Lilienthal assentiu com a cabeça. "Eu vinha para casa à noite com uma experiência assustadora dentro de mim", disse ele. "Ninguém que entre em contato com o átomo volta a ser o mesmo. Talvez eu tivesse participado de uma série de conferências e ouvido o tipo de conversa pelas quais muitos militares e cientistas costumam se interessar — cidades repletas de seres humanos chamados de 'alvos', e esse tipo de coisa. Nunca me acostumei com esse jargão impessoal. Eu voltava para casa muito triste, mas não podia conversar com Helen a respeito do assunto. Eu não tinha permissão para desabafar."

"E agora não haveria mais audiências", disse a Sra. Lilienthal. "Aquelas terríveis audiências! Nunca me esquecerei de um coquetel em Washington para o qual fomos convidados. Meu marido tinha passado por uma das intermináveis séries de audiências do Congresso. Uma mulher com um chapéu engraçado se aproximou dele efusivamente e disse alguma coisa como 'Ah, Sr. Lilienthal, eu estava *tão* ansiosa para ir às suas audiências, mas não foi possível. Sinto muitíssimo. Eu simplesmente *adoro* audiências! E o senhor?'"

Marido e mulher se entreolharam, e dessa vez Lilienthal conseguiu dar um meio sorriso.

Lilienthal pareceu contente ao narrar o que aconteceu depois. Mais ou menos na época em que seu afastamento entrou em vigor, me disse ele, vários homens de Harvard representando as áreas de história, administração pública e direito o procuraram, convidando-o para um cargo na faculdade. Mas ele chegou à conclusão de que, além de não querer exercer a advocacia, tampouco queria se tornar professor. Nas semanas seguintes, ele recebeu ofertas de numerosos escritórios de advocacia de Nova York e Washington, bem como de algumas empresas industriais. Esses convites o tranquilizaram, e ele teve certeza de que, afinal de contas, não precisaria da caneca de lata e da guitarra. No entanto, após refletir a respeito das ofertas, ele finalmente recusou todas elas e aceitou, em maio de 1950, um cargo de meio expediente como consultor da famosa firma de operações bancárias Lazard Frères & Co., cujo sócio principal, André Meyer, ele conhecera por intermédio de Albert Lasker, um amigo comum. Lazard lhe deu uma sala em sua sede, situada no número 44 de Wall Street, mas antes que pudesse se dedicar realmente à consultoria, ele partiu em uma turnê de palestras pelos Estados Unidos, seguida por uma viagem à Europa, com a esposa, patrocinada pela extinta revista *Collier's*. No entanto, a viagem não resultou em nenhum artigo, e ao voltar para casa, no outono, ele constatou que precisava da renda de uma atividade em horário integral; ele fez isso tornando-se consultor de várias outras empresas, entre elas a Carrier Corporation e a Radio Corporation of America. Ele ofereceu à Carrier um parecer sobre problemas administrativos. No caso da R.C.A., ele trabalhou no tema da televisão a cores, recomendando que o cliente se concentrasse em pesquisas técnicas em vez de em disputas judiciais por causa de patentes; também ajudou a convencer a companhia a levar adiante o seu programa de computador e ficar fora da construção de reatores nucleares. No início de 1951, ele fez outra viagem ao exterior para a *Collier's* — indo à Índia, ao Paquistão, à Tailândia e ao Japão. Essa viagem resultou em um artigo — publicado na *Collier's* naquele agosto — no qual ele propôs uma solução para a disputa entre a Índia e o Paquistão pela Caxemira e pela cabeceira do rio Indo. Segundo Lilienthal, a melhor maneira de reduzir a tensão entre os dois países seria com um programa cooperativo destinado a melhorar as condições de vida em toda a área em litígio por meio do desenvolvimento econômico da bacia do Indo. Nove anos depois, em grande medida por intermédio do respaldo financeiro e apoio moral de Eugene R. Black e do Banco Mundial, o plano de Lilienthal foi adotado, e um tratado do Indo assinado entre a Índia e o Paquistão. Mas a reação imediata ao seu artigo foi uma indiferença geral, e Lilienthal, temporariamente derrotado e consideravelmente desiludido, uma vez mais se dedicou aos problemas mais modestos dos negócios privados.

Nesse ponto da narrativa de Lilienthal, a campainha tocou. A Sra. Lilienthal foi atender, e pude ouvi-la conversando com alguém — nitidamente um jardineiro — a respeito da poda de algumas roseiras. Depois de escutar impacientemente por um ou dois minutos, Lilienthal falou para a mulher: "Helen, por favor, diga a Domenic para podar mais as roseiras do que ele podou no ano passado!" A Sra. Lilienthal foi para o jardim com Domenic, e Lilienthal comentou: "Domenic sempre faz uma poda muito suave, na minha opinião. É uma consequência dos nossos antecedentes — a Itália *versus* o Oriente Médio." Em seguida, continuando de onde parara, ele disse que sua associação com a Lazard Frères, e mais particularmente com Meyer, o conduzira a uma associação, primeiro, como consultor e, depois, como executivo, com uma pequena empresa chamada Minerals Separation North American Corporation, na qual a Lazard Frères tinha grande participação. Foi nesse empreendimento que, inesperadamente, ele fez sua fortuna. A empresa estava em dificuldades, e a ideia de Meyer era que Lilienthal poderia ser o homem indicado para fazer algo a respeito. Subsequentemente, no decurso de uma série de fusões, aquisições e outras manobras, o nome da empresa foi alterado para, sucessivamente, Attapulgus Minerals & Chemicals Corporation, Minerals & Chemicals Corporation of America e, em 1960, Minerals & Chemicals Philipp Corporation; nesse ínterim, sua receita subiu de cerca de US$750 mil, em 1952, para mais de US$274 milhões, em 1960. Para Lilienthal, o fato de ele ter aceito de Meyer a incumbência de examinar os assuntos da empresa foi o início de uma imersão de quatro anos nos problemas do dia a dia decorrentes da gestão de um negócio; a experiência, declarou ele decisivamente, se revelou uma das mais ricas da sua vida, e de modo nenhum apenas no sentido literal dessa palavra.

Reconstituí os fatos corporativos por trás da experiência de Lilienthal, em parte, a partir do que ele me contou em Princeton, em parte, a partir de um estudo subsequente de alguns documentos publicados da empresa, e, em parte, a partir de conversas com outras pessoas interessadas na firma. A Minerals Separation North American, fundada em 1916 como ramificação de uma firma britânica, era uma empresa de patentes, obtendo a maior parte da sua renda de royalties sobre patentes de processos usados na refinação do minério de cobre e do minério de outros minerais não ferrosos. Suas atividades eram duplas — tentar desenvolver novas patentes no seu laboratório de pesquisas e oferecer serviços técnicos às empresas de mineração e empresas industriais que arrendavam as antigas patentes. Já em 1950, embora ela ainda estivesse auferindo um bom lucro anual, estava em um mau caminho. Sob a direção do seu antigo presidente, Dr. Seth Gregory — na época com mais de 90 anos mas ainda dirigindo a empresa com mão de ferro, e percorrendo o trajeto entre o seu apart-hotel no centro da cidade e o seu escritório, no número 11 da Broadway, em um suntuoso Rolls-Royce roxo —, ela reduzira suas atividades de pesquisa a quase nada e estava vivendo dos royalties de meia dúzia de velhas patentes, todas programadas para entrar em domínio público em um período de cinco a oito anos. Na realidade, ela ainda era uma companhia saudável, vivendo sob uma sentença de morte. A Lazard Frères, na qualidade de grande acionista, estava compreensivelmente preocupada. O Dr. Gregory foi convencido a se aposentar com uma pensão considerável e, em fevereiro de 1952, depois de trabalhar com a Minerals Separation durante algum tempo como consultor, Lilienthal foi empossado no cargo de presidente da empresa e membro de seu conselho diretor. Sua primeira tarefa foi encontrar uma nova fonte de renda para substituir as patentes que expirariam em breve, e ele e os outros diretores concordaram que isso devia ser feito por intermédio de uma fusão; coube a Lilienthal negociar uma fusão entre a

Minerals Separation e outra empresa, na qual a Lazard Frères — junto com a firma F. Eberstadt & Co. de Wall Street — tinha muitos investimentos: a Attapulgus Clay Company, de Attapulgus, Geórgia, que produzia um tipo muito raro de argila útil na purificação de derivados do petróleo, e que fabricava vários produtos para o lar, entre eles um produto de limpeza para o piso, chamado Speedi-Dri.

Como mediador entre a Minerals Separation e a Attapulgus, Lilienthal tinha a sensível tarefa de persuadir os executivos da companhia sulista de que eles não estavam sendo usados como joguetes por um bando de vorazes banqueiros de Wall Street. Ser um agente dos banqueiros era um papel inusitado para Lilienthal, mas ele evidentemente o cumpriu com serenidade, apesar de sua presença complicar ainda mais os problemas emocionais por introduzir na situação um indício de socialismo galopante. "Dave foi muito eficiente ao fortalecer o moral e a confiança do pessoal da Attapulgus", me disse outra pessoa de Wall Street. "Ele os colocou em sintonia com a fusão e lhes mostrou as vantagens dela." O próprio Lilienthal me contou o seguinte: "Eu me senti em casa nas partes administrativas e técnicas da função, mas a parte financeira teve de ser feita pelas pessoas da Lazard e da Eberstadt. Todas as vezes que eles começavam a falar a respeito de *spin-offs* e permutas de ações, eu ficava perdido. Eu sequer sabia o que *era* um *spin-off*." (Como Lilienthal hoje sabe, o *spin-off* é, sem entrar em muitos detalhes técnicos, a divisão de uma empresa em duas ou mais empresas — o oposto de uma fusão.) A fusão aconteceu em dezembro de 1952, e nem o pessoal da Attapulgus nem o pessoal da Minerals Separation teve qualquer motivo para arrependimento, porque tanto os lucros quanto o preço das ações da empresa recém-formada — a Attapulgus Minerals & Chemicals Corporation — logo começaram a aumentar. Na época da fusão, Lilienthal foi nomeado presidente do conselho diretor, com um salário anual de US$18 mil. Ao longo dos três anos seguintes, enquanto atuou primeiro nesse cargo e depois como presidente do comitê executivo, ele teve uma grande participação não apenas na condução dos assuntos rotineiros da empresa como também em seu crescimento adicional, por meio de uma série de novas fusões — uma em 1954, com a Edgar Brothers, importante produtor de caulim para o revestimento de papel, e duas outras em 1955, com uma dupla de empresas de calcário em Ohio e na Virgínia. As fusões e a maior eficiência que as acompanhou não demoraram a ser compensadoras; entre 1952 e 1955, o lucro líquido da companhia por ação mais do que quintuplicou.

A mecânica da ascensão do próprio Lilienthal da relativa pobreza de um servidor público para a opulência de um empresário bem-sucedido é abertamente delineada nos relatórios da empresa para as suas reuniões anuais e especiais de acionistas. (Poucos documentos públicos são mais indiscretos do que os relatórios aos acionistas, nos quais o número exato de ações privadas de cada diretor precisa ser relacionado.) Em novembro de 1952, a Minerals Separation North American concedeu a Lilienthal, como um complemento ao seu salário anual, uma opção de compra de ações.ua opção o autorizava a comprar até 50 mil ações da empresa em tesouraria a 4,87½ dólares por ação, o preço vigente na ocasião, em qualquer momento antes do final de 1955, e em troca ele assinou um contrato concordando em atuar na empresa como executivo até 1955. A potencial vantagem financeira para ele, é claro, como para todos os outros que recebem opções de compra de ações, reside no fato de que, se o preço da ação subisse substancialmente, ele poderia comprar ações pelo preço da opção e ter, portanto, um título que valeria imediatamente muito mais do que ele pagara por ele. Além disso, e mais importante, se ele decidisse mais tarde vender as ações, os recursos obtidos seriam considerados um ganho de capital, tributáveis pela alíquota máxima de 25%. É claro que, se a ação não subisse, a opção não teria valor. No entanto, assim como muitas ações em meados da década de 1950, as de Lilienthal tiveram uma fantástica subida. No final de 1954, de acordo com os relatórios aos acionistas, Lilienthal havia exercido parcialmente sua opção, comprando 12.750 ações, que na ocasião não valiam US$4,87½ cada, e sim cerca de US$20. Em fevereiro de 1955, ele vendeu 4 mil ações a US$22,75 cada, o que totalizou US$91 mil. Essa quantia, menos o imposto sobre ganhos de capital, foi então investida na compra de mais ações dentro da opção e, em agosto de 1955, como mostram os relatórios aos acionistas, Lilienthal elevou os seus títulos para quase 40 mil ações, ou perto do número que ele tinha quando o visitei. Àquela altura, a ação, que inicialmente era vendida no mercado de balcão, não apenas chegara à lista da Bolsa de Valores de Nova York, como também se tornara uma das ações voláteis* especulativas favoritas; seu preço tinha disparado para cerca de US$40, e Lilienthal, obviamente, tornara-se milionário. Além disso, a companhia estava agora em uma base sólida a longo prazo, pagando dividendos anuais de US$0,50 por ação, e as preocupações financeiras da família Lilienthal haviam terminado para sempre.

Do ponto de vista fiscal, contou-me Lilienthal, seu momento simbólico de triunfo foi o dia, em junho de 1955,

---

*Também chamadas de *high flyer*. (N. da T.)

em que as ações da Minerals & Chemicals entraram na lista da Bolsa de Valores de Nova York. De acordo com o costume, Lilienthal, na qualidade de executivo principal, foi convidado ao pregão para apertar a mão do presidente da Bolsa e ser conduzido em um breve passeio pelo recinto. "Fiquei extasiado", disse-me Lilienthal. "Até então, eu nunca estivera em uma bolsa de valores em minha vida. Foi tudo muito misterioso e fascinante. Nenhum zoológico teria parecido mais estranho para mim." Como a Bolsa de Valores se sentiu nesse estágio, recebendo no seu pregão aquele que anteriormente tinha chifres, não está registrado.

Ao descrever a sua experiência com a companhia, Lilienthal falara com entusiasmo e fizera com que tudo soasse misterioso e fascinante. Perguntei a ele o que, sem considerar o óbvio incentivo financeiro, o levara a se dedicar aos assuntos de uma pequena empresa, e como fora para o ex-chefe da T.V.A. e da A.E.C. estar, na prática, vendendo Attapulgite, caulim, calcário e Speedi-Dri. Lilienthal se inclinou para trás na cadeira e olhou para o teto. "Eu desejava uma experiência empresarial", declarou ele. "Eu me senti muito atraído pela ideia de pegar uma empresa pequena e bastante enfraquecida e tentar fazer dela alguma coisa. Construir. Esse tipo de criação, pensei eu, é o elemento central no livre empreendimento norte-americano, e é algo que eu deixara escapar durante todo o tempo que trabalhei para o governo. Eu queria tentar. Quanto a como isso foi para mim... Bem, foi muito emocionante. Tudo estava repleto de estímulos intelectuais, e muitas das minhas antigas ideias se modificaram. Passei a sentir um novo e grande respeito pelos financistas — homens como André Meyer. Existe uma justeza a respeito deles, um sentimento elevado de honradez, do qual eu não tinha ideia. Descobri que a vida empresarial é repleta de mentes criativas e originais — ao lado do número habitual daqueles que fazem críticas depois que as coisas acontecem, é claro. Além disso, achei a ideia sedutora. Na realidade, eu estava correndo o perigo de me tornar um escravo. Os negócios têm o seu lado canibalesco, e parte do lado canibalesco é que ele é extremamente envolvente. Descobri que o que lemos — por exemplo, que ganhar dinheiro pelo dinheiro em si pode se tornar um vício se não tomarmos cuidado — é mesmo verdade. Alguns bons amigos me ajudaram no caminho — homens como Ferdinand Eberstadt, que se tornou meu colega na diretoria depois da fusão com a Attapulgus, e Nathan Greene, consultor jurídico especial da Lazard Frères, que esteve no conselho durante algum tempo. Greene era uma espécie de padre confessor empresarial para mim. Lembro-me de ele um dia ter dito o seguinte: 'Você está achando que vai juntar uma fortuna e depois ficar independente. Meu amigo, em Wall Street você não ganha a independência de um só golpe. Parafraseando Thomas Jefferson, você precisa ganhar a sua independência de novo todos os dias.' Descobri que ele estava certo. Eu tive os meus problemas. Eu me questionei a cada passo. Era exaustivo. Veja, durante um longo tempo eu estivera associado com duas coisas muito abrangentes — instituições. Eu tinha um sentimento de identidade com elas; naquele tipo de trabalho, você é capaz de perder o seu senso do eu. Agora, tendo de me preocupar comigo mesmo — com os meus padrões pessoais e também com o meu futuro financeiro —, deparei comigo me perguntando o tempo todo se eu estava dando o passo correto. Mas essa parte está toda no meu diário, e você pode ler, se quiser."*

---

*Essa parte do diário de Lilienthal foi posteriormente publicada, em 1966. (N. do E.)

Eu disse que, certamente, gostaria de lê-la, e Lilienthal me conduziu ao seu gabinete de trabalho, no porão. Era um aposento de bom tamanho cujas janelas se abriam sobre poços de janela nos quais se estendiam ramos de hera; a luz externa entrava no aposento, e até mesmo alguns raios de sol inclinados, mas a parte superior dos poços de janela era alta demais para permitir uma visão do jardim ou da vizinhança. Lilienthal comentou: "Meu vizinho Robert Oppenheimer se queixou da sensação de confinamento na primeira vez que viu este lugar. Eu lhe disse que esse era exatamente o sentimento que eu desejava!" Em seguida, ele me mostrou um arquivo em um dos cantos; ali estava o diário, em várias fileiras de cadernos de folhas soltas, com o mais antigo datando dos dias em que o autor cursara o ensino médio. Depois de me convidar a me sentir à vontade, Lilienthal me deixou sozinho no seu gabinete de trabalho e voltou para o andar de cima.

Interpretando literalmente as palavras dele, dei uma ou duas voltas no aposento, olhando para os quadros nas paredes e vendo o que realmente era de se esperar: fotografias autografadas de Franklin D. Roosevelt, Harry S. Truman, do senador George Norris, Louis Brandeis; fotos de Lilienthal com Roosevelt, com Willkie*, com Fiorello La Guardia, com Nelson Rockefeller, com Nehru na Índia; uma visão noturna da Barragem de Fontana, no vale do Tennessee, sendo construída debaixo de uma poderosa luz elétrica fornecida por centrais elétricas da T.V.A. O gabinete de trabalho de um homem o reflete como ele deseja ser visto publicamente, mas o seu diário, se ele for sincero, reflete outra coisa. Não precisei de muito tempo examinando o diário de Lilienthal para perceber que estava diante de um documento extraor-

---

*O autor está se referindo a Wendell Lewis Willkie, advogado norte-americano que concorreu à presidência do país em 1940. (*N. da T.*)

dinário — não apenas uma fonte histórica de raro interesse como também um registro penetrante dos pensamentos e das emoções de um homem público. Folheei rapidamente os anos da sua associação com a Minerals & Chemicals e, espalhadas no meio de muitas coisas a respeito da família, da política democrática, de amigos, viagens ao exterior, reflexões sobre as políticas nacionais e esperanças e receios pela república, deparei com as seguintes anotações relacionadas com os negócios e a vida em Nova York:

24 de maio de 1951: Parece que estou no ramo dos minerais. Sutilmente, isso poderá dar grandes frutos. [Ele continua explicando que acabara de ter sua primeira entrevista com o Dr. Gregory, e que, aparentemente, o velho executivo o considerou aceitável como o novo presidente da empresa.]

31 de maio de 1951: [Iniciar a vida empresarial] é como aprender a andar depois de ter passado muito tempo de cama. (...) Primeiro, temos que pensar: mover o pé direito, mover o pé esquerdo etc. Em seguida, passamos a andar sem pensar, e, depois, andar é algo que fazemos inconscientemente e com extrema confiança. Este último estado, no que diz respeito aos negócios, ainda não chegou, mas tive hoje o primeiro vislumbre dele.

22 de julho de 1951: Lembro-me de Wendell Willkie me ter dito o seguinte há vários anos: "Viver em Nova York é uma grande experiência. Eu não moraria em nenhum outro lugar. É a cidade mais emocionante, estimulante e gratificante que existe no mundo" etc. Acho que ele disse isso a propósito de um comentário

que eu fizera certa vez quando fora a Nova York a trabalho — que eu certamente estava feliz por não ter que morar naquele hospício sujo e barulhento. [Na última] quinta-feira compartilhei parte dos sentimentos de Willkie. (...) O lugar encerrava uma grandeza, uma aventura, a sensação de estar no centro de uma grande realização: Nova York nos anos 1950.

28 de outubro de 1951: Talvez eu esteja tentando abraçar o mundo, mas, de certa maneira, isso não é completamente insensato ou inútil. Em outras palavras, posso ter um contato efetivo suficiente com as questões dos negócios para manter um senso de realidade, ou desenvolver um. De que outra maneira posso explicar o prazer que sinto ao visitar uma mina de cobre ou conversar com os operadores de uma fornalha elétrica, examinando um projeto de pesquisa de carvão mineral, ou observando como André Meyer trabalha? (...) Mas, junto com isso, desejo ser livre o bastante para pensar a respeito do que essas coisas significam, livre o bastante para ler coisas fora da área de interesse imediato. Isso requer que eu me mantenha afastado de uma posição de prestígio (e eu sei que esse afastamento me deixa vagamente infeliz).

8 de dezembro de 1952: O que os banqueiros fazem para ganhar o dinheiro deles? Bem, eu certamente tive uma revelação no que diz respeito à quantidade de trabalho árduo, suor, frustrações, problemas — e certamente lágrimas — que eles têm que suportar. (...) Se todo mundo que tem algo para vender no mercado precisasse ser tão meticuloso e detalhado em suas declarações a respeito do que está vendendo quanto

aqueles que oferecem ações no mercado precisam ser agora, na vigência da Lei da Transparência em Valores Mobiliários, muito pouco seria vendido, pelo menos a tempo de ser útil.

20 de dezembro de 1952: O meu propósito nesse empreendimento Attapulgus é ganhar muito dinheiro em pouco tempo, de maneira (ou seja, em ganhos de capital) que eu consiga manter três quartos dele, em vez de pagar 80% ou mais de imposto de renda. (...) Mas existe um outro propósito: ter tido a experiência empresarial. (...) O verdadeiro motivo, ou o principal motivo, é o sentimento de que a minha vida só seria completa, já que eu vivo em um período de negócios — em outras palavras, uma época dominada pelo negócio dos negócios —, se eu tivesse sido ativo nessa área. O que eu queria era ser um observador dessa fascinante atividade que tanto influencia e altera a vida no mundo; não (...) apenas um observador externo (como um escritor ou professor), mas interno. Ainda tenho esse sentimento, e quando fico deprimido e com vontade de me livrar de tudo (como já aconteceu de tempos em tempos), a parte que me sustenta é que até mesmo os próprios baques e pontos delicados são experiências, experiências reais no mundo dos negócios (...)

Além disso, [eu também queria ser capaz de fazer] uma comparação entre os dirigentes dos negócios, o espírito, as tensões, as motivações etc. com os do governo (algo que eu estou fazendo, de qualquer modo) — e é preciso atuar nesses universos para entender o governo ou os negócios. Requer uma experiência real e válida no mundo dos negócios de uma certa maneira comparável à do longo período em que trabalhei nos assuntos do governo.

Não me engano achando que um dia serei aceito como um empresário, não depois de todos aqueles anos em que tive chifres, pelo menos para as pessoas fora do vale do Tennessee. E eu me sinto menos na defensiva — o que é geralmente demonstrado pela agressividade — quanto a isso do que eu me sentia quando raramente via um magnata ou uma pessoa de Wall Street, ao passo que agora convivo com eles. (...)

18 de janeiro de 1953: Agora estou claramente comprometido [com a Minerals & Chemicals], pelo menos por mais três anos (...), e moralmente comprometido a levar a cabo os projetos. Embora eu não consiga conceber que este negócio um dia vá parecer suficiente, um fim em si mesmo, para construir uma vida satisfatória, mesmo assim a azáfama, a atividade, as crises, os riscos, as pessoas, os problemas de gestão que preciso enfrentar, a opinião a respeito das pessoas, tudo se combina para tornar as coisas nada monótonas. Adicionando a isso a grande probabilidade de ganhar muito dinheiro. (...) Minha decisão de aventurar-me na área dos negócios — que pareceu para muitas pessoas um pouco de fantasia romântica — faz mais sentido hoje do que fazia um ano atrás. Mas está faltando alguma coisa. (...)

2 de dezembro de 1953: Crawford Greenewalt [presidente da Du Pont] (...) me apresentou em um discurso (na Filadélfia). (...) Ele assinalou que eu tinha ingressado no setor químico; por ter em mente que eu havia anteriormente chefiado os maiores assun-

tos nos Estados Unidos, maiores do que [quaisquer] corporações privadas, ele estava naturalmente um pouco nervoso a respeito de me ver transformado em um possível concorrente. Era uma brincadeira, mas foi uma boa brincadeira. E com certeza chamou a atenção da velha Attapulgus.

30 de junho de 1954: Encontrei um novo tipo de satisfação e, em certo sentido, realização, em uma carreira empresarial. Nunca realmente senti que ser um "consultor" era ser um empresário ou estar envolvido nas realidades da vida empresarial. Afastado demais do verdadeiro processo de pensamento, do exercício de julgamento e decisão. (...) Nesta empresa, da maneira como a estamos expandindo, muitos elementos de diversão estão presentes. (...) O começo com quase nada (...) a companhia dependendo apenas das patentes (...) a aquisição, as fusões, as emissões de ações, os relatórios aos acionistas, os métodos de financiamento interno e dos empréstimos bancários (...) e também a maneira como o preço das ações é formado, a base tola e quase infantil na qual homens adultos se apoiam para decidir se uma ação deve ser comprada, e a que preço (...) a fusão com a Edgar, o grande aumento [subsequente] no preço das ações deles (...) a revisão da estrutura de preços. O início de melhores custos. A ideia catalisadora. O impulso, a energia e a imaginação: os dias e as noites (no laboratório até 2 horas da manhã, noite após noite) e, finalmente, o início de um novo negócio. É uma história e tanto.

(Mais tarde, eu obtive uma perspectiva bastante diferente a respeito das reações de Lilienthal à sua transição do governo para a empresa privada conversando com o homem que ele descrevera como o seu "padre confessor empresarial", Nathan Greene. "O que acontece a um homem que deixa um trabalho de alto nível no governo e vem para Wall Street como consultor?", perguntou-me Greene retoricamente. "Bem, em geral, é um grande desapontamento. No governo, Dave estava acostumado com um sentimento de grande autoridade e poder, uma tremenda responsabilidade nacional e internacional. As pessoas queriam ser vistas ao lado dele. Dignitários estrangeiros o procuravam. Ele tinha todo tipo de conveniência — fileiras de botões na sua mesa de trabalho. Ele os apertava, e advogados, técnicos, contadores surgiam ao seu comando. E agora ele vem para Wall Street. Há uma grande recepção de boas-vindas, ele trava conhecimento com todos os sócios da sua nova empresa e as esposas deles, e recebe uma bonita sala atapetada. Mas não há nada sobre a sua mesa — apenas um botão, e tudo o que este convoca é uma secretária. Ele não tem privilégios como limusines. Além disso, ele realmente não tem nenhuma responsabilidade. Ele diz aos seus botões: 'Sou um homem de ideias, preciso ter algumas ideias.' Ele tem algumas, mas os sócios não dão muita atenção a elas. Então, aparentemente, seu novo trabalho é desapontador. E o conteúdo em si, também. Em Washington, este fora o desenvolvimento de recursos naturais, energia nuclear e coisas do tipo — de grande impacto. Agora, trata-se de um pequeno negócio para ganhar dinheiro. Tudo parece um pouco trivial.

"Há, também, a questão do próprio dinheiro. No governo, o nosso homem hipotético não precisa tão desesperadamente dele. Todos os serviços e comodidades lhe eram fornecidos sem nenhum custo pessoal, e, além disso, ele também tinha um grande sentimento de superioridade moral. Ele era capaz de olhar com desprezo quem estava ganhando dinheiro. Ele podia pensar em alguém da sua turma de direito na faculdade que estava fazendo uma fortuna em Wall Street e dizer: 'É um vendido.' Depois, o nosso homem deixa o governo e vai ele próprio para o antro de luxúria de Wall Street, e diz: 'Por Deus, vou fazer esses caras realmente pagarem pelos meus serviços!' E eles de fato pagam. Ele recebe grandes honorários pela sua consultoria. Aí ele toma conhecimento das grandes alíquotas do imposto de renda, descobre que deve entregar a maior parte de sua renda para o governo, em vez extrair dela sua subsistência. A situação se inverteu. Ele pode começar — e às vezes começa — a gritar 'Confisco!', como qualquer pessoa calejada de Wall Street.

"Como Dave lidou com esses problemas? Bem, ele teve suas dificuldades — afinal de contas, ele estava começando um outro tipo de vida —, mas lidou com elas da melhor maneira possível. Nunca ficou entediado e nunca gritou 'Confisco!'. Ele tem grande capacidade para se envolver a fundo em alguma coisa. O assunto não é tão importante para ele. É quase como se ele fosse capaz de achar que o que está fazendo é importante, seja isso verdade ou não, simplesmente *porque* ele o está fazendo. Sua competência foi inestimável para a Minerals & Chemicals, e não apenas como administrador. Afinal de contas, Dave é advogado; ele sabe mais a respeito de finanças corporativas do que gosta de admitir. Ele sente prazer em bancar o menino caipira, mas está longe de ser assim. Dave é quase um exemplo perfeito de alguém que manteve a independência enquanto enriquecia em Wall Street.")

De uma maneira ou de outra, portanto — depois de ler aquelas declarações ambivalentes no diário e, mais tarde, de ouvir Greene —, tive a impressão de detectar debaixo da exuberância e da absorção um sentimento importuno de insatisfação, quase de acomodação. Para Lilienthal, a verdadeira emoção de ter uma nova experiência, experiência essa quase que inimaginavelmente lucrativa, fora, eu percebi, uma rosa com uma lagarta. Voltei para a sala de estar, onde encontrei Lilienthal deitado de costas no tapete do xá sob uma pilha de crianças bem pequenas. Pelo menos, à primeira vista, parecia uma pilha; ao examinar com mais atenção, constatei que se tratava apenas de dois meninos. A Sra. Lilienthal, que tinha voltado do jardim, os apresentou como Allen e Daniel Bromberger, filhos da filha do casal, Nancy, e Sylvain Bromberger, acrescentando que a família Bromberger estava morando perto deles, pois Sylvain lecionava filosofia na universidade. (Algumas semanas depois, Bromberger se transferiu para a Universidade de Chicago.) O casal só tinha mais um filho, David Jr., que morava em Edgartown, Massachusetts, onde se estabelecera para se tornar escritor, o que efetivamente aconteceu. Por insistência dos avós, as crianças saíram de cima do avô e desapareceram da sala. Quando tudo voltou ao normal, descrevi para Lilienthal as minhas reações às anotações que eu lera no diário, e ele hesitou um pouco antes de falar alguma coisa. "Sim", disse ele, finalmente. "Bem, uma coisa — não era estar ganhando todo aquele dinheiro que me preocupava. Aquilo, por si só, não fazia com que eu me sentisse bem ou mal. Nos anos em que trabalhei para o governo, sempre pagamos nossas contas e, fazendo economia, conseguimos enviar nossos filhos para a faculdade. Nunca pensamos muito a respeito de dinheiro. E, depois, acabar ganhando muito dinheiro, US$1 milhão, obviamente me permitiu que eu fosse preso. Eu nunca tivera especialmente esse propósito, nem pensei que pudesse acontecer comigo. É como quando somos crianças e tentamos saltar 2 metros. Depois, descobrimos que somos capazes de saltar 2 metros, e dizemos: 'Bem, e daí?' É mais ou menos irrelevante. Ao longo dos últimos anos, muitas pessoas têm me perguntado: 'Como é ser rico?' No início, eu ficava um pouco ofendido — parecia haver uma crítica implícita na pergunta —, mas superei isso. Eu respondo que não sinto nada especial. O que eu sinto é... Mas isso vai parecer lugar-comum."

"Não, não acho que seja lugar-comum", disse a Sra. Lilienthal, antevendo o que estava a caminho.

"É sim, mas vou dizê-lo de qualquer maneira", declarou Lilienthal. "Não creio que o dinheiro faça muita diferença, desde que você tenha o suficiente."

"Discordo parcialmente", afirmou a Sra. Lilienthal. "Ele não faz muita diferença quando somos jovens, porque não nos importamos, desde que possamos batalhar. Mas, à medida que vamos envelhecendo, ele *é* bastante útil."

Lilienthal assentiu com a cabeça, concordando. Depois, ele disse que achava que os laivos de insatisfação que eu notara no diário provavelmente procediam, pelo menos em parte, do fato de sua carreira na empresa privada, apesar de bastante interessante, não encerrar as gratificações do trabalho no serviço público. É bem verdade que ele não fora privado inteiramente delas, porque foi no auge das suas operações na Minerals & Chemicals, em 1954, que ele foi pela primeira vez à Colômbia, a pedido do governo daquele país, e, atuando como um consultor com baixa remuneração, iniciou o projeto do vale do Cauca, mais tarde continuado pela Development & Resources Corporation. Mas, de modo geral, ser um executivo importante da Minerals & Chemicals o mantivera com bastantes restrições, e ele tivera de encarar o trabalho na Colômbia como uma atividade paralela, ou até mesmo um hobby. Achei impossível deixar de enxergar um significado simbólico no fato de que o principal material com o qual o empresário se envolvera era argila.

Pensei em outra coisa na vida de Lilienthal naquela época que talvez tenha retirado parte da emoção do processo de se tornar um empresário bem-sucedido. O seu livro *Grandes empreendimentos* foi lançado quando ele estava bastante enfronhado em seu trabalho na Minerals & Chemicals. Já que o livro é um panegírico nada crítico ao livre empreendimento, fiquei curioso e perguntei se ele fora interpretado por algumas pessoas como uma racionalização da sua nova carreira.

"Bem, sem dúvida, as ideias no livro foram, de certa forma, um choque para alguns dos amigos do New Deal do meu marido", declarou a Sra. Lilienthal, um tanto secamente.

"Eles precisavam de um choque, droga!", exclamou Lilienthal. Ele falou com bastante fervor, e eu pensei na frase do seu diário — usada em um contexto inteiramente diferente mas ainda assim com referência a si mesmo — a respeito da atitude defensiva exibida na agressividade. Passado um momento, ele prosseguiu, em um tom normal: "Minha mulher e minha filha acharam que não passei tempo suficiente trabalhando no livro, e elas estavam certas. Escrevi com muita pressa. As minhas conclusões não estão respaldadas em argumentos suficientes. Antes de mais nada, eu deveria ter explicado mais detalhadamente minha oposição à maneira pela qual as leis antitruste são administradas. Mas a parte do antitruste não foi o verdadeiro problema. O que realmente abalou alguns dos meus velhos amigos foi o que eu disse sobre as grandes empresas com relação ao individualismo, e a respeito da máquina com relação à estética. Morris Cooke, antigo administrador da Rural Electrification Administration, foi um dos abalados. Ele me criticou duramente por causa do livro, e retribuí na mesma moeda. Os dogmatistas contrários à grandeza cortaram relações comigo. Eles simplesmente me apagaram do mapa. Não fiquei magoado nem desapontado. Aquelas pessoas estão vivendo de nostalgia; elas olham para trás, e eu procuro olhar para a frente. Havia também, é claro, os destruidores de trustes. Esses *realmente* me perseguiram. No entanto, a destruição dos trustes, no sentido de acabar com as grandes empresas simplesmente porque elas são grandes, não é quase uma relíquia de uma era passada? Mas ainda acho que estava certo nos principais temas do livro; talvez à frente da minha época, porém certo."

"O problema foi a data do lançamento", afirmou a Sra. Lilienthal. "A publicação do livro quase coincidiu com o afastamento de meu marido do serviço público e sua entrada na iniciativa privada. Algumas pessoas acharam que a obra representava uma mudança no ponto de vista induzida pela conveniência. O que não é verdade."

"Claro que não", confirmou Lilienthal. "O livro foi praticamente todo escrito em 1952, mas todas as ideias contidas nele foram produzidas quando eu ainda estava no serviço público. Por exemplo, a minha ideia de que o grande porte é essencial para a segurança nacional teve origem em grande parte nas minhas experiências na A.E.C. A companhia que tinha as instalações industriais e de pesquisa para tornar a bomba atômica uma arma operacional, projetada de maneira a não exigir que fosse manipulada apenas por pessoas com diplomas de doutorado durante as operações — a Bell Telephone, para ser específico — era uma grande companhia. Como ela era tão grande, a Divisão Antitruste do Departamento de Justiça estava procurando desmembrá-la em várias partes — em vão, conforme se revelou mais tarde — exatamente no momento em que nós, na A.E.C., estávamos convidando-a para fazer um trabalho vital de defesa que requeria unidade. Isso pareceu errado. De modo mais geral, todo o ponto de vista que expressei no livro recua à minha discussão com Arthur Morgan, o primeiro presidente do conselho administrativo da T.V.A., no início da década de 1930. Ele tinha muita fé em uma economia artesanal, eu era a favor da indústria em grande escala. Afinal de contas, a T.V.A. era, e ainda é, o maior sistema de energia no mundo livre. Na T.V.A., sempre acreditei na grandeza — junto com a descentralização. Mas o capítulo que eu esperava ser mais polêmico era aquele sobre a grandeza como fomentadora do individualismo. Ele *de fato* gerou discussão, de um certo tipo. Lembro-me de pessoas — a maioria delas acadêmicas — me procurando com uma expressão incrédula e dizendo algo que sempre começava com: 'Você *realmente* acredita: (...)?' Bem, a minha resposta começava com: 'Sim, eu realmente acredito...'".

Outra questão melindrosa a respeito da qual Lilienthal pode ter se questionado no processo de ganhar sua fortuna em Wall Street era o fato de que, ao ganhá-la, ele não *precisou* realmente gritar "Confisco", pois a conseguira por meio de uma brecha tributária, a opção de compra de ações. É possível que tenha havido homens de negócios reformistas, liberais, que se recusaram a aceitar as opções de compra de ações por uma questão de princípios, embora eu nunca tenha ouvido falar de alguém ter feito isso, e tampouco esteja convencido de que essa renúncia seria uma forma de protesto sensata ou proveitosa. De qualquer modo, não fiz nenhuma pergunta a Lilienthal a respeito do assunto; na ausência de qualquer código de jornalismo aceito por todos, todo jornalista escreve o seu, e, de acordo com o meu, essa pergunta teria sido quase uma invasão de privacidade moral. No entanto, em retrospecto, quase desejo que eu tivesse violado o meu código aquela única vez. Lilienthal, por ser Lilienthal, talvez houvesse objetado energicamente à pergunta, mas acho que ele a teria respondido de maneira igualmente enérgica, sem ser evasivo. Do jeito como as coisas correram, depois de discursar sobre as reações críticas ao seu livro, *Grandes empreendimentos*, ele se levantou e caminhou até uma janela. "Vejo que Domenic foi bastante cauteloso a respeito da poda das roseiras", comentou com a esposa. "Talvez eu vá até o jardim mais tarde para cortá-las um pouco mais." O seu maxilar estava posicionado de uma maneira que fez com que eu me sentisse bastante seguro de saber como a controvérsia sobre a poda das roseiras seria resolvida.

A solução triunfante para o problema de Lilienthal — o jeito que ele finalmente encontrou para abraçar o mundo — foi a Development & Resources Corporation. A corporação surgiu de uma série de conversas entre Lilienthal e Meyer durante a primavera de 1955, no decurso das quais Lilienthal ressaltou que tinha um bom relacionamento com dezenas de dignitários e técnicos estrangeiros que tinham ido visitar a T.V.A., e disse que o intenso interesse deles naquele projeto parecia indicar que pelo menos alguns daqueles países seriam receptivos à ideia de iniciar programas semelhantes. "O nosso objetivo ao formar a D & R não foi remodelar o mundo, ou grande parte dele, mas apenas tentar realizar algumas coisas bastante específicas e, incidentalmente, obter lucro", me disse Lilienthal. "André não estava tão seguro a respeito do lucro — nós dois sabíamos que no início haveria um déficit —, mas ele gostou da ideia de fazer coisas construtivas, e a Lazard Frères decidiu nos financiar, em troca de uma participação de 50% na corporação." Clapp, que estava atuando na época como administrador adjunto da cidade de Nova York, entrou como cofundador do empreendimento, e as designações subsequentes tornaram a D & R praticamente uma associação de ex-alunos da T.V.A.: John Oliver, que se tornou vice-presidente executivo estivera com a T.V.A. de 1942 a 1954, acabando como seu gerente-geral; W. L. Voorduin, que se tornou diretor de engenharia, trabalhara com a T.V.A. durante uma década e planejara todo o seu sistema de barragens; Walton Seymour, que se tornou vice-presidente de desenvolvimento industrial, fora um consultor da T.V.A. em marketing de energia elétrica durante 13 anos; e uma dúzia de outros ex-colaboradores da T.V.A. foram espalhados por outras funções.

Em julho de 1955, a D & R estabeleceu-se no número 44 de Wall Street, e se pôs em campo para encontrar clientes. Aquele que se revelaria o mais importante de todos se tornou conhecido durante um encontro do Banco Mundial em Istambul ao qual Lilienthal e sua esposa compareceram, em setembro daquele ano. No encontro, Lilienthal conheceu por acaso Abolhassan Ebtehaj, na ocasião chefe de um plano de desenvolvimento de sete anos no Irã; ao que se revelou, o Irã era praticamente o cliente ideal para a D & R, pois, por um lado, os royalties da sua indústria de petróleo estatizada lhe forneciam um capital considerável com o qual poderia pagar para desenvolvimento dos seus recursos, e, pelo outro, o país precisava desesperadamente de orientação técnica e profissional. O encontro com Ebtehaj resultou em um convite para que Lilienthal e Clapp visitassem o Irã como hóspedes do xá e avaliassem o que poderia ser feito a respeito do Khuzistão. O contrato de emprego de Lilienthal com a Minerals & Chemicals terminava em dezembro daquele ano; embora ele continuasse na empresa como um dos diretores, agora era livre para dedicar todo o seu tempo, ou quase todo, à D & R. Em fevereiro de 1956, ele e Clapp foram ao Irã. "Antes disso, tenho vergonha de confessar, eu nunca ouvira falar no Khuzistão", revelou Lilienthal. "Aprendi muito a respeito a partir de então. Ele foi o núcleo do reino elamita do Antigo Testamento e, mais tarde, do Império Persa. As ruínas de Persépolis não estão muito distantes, e as de Susa, onde o rei Dario tinha o seu palácio de inverno, estão bem no centro do Khuzistão. Nos tempos antigos, toda a região tinha um extenso sistema de conservação da água — ainda é possível encontrar as ruínas de canais que provavelmente foram construídos por Dario há 2,5 mil anos —, mas, depois do declínio do Império Persa, o sistema de água foi arruinado pelas invasões e pelo abandono. Lorde Curzon descreveu como eram os planaltos do Khuzistão um século antes: 'um deserto ao longo do qual os olhos podem perambular ininterruptamente quilômetros a fio.' A província era assim quando chegamos lá. Hoje em dia, o Khuzistão é um dos campos petrolíferos mais ricos do mundo — a famosa refinaria de Abadan está situada na sua extremidade meridional —, mas os habitantes, 2,5 milhões deles, não se beneficiavam disso. Os rios corriam não aproveitados, o solo fabulosamente rico não era cultivado, e todas as pessoas, com exceção de um minúsculo percentual, continuavam a viver em uma pobreza sem esperança. Quando Clapp e eu vimos o lugar pela primeira vez, ficamos estarrecidos. Ainda assim, para dois ex-funcionários da T.V.A. como nós, o lugar era um sonho; estava simplesmente clamando por desenvolvimento. Procuramos lugares para barragens, locais prováveis para procurar minerais e fazer estudos de fertilidade do solo e assim por diante. Vimos clarões de gás natural subindo de poços de petróleo. Isso era um desperdício, e sugeria a construção de fábricas petroquímicas que usariam o gás para fabricar fertilizantes e plásticos. Em oito dias, tínhamos esboçado um plano, e mais ou menos duas semanas depois a D & R tinha assinado um contrato de cinco anos com o governo iraniano.

"Isso foi apenas o começo. Bill Voorduin, nosso engenheiro-chefe, voou até lá e descobriu um lugar maravilhoso para uma barragem a poucos quilômetros das ruínas de Susa — um cânion estreito com paredões que se erguem quase verticalmente do leito do rio Dez. Constatamos que teríamos de administrar o projeto, além de prestar assessoria, de modo que nossa tarefa seguinte foi organizar o grupo de administração. Para lhe dar uma ideia do tamanho do projeto, cerca de 700 pessoas estão trabalhando nele, neste momento, no nível profissional — cem norte-americanas, 300 iranianas e 300 de outras nacionalidades, em sua maioria europeus, que trabalham diretamente para empresas com subcontratos. Além disso, o projeto conta com cerca de 4,7 mil operários iranianos. No cômputo geral, temos mais de 5 mil pessoas envolvidas. O plano completo inclui 14 barragens, em cinco diferentes rios, e levará muitos anos para ser concluído. A D & R acaba de completar seu primeiro contrato, de cinco anos, e assinou outro, de um ano e meio, com uma opção de renovação por outros cinco. Muito já foi feito. Tomemos a primeira barragem — a do rio Dez. Ela terá 189 metros de altura, o que significa que terá mais do que uma vez e meia a altura da barragem de Assuã, no Egito, e com o tempo irrigará 148 mil hectares e gerará 520 mil quilowatts de eletricidade. Ela deverá estar terminada em 1963. Nesse ínterim, teve início uma plantação de cana-de-açúcar — a primeira no Khuzistão depois de 25 séculos —, irrigada por água bombeada; ela deverá produzir sua primeira safra este verão, e uma refinaria de açúcar estará pronta quando isso acontecer. Além disso, com o tempo, a região suprirá sua própria energia elétrica a partir das barragens, mas no período intermediário uma linha de alta tensão, a primeira no Irã, foi instalada ao longo dos 116 quilômetros de Abadan a Ahvaz — uma cidade com 120 mil habitantes cuja única fonte de energia anterior era proveniente de uma dúzia de geradores a diesel que raramente funcionavam."

Enquanto o projeto iraniano avançava, a D & R também estava ocupada organizando e pondo em prática os seus programas para Itália, Colômbia, Gana, Costa do Marfim e Porto Rico, bem como programas para grupos empresariais privados no Chile e nas Filipinas. Um serviço que a D & R acabara de contratar com o Corpo de Engenheiros do Exército dos Estados Unidos deixou Lilienthal tremendamente empolgado — uma investigação do impacto econômico da energia de uma barragem proposta no setor alasquiano do Yukon, que ele descreveu como "o rio com o maior potencial hidroelétrico remanescente neste continente". Nesse ínterim, a Lazard Frères reteve sua participação financeira na empresa e alegremente recolheu sua parcela de um avantajado lucro anual, e Lilienthal passou, também alegremente, a implicar com Meyer por causa do seu antigo ceticismo quanto às perspectivas financeiras da D & R.

A nova carreira de Lilienthal significara uma vida altamente itinerante para ele e para a Sra. Lilienthal. Ele me mostrou seu diário de viagem de 1960, segundo ele, um ano relativamente típico, no qual estava escrito:

> 23 de janeiro a 26 de março: Honolulu, Tóquio, Manila; Iligan, Mindanao; Manila, Bangcoc, Siem Reap, Bangcoc; Teerã, Ahvaz, Andimeshk, Ahvaz, Teerã; Genebra, Bruxelas, Madri; casa. 11 a 17 de outubro: Buenos Aires; Patagônia; casa. 18 de novembro a 5 de dezembro: Londres, Teerã, Roma, Milão, Paris, casa.

Em seguida, ele pegou o caderno do seu diário relacionado com essas viagens. Ao dar uma olhada nas páginas sobre a sua permanência no Irã, no início da última primavera, fiquei particularmente impressionado com alguns trechos:

> Ahvaz, 5 de março: O clamor das mulheres árabes quando o grande Chrysler preto do xá passou por elas, uma sólida fileira ao longo do caminho que vinha do aeroporto, me fez pensar no brado dos rebeldes;* em seguida, eu o reconheci: era o grito dos índios, do tipo que costumávamos fazer na infância, movendo as mãos sobre a boca para emitir aquele lamento ondulante.

> Ahvaz, 11 de março: Nossa experiência nas cabanas dos homens da aldeia me fez refletir bastante. Pairei entre o desespero — uma emoção que considero um pecado — e a raiva, que não é muito produtiva, suponho eu.

> Andimeshk, 9 de março: (...) Percorremos muitos quilômetros, no meio da poeira, de buracos de lama, nos quais ficávamos empacados, e de algumas das "estradas" mais esburacadas que já conheci — e também viajamos de volta ao século IX, e, antes dele, visitando aldeias e entrando em "lares" de barro quase inacreditáveis —, e eternamente inesquecíveis. Nas palavras do juramento bíblico: Que a minha mão direita definhe se eu jamais me esquecer de como vivem alguns dos mais encantadores dos meus semelhantes — como estão vivendo esta noite, a poucos quilômetros daqui, onde os visitamos esta tarde. (...)

> E, no entanto, é tão certo quanto o fato de que redigindo estas anotações que a área de Ghebli, com

---

*O brado dos rebeldes era um grito de guerra usado pelos soldados confederados durante a Guerra Civil norte-americana. (N. da T.)

apenas 18 mil hectares, engolfada na vastidão do Khuzistão, se tornará tão conhecida quanto, digamos, a comunidade de Tupelo (...), ou New Harmony ou Salt Lake City quando foi fundada por um punhado de homens dedicados em um desfiladeiro das Montanhas Rochosas.

As sombras da tarde estavam se alongando sobre a Battle Road, e já era hora de eu ir embora. Lilienthal me acompanhou até o carro, e no caminho eu perguntei se ele de vez em quando sentia falta das discussões tumultuadas e da ribalta, de ser talvez o homem mais polêmico de Washington. Ele sorriu e disse: "Com certeza." Quando chegamos ao carro, ele prosseguiu: "Nunca tive a intenção de ser especialmente combativo, nem em Washington nem no vale do Tennessee. As pessoas simplesmente discordavam de mim o tempo todo. Mas concordo que talvez eu não tivesse me colocado em tantas situações polêmicas se não as desejasse. Creio que eu era, *de fato*, combativo. Eu me interessava por boxe, quando era menino. No ensino médio — em Michigan City, Indiana —, eu costumava lutar boxe com um primo meu, e quando fui para a faculdade, em DePauw, na região central do estado, passei a lutar boxe nos verões com um homem que fora um lutador profissional na categoria de peso meio-pesado. Ela era chamado de Tacoma Tiger. Exercitar-me com ele era um desafio. Se eu cometesse um erro, pararia no chão. Eu desejava, apenas uma vez, derrubá-lo *para valer*. Era a minha ambição. Nunca consegui, é claro, mas me tornei um lutador de boxe razoável. Eu me tornei treinador de boxe em DePauw durante a graduação. Mais tarde, na Faculdade de Direito de Harvard, não tive tempo para continuar, e nunca mais lutei boxe a sério novamente. Mas não creio que, para mim, o boxe fosse uma expressão de combatividade pela combatividade em si. Acho que eu considerava a defesa pessoal uma maneira de preservar a independência pessoal. Aprendi isso com o meu pai. 'Tome conta de si mesmo', ele costumava dizer. Ele viera da Áustria-Hungria, da parte onde é hoje a Tchecoslováquia Oriental, na década de 1880, quando tinha cerca de 20 anos, e passou a vida adulta como lojista em várias cidades do Centro-Oeste: Morton, Illinois, onde eu nasci; Valparaíso, Indiana; Springfield, Missouri; Michigan City e, mais tarde, Winamac, Indiana. Ele tinha olhos azuis muito claros que refletiam o seu interior. Olhando para ele, era possível dizer que ele não trocaria a independência pela segurança. Ele não sabia dissimular, e não teria desejado fazê-lo se soubesse como. Bem, voltando ao fato de eu ser polêmico, ou combativo, ou como você o chame, em Washington — de fato, alguma coisa está faltando quando você não tem mais um McKellar* falando francamente, sem rodeios. O equivalente moral disso para mim agora é aceitar diferentes tipos de McKellars ou Tacoma Tigers, talvez — a Minerals & Chemicals, a D & R —, e tentar enfrentá-los."

Voltei a visitar Lilienthal no início do verão de 1968, dessa vez no terceiro escritório central da D & R, uma suíte com esplêndida vista do porto na rua Whitehall I. Nesse ínterim, tanto a D & R quanto ele tinham seguido em frente. No Khuzistão, a barreira do Dez fora concluída no prazo; o represamento da água tivera início em novembro de 1962, a primeira energia foi fornecida em maio de 1963 e a região não apenas estava suprindo sua própria energia como

---

*O autor está se referindo ao senador Kenneth Douglas McKellar, que teve um longo desentendimento com Lilienthal quando este era chefe da T.V.A. (N. da T.)

também produzindo um excedente suficiente para atrair indústrias estrangeiras. Nesse meio-tempo, a agricultura na região, antes árida, estava prosperando em decorrência da irrigação, possível graças à barragem, e, nas palavras de Lilienthal — agora com 68 anos e combativo como sempre — "Os sombrios economistas devem se mostrar pessimistas a respeito de algum outro país subdesenvolvido." A D & R acabara de assinar um novo contrato de cinco anos com o Irã para dar continuidade ao trabalho. Em outros aspectos, a empresa expandira sua clientela, que agora contava com 14 países; o seu empreendimento mais polêmico foi no Vietnã, onde, por meio de um contrato com o governo dos Estados Unidos, ela estava cooperando com um grupo semelhante de sul-vietnamitas na elaboração de planos para o desenvolvimento pós-guerra do vale do Mekong. (Essa missão conduzira a críticas a Lilienthal da parte daqueles que a interpretaram como uma indicação de que ele apoiava a guerra; na realidade, segundo o próprio Lilienthal, ele encarava a guerra como um resultado desastroso de uma série de "erros de julgamento", e considerava o planejamento do desenvolvimento de recursos pós-guerra como uma questão separada. Não obstante, ficou bastante claro que as críticas o tinham magoado.) Ao mesmo tempo, a D & R estava ampliando seus horizontes ao começar a se deslocar, inesperadamente, para o desenvolvimento urbano nacional, tendo se envolvido com grupos patrocinados por fundações privadas em Queens County, Nova York e Oakland County, Michigan para ver se a abordagem da T.V.A. poderia ter algum valor para lidar com esses desertos modernos, as favelas. "Finja que isto é a Zâmbia e nos diga o que vocês fariam", disseram esses grupos, de fato, para a D & R — uma ideia loucamente imaginativa, sem dúvida, cuja utilidade ainda precisa ser provada.

Quanto à D & R propriamente dita e o seu lugar no mundo dos negócios norte-americano, Lilienthal relatou que, depois da última vez que nos víramos, a empresa se expandira bastante, abrindo inclusive outro escritório permanente na Costa Oeste, aumentara consideravelmente os seus lucros e se tornara essencialmente propriedade dos funcionários, com a Lazard retendo apenas uma participação simbólica. O mais animador, em uma época na qual as empresas tradicionais estavam tendo sérios problemas de recrutamento porque sua obsessão pelo lucro estava repelindo os jovens imbuídos de ideais mais nobres, a D & R descobriu que seus objetivos idealistas a tornavam um ímã para os recém-formados promissores. E, em decorrência de tudo isso, Lilienthal pôde finalmente dizer o que não fora capaz de dizer quando nos encontráramos anteriormente — que a iniciativa privada estava agora lhe proporcionando mais satisfação do que ele jamais extraíra do serviço público.

Será, então, a D & R um protótipo da livre empresa do futuro, prestando contas parcialmente aos seus acionistas e parcialmente ao restante da humanidade? Se for este o caso, então a ironia está completa, e Lilienthal, quem diria, acaba sendo o empresário prototípico.

10. Temporada de acionistas

Há alguns anos, um diplomata europeu foi citado no *New York Times* por ter dito: "A economia norte-americana se tornou tão grande que compreendê-la está além da imaginação. Mas agora, além do tamanho, estamos tendo também um rápido crescimento. É uma situação de poder fundamental sem parâmetros na história do mundo." Mais ou menos na mesma ocasião, A. A. Berle escreveu, em um estudo do poder corporativo, que as aproximadamente 500 corporações que dominam essa economia "representam uma concentração de poder sobre os aspectos econômicos que faz com que o sistema feudal medieval pareça uma festa da escola dominical". Quanto ao poder dentro dessas corporações, ele claramente se encontra, para todos os efeitos práticos, nas mãos de seus diretores e administradores profissionais (que frequentemente não são proprietários importantes), que, Berle prossegue sugerindo no mesmo artigo, às vezes, constituem uma oligarquia que se autoperpetua. Quase todos os observadores imparciais hoje em dia parecem sentir que a liderança dos oligarcas, do ponto de vista social, não é, de modo nenhum, tão ruim quanto poderia ser, e em muitos casos é bastante satisfatória; no entanto, independentemente de como isso seja, o poder supremo, em teoria, não reside de maneira nenhuma neles. De acordo com a forma corporativa de organização, esse poder supremo está nas mãos de acionistas; nas empresas comerciais norte-americanas de todos os tipos e tamanhos, há mais de 200 milhões deles. Embora os tribunais tenham determinado repetidamente que os diretores não precisam seguir as instruções dos acionistas, assim como um congressista não precisa seguir as instruções dos seus eleitores, os acionistas, mesmo assim, elegem os diretores, com base no princípio lógico, embora não exatamente democrático, de um voto por ação. Os acionistas são privados do seu verdadeiro poder por uma série de fatores, entre os quais estão sua indiferença com relação a ele nas épocas de lucros crescentes e dividendos, sua ignorância dos assuntos corporativos e seu grande número. De uma maneira ou de outra, eles votam se aprovam ou não a lista de candidatos à direção executiva, e o resultado da maioria das eleições da diretoria encerra um certo toque russo — 99% ou mais dos votos são a favor dos nomes da lista. A principal ocasião, e em muitos casos a única, em que os acionistas fazem sua presença sentida pela administração é na reunião anual. As reuniões anuais das empresas geralmente são realizadas na primavera, e em determinada primavera, a de 1966, circulei por algumas delas para tomar conhecimento do que os detentores teóricos de todo aquele poder feudal tinham a dizer por si mesmos, e também do estado das suas relações com os diretores eleitos.

O que mais me chamou a atenção na temporada de 1966 foi o fato de ela prometer ser particularmente animada. Várias notícias sobre uma nova "abordagem linha-dura" da parte da direção executiva das empresas para com os acionistas tinham sido publicadas na imprensa. (Fiquei encantado com a ideia de um candidato a um cargo na diretoria anunciar sua nova abordagem linha-dura aos eleitores pouco antes de uma eleição.) Foi noticiado que a nova abordagem era consequência de eventos ocorridos nas reuniões do ano anterior, nas quais um novo recorde de desobediência dos acionistas tinha sido registrado. O presidente do conselho administrativo da Communications Satellite Corporation foi obrigado a chamar guardas para expulsar à força da reunião da empresa dois acionistas extremamente inconvenientes, em Washington. Harland C. Forbes, então presidente do conselho administrativo da Consolidated Edison, ordenou que um importuno fosse retirado do recinto em Nova York, e na Filadélfia, Frederick R. Kappel, presidente do conselho administrativo da American Telephone & Telegraph, foi instigado a anunciar abruptamente: "Esta reunião não está sendo dirigida pelas diretrizes do livro *Regras de ordem de Robert**. Está sendo dirigida por mim." (O diretor executivo da American Society of Corporate Secretaries explicou posteriormente que a aplicação das regras de Robert teria tido o efeito de restringir a liberdade de expressão dos acionistas e não de aumentá-la. O Sr. Kappel, indicou o secretário, estava apenas protegendo os acionistas da tirania parlamentar.) Em Schenectady, Gerald L. Phillippe, diretor do conselho administrativo da General Electric, depois de duelar durante várias horas com os acionistas resumiu a sua nova linha-dura dizendo: "Quero deixar claro que no próximo ano, e nos anos vindouros, a presidência poderá muito bem

---

**Regras de ordem de Robert* é o título abreviado de um livro escrito originalmente em 1876 pelo brig. gen. Henry Martyn Robert, que contém regras e práticas destinadas à adoção no controle de assembleias deliberativas. (*N. da T.*)

adotar uma atitude mais rigorosa." De acordo com a revista *Business Week*, a direção executiva da GE designou, então, uma força-tarefa especial com a missão de verificar o que poderia ser feito sobre a repressão dos importunos por meio de uma mudança no padrão da reunião anual, e, no início de 1966, a bíblia da administração, a *Harvard Business Review*, entrou em ação com um artigo de O. Glenn Saxon Jr., dirigente de uma empresa especializada em serviços ao investidor para a direção executiva, na qual o autor recomendou vividamente que os presidentes das reuniões anuais "reconhecessem a autoridade inerente à função do presidente, e decidissem usá-la da maneira apropriada". Aparentemente, os detentores teóricos do poder fundamental sem precedentes estavam prestes a ser colocados em seu devido lugar.

Uma das coisas que não pude deixar de notar enquanto examinava a programação das principais reuniões do ano foi a tendência de que elas não fossem realizadas em Nova York ou nas proximidades da cidade. A razão oficial apresentada foi que a medida seria conveniente para acionistas de outras áreas que raramente, ou talvez nunca, tivessem podido comparecer às reuniões; no entanto, a maioria dos acionistas dissidentes turbulentos parece estar estabelecida na área de Nova York, e os deslocamentos estavam tendo lugar no ano da nova linha-dura, de modo que considerei a probabilidade de um relacionamento entre esses dois fatos nada remota. Os portadores de ações da United States Steel, por exemplo, se reuniriam em Cleveland, fazendo sua segunda incursão fora de Nova Jersey, o estado natal da companhia, desde a sua formação, em 1901. A General Electric estava saindo do estado de Nova York pela terceira vez nos anos recentes — e indo para bem longe, para a

Geórgia, um estado no qual a direção executiva pareceu ter descoberto, de repente, 5,6 mil acionistas (o que equivalia a pouco mais de 1% da relação total de acionistas da companhia) que precisavam urgentemente de uma chance para comparecer a uma reunião anual. A maior das empresas, a American Telephone & Telegraph, escolhera Detroit, que era o terceiro local de reunião fora de Nova York em sua história de 81 anos, o segundo tendo sido Filadélfia, onde a sessão de 1965 teve lugar.

Para inaugurar minha temporada de comparecimento a reuniões, segui o rastro da AT & T até Detroit. Folheando alguns jornais no avião quando me dirigia para lá, descobri que o número de acionistas da empresa tinha aumentado para um recorde absoluto de quase 3 milhões, e me perguntei o que aconteceria na improvável eventualidade de que todos eles, ou até mesmo a metade deles, aparecessem em Detroit e exigissem assentos na reunião. De qualquer modo, cada um deles recebeu pelo correio, algumas semanas antes, um aviso sobre a reunião junto com um convite formal de comparecimento, e me pareceu quase certo que a indústria norte-americana tinha conseguido bater um recorde — a primeira vez que quase 3 milhões de convites individuais para qualquer tipo de evento em qualquer lugar tinham sido enviados pelo correio. Os meus receios com relação à primeira situação se revelaram infundados quando cheguei ao Cobo Hall, um enorme auditório à beira-rio, onde a reunião aconteceria. O local estava longe de estar cheio; os Yankees, nos seus melhores dias, teriam ficado desgostosos com um comparecimento desses em qualquer tarde de um dia útil. (Os jornais no dia seguinte disseram que 4.016 pessoas tinham comparecido.) Olhando em volta, notei no público várias famílias com crianças pequenas, uma mulher em uma cadeira de rodas, um homem barbado e apenas dois acionistas negros — este último comentário tendo a intenção de sugerir que os proclamadores do "capitalismo do povo" poderiam muito bem estabelecer alguma coordenação com o movimento dos direitos civis. A hora anunciada da reunião era 13h30, e o Sr. Kappel, presidente do conselho administrativo, entrou pontualmente no recinto e se encaminhou para um atril na plataforma; os 18 outros diretores da AT & T agruparam-se em uma fileira de assentos logo atrás dele, e o Sr. Kappel bateu o martelo para abrir a sessão.

A partir do que eu lera e das reuniões anuais a que eu comparecera em anos anteriores, eu sabia que as reuniões das maiores companhias geralmente são marcadas pela presença dos chamados acionistas profissionais — pessoas que se dedicam em tempo integral a comprar ações de empresas ou obter os relatórios aos acionistas de outros acionistas, informando-se mais ou menos intimamente a respeito dos assuntos das corporações e comparecendo às reuniões anuais para fazer perguntas ou propor resoluções — e que os membros mais famosos desse gênero eram a Sra. Wilma Soss, de Nova York, que chefia uma organização de mulheres acionistas e vota com as procurações dos seus membros, bem como com as suas próprias ações, e Lewis D. Gilbert, também de Nova York, que representa os seus títulos e os da sua família — um total considerável. O que eu não sabia, e descobri na reunião da AT & T (e em outras a que compareci mais tarde), foi que, além dos discursos preparados dos dirigentes, muitas reuniões das grandes empresas realmente consistem em um diálogo — em alguns casos, é mais um duelo — entre o presidente e alguns acionistas profissionais. As contribuições dos não profissionais tendem fortemente para perguntas desinformadas ou insípidas e elogios empolados à administração, de modo que a tarefa de fazer críticas convincentes ou perguntas embaraçosas compete aos profissionais. Embora em grande medida autodesignados, eles se tornam, na falta de outra opção, os únicos representantes de um enorme grupo de interesse que pode precisar urgentemente de representação. Alguns deles não são muito bons representantes, e alguns são tão ruins que a sua conduta suscita problemas no comportamento norte-americano; estes dizem repetidamente coisas nas reuniões anuais — coisas grosseiras, tolas, insultantes e abusivas — que são aparentemente permissíveis pelas regras corporativas mas que com certeza não são permissíveis pelas regras da sala de estar, e às vezes conseguem conferir às reuniões anuais de poderosas companhias a atmosfera de brigas de curral. A Sra. Soss, ex-relações-públicas que tem sido uma incansável acionista profissional desde 1947, está geralmente em um nível bem acima desse. É bem verdade que ela não está além de tentar agradar às massas vestindo trajes bizarros nas reuniões; ela tenta, com ocasional sucesso, provocar os presidentes recalcitrantes para que a expulsem do recinto; ela frequentemente repreende e, de vez em quando, é abusiva; e ninguém poderia acusá-la de ser indevidamente concisa. Confesso que seu tom e seus modos me irritam, mas não posso deixar de reconhecer que, como faz o seu dever de casa, ela geralmente tem razão. O Sr. Gilbert, que vem fazendo o mesmo desde 1933 e é o decano de todos eles, quase invariavelmente tem razão e, em comparação com os seus colegas, ele é a essência da brevidade e meticulosidade, bem como da dedicação e da perseverança. Desprezados como são os acionistas profissionais pela direção executiva da maioria das empresas, a Sra. Soss e o Sr. Gilbert são bastante reconhecidos para estar relacionados em *Who's Who in America*; além disso, independentemente da satisfação que isso possa causar a eles, os dois são os Agamenons e os Ajax anônimos, invariavelmente chamados de "indivíduos", em algumas das epopeias em prosa produzidas pelo próprio *Establishment*. ("A maior parte do período de discussão foi tomada por perguntas e declarações de alguns indivíduos a respeito de assuntos que dificilmente podem ser considerados relevantes. [...] Dois indivíduos interromperam o discurso de abertura do presidente. [...] O presidente informou aos indivíduos que o tinham interrompido que eles teriam de escolher entre cessar a interrupção ou sair da reunião. [...])" É o que reza, em parte, o relatório oficial da reunião anual de 1965 da AT & T. E embora o artigo do Sr. Saxon na *Harvard Business Review* fosse inteiramente a respeito dos acionistas profissionais e de como lidar com eles, a dignidade corporativa do autor não lhe permitiu mencionar o nome de nenhum deles. Evitar isso exigiu grande habilidade, mas o Sr. Saxon realizou a façanha.

Tanto a Sra. Soss quanto o Sr. Gilbert estavam presentes no Cobo Hall. Na realidade, mal a reunião começara, o Sr. Gilbert se levantou, queixando-se de que várias resoluções que ele pedira à companhia que fossem incluídas no relatório aos acionistas e no programa da reunião tinham sido omitidas de ambos. O Sr. Kappel — um homem de aparência austera, com óculos com armação de aço, que era inequivocamente moldado na forma corporativa altiva tradicional, e não na nova, mais permissiva — respondeu brevemente que as propostas de Gilbert não eram adequadas para serem apresentadas à consideração dos acionistas e que, de qualquer modo, tinham sido submetidas tarde demais. O Sr. Kappel anunciou, então, que passaria a fazer um relato sobre as operações da companhia, a partir do qual os outros 18 diretores marcharam em fila para fora da plataforma. Evidentemente, eles estavam ali para ser apresentados, não para lidar com perguntas dos acionistas. Não sei exatamente para onde eles foram; eles desapareceram do meu campo de visão, e a minha dúvida não foi esclarecida quando, mais tarde na reunião, o Sr. Kappel respondeu à pergunta de um acionista a respeito do paradeiro deles com a lacônica declaração: "Eles estão aqui." Prosseguindo sozinho, o Sr. Kappel afirmou no seu relato que "os negócios estão em rápida expansão, os lucros são bons e a expectativa que temos adiante é que as coisas continuem caminhando assim", declarou que a AT & T estava ansiosa para que a Comissão Federal de Comunicações [Federal Communications Commission] desse prosseguimento à sua investigação das tarifas telefônicas, pois a companhia não tinha nada a esconder, e depois pintou a imagem de um radiante futuro telefônico no qual "telefones com imagem" serão corriqueiros e feixes luminosos carregarão mensagens.

Quando o discurso do Sr. Kappel terminou e a lista de diretores patrocinada pela administração para o ano seguinte fora devidamente designada, a Sra. Soss se levantou para fazer uma indicação — a Dra. Frances Arkin, uma psicanalista. A Sra. Soss explicou que achava que a AT & T deveria ter uma mulher na diretoria, e que, além disso, ela, às vezes, considerava que alguns dos executivos da empresa seriam beneficiados por exames psiquiátricos ocasionais. (Esse comentário me pareceu gratuito, mas o equilíbrio de conduta entre os mandachuvas e os acionistas foi subsequentemente restabelecido, acredito eu, em outra reunião, quando o presidente sugeriu que alguns dos acionistas deveriam se consultar com um psiquiatra.) A indicação da Dra. Arkin foi apoiada pelo Sr. Gilbert, mas somente depois de a Sra. Soss, que estava sentada a dois assentos de distância dele, estender o braço e cutucá-lo vigorosamente nas costelas. Logo em seguida, uma acionista profissional chamada Evelyn Y. Davis reclamou do local da reunião, queixando-se de que fora obrigada a ir de Nova York até lá de ônibus. A Sra. Davis, uma mulher morena, era a mais jovem e talvez a mais bonita dos acionistas profissionais, mas, baseado no que vi na reunião da AT & T e em outras, não era a mais bem-informada ou a mais moderada, séria ou experiente. Nessa ocasião, ela foi saudada por vaias ensurdecedoras, e quando o Sr. Kappel respondeu dizendo: "A senhora está sendo inadequada. Está apenas falando à toa", ele foi ruidosamente aclamado. Foi somente aí que compreendi a natureza da vantagem que a companhia ganhara ao mudar o local da reunião para longe de Nova York: ela não conseguira se livrar das pessoas impertinentes, mas conseguira colocá-las em um ambiente no qual elas estavam sujeitas à severidade daquela grande emoção norte-americana, o orgulho regional. Uma senhora com um chapéu florido que declarou ser de Des Plaines, em Illinois, enfatizou o ponto, levantando-se para dizer: "Eu gostaria que algumas das pessoas presentes se comportassem como adultos inteligentes, em vez de como crianças de 2 anos." (Aplausos prolongados.)

Mesmo assim, as críticas do Leste continuaram, e às 15h30, após duas horas de reunião, o Sr. Kappel estava claramente ficando irritado; ele começou a andar de um lado para o outro na plataforma e as suas repostas foram ficando cada vez mais breves. "OK, OK" foi tudo o que respondeu a uma queixa de que ele era ditatorial. O clímax aconteceu em uma discussão entre ele e a Sra. Soss a respeito do fato de que a AT & T, embora tivesse relacionado as afiliações empresariais dos indicados à diretoria em um folheto distribuído na reunião, deixara de relacioná-las no material que fora enviado pelo correio para os acionistas, cuja esmagadora maioria não estava na reunião e tinha votado por procuração. A maioria das outras grandes empresas fornece essas informações nos relatórios que enviam pelo correio aos acionistas, de modo que os acionistas aparentemente tinham direito a uma explicação razoável de por que a AT & T deixara de fazer isso, mas em algum ponto ao longo do caminho a razão foi deixada para trás. À medida que o diálogo progredia, a Sra. Soss adotou um tom de repreensão e o Sr. Kappel um tom glacial; quanto ao público, este estava se divertindo vaiando o cristão, se é isso o que a Sra. Soss representava, e aclamando o leão, se é isso que o Sr. Kappel representava. "Não consigo ouvi-lo, meu senhor", declarou a Sra. Soss em determinado momento. "Bem, se a senhora escutasse em vez de falar", replicou o Sr. Kappel. Em seguida, a Sra. Soss disse algo que não ouvi, mas deve ter sido um comentário bastante mordaz, porque a conduta do Sr. Kappel mudou completamente, de gelo para fogo; ele começou a agitar o dedo em riste e a dizer que não admitiria mais ofensas; e o microfone de chão que a Sra. Soss estava usando foi abruptamente desligado. Seguida a uma distância de 3 ou 4 metros por um guarda de segurança uniformizado, e acompanhada por vaias e batidas de pé ensurdecedoras, a Sra. Soss marchou pelo corredor e assumiu uma posição diante da plataforma, bem em frente ao Sr. Kappel, que lhe informou saber que ela queria ser retirada do recinto e que ele se recusava a fazê-lo.

Finalmente, a Sra. Soss voltou ao seu assento e todo mundo se acalmou. O restante da reunião, dedicado em grande medida a perguntas e comentários de acionistas amadores, e não de profissionais, foi certamente menos animada do que a parte anterior, e o seu conteúdo intelectual não foi muito melhor. Acionistas de Grand Rapids, Detroit e Ann Arbor sugeriram ser melhor deixar que os diretores dirigissem a companhia, embora o homem de Grand Rapids tenha reclamado delicadamente que não conseguia mais captar em sua localidade o programa de televisão *Bell Telephone Hour*. Um homem de Pleasant Ridge, Michigan, se manifestou em nome dos acionistas aposentados que gostariam que a AT & T reinvestisse menos os seus lucros na expansão dos negócios, para que pudesse pagar maiores dividendos. Um acionista da região rural de Louisiana declarou que, quando pegava o telefone ultimamente, a telefonista demorava cinco ou dez minutos para atender. "Vim chamar a sua atenção para isso", declarou o homem de Louisiana, e o Sr. Kappel prometeu que mandaria alguém verificar o que estava acontecendo. A Sra. Davis fez uma queixa a respeito das contribuições da AT & T para instituições beneficentes, dando ao Sr. Kappel a oportunidade de responder que ele estava feliz pelo fato de haver pessoas mais caridosas do que ela no mundo. (Aplausos dos isentos de impostos.) Um homem de Detroit disse o seguinte: "Espero que as afrontas cometidas contra o senhor por alguns descontentes não o impeçam de trazer a reunião de volta para o grande Centro-Oeste." Foi anunciado que a Dra. Arkin não fora eleita para uma cadeira na diretoria, pois recebera votos de apenas 19.106 ações contra cerca de 4 milhões, incluídos os votos por procuração, para cada candidato da lista da direção executiva. (Ao aprovar a lista da direção executiva, um eleitor por procuração pode, na verdade, se opor a uma indicação no local da reunião, mesmo sem saber nada a respeito dela.) E foi assim que transcorreu a reunião anual de 1966 da maior companhia do mundo — pelo menos até as 17h30, quando só restavam no local poucas centenas de acionistas e eu me encaminhei para o aeroporto para pegar um avião de volta para Nova York.

A reunião da AT & T me deixou pensativo. As reuniões anuais, refleti, podem ser ocasiões que testam a alma de um admirador do governo democrático representativo, ainda mais quando ele tem um sentimento de culpa por estar sendo solidário com o presidente persistentemente atormentado pela audiência. Os acionistas profissionais, nos seus momentos mais extravagantes, são a arma secreta da direção executiva; uma Sra. Soss e uma Sra. Davis no auge da comoção poderiam ter feito o comodoro Vanderbilt e Pierpont Morgan parecerem afáveis cavalheiros, e elas podem fazer com que um magnata moderno como o Sr. Kappel pareça um marido dominado pela mulher, ou mesmo um verdadeiro defensor dos direitos dos acionistas. Nesses momentos, os acionistas profissionais se tornam, a partir de um ponto de vista prático, inimigos da dissidência inteligente. Por outro lado, pensei eu, eles também merecem certa solidariedade, quer acreditemos ou não que eles estão certos, porque estão na posição de representar um grupo de interesse que não quer ser representado. É difícil imaginar alguém mais relutante em reivindicar os seus direitos democráticos, ou mais desconfiado de qualquer pessoa que tente reivindicá-los para eles, do que um acionista engordado por dividendos — e, é claro, quase todos os acionistas estão obesos com os dividendos pagos hoje em dia. Berle se refere ao estado de possuir ações como sendo, por natureza, "passivo-receptivo", em vez de "gerenciador e criador"; a maioria dos acionistas da AT & T em Detroit, ao que me pareceu, estava tão profundamente envolvida com a ideia da empresa como Papai Noel que foram além da receptividade passiva, tocando as raias do amor interesseiro. E senti que os acionistas profissionais tinham se encarregado de uma missão quase tão ingrata quanto a de recrutar membros para a Liga da Juventude Comunista entre os executivos juniores do Chase Manhattan Bank.

Devido à advertência de Phillippe, presidente do conselho administrativo, aos acionistas da General Electric em Schenectady em 1965 e ao relatório sobre a força-tarefa linha-dura da companhia, embarquei rumo ao sul, em um Pullman, para a reunião anual, com a sensação de estar envolvido em uma perseguição sem trégua. O encontro foi realizado no Auditório Municipal de Atlanta, um salão elegante, cuja parte posterior era realçada por um jardim interior com árvores e um gramado, e, apesar do fato de a reunião ter tido lugar em uma langorosa e chuvosa manhã sulista da primavera, mais de mil acionistas da GE compareceram. Até onde pude ver, três eram negros, e não demorou muito para que eu constatasse que outro acionista era a Sra. Soss.

Por mais exasperado que ele possa ter ficado no ano anterior em Schenectady, o Sr. Phillippe, que também estava conduzindo a reunião de 1966, desta vez estava no perfeito controle de si mesmo e da situação. Quer estivesse discorrendo detalhadamente sobre as maravilhas do balanço patrimonial da GE e das suas descobertas de laboratório ou discutindo com os acionistas profissionais, ele falou da mesma maneira monótona, trilhando delicadamente o estreito limite entre a exposição paciente e cuidadosa e a ironia. O Sr. Saxon, no seu artigo na *Harvard Business Review*, tinha escrito o seguinte: "Os executivos de alto escalão acham necessário aprender a reduzir o impacto adverso dos poucos importunos sobre a maioria dos acionistas, ao mesmo tempo que enfatizam os efeitos positivos do que acontece na reunião anual." E como eu havia descoberto algum tempo antes que o mesmo Sr. Saxon tinha sido contratado pela GE como orientador nas relações com os acionistas, não pude deixar de suspeitar de que a performance do Sr. Phillippe era uma demonstração prática de saxonismo. Os acionistas profissionais, da sua parte, reagiram adotando precisamente o mesmo estilo ambíguo, e o diálogo resultante tinha a aparência de uma conversa entre duas pessoas que tinham brigado e depois decidido, não muito sinceramente, fazer as pazes. (Os acionistas profissionais poderiam ter exigido saber quanto dinheiro a GE tinha gasto com a finalidade de mantê-los sob controle, mas perderam a oportunidade.) Uma das trocas de palavras nessa atmosfera alcançou um toque de sagacidade. A Sra. Soss, falando no seu tom de voz mais doce, chamou atenção para o fato de um dos candidatos ao conselho diretor da empresa — Frederick L. Hovde, presidente da Universidade Purdue e ex-presidente do conselho administrativo do Painel Científico Consultivo do Exército — possuir apenas dez ações da GE, e disse que a diretoria deveria ser formada por proprietários de ações mais substanciais, ao que o Sr. Phillippe ressaltou, com a mesma doçura, que a companhia tinha muitos milhares de acionistas com dez ações ou menos, entre eles a Sra. Soss, e sugeriu que talvez esses pequenos acionistas merecessem estar representados na diretoria por alguém do seu grupo. A Sra. Soss teve de reconhecer uma tacada de mestre da presidência, e foi o que ela fez. Em outra questão, embora a compostura fosse estritamente observada por ambos os lados, a concordância externa não era tanta. Vários acionistas, a Sra. Soss entre eles, haviam proposto formalmente que a companhia adotasse em suas eleições da diretoria o sistema chamado votação cumulativa, de acordo com o qual um acionista pode concentrar todos os votos a que tem direito em um único candidato em vez de distribuí-los por toda a lista, o que, portanto, proporciona a um grupo minoritário de acionistas uma chance muito maior de eleger um representante na diretoria. A votação cumulativa, embora seja um assunto controverso nos círculos das grandes empresas, por razões óbvias, é, não obstante, uma ideia perfeitamente respeitável; na realidade, esse tipo de votação é compulsória nas empresas incorporadas em mais de vinte estados, e é usado por cerca de 400 companhias registradas na Bolsa de Valores de Nova York. Mesmo assim, o Sr. Phillippe não julgou necessário responder ao argumento da Sra. Soss a favor da votação cumulativa; ele escolheu, em vez disso, se basear em uma breve declaração sobre o assunto que fora anteriormente enviada pela companhia, por correio, para os acionistas, cujo ponto principal era que a presença na diretoria da GE de representantes de grupos de interesse especial, em decorrência de uma votação cumulativa, poderia ter um "efeito desagregador e perturbador". É claro que o Sr. Phillippe não disse que sabia, como certamente devia saber, que a empresa tinha nas mãos um número de procurações mais do que suficiente para derrotar a proposta.

Algumas empresas, assim como alguns animais, têm os seus atormentadores particulares, altamente especializados, que perturbam apenas a elas e a mais ninguém, e a GE é uma delas. Neste caso, o atormentador era Louis A. Brusati, de Chicago, que nas reuniões da companhia, nos últimos 13 anos, apresentara 31 propostas, todas derrotadas por uma votação de pelo menos 97% a 3%. Em Atlanta, o Sr. Brusati, um homem grisalho com o físico de um jogador de futebol americano, estava novamente dedicado à sua atividade — dessa vez não com propostas e sim com perguntas. Em primeiro lugar, ele quis saber por que o Sr. Phillippe tinha menos 423 ações pessoais da GE do que no ano anterior, conforme estava discriminado no relatório aos acionistas. O Sr. Phillippe respondeu que a diferença representava ações que ele tinha colocado em fundos fiduciários da família, e acrescentou, suavemente porém com firmeza: "Eu poderia dizer que não é da sua conta. Acredito que eu tenha direito à privacidade dos meus assuntos." Havia mais razão para a suavidade do que para a firmeza, como o Sr. Brusati não deixou de ressaltar, em um tom impecavelmente monótono e desprovido de emoção; muitas das ações do Sr. Phillippe haviam sido adquiridas por meio de opções a preços preferenciais não disponíveis para outras pessoas, e, além disso, o fato de o exato número de ações de propriedade do Sr. Phillippe ter sido incluído no relatório aos acionistas mostrava claramente que na opinião da Securities and Exchange Commission as ações que ele possuía *eram* da conta do Sr. Brusati. Avançando para a questão da remuneração paga aos diretores, o Sr. Brusati extraiu do Sr. Phillippe a informação de que, ao longo dos últimos sete anos, ela fora elevada, primeiro, de US$2,5 mil por ano para US$5 mil e, depois, para US$7,5 mil. O diálogo resultante entre os dois homens transcorreu da seguinte maneira:

"A propósito, quem estabelece essa remuneração?"
"Ela é estabelecida pelo conselho diretor."
"O conselho diretor estabelece sua própria remuneração?"
"Exatamente."
"Obrigado."
"Obrigado *ao senhor*, Sr. Brusati."

Mais tarde, durante a manhã, vários acionistas proferiram longos e eloquentes discursos sobre as virtudes da General Electric e do Sul, mas esse diálogo elegantemente lacônico entre o Sr. Brusati e o Sr. Phillippe não saiu da minha cabeça, pois pareceu resumir o espírito da reunião. Somente após o fim da reunião, ao meio-dia e meia, depois de o Sr. Phillippe anunciar que a lista de candidatos à diretoria fora eleita sem oposição e que a votação cumulativa perdera por 97,51% a 2,49%, eu me dei conta de que não apenas não houvera batidas de pé, vaias ou gritos — como acontecera em Detroit —, como também o orgulho regional não precisara ser invocado contra os acionistas profissionais. Senti que essa era a carta que a General Electric tinha na manga, mas a companhia ganhara o jogo sem precisar recorrer a ela.

Cada uma das reuniões a que compareci teve o seu tom característico facilmente discernível, e o da Chas. Pfizer & Co., a empresa farmacêutica e química, era a cordialidade. A Pfizer, que nos anos anteriores costumava realizar uma reunião anual em seu escritório central no Brooklyn, inverteu a tendência deslocando a reunião desse ano para bem dentro da toca dos dissidentes mais eloquentes, o centro de Manhattan, mas tudo o que vi e ouvi me convenceu de que a motivação por trás dessa medida não tinha sido uma arrogante decisão da parte da empresa de enfrentar os leões na sua cova e sim um desejo antiquado de obter o maior índice possível de comparecimento. A Pfizer parece se sentir bastante autoconfiante o para se encontrar com os seus acionistas com a guarda baixa. Ao contrário, por exemplo, das outras reuniões a que compareci, ingressos de acionistas não foram recolhidos ou credenciais examinadas na entrada do grande salão de baile do Hotel Commodore, onde a reunião da Pfizer foi realizada; Fidel Castro em pessoa, cujo estilo de oratória parecia ser às vezes usado como modelo por acionistas profissionais, poderia aparentemente ter entrado lá e dito o que desejasse. Cerca de 1,7 mil pessoas, um número quase suficiente para encher o salão, compareceram, e todos os membros do conselho diretor da Pfizer permaneceram no palco do começo ao fim da reunião e responderam a todas as perguntas dirigidas individualmente a eles.

Falando, apropriadamente, com um leve resquício de sotaque do Brooklyn, John E. McKeen, presidente do conselho administrativo da empresa, deu as boas-vindas aos acionistas com "meus queridos e estimados amigos" (tentei imaginar o Sr. Kappel e o Sr. Phillippe dirigindo-se aos seus acionistas dessa maneira, mas não consegui; no entanto, as empresas deles são maiores), e declarou que, na saída, todos os presentes receberiam um kit com amostras grátis de produtos de consumo da Pfizer, como Barbasol, Desitin e Imprévu. Cortejados dessa maneira por agrados e pela promessa de presentes, e ainda mais amaciados pelo relatório do presidente John J. Powers Jr., sobre as operações vigentes (recordes por todos os lados) e perspectivas imediatas (mais recordes esperados), o mais intransigente acionista profissional teria tido muita dificuldade em rebelar-se nessa reunião, e, como constatei, o único profissional presente parecia ser John Gilbert, irmão de Lewis. (Descobri mais tarde que Lewis Gilbert e a Sra. Davis estavam em Cleveland naquele dia, na reunião da U.S. Steel.) John Gilbert é o tipo de acionista profissional que a administração da Pfizer merece, ou gostaria de achar que merece. Com um jeito descontraído e o hábito de entrecortar as palavras com risinhos autodepreciativos, ele é o atormentador mais agradável que podemos imaginar (ou pelo menos foi, nessa ocasião; fui informado de que ele nem sempre é assim), e, à medida que passava os olhos no que parecia ser o repertório de perguntas da família Gilbert — sobre a confiabilidade dos auditores da empresa, os salários dos funcionários mais graduados, a remuneração dos seus diretores —, ele parecia quase estar pedindo desculpas pelo fato de o dever obrigá-lo a cometer a indelicadeza de perguntar aquelas coisas. Quanto aos acionistas amadores presentes, suas perguntas e comentários eram mais ou menos iguais aos das outras reuniões às quais eu comparecera, mas, desta vez sua atitude com relação ao papel do acionista profissional era visivelmente diferente. Em vez de se mostrar esmagadoramente contrários, eles pareciam estar divididos; a julgar pelo volume de palmas e gemidos discretos, cerca de metade dos presentes considerava Gilbert um estorvo e metade o considerava uma ajuda. Powers não deixou nenhuma dúvida com relação a como *ele* se sentia; antes de encerrar a reunião, disse, sem ironia, ter acolhido de bom grado as perguntas de Gilbert, e fez questão de convidá-lo a voltar no ano seguinte. Além disso, de fato, durante os estágios posteriores da reunião da Pfizer, quando Gilbert, em tom de conversa, estava elogiando a companhia por algumas coisas e criticando-a por outras, e os diversos membros da diretoria estavam replicando seus comentários com a mesma informalidade, tive a leve impressão de estar presenciando pela primeira vez um verdadeiro diálogo entre acionistas e gestores.

A Radio Corporation of America, que tinha realizado as suas duas últimas reuniões longe da sua sede em Nova York — em Los Angeles em 1964, em Chicago em 1965 —, inverteu a tendência vigente de modo ainda mais brusco que a Pfizer, reunindo-se dessa vez no Carnegie Hall. Todos os assentos mais próximos do palco e os dois níveis de camarotes estavam lotados de acionistas — cerca de 2,3 mil deles, dos quais uma proporção visivelmente maior do que a de qualquer uma das outras reuniões a que compareci era do sexo masculino. No entanto, a Sra. Soss e a Sra. Davis estavam presentes, junto com Lewis Gilbert e alguns acionistas profissionais que eu não vira antes, e, assim como no caso da Pfizer, todo o conselho diretor se sentou no palco, onde os principais focos de atração no caso da R.C.A. eram David Sarnoff, o presidente do conselho administrativo da empresa, de 75 anos, e o seu filho, Robert W. Sarnoff, de 48, que era o presidente desde o início do ano. Para mim, dois aspectos da reunião da R.C.A. se destacaram: o evidente respeito, que correspondia quase à veneração, dos acionistas pelo seu célebre presidente do conselho, e uma inabitual disposição dos acionistas amadores de expressar as próprias opiniões. O Sr. Sarnoff mais velho, parecendo vigoroso e preparado para qualquer coisa, conduziu a reunião, e ele e vários outros executivos da R.C.A. apresentaram relatórios sobre as operações e perspectivas da companhia, durante os quais as palavras "recorde" e "crescimento" se repetiam tão monotonamente que eu, não sendo um acionista da R.C.A., comecei a cochilar. Fui repentinamente despertado, em uma ocasião, quando ouvi Walter D. Scott, presidente do conselho administrativo da National Broadcasting Company, subsidiária da R.C.A., dizer com relação à sua programação na rede de televisão que "os recursos criativos estão sempre na frente da demanda".

Ninguém objetou a essa declaração ou a qualquer outra coisa nos radiantes relatórios, mas, quando a apresentação deles terminou, os acionistas deram sua opinião sobre outros assuntos. O Sr. Gilbert fez algumas das suas perguntas favoritas a respeito dos procedimentos contábeis, e um representante dos contadores da R.C.A., Arthur Young & Co., respondeu de uma maneira que pareceu satisfazer ao Sr. Gilbert. Uma senhora idosa dickensiana, que se identificou como Sra. Martha Brand e declarou possuir "muitos milhares" de ações da R.C.A., sugeriu que os procedimentos contábeis da empresa não deveriam nem mesmo ser questionados. Eu soube depois que a Sra. Brand é acionista profissional, que é uma anomalia dentro da profissão, pois ela tende fortemente para a visão empresarial das coisas. O Sr. Gilbert, então, apresentou uma proposta para a adoção da votação cumulativa, respaldando-a mais ou menos com os mesmos argumentos usados pela Sra. Soss na reunião da GE. O Sr. Sarnoff foi contra a proposta, e a Sra. Brand também, que explicou estar certa de que os diretores atuais sempre trabalharam incansavelmente para o bem-estar da corporação, acrescentando, dessa vez, que ela possuía "muitos, muitos milhares" de ações. Dois ou três outros acionistas se manifestaram a favor da votação cumulativa — a única ocasião em qualquer das reuniões em que eu vi acionistas não facilmente identificáveis como profissionais emitirem uma opinião discordante em uma questão importante. (A votação cumulativa foi derrotada, 95,3% a 4,7%.) A Sra. Soss, ainda com o mesmo humor suave de Atlanta, declarou estar encantada por ver uma mulher, a Sra. Josephine Young Case, sentada no palco como membro do conselho da R.C.A., deplorando porém o fato de que a principal ocupação da Sra. Case tivesse sido descrita no relatório aos acionistas como "dona de casa". Uma mulher que era presidente do conselho administrativo do Skidmore College não poderia ao menos ser chamada de "executiva do lar"? Outra acionista desencadeou uma sessão de aplausos ao proferir um panegírico ao presidente do Conselho Sarnoff, que ela chamou de "o maravilhoso homem-Cinderela do século XX".

A Sra. Davis — que anteriormente se mostrara insatisfeita com o local da reunião alegando, o que eu achei surpreendente, que o Carnegie Hall era "muito pouco sofisticado" para a R.C.A. — apresentou uma proposta exigindo uma medida da companhia "para garantir, que de agora em diante, nenhuma pessoa atuará como diretor depois de completar 72 anos de idade". Embora decisões semelhantes estejam em vigor em muitas empresas e embora a proposta, não sendo retroativa, não fosse afetar o status do Sr. Sarnoff, ela *pareceu* ser dirigida a ele, e assim a Sra. Davis demonstrou, uma vez mais, sua estranha queda para agir de uma maneira que concede vantagem à direção executiva. Tampouco ela pareceu ajudar sua causa vestindo uma máscara de Batman (cujo simbolismo eu não captei) quando apresentou a proposta. De qualquer modo, esta última deu origem a várias defesas fervorosas do Sr. Sarnoff, e um dos oradores se queixou, contrariado, de que a Sra. Davis estava insultando a inteligência de todos os presentes. Diante disso, o solene Sr. Gilbert levantou-se de um salto para dizer o seguinte: "Estou plenamente de acordo que a fantasia dela é despropositada, mas a proposta apresentada encerra um princípio válido." Ao fazer essa distinção voltairiana, o Sr. Gilbert, a julgar pelo seu evidente estado de agitação, estava alcançando um triunfo da razão sobre a inclinação que estava lhe custando muito caro. A proposta da Sra. Davis foi esmagadoramente derrotada; a margem contra ela serviu para encerrar a reunião com o que correspondeu a um enorme voto de confiança no homem-Cinderela.

A farsa clássica, com elementos de comédia, era a atmosfera dominante da reunião da Communications Satellite Corporation, com a qual encerrei minha temporada de reuniões. A Comsat é, naturalmente, a glamourosa companhia de comunicações da era espacial criada pelo governo norte-americano em 1963 e transferida para a propriedade pública em uma famosa venda de ações em 1964. Ao chegar ao local da reunião — o Hotel Shoreham, em Washington — não fiquei nem um pouco surpreso ao descobrir a Sra. Davis, a Sra. Soss e Lewis Gilbert entre os mais ou menos mil acionistas presentes. A Sra. Davis, adornada com maquilagem de palco, um chapéu de cortiça em forma de capacete, uma saia vermelha curta, botas brancas e um suéter preto ostentando em letras brancas a inscrição "Nasci para botar para quebrar", havia se instalado diretamente diante de uma bateria de câmeras de televisão. A Sra. Soss, como a essa altura eu já descobrira ser o seu costume, havia escolhido um lugar na sala no lado oposto ao da Sra. Davis, ou seja, o mais distante possível das câmeras de televisão. Tendo em vista que a Sra. Soss não parece comumente avessa a ser fotografada, eu só poderia registrar essa escolha do assento como um triunfo da consciência obtido com grande esforço, semelhante ao do Sr. Gilbert no Carnegie Hall. Quanto ao Sr. Gilbert, ele escolheu um lugar não muito distante da Sra. Soss, e portanto, é claro, também muito afastado da Sra. Davis.

Desde o ano anterior, Leo D. Welch, o homem que conduzira a reunião de 1965 com pulso firme, fora substituído na presidência do conselho administrativo da empresa por James McCormack, graduado de West Point, ex-bolsista Rhodes e general reformado da Força Aérea, que tem um comportamento impecavelmente refinado e se parece um pouco com o duque de Windsor. Era o Sr. McCormack quem estava à frente da reunião desse ano. Ele fez uma introdução com alguns comentários preliminares durante os quais assinalou — de maneira suave, porém com uma certa ênfase — que, quanto ao assunto de qualquer intervenção que um acionista pudesse decidir fazer, "o campo de relevância é bem estreito". Quando o Sr. McCormack terminou sua introdução, a Sra. Soss proferiu um breve discurso que pode ou não ter estado dentro do campo de relevância; perdi a maior parte dele porque o microfone de chão que lhe foi fornecido não estava funcionando bem. A Sra. Davis pediu então a palavra, e o microfone *dela* estava funcionando às mil maravilhas; enquanto as câmeras giravam, ela se lançou em uma invectiva ensurdecedora contra a companhia e os seus diretores porque havia uma porta especial na sala de reunião reservada para a entrada de "convidados ilustres". A Sra. Davis, em um bom número de palavras, disse que considerava esse procedimento antidemocrático. "Pedimos desculpas, e quando a senhora se retirar, poderá sair pela porta que desejar", declarou o Sr. McCormack, mas a Sra. Davis, claramente não apaziguada, continuou a falar. E agora o espírito da sua farsa se tornou mais intenso quando ficou claro que a facção Soss-Gilbert tinha decidido abandonar todo o empenho em se unir à Sra. Davis. Perto do auge do discurso dela, o Sr. Gilbert, parecendo tão indignado quanto um menino cujo jogo de bola está sendo arruinado por um jogador que não conhece as regras ou não se importa com o jogo, levantou-se e começou a gritar: "Questão de ordem! Questão de ordem!" Mas o Sr. McCormack rejeitou essa oferta de ajuda parlamentar; ele decretou a questão de ordem do Sr. Gilbert inadequada e disse à Sra. Davis que prosseguisse. Não tive nenhuma dificuldade em deduzir por que ele fez isso. Havia sinais inequívocos de que ele, ao contrário de qualquer outro presidente de conselho corporativo que eu vira em ação, estava se deliciando com cada minuto do que estava acontecendo. Durante a maior parte da reunião, e especialmente quando os acionistas profissionais estavam com a palavra, o Sr. McCormack exibia o sorriso de um perplexo espectador.

Com o tempo, o discurso da Sra. Davis alcançou um apogeu tanto de volume quanto de conteúdo, quando então ela começou a fazer alegações específicas contra diretores individuais da Comsat, e nesse ponto três guardas de segurança — dois homens musculosos e uma mulher de aparência determinada, todos vestidos com vistosos uniformes verde-garrafa que poderiam ter sido figurinos de *Os piratas de Penzance* — surgiram no fundo do salão, marcharam com um pisar enérgico porém majestoso até o corredor central e assumiram a posição de descansar perto da Sra. Davis, o que a fez terminar de imediato o seu discurso e sentar-se. "Muito bem", declarou o Sr. McCormack, ainda sorrindo. "Tudo está tranquilo agora."

Os guardas se retiraram e a reunião prosseguiu. O Sr. McCormack e o presidente da Comsat, Joseph V. Charyk, apresentaram o tipo de radiante relatório ao qual eu me acostumara, e o Sr. McCormack chegou a dizer que a Comsat poderia começar a ter o seu primeiro lucro no ano seguinte em vez de em 1969, como previsto originalmente. (Foi, de fato, o que aconteceu.) O Sr. Gilbert perguntou qual era a remuneração, além do seu salário regular, que o Sr. McCormack recebia para comparecer às reuniões da diretoria. O Sr. McCormack respondeu que não recebia nada para isso, e quando o Sr. Gilbert disse: "Estou feliz porque o senhor não recebe nada, eu aprovo isso", todo mundo riu, e o sorriso do Sr. McCormack ficou mais largo do que nunca. (O Sr. Gilbert estava claramente tentando defender uma ideia que considerava séria, mas esse não parecia ser o dia para esse tipo de coisa.) A Sra. Soss deu uma alfinetada na Sra. Davis ao declarar incisivamente que qualquer pessoa que fizesse objeção ao Sr. McCormack como presidente do conselho administrativo da empresa era "desprovida de perspicácia"; no entanto, ela assinalou que não poderia votar no Sr. Welch, o ex-presidente do conselho, agora candidato a uma das cadeiras na diretoria, visto que ele havia ordenado que ela fosse retirada do recinto no ano anterior. Um disposto senhor idoso disse considerar que a companhia estava se saindo bem e que merecia um voto de confiança de todo mundo. Em determinado momento, quando o Sr. Gilbert disse algo que desagradou a Sra. Davis e esta, sem esperar para ser identificada, começou a gritar sua objeção através da sala, o Sr. McCormack não conseguiu reprimir uma breve risadinha. Essa sílaba em falsete isolada, magnificamente ampliada pelo microfone do presidente do conselho, foi o "acontecimento" da reunião da Comsat.

Na volta de Washington, enquanto eu refletia no avião sobre as reuniões a que comparecera, ocorreu-me que se os acionistas profissionais não tivessem estado presentes eu provavelmente teria descoberto praticamente tudo o que descobri a respeito dos assuntos das empresas, mas teria descoberto muito menos a respeito da personalidade dos executivos de alto escalão. Afinal de contas, tinham sido as perguntas, interrupções e discursos dos acionistas profissionais que deram vida às empresas, em certo sentido, ao obrigar cada presidente a despir sua máscara oficial de pose para retrato e se envolver em um relacionamento humano. Frequentemente, esse fora o complicado relacionamento humano entre importunador e importunado, mas qualquer pessoa que esteja procurando a natureza humana nas altas questões corporativas não pode se dar o luxo de escolher cuidadosamente. Ainda assim, restavam algumas dúvidas. Estar a 9 mil metros de altitude amplia nosso campo de visão e, ao adotar essa visão enquanto voávamos sobre a Filadélfia, concluí que, com base no que eu vira e ouvira, tanto os diretores da empresa quanto os acionistas talvez pudessem muito bem considerar uma lição aprendida pelo rei Lear: que quando o papel do dissidente é deixado para o Bobo, pode haver problemas mais à frente para todo mundo.

11. Uma mordida sem compromisso

Entre os milhares de jovens cientistas que estavam se saindo muito bem nos programas de pesquisa e desenvolvimento das empresas norte-americanas no outono de 1962, havia um chamado Donald W. Wohlgemuth, que trabalhava para a B. F. Goodrich Company, em Akron, Ohio. Ele se formara em 1954 pela Universidade de Michigan, onde colara grau como bacharel em engenharia química, e fora em seguida trabalhar nos laboratórios da Goodrich, com um salário inicial de US$365 por mês. Depois disso, a não ser por dois anos no Exército, ele trabalhara continuamente para a Goodrich, em várias funções de engenharia e de pesquisa, e recebera um total de 15 aumentos salariais ao longo de seis anos e meio. Em novembro de 1962, quando estava prestes a completar 31 anos, ele estava ganhando US$10.644 por ano. Wohlgemuth era um rapaz de descendência alemã, alto, reservado e de aparência séria, cujos óculos de tartaruga lhe conferiam uma expressão sábia e solene. Residia em uma casa térrea em Wadsworth, subúrbio de Akron, com a esposa e a filhinha de 15 meses. No geral, ele parecia ser o jovem *homme moyen réussi* norte-americano, a imagem do próprio tédio. O que decididamente não era rotineiro a respeito dele, contudo, era a natureza do seu trabalho: ele era o gerente do Departamento de Engenharia de Trajes Espaciais, e ao longo dos anos anteriores, no processo de alcançar essa posição, ele participara consideravelmente do design e da confecção dos trajes usados pelos astronautas do programa Mercury em seus voos orbitais e suborbitais.

Depois, na primeira semana de novembro, Wohlgemuth recebeu um telefonema de uma agência de empregos cujo responsável lhe informou que os executivos de uma grande empresa de Dover, Delaware, estavam extremamente interessados em conversar com ele a respeito de um possível emprego. Apesar da reserva da pessoa que telefonou — característica habitual das agências de emprego quando fazem o primeiro contato com potenciais funcionários — Wohlgemuth soube instantaneamente a identidade da grande empresa. A International Latex Corporation, mais conhecida pelo público como fabricante de cintas e sutiãs, mas que Wohlgemuth sabia ser um dos três principais concorrentes da Goodrich no setor de trajes espaciais, está estabelecida em Dover. Ele sabia, ainda, que a Latex tinha fechado um subcontrato recentemente, no valor de cerca de US$750 mil, para fazer pesquisa e desenvolvimento em trajes espaciais para o projeto Apollo, ou projeto do homem na Lua. Na verdade, a Latex conseguira esse contrato competindo com a Goodrich, entre outras, sendo portanto, naquele momento, a empresa em alta no setor de trajes espaciais. Além disso, Wohlgemuth estava um tanto descontente com a situação na Goodrich; por um lado, o seu salário, por mais exuberante que pudesse parecer para muitas pessoas de 30 anos, estava consideravelmente abaixo da média dos funcionários da Goodrich do seu nível e, pelo outro, os dirigentes da companhia tinham negado, não muito tempo antes, o seu pedido de climatização ou filtragem para manter a poeira fora da área da fábrica destinada ao trabalho com os trajes espaciais. Consequentemente, depois de marcar por telefone uma entrevista com os executivos mencionados pela agência de empregos — e a empresa era realmente a Latex —, Wohlgemuth foi até Dover no domingo seguinte.

Ele ficou lá um dia e meio, tirando a segunda-feira dos dias de férias que a Goodrich estava lhe devendo, e recebendo o que ele posteriormente descreveu como "um verdadeiro tratamento de rei". Leonard Shepard, diretor da Divisão de Produtos Industriais da companhia, o conduziu em uma turnê pelas instalações de desenvolvimento de trajes espaciais da Latex. Max Feller, um dos vice-presidentes da empresa, recebeu Wohlgemuth em sua casa. Outro executivo da empresa mostrou a ele as condições de moradia em Dover. Finalmente, antes do almoço na segunda-feira, ele teve uma conversa com os três executivos da Latex, depois da qual — como Wohlgemuth descreveu posteriormente a cena no tribunal — os três "foram para outra sala, onde ficaram durante mais ou menos dez minutos". Quando voltaram, um deles ofereceu a Wohlgemuth o cargo de gerente de Engenharia da Divisão de Produtos Industriais, o que incluía a responsabilidade pelo desenvolvimento de trajes espaciais, com um salário anual de US$13,7 mil, efetivo a partir do início de dezembro. Depois de obter a aprovação da esposa por telefone — o que não foi difícil, pois ela era de Baltimore e ficou encantada com a perspectiva de voltar para a sua parte do mundo —, Wohlgemuth aceitou a oferta. Ele pegou um avião de volta para Akron naquela noite. A primeira coisa que fez na terça-feira de manhã foi procurar o seu chefe imediato na Goodrich, Carl Effler, com a notícia de que ele estaria indo embora no final do mês para trabalhar em outro lugar.

"Você está brincando?", perguntou Effler.

"Não, não estou", respondeu Wohlgemuth.

Depois desse breve diálogo, que Wohlgemuth mais tarde relatou no tribunal, Effler, na consagrada tradição dos chefes desolados, resmungou um pouco a respeito da dificuldade de encontrar um substituto qualificado antes do fim do mês. Wohlgemuth passou o resto do dia colocando em ordem os documentos do departamento e deixando a sua mesa livre de coisas inacabadas, e na manhã seguinte foi falar com Wayne Galloway, um executivo do setor de trajes espaciais da Goodrich com quem ele trabalhara diretamente e mantivera excelentes relações durante um longo tempo; ele disse mais tarde que sentia dever isso a Galloway, "explicar a ele o meu lado da situação" em pessoa, embora naquele momento ele não estivesse sob a supervisão de Galloway na estrutura hierárquica da companhia. Wohlgemuth começou a conversa entregando melodramaticamente a Galloway um alfinete de lapela na forma de uma cápsula Mercury, que lhe fora oferecido pelo seu trabalho nos trajes espaciais do projeto Mercury; ele sentia que não merecia mais usá-lo. Galloway perguntou, então, por que ele estava indo embora. Wohlgemuth respondeu que era simples: ele considerava a oferta da Latex um passo à frente tanto no salário quanto na responsabilidade. Galloway replicou que, ao aceitar a oferta, Wohlgemuth estaria levando para a Latex certas coisas que não pertenciam a ele — especificamente, o conhecimento dos processos da Goodrich para a fabricação de trajes espaciais. Durante a conversa, Wohlgemuth perguntou a Galloway o que ele faria se recebesse uma proposta semelhante. Galloway respondeu que não sabia; por sinal, ele não sabia o que faria se fosse abordado por um grupo que tivesse um plano infalível para assaltar um banco. Wohlgemuth teria que basear sua decisão na lealdade e na ética, afirmou Galloway — comentário que Wohlgemuth interpretou como uma acusação de que ele estava com más intenções. Ele perdeu o controle, explicou mais tarde, e deu a Galloway uma resposta irrefletida. "Lealdade e ética têm o seu preço, e a International Latex pagou esse preço", declarou.

Depois disso, a coisa ficou feia. Mais tarde, ainda pela manhã, Effler chamou Wohlgemuth à sua sala e lhe disse que tinha sido decidido que ele deveria deixar as instalações da empresa o mais rápido possível, permanecendo lá apenas o tempo suficiente para fazer uma lista dos projetos pendentes e cumprir algumas outras formalidades. No meio da tarde, enquanto Wohlgemuth estava ocupado com essas tarefas, Galloway o chamou e lhe disse que o departamento jurídico desejava vê-lo. Chegando lá, perguntaram se ele pretendia usar informações confidenciais que pertencessem à Goodrich em benefício da Latex. De acordo com a declaração juramentada subsequente de um advogado da Goodrich, ele respondeu — mais uma vez de maneira impulsiva —: "Como vocês vão provar que eu fiz isso?" Ele foi então advertido de que, do ponto de vista jurídico, ele não era livre para ir trabalhar na Latex. Embora não estivesse preso à Goodrich pelo tipo de contrato, comum na indústria norte-americana, no qual o funcionário concorda em não fazer um trabalho semelhante para nenhuma empresa concorrente durante um período determinado, ao voltar do Exército ele assinara um documento de rotina concordando em "manter confidenciais todas as informações, os registros e documentos da empresa dos quais eu possa ter conhecimento em decorrência da minha contratação" — algo que Wohlgemuth esquecera inteiramente até o advogado da Goodrich trazer o fato à sua memória. Mesmo que não tivesse assinado o documento, continuou o advogado, ele seria impedido de ir trabalhar com trajes espaciais na Latex por causa de princípios estabelecidos pela Lei de Segredo Comercial. Além disso, se ele continuasse com o seu plano, a Goodrich poderia processá-lo.

Wohlgemuth voltou à sua sala e pediu uma ligação para Feller, o vice-presidente da Latex com quem se encontrara em Dover. Enquanto esperava que a ligação fosse completada, ele conversou com Effler, que fora vê-lo, e cuja atitude com relação à sua deserção parecia ter se tornado consideravelmente mais rígida. Wohlgemuth se queixou de estar se sentindo à mercê da Goodrich, a qual, segundo o que lhe parecia, estava desarrazoadamente bloqueando sua liberdade de ação, e Effler o irritou ainda mais ao dizer que o que acontecera durante as 48 horas anteriores não poderia ser esquecido e poderia muito bem afetar o futuro dele na Goodrich. Wohlgemuth, ao que parecia, poderia ser processado se fosse embora e desprezado se não fosse. Quando a ligação para Dover foi completada, Wohlgemuth disse a Feller que, em virtude da nova situação, ele não poderia ir trabalhar para a Latex.

Naquela noite, contudo, as perspectivas de Wohlgemuth pareceram assumir uma feição melhor. Ao chegar em casa, em Wadsworth, ele telefonou para o dentista da família, e este lhe recomendou um advogado local. Wohlgemuth contou a sua história para o advogado que, em seguida, consultou outro advogado por telefone. Os dois juristas concordaram que a Goodrich provavelmente estava blefando e não processaria Wohlgemuth se ele fosse trabalhar na Latex. Na manhã seguinte, quinta-feira, dirigentes da Latex telefonaram para ele e garantiram que a empresa deles arcaria com as despesas legais no caso de um processo judicial, e, além disso, o indenizariam de quaisquer perdas salariais. Com esse incentivo, Wohlgemuth transmitiu duas mensagens nas horas seguintes: uma em pessoa e uma por telefone. Ele disse a Effler o que os dois advogados lhe disseram e telefonou para o departamento jurídico para informar que mudara de ideia e iria trabalhar na Latex International. Mais tarde nesse mesmo dia, depois de deixar tudo em ordem em sua sala, ele deixou as instalações da Goodrich para sempre, sem levar consigo nenhum documento.

No dia seguinte, sexta-feira, R. G. Jeter, o principal advogado do setor jurídico da Goodrich, telefonou para Emerson P. Barrett, diretor de relações industriais da Latex, e falou a respeito da preocupação da Goodrich com relação aos seus segredos industriais caso Wohlgemuth fosse trabalhar lá. Barrett respondeu que, embora "Wohlgemuth tivesse sido contratado para trabalhar na área de design e construção de trajes espaciais", a Latex não estava interessada em descobrir nenhum segredo comercial da Goodrich, estando "interessada apenas em aproveitar as habilidades profissionais gerais do Sr. Wohlgemuth". Essa resposta não satisfez Jeter, nem a Goodrich, como se tornou evidente na segunda-feira seguinte. Nessa noite, quando Wohlgemuth estava em um restaurante em Akron chamado Brown Derby, participando de um jantar em sua homenagem oferecido por quarenta ou cinquenta de seus amigos, uma garçonete lhe disse que havia um homem do lado de fora que desejava vê-lo. O homem era um oficial de justiça do condado de Summit, do qual Akron era a sede, e quando Wohlgemuth foi ao encontro dele, o homem lhe entregou dois documentos. Um deles era uma intimação para ele comparecer à Corte de Direito Civil mais ou menos uma semana depois. O outro era a cópia de uma petição que a Goodrich tinha apresentado na mesma corte naquele dia, solicitando que Wohlgemuth fosse permanentemente proibido de, entre outras coisas, revelar para qualquer pessoa não autorizada quaisquer segredos comerciais pertencentes à Goodrich, e de "executar qualquer trabalho para qualquer corporação (...) a não ser a querelante, relacionado com o design, a fabricação e/ou a venda de trajes pressurizados para altitudes elevadas, trajes espaciais e/ou trajes de proteção semelhantes".

A necessidade da proteção dos segredos profissionais era plenamente reconhecida na Idade Média, quando eles eram guardados de forma tão ciumenta pelas guildas dos ofícios que os funcionários eram rigorosamente proibidos de mudar de emprego. A sociedade industrial do *laissez-faire*, por enfatizar o princípio de que o indivíduo tem o direito de subir no mundo aproveitando a melhor oportunidade que lhe for oferecida, tem sido muito mais tolerante com relação à troca de emprego, mas o direito de uma organização de guardar os seus segredos sobreviveu. Na lei norte-americana, o mandamento básico sobre o assunto foi formulado pelo juiz da Suprema Corte, Oliver Wendell Holmes, com relação a um processo de Chicago de 1905. Holmes escreveu o seguinte: "O querelante tem o direito de guardar para si mesmo o trabalho que ele fez, ou pagou para que fosse feito. O fato de outros serem capazes de fazer um trabalho semelhante, se o desejarem, não os autoriza a roubar o do querelante." Esse ucasse*, admiravelmente inequívoco, talvez altamente sofisticado, tem sido citado praticamente em todos os processos de segredos industriais que surgiram depois, mas ao longo dos anos, à medida que tanto a pesquisa científica quanto a organização industrial se tornaram infinitamente mais complexas, o mesmo aconteceu com as perguntas

---

*Decisão inquestionável — decisão impessoal do governo. (*N. do R.T.*)

relacionadas com o que, exatamente, constitui um segredo comercial, e o que constitui o seu roubo. A "Restatement of the Law of Torts" [Reformulação da Lei dos Delitos] do American Law Institute, um texto oficial publicado em 1939, lida determinadamente com a primeira pergunta, afirmando, ou reafirmando, que "um segredo comercial pode consistir de qualquer fórmula, padrão, dispositivo ou compilação de informações que seja usado no negócio da pessoa, e que confira a ela a oportunidade de obter uma vantagem sobre os seus concorrentes que não o conheçam ou que não o utilizam". No entanto, em um processo examinado em 1952, um tribunal de Ohio decidiu que o método de ensinar a dançar de Arthur Murray, embora fosse exclusivo e presumivelmente útil para atrair clientes, afastando-os dos concorrentes, não era um segredo comercial. "Todos nós temos 'o nosso método' de fazer um milhão de coisas — o nosso método de pentear o cabelo, de engraxar o sapato, de cortar a grama", refletiu o tribunal, e concluiu que um segredo comercial precisa não apenas ser exclusivo e comercialmente útil mas também ter um valor inerente. Quanto ao que constitui roubo de segredos comerciais, em um processo examinado em Michigan em 1939, no qual a Dutch Cookie Machine se queixou de que um dos seus antigos empregados estava ameaçando usar os seus métodos altamente sigilosos para fabricar sozinho máquinas de fazer cookies, o tribunal de primeira instância decidiu que não havia menos do que três processos secretos por meio dos quais as máquinas Dutch Cookie eram fabricadas, e proibiu o ex-funcionário de usá-los de todas as maneiras; entretanto, a Suprema Corte de Michigan, em um recurso, decidiu que o acusado, embora tivesse conhecimento dos três segredos, não planejava usá-los em suas próprias operações, e, por conseguinte, reverteu a decisão do tribunal de primeira instância e anulou a proibição.

E assim por diante. Indignados professores de dança, fabricantes de máquinas de fazer cookies e outros passaram pelos tribunais norte-americanos, e os princípios da lei relacionados com a proteção dos segredos comerciais se tornaram bem-estabelecidos; as dificuldades surgem principalmente na aplicação desses princípios aos casos individuais. O número desses casos tem aumentado acentuadamente nos últimos anos, à medida que a pesquisa e o desenvolvimento da indústria privada se expandiram, e um bom indicador do grau dessa expansão é o fato de US$11,5 bilhões terem sidos despendidos nesse trabalho em 1962, valor três vezes maior do que o de 1953. Nenhuma empresa deseja ver as descobertas produzidas por todo esse dinheiro saindo porta afora dentro das pastas executivas, ou mesmo na cabeça de jovens cientistas que caminham em direção a pastos mais verdejantes. Nos Estados Unidos do século XIX, o construtor de uma ratoeira mais aperfeiçoada deve ter sido, em princípio, um centro de atração — desde que, é claro, a ratoeira fosse adequadamente patenteada. Naqueles dias de tecnologias relativamente simples, as patentes cobriam a maioria dos direitos de propriedade nos negócios, de modo que processos judiciais envolvendo segredos comerciais eram raros. As melhores ratoeiras atuais, contudo, assim como os processos envolvidos em equipar um homem para entrar em órbita ou ir à Lua, são frequentemente não patenteáveis.

Uma vez que milhares de cientistas e bilhões de dólares poderiam ser afetados pelos resultados do julgamento da Goodrich *versus* Wohlgemuth, ele naturalmente atraiu uma quantidade incomum de atenção pública. Em Akron, o processo judicial foi muito discutido, tanto no jornal local, o *Beacon Journal*, quanto nas conversas. A Goodrich é uma empresa conservadora, com forte tendência paternalista em suas relações com os funcionários, e com sentimentos claros e definidos com relação ao que considera ética comercial. "Ficamos extremamente descontentes com o que Wohlgemuth fez", declarou recentemente um antigo executivo da Goodrich. "Na minha opinião, o episódio causou mais preocupação à empresa do que qualquer outro acontecimento em anos. Na realidade, nos 93 anos em que a Goodrich está em atividade, nunca entramos com um processo para impedir que um ex-funcionário revelasse segredos comerciais. É claro que muitos funcionários que ocupavam funções de caráter sigiloso nos deixaram. Mas, nesses casos, as empresas contratantes reconheceram suas responsabilidades. Certa vez, um químico da Goodrich foi trabalhar em outra companhia em circunstâncias que nos fizeram crer que ele usaria os nossos métodos. Conversamos com ele, e também com o seu novo empregador. O resultado foi que a empresa concorrente desistiu de produzir o produto que a levara a contratar o nosso funcionário. Essa foi uma conduta responsável da parte tanto do funcionário quanto da empresa. Quanto ao processo de Wohlgemuth, a comunidade local e os nossos funcionários inicialmente se mostraram um tanto hostis com relação a nós — uma grande empresa processando um homem comum, pouco importante, e assim por diante. No entanto, aos poucos, eles mudaram de ideia e aceitaram o nosso ponto de vista."

O interesse fora de Akron, evidenciado por uma pequena enxurrada de cartas indagando a respeito do caso, dirigidas ao departamento jurídico da Goodrich, deixou claro que o processo Goodrich *versus* Wohlgemuth estava sendo observado como um indicador de tendência. Algumas consultas eram de empresas que tinham tido problemas semelhantes, ou que anteviam sua ocorrência, e um número surpreendente de cartas era de pais de jovens cientistas, que perguntavam: "Isso significa que o meu menino está preso ao seu emprego atual pelo resto da vida?" Na verdade, uma questão importante estava em jogo, e armadilhas aguardavam o juiz responsável pelo processo, independentemente do que ele decidisse. Por um lado, havia o perigo de que descobertas feitas durante uma pesquisa corporativa pudessem ficar desprotegidas — situação que, com o tempo, secaria os recursos financeiros das pesquisas privadas. Pelo outro, havia o risco de que milhares de cientistas poderiam, exatamente por sua capacidade e inventividade, se ver permanentemente trancados em uma deplorável, e possivelmente inconstitucional, espécie de servidão intelectual; eles seriam impedidos de mudar de emprego porque sabiam demais.

O julgamento, que teve lugar em Akron, presidido pelo juiz Frank H. Harvey, e conduzido, como todos os processos desse tipo, sem um corpo de jurados, começou no dia 26 de novembro e se estendeu até 12 de dezembro, com uma semana de recesso no meio; Wohlgemuth, que deveria ter começado a trabalhar na Latex no dia 3 de dezembro, permaneceu em Akron por ter feito um acordo voluntário com o tribunal, e testemunhou amplamente em sua própria defesa. A injunção, a forma de reparação que a Goodrich buscava e principal forma de reparação disponível para qualquer pessoa cujos segredos tenham sido roubados, é uma medida que tem origem na lei romana; nos tempos antigos, ela era chamada de "interdito", e ainda é chamada assim na Escócia.* O que a Goodrich estava pedindo, na verdade, era que o tribunal emitisse uma ordem direta para Wohlgemuth, não apenas proibindo-o de revelar os segredos da Goodrich mas também proibindo-o de ir trabalhar no departamento de trajes espaciais de qualquer outra com-

---

*"Interdict." (N. da T.)

panhia. Qualquer violação dessa ordem seria considerada desacato à autoridade do tribunal, punível com multa ou prisão, ou ambas as coisas. A seriedade com a qual a Goodrich estava encarando o caso se tornou clara quando foi constatado que sua equipe de advogados era chefiada pelo próprio Jeter, o qual, na qualidade de vice-presidente, secretário, a suprema autoridade da companhia em leis sobre patentes, questões jurídicas em geral, relações com funcionários, relações com os sindicatos, indenização dos trabalhadores e Grande Senhor de Praticamente Tudo Mais, não encontrara tempo para acompanhar pessoalmente um processo no tribunal durante dez anos. O principal advogado da defesa era Richard A. Chenoweth, do escritório de advocacia de Buckingham, Doolittle & Burroughs, o qual a Latex, embora não fosse ré na ação, contratara para lidar com o caso, em cumprimento da promessa feita a Wohlgemuth.

Desde o início, as duas partes reconheceram que, para que a Goodrich levasse a melhor, ela teria de provar, primeiro, que possuía segredos comerciais; segundo, que Wohlgemuth também os possuía e que existia um perigo substancial de que eles fossem revelados; e, terceiro, que a empresa sofreria um dano irremediável se a reparação injuntiva não fosse concedida. Com relação ao primeiro ponto, os advogados da Goodrich, interrogando Effler, Galloway e outro funcionário da companhia, se propuseram a estabelecer que a Goodrich tinha uma série de segredos inexpugnáveis relacionados com trajes espaciais, entre eles uma maneira de fabricar o revestimento duro dos capacetes espaciais, outra de fabricar a vedação da viseira, uma maneira de fazer a costura interna das luvas, outra de fixar o capacete no resto do traje e, ainda, uma maneira de aplicar um material resistente ao desgaste chamado neoprene ao tecido elástico bidirecional. Wohlgemuth, por meio do interrogatório cruzado do seu advogado, procurou mostrar que nenhum desses processos era secreto; no caso do processo do neoprene, por exemplo, que Effler havia descrito como "um segredo comercial extremamente crucial" da Goodrich, o advogado da defesa apresentou a evidência de que um produto da Latex, que não é nem secreto nem se destina a ser usado no espaço cósmico — a Playtex Golden Girdle, uma cinta feminina —, era feito de um tecido elástico bidirecional com neoprene aplicado a ele, e, para enfatizar esse ponto, Chenoweth exibiu uma Playtex Golden Girdle para que todos pudessem ver. Nenhuma das duas partes tampouco deixou de levar ao tribunal um traje espacial, em cada um dos casos vestido por uma pessoa. O traje da Goodrich, um modelo de 1961, tinha a intenção de demonstrar o que a companhia alcançara por meio da pesquisa — que ela não queria que fosse comprometida em virtude da perda dos seus segredos. O traje da Latex, também um modelo de 1961, tinha a intenção de mostrar que a empresa já estava à frente da Goodrich no desenvolvimento do traje espacial, não tendo, portanto, nenhum interesse em roubar os segredos da concorrente. O traje da Latex tinha uma aparência particularmente bizarra, e o funcionário que o vestia no tribunal parecia estar sentindo um desconforto quase excruciante, como se estivesse desacostumado ao ar da Terra, ou de Akron. "Os tubos de ar não estavam conectados, e ele estava com muito calor", explicou o *Beacon Journal* no dia seguinte. De qualquer modo, depois de ficar sentado, sofrendo, durante dez ou 15 minutos enquanto o advogado da defesa interrogava uma testemunha a respeito do seu traje, ele, de repente, apontou de um jeito atormentado para a sua cabeça, e o registro do tribunal do que se seguiu, provavelmente único nos anais da jurisprudência, é o seguinte:

HOMEM COM TRAJE ESPACIAL: Posso tirar isto? (Capacete). (...)

O JUIZ: Pode.

O segundo elemento na carga de prova da Goodrich — que Wohlgemuth tinha conhecimento dos segredos da empresa — foi tratado rapidamente, porque os advogados de Wohlgemuth reconheceram que dificilmente algo que a empresa soubesse a respeito de trajes espaciais tinha sido ocultado dele; eles basearam a sua defesa, em primeiro lugar, no fato inquestionável de que Wohlgemuth não levara nenhum documento com ele ao sair de lá e, segundo, na improbabilidade de que ele seria capaz de se lembrar dos detalhes de complexos processos científicos, mesmo se quisesse. No caso do terceiro elemento — a questão do dano irremediável —, Jeter ressaltou que a Goebbels, que fabricara o primeiro traje de voo na história, para os experimentos de elevada altitude do falecido Wiley Post em 1934, e que depois disso investira grandes quantias na pesquisa e desenvolvimento de trajes espaciais, foi a inquestionável pioneira e até então considerada a líder do setor; ele tentou retratar a Latex, que só começara a fabricar trajes de pressão total em meados da década de 1950, como uma arrivista com o execrável plano de se aproveitar dos anos de pesquisa da Goodrich por meio da contratação de Wohlgemuth. Mesmo que as intenções da Latex e de Wohlgemuth fossem as melhores possíveis, afirmou Jeter, Wohlgemuth inevitavelmente revelaria os segredos da Goodrich quando estivesse trabalhando no departamento de trajes espaciais. Jeter não estava disposto a pressupor boas intenções em nenhuma situação. Como prova de más intenções, havia, da parte da Latex, o fato de a empresa deliberadamente ter procurado Wohlgemuth, e, da parte deste, a declaração feita para Galloway a respeito do preço da lealdade e da ética. A defesa contestou a afirmação de que a revelação de segredos seria inevitável e, é claro, negou más intenções da parte de qualquer um deles. Ela concluiu os seus argumentos com uma declaração de Wohlgemuth feita sob juramento: "Não revelarei [para a Latex International] nenhuma informação que eu possa considerar um segredo comercial da B. F. Goodrich Company." É claro que isso serviu de pouco consolo para a Goodrich.

Depois de ouvir a apresentação das evidências e o resumo dos advogados, o juiz Harvey deixou sua decisão para uma data posterior e emitiu uma ordem judicial proibindo temporariamente Wohlgemuth de revelar os supostos segredos ou de trabalhar no programa de trajes espaciais da Latex; ele poderia entrar na folha de pagamentos da empresa, mas deveria ficar afastado dos trajes espaciais enquanto a decisão do tribunal não fosse comunicada. Em meados de dezembro, Wohlgemuth, deixando a sua família em Akron, foi para Dover e começou a trabalhar para a Latex em outros produtos; no início de janeiro, quando ele já tinha conseguido vender a sua casa em Wadsworth e comprar outra em Dover, a família se juntou a ele na cidade onde ele agora trabalhava.

Enquanto isso, em Akron, os advogados atacaram uns aos outros com alegações destinadas a influenciar o juiz Harvey. Várias questões legais foram debatidas, de maneira erudita porém inconclusiva; no entanto, à medida que as alegações iam se arrastando, foi ficando cada vez mais claro que a essência do caso era bastante simples. Para todos os efeitos práticos, não havia nenhuma controvérsia com relação aos fatos. O que permaneceu controverso foram as respostas para duas perguntas: primeiro, um homem deveria ser formalmente impedido de revelar segredos comerciais quando ainda não tinha praticado nenhuma ação desse tipo e quando não está claro se ele tem a intenção de praticá-la? E, segundo, será que um homem deveria ser impedido de aceitar um emprego simplesmente porque este o coloca diante de tentações específicas que poderiam levá-lo a infringir a lei? Depois de vasculhar os livros jurídicos, os advogados da defesa encontraram a citação que desejavam para respaldar o argumento de que ambas as perguntas deveriam ser respondidas de forma negativa. (Ao contrário da maneira como são encaradas as decisões de outros tribunais, as declarações gerais dos autores de livros-texto jurídicos não têm status oficial em nenhum tribunal, porém, ao usá-los judiciosamente um advogado pode expressar suas opiniões nas palavras de outra pessoa e respaldá-las com referências bibliográficas.) A citação era de um texto de 1953 intitulado *Trade Secrets* [*Segredos comerciais*, em tradução livre], de autoria de um advogado chamado Ridsdale Ellis, e dizia, em parte, o seguinte: "De modo geral, é somente quando existem evidências de que o funcionário [que mudou de emprego] não cumpriu o seu contrato, expresso ou implícito, de manter sigilo, que o ex-empregador pode tomar alguma medida. Na lei dos delitos, existe a seguinte máxima: todo cachorro tem direito a uma mordida sem compromisso. Não é possível supor que um cachorro seja feroz enquanto ele não provar que o é mordendo alguém. Assim como no caso do cachorro, o ex-empregador talvez tenha de esperar que um ex-funcionário pratique algum ato observável para poder tomar alguma medida." Para contrariar essa doutrina — a qual, além de ser pitoresca, parecia ter uma aplicabilidade esmagadoramente exata ao caso em discussão — os advogados da Goodrich apresentaram uma citação do mesmo livro, *Ellis on trade secrets*, como os advogados referiram-se a ele em suas alegações, foi repetidamente usado por ambas as partes para criticar uma à outra, pela simples razão de ser o único texto sobre o assunto disponível na época na biblioteca jurídica do condado de Summit, onde as duas partes realizaram a maior parte da sua pesquisa.) Em apoio à causa *deles*, a Goodrich descobriu que Ellis tinha dito, com relação a processos de segredos comerciais nos quais a ré era uma empresa acusada de atrair um funcionário que tinha acesso a informações confidenciais de outra empresa: "Quando o funcionário com informações confidenciais saiu da sua empresa para passar a ser funcionário da ré, é possível tirar a conclusão, para complementar outras evidências circunstanciais, de que esta contratação mais recente foi estimulada pelo desejo da ré de descobrir segredos da querelante."

Em outras palavras, Ellis aparentemente sentiu que quando as circunstâncias parecem suspeitas, uma mordida sem compromisso *não* é permitida. Se ele se contradisse ou apenas clarificou sua posição, é uma questão interessante, mas Ellis falecera vários anos antes, de modo que não foi possível consultá-lo a respeito do assunto.

No dia 20 de fevereiro de 1963, depois de estudar as alegações e deliberar a respeito, o juiz Harvey apresentou sua decisão, na forma de um texto de nove páginas carregado de suspense. Para começar, escreveu o juiz, ele estava convencido de que a Goodrich de fato possuía segredos comerciais relacionados com trajes espaciais, e que Wohlgemuth poderia ser capaz de recordar e, portanto, de revelar alguns deles para a Latex, causando um dano irreparável à Goodrich. Ele declarou, ainda, que "não existe nenhuma dúvida de que a companhia Latex estava tentando obter a valiosa experiência [de Wohlgemuth] nesse campo especializado particular pois ela tinha esse contrato chamado 'Apollo' com o governo, e não existe nenhuma dúvida de que se lhe for permitido trabalhar na divisão de trajes espaciais da empresa Latex (...) ele terá a oportunidade de revelar informações confidenciais da B. F. Goodrich Company". Além disso, o juiz Harvey estava convencido, devido à atitude da Latex, como foi evidenciado pela conduta dos seus representantes no tribunal, que a companhia pretendia tentar fazer com que Wohlgemuth lhe desse "o benefício de todo tipo de informação que tivesse". Até esse momento, as coisas realmente pareciam ruins para a defesa. No entanto — e o juiz já estava bem avançado na página 6 quando chegou ao "no entanto" — ele concluíra, depois de estudar a controvérsia da mordida sem compromisso entre os advogados, que não é possível emitir uma injunção contra a revelação de segredos comerciais antes que essa revelação tenha ocorrido, a não ser que haja uma evidência clara e substancial de má intenção da parte do acusado. O acusado, neste caso, ressaltou o juiz, era Wohlgemuth, e se alguma má intenção estava envolvida, ela parecia ser atribuível à Latex e não a ele. Por esse motivo, ao lado de algumas razões técnicas, ele concluiu o seguinte: "É a opinião e a Ordem desta Corte que a injunção contra o acusado seja negada."

A Goodrich imediatamente recorreu da decisão, e o Tribunal de Recursos do condado de Summit, aguardando sua própria decisão com relação ao processo, emitiu outra medida liminar, que diferia da do juiz Harvey porque permitia que Wohlgemuth trabalhasse no setor de trajes espaciais para a Latex, mas continuava a proibi-lo de revelar supostos segredos comerciais da Goodrich. Assim, Wohlgemuth, de posse de uma vitória inicial mas tendo à frente uma nova luta judicial, foi trabalhar na seção de trajes lunares da Latex.

Jeter e seus colegas, nas suas razões de apelação ao Tribunal de Recursos, declararam inequivocamente que o juiz Harvey errara não apenas em alguns dos aspectos técnicos da sua decisão como também ao decidir que é preciso haver evidência de má-fé da parte do acusado antes que uma injunção possa ser concedida. "A questão a ser decidida não é de boa ou má-fé, e sim de se existe uma ameaça ou uma probabilidade de que segredos comerciais sejam revelados", era uma frase que constava com veemência nas razões de apelação da Goodrich — o que era um pouco incongruente, tendo em vista todo o tempo e o esforço que a companhia despendera em tentativas de atribuir má-fé tanto à Latex quanto a Wohlgemuth. Os advogados deste último, é claro, não deixaram de ressaltar a incongruência. "Parece de fato estranho que a Goodrich conteste essa decisão do juiz Harvey", comentaram eles em suas razões de apelação. Está bastante claro que eles tinham concebido para o juiz Harvey sentimentos tão ternos a ponto de ser quase protetores.

A decisão do Tribunal de Recursos foi comunicada no dia 22 de maio. Redigida pelo juiz Arthur W. Doyle, com a concordância dos seus dois colegas do tribunal, foi uma reversão parcial da decisão do juiz Harvey. Chegando à conclusão de que "existe uma ameaça presente real de revelação, mesmo sem uma revelação efetiva", e que "uma injunção pode (...) evitar um dano futuro", a corte concedeu uma injunção que impedia Wohlgemuth de revelar à Latex qualquer um dos processos e informações que a Goodrich afirmava serem segredos comerciais. Por outro lado, escreveu o juiz Doyle, "Não temos nenhuma dúvida de que Wohlgemuth tinha o direito de ir trabalhar em uma empresa concorrente, e usar o seu conhecimento (a não ser os segredos comerciais) e experiência em benefício do seu novo empregador." Falando claramente, Wohlgemuth estava finalmente livre para aceitar um emprego permanente trabalhando com trajes espaciais para a Latex, desde que ele se abstivesse de revelar segredos da Goodrich durante o seu trabalho.

Nenhuma das partes deu continuidade ao processo, levando-o além do Tribunal de Recursos do condado de Summit — à Suprema Corte de Ohio e, além desta, à Suprema Corte dos Estados Unidos — de modo que, com a decisão do Tribunal de Recursos, o caso Wohlgemuth foi decidido. O interesse público por ele foi diminuindo assim que o julgamento terminou, mas o interesse profissional continuou a aumentar, e, é claro, a aumentar ainda mais depois da decisão do Tribunal de Recursos em maio. Em março, a New York City Bar Association,* em parceria com a American Bar Association, apresentara um simpósio sobre segredos comerciais, com o caso Wohlgemuth como o seu foco principal. Nos últimos meses daquele ano, empregadores preocupados com a perda de segredos comerciais entraram com numerosas ações contra ex-funcionários, presumivelmente apoiando-se na decisão do caso Wohlgemuth como um precedente. Um ano depois, havia mais de duas dúzias de processos de segredos comerciais aguardando a decisão dos tribunais, com o mais notório deles tendo sido a tentativa da E. I. du Pont de Nemours & Co. de impedir um dos seus antigos engenheiros de pesquisas de participar da produção de certos pigmentos raros para a American Potash & Chemical Corporation.

Seria lógico supor que Jeter poderia ficar preocupado com relação ao cumprimento da ordem judicial do Tribunal

---

*Associação de Advogados da Cidade de Nova York. (*N. da T.*)

de Recursos — ele poderia temer que Wohlgemuth, trabalhando a portas fechadas no laboratório da Latex, e talvez guardando ressentimento da Goodrich, daria sua mordida sem compromisso apesar da ordem, partindo do princípio de que não seria apanhado. No entanto, Jeter não encarava as coisas dessa maneira. "A não ser que tomemos conhecimento de alguma coisa diferente, partimos do princípio que Wohlgemuth e a International Latex, já que ambos têm conhecimento da ordem judicial, irão agir de acordo com a lei", declarou Jeter depois de concluído o processo. "A Goodrich não tomou medidas específicas para policiar o cumprimento da ordem judicial, nem está pensando em tomá-las. No entanto, caso ela viesse a ser transgredida, é provável que viéssemos a descobrir isso de várias maneiras. Afinal de contas, Wohlgemuth está trabalhando com outras pessoas, que vão e vêm. Dentre talvez 25 funcionários que estão em contato constante com ele, é provável que um ou dois deixem a Latex dentro de uns dois anos. Além disso, é possível descobrir muitas coisas a partir de fornecedores que lidam tanto com a Latex quanto com a Goodrich; e também de clientes. No entanto, não sinto que a ordem será transgredida. Wohlgemuth enfrentou um processo judicial. Foi uma experiência e tanto para ele. Ele agora sabe quais são as suas responsabilidades perante a lei, algo que ele talvez não soubesse antes."

O próprio Wohlgemuth declarou no final de 1963 que, depois da conclusão do processo, ele recebera muitas indagações de outros cientistas que trabalhavam na indústria, e a ideia central das perguntas deles eram: "O seu caso significa que estou casado com o meu emprego?" Ele respondeu que eles teriam de tirar as próprias conclusões. Wohlgemuth também disse que a ordem judicial não teve nenhum efeito sobre o seu trabalho no departamento de trajes espaciais da

Latex. "Precisamente quais são os segredos da Goodrich não está claramente explicado na ordem judicial, de modo que tenho agido como se todas as coisas que eles alegaram ser segredos *fossem* efetivamente segredos", disse ele. "Não obstante, a minha eficiência não está prejudicada por eu evitar revelar essas coisas. Tomemos, por exemplo, o uso do poliuretano como revestimento interno — um processo que a Goodrich afirmou ser um segredo comercial. Isso foi algo que a Latex havia tentado anteriormente e considerado insatisfatório. Por conseguinte, ela não estava planejando fazer mais pesquisas nessa direção, e ainda não está; sou tão competente para a Latex quanto seria se não tivesse havido uma injunção. No entanto, tenho algo a dizer. Se eu recebesse agora uma oferta melhor de outra empresa, estou certo de que avaliaria a situação com muito cuidado — o que não fiz da última vez." Wohlgemuth — o novo Wohlgemuth, pós-julgamento — falava de maneira lenta e tensa, com longas pausas para refletir, como se a palavra errada pudesse atrair raios sobre sua cabeça. Ele era um rapaz com forte sentimento de pertencer ao futuro e realmente esperava fazer, se pudesse, uma contribuição material à chegada do homem à Lua. Ao mesmo tempo, Jeter talvez estivesse certo: ele também era um homem que passara recentemente quase seis meses nas malhas da justiça e que trabalhava, e continuaria a trabalhar, sabendo que um único deslize poderia significar uma multa, a prisão e a ruína profissional.

12. Em defesa da libra esterlina

I

O Federal Reserve Bank de Nova York está situado no quarteirão limitado pelas ruas Liberty, Nassau e William, e Maiden Lane, na encosta de um dos poucos pequenos morros ainda visíveis no terreno terraplanado, nivelado pelos arranha-céus do setor Sul de Manhattan. A entrada dá para a rua Liberty, e sua aparência é majestosa e austera. As janelas abobadadas do andar térreo, cujo design imita o dos palácios Pitti e Riccardi em Florença, são protegidas por grades de ferro feitas de barras tão grossas quanto o pulso de um menino, e acima delas há fileiras de pequenas janelas retangulares inseridas em uma parede de 14 andares, semelhante a um penhasco, feita de blocos de arenito e calcário, cuja cor um dia variou entre marrom, cinza e azul, mas que a fuligem reduziu a um monótono cinzento; a austeridade da fachada só é mitigada no nível do 12º andar por uma arcada aberta florentina. Duas gigantescas lanternas de ferro — quase réplicas daquelas que adornam o Palácio Strozzi em Florença — ladeiam a entrada principal, mas parecem estar presentes mais para intimidar do que para iluminar a entrada ou agradar o visitante. Tampouco o interior do prédio é muito mais alegre ou hospitaleiro; o andar térreo ostenta arestas de abóboda cavernosas e partições elevadas de ferro ornamental com intricados desenhos geométricos, florais e de animais, e é vigiado por uma grande quantidade de guardas de segurança, cujo uniforme azul-marinho os faz parecer policiais.

Enorme e austero, o Federal Reserve, enquanto prédio, desperta variados sentimentos naqueles que o contemplam. Para os admiradores do novo e atraente Chase Manhattan Bank na calçada oposta da rua Liberty, que se caracteriza por janelas enormes, paredes com azulejos coloridos e pinturas em voga no estilo do expressionismo abstrato, ele é um epítome da deselegância do século XIX na arquitetura dos bancos, embora tenha sido efetivamente concluído em 1924. Para o assombrado autor de um artigo para a revista *Architecture* em 1927, ele parecia "tão inviolável quanto a península de Gibraltar, e não menos inspirador da nossa reverência", e possuía "uma qualidade que, na falta de palavra melhor, só consigo descrever como 'épica'". Para as mães das jovens que trabalham nele como secretárias ou auxiliares, ele parece uma espécie de prisão particularmente sinistra. Os assaltantes de banco também parecem respeitar sua inviolabilidade; nunca houve o menor indício de uma tentativa nesse sentido. Para a Municipal Art Society de Nova York, que hoje o classifica como ponto de referência consumado, até 1967 ele era apenas um ponto de referência de segunda classe, tendo sido incluído na Categoria II, "Estruturas de grande importância local ou regional que devem ser preservadas", em vez de na Categoria I, "Estruturas de importância nacional que devem ser preservadas a todo custo". Por outro lado, ele tem uma vantagem indiscutível sobre os palácios Pitti, Riccardi e Strozzi: é maior do que qualquer um deles. Na realidade, ele é maior do que qualquer palácio florentino que já existiu em Florença.

O Federal Reserve de Nova York se diferencia dos outros bancos de Wall Street em sua finalidade e função, bem como na aparência. Sendo, de longe, o maior e mais importante dos 12 bancos Federal Reserve regionais — os quais, ao lado do Conselho do Federal Reserve [Federal Reserve Board], em Washington, e os 6,2 mil bancos comerciais que são membros, formam o Sistema do Federal Reserve [Federal Reserve System], ele é o principal braço operador da instituição do banco central dos Estados Unidos. A maioria dos outros países tem um único banco central — o Banco da Inglaterra, o Banco da França e assim por diante —, em vez de uma rede deles, mas os bancos centrais de todos os países têm a mesma finalidade dupla: manter a moeda do país em um estado saudável regulando o seu suprimento, em parte por intermédio da facilidade ou dificuldade com que ela pode ser tomada emprestada, e, quando necessário, defender o seu valor em relação ao de outras moedas nacionais. Para realizar o primeiro objetivo, o banco de Nova York coopera com o seu conselho controlador e os seus 11 bancos coirmãos no ajuste periódico de uma série de reguladores monetários, dos quais o mais visível (embora não necessariamente o mais importante) é a taxa de juros pela qual ele empresta dinheiro a outros bancos. Quanto ao segundo objetivo, em virtude da tradição e de sua situação no maior centro financeiro da nação e do mundo, o Federal Reserve de Nova York é o único agente do Sistema Federal Reserve e do Tesouro dos Estados Unidos nas transações com outros países. Desse modo, ele tem nos ombros a principal responsabilidade pelas operações em defesa do dólar. Essas responsabilidades estiveram extremamente pesadas durante a grande crise monetária de 1968 — e, na verdade, como a defesa do dólar às vezes envolve a defesa de outras moedas, ao longo dos três anos e meio anteriores.

Por ter a obrigação de agir no interesse nacional — não tendo, na realidade, nenhuma outra finalidade —, o Federal Reserve de Nova York, junto com os seus bancos coirmãos, obviamente é um braço do governo. No entanto, ele tem um pé no setor do livre empreendimento; em um estilo que alguns poderiam chamar de caracteristicamente norte-americano, ele se estende direto sobre a linha divisória entre o governo e as empresas. Embora funcione como agência governamental, suas ações são de propriedade dos bancos membros em todo o país, aos quais ele paga dividendos anuais legalmente limitados em 6% ao ano. Embora os seus principais executivos façam um juramento federal, eles não são nomeados pelo presidente dos Estados Unidos, ou mesmo pelo Conselho do Federal Reserve, sendo eleitos pelo conselho diretor do próprio banco, e os seus salários não são pagos pelos cofres federais e sim com a renda do próprio banco. Essa renda, no entanto — embora, por sorte, esteja sempre disponível —, é inteiramente secundária com relação à finalidade do banco, e se ela ficar acima das despesas e dos dividendos, é automaticamente transferida para o Tesouro dos Estados Unidos. Um banco que considera os lucros algo secundário dificilmente está longe de ser a norma em Wall Street, e essa atitude coloca os homens do Federal Reserve em uma posição social singularmente vantajosa. Como o banco deles, afinal de contas, *é* um banco, de propriedade privada, e, além disso, lucrativo, eles não podem ser descartados como meros burocratas do governo; pelo contrário, o fato de terem o olhar firmemente fixado acima do atoleiro da ganância os habilita a ser chamados de "os intelectuais", ou, na verdade, até mesmo de "os aristocratas", das operações bancárias de Wall Street.

Debaixo deles jaz o ouro — que ainda é a rocha sobre a qual todo o dinheiro nominalmente repousa, embora, em épocas recentes, uma base que tem estremecido ominosamente debaixo da força de vários terremotos monetários.* Em março de 1968, mais de 13 mil toneladas de ouro, valendo mais de US$13 bilhões e correspondendo a mais de um quarto de todo o ouro monetário no mundo livre, repousavam sobre uma verdadeira rocha 23 metros abaixo do nível da rua Liberty e 15 metros abaixo do nível do mar, em um cofre-forte que seria inundado se um sistema de bombas de sucção não desviasse um curso d'água que originalmente serpenteava pela Maiden Lane. O famoso economista britânico do século XIX, Walter Bagehot, disse certa vez a um amigo que quando estava deprimido ele costumava se animar indo ao seu banco "enfiar a mão naquelas moedas de ouro". Embora seja, no mínimo, uma experiência estimulante descer e *olhar* para o ouro no cofre-forte do Federal Reserve, o qual não está na forma de moedas e sim de barras com um brilho opaco mais ou menos do tamanho e formato de tijolos de construção, nem mesmo o visitante mais credenciado tem permissão para colocar a mão nelas; por um lado, as barras pesam cerca de 13 quilos cada uma, não sendo, portanto, muito adequadas ao manuseio, e, por outro, nenhuma parte do ouro pertence nem ao Federal Reserve nem aos Estados Unidos. Todo o ouro dos Estados Unidos é guardado em Fort Knox, no Departamento de Análise de Minérios de Nova York [New

---

*Este texto foi publicado originalmente em 1968, antes, portanto, do fim do padrão-ouro para o dólar, em 1971. (*N. do E.*)

York Assay Office], ou nas diversas casas da moeda; o ouro depositado no Federal Reserve pertence a cerca de setenta outros países — sendo europeus os maiores depositantes —, que acham conveniente guardar lá boa parte das suas reservas de ouro. Originalmente, a maioria deles colocou ouro lá em custódia durante a Segunda Guerra Mundial. Depois da guerra, as nações europeias — com exceção da França — não apenas deixaram o seu ouro em Nova York como também aumentaram a quantidade dele à medida que sua economia ia se recuperando.

O ouro tampouco representa, de modo nenhum, todos os depósitos estrangeiros na rua Liberty; investimentos de vários tipos levaram o total de março de 1968 para mais de US$28 bilhões. Por ser o banqueiro da maioria dos bancos centrais do mundo não comunista, e por ser o banco central que representa a moeda dominante no mundo, o Federal Reserve de Nova York é, indiscutivelmente, a principal cidadela da moeda circulante mundial. Em virtude dessa posição, é proporcionada a ele uma espécie de visão fluoroscópica das entranhas das finanças internacionais, possibilitando que ele detecte, de imediato, uma moeda que esteja começando a ficar enferma aqui, uma economia instável acolá. Se, por exemplo, a Grã-Bretanha estiver com um déficit nas suas transações internacionais, esse fato aparece imediatamente nos livros contábeis do Federal Reserve na forma de um declínio no balanço do Banco da Inglaterra. No outono de 1964, estava ocorrendo precisamente um declínio desse tipo, e ele marcou o início de uma luta longa, corajosa, intermitentemente apavorante e, finalmente, perdedora, de uma série de países e dos seus bancos centrais, liderados pelos Estados Unidos e pelo Federal Reserve, para salvaguardar a ordem existente nas finanças mundiais por meio da preservação da integridade da libra esterlina. Um dos problemas dos prédios imponentes é que eles tendem a reduzir a importância das pessoas e das atividades que eles encerram e, na maioria das vezes, é correto pensar no Federal Reserve como um lugar onde pessoas frequentemente entediadas lidam com prosaicos pedaços de papel, bastante semelhantes aos dos outros bancos. No entanto, a partir de 1964, alguns dos eventos ocorridos lá, embora dificilmente tenham sido capazes de obter uma reverência inspiradora, encerravam certa qualidade épica.

No início de 1964, começou a ficar claro que a Grã-Bretanha, que durante vários anos mantivera certo equilíbrio no seu balanço de pagamentos internacional — ou seja, a quantidade de dinheiro enviada anualmente para além das suas fronteiras fora mais ou menos igual à quantidade recebida —, estava tendo um déficit substancial. Longe de ser o resultado de uma depressão interna na Grã-Bretanha, essa situação era decorrente de uma expansão interna excessivamente exuberante; os negócios estavam em rápida expansão, e novos-ricos britânicos estavam encomendando grandes quantidades de produtos caros no exterior, sem que as exportações de mercadorias britânicas aumentassem na mesma escala. Em resumo, a Grã-Bretanha estava vivendo além das suas possibilidades. Um déficit substancial no balanço de pagamentos é uma preocupação para um país relativamente autossuficiente como os Estados Unidos (na verdade, os Estados Unidos estavam tendo essa mesma preocupação na época, e continuariam a tê-la durante vários anos), mas para uma nação comercial como a Grã-Bretanha, cuja quarta parte da sua economia depende do comércio exterior, esse déficit constitui um grave perigo.

A situação era causa de crescente preocupação no Federal Reserve, e o ponto central da preocupação era o escritório, no décimo andar, de Charles A. Coombs, vice-presidente do banco responsável pelas operações estrangeiras. Durante todo o verão, o fluoroscópio mostrou uma libra esterlina enferma e decadente. Coombs recebia relatórios diários da seção de pesquisas do departamento do exterior que informavam que uma torrente de dinheiro estava deixando a Grã-Bretanha. Do subterrâneo, surgiu a notícia de que a pilha de barras de ouro no compartimento reservado à Grã-Bretanha estava encolhendo consideravelmente — não por algum delito no cofre-forte, mas porque um certo número de barras estava sendo transferido para outros compartimentos para quitar suas dívidas internacionais. A mesa de operações de câmbio internacional, no sétimo andar, transmitia, quase todas as tardes, a notícia de que as cotações da libra no mercado aberto em relação ao dólar tinham caído novamente naquele dia. Nos meses de julho e agosto, quando as cotações caíram de US$2,79 para US$2,7890 e depois, para US$2,7875, a situação foi considerada tão grave na rua Liberty que Coombs, que normalmente lidava sozinho com as questões do mercado de câmbio internacional, fazendo apenas relatórios de rotina para os seus superiores, passou a conversar constantemente a respeito do assunto com o seu chefe, o presidente do Federal Reserve, um homem alto, sereno, de fala mansa, chamado Alfred Hayes.

Por mais desconcertantemente complexo que isso possa parecer, o que na verdade acontece nas transações financeiras internacionais é essencialmente o que acontece nas transações domésticas privadas. As preocupações monetárias de uma nação, assim como as de uma família, são consequência de uma quantidade excessiva de dinheiro saindo e dinheiro insuficiente entrando. Os vendedores estrangeiros que vendem mercadorias para a Grã-Bretanha não podem gastar as libras que recebem em pagamento nos seus países, de modo que as convertem em sua moeda; eles fazem isso vendendo as libras nos mercados de câmbio internacionais, exatamente como se estivessem vendendo valores mobiliários em uma bolsa de valores. O preço de mercado da libra flutua em resposta à oferta e à demanda, o mesmo acontecendo com o preço de todas as outras moedas — todas, exceto o dólar, o sol no sistema planetário das moedas circulantes, visto que os Estados Unidos, desde 1934, prometeu trocar qualquer quantidade de ouro por dólares ao bel-prazer de qualquer nação pelo preço fixo de US$35 por onça.*

Sob a pressão de venda, o preço da libra cai. Mas suas flutuações são severamente reguladas. Não pode ser permitido que a influência das forças de mercado diminua ou aumente o preço mais do que US$0,02 abaixo ou acima do valor nominal da libra; se essas flutuações irrestritas ocorressem descontroladas, banqueiros e empresários de toda parte que negociassem com a Grã-Bretanha se veriam involuntariamente envolvidos em uma espécie de jogo de roleta e tenderiam a parar de negociar com a Grã-Bretanha. Então, de acordo com regras monetárias internacionais acordadas em Bretton Woods, New Hampshire, em 1944, e aperfeiçoadas posteriormente em vários outros lugares, a libra em 1964, cujo valor nominal era de US$2,80, só podia flutuar entre US$2,78 e US$2,82, e o fiscal dessa abreviação da lei da oferta e da procura era o Banco da Inglaterra. Nos dias em que tudo corria tranquilamente, a libra poderia ser cotada nos mercados de câmbios a, digamos, US$2,7990, um aumento de US$0,0015 com relação ao fechamento do dia anterior. (Quinze centésimos de um centavo não parece muito, mas em US$1 milhão redondos, que é geralmente a

---

*Uma onça equivale a 28,349 gramas. (N. da T.)

unidade básica nas transações monetárias internacionais, isso equivale a US$1,5 mil.) Se isso acontecesse, o Banco da Inglaterra não precisaria fazer nada. Se, no entanto, a libra estivesse forte nos mercados e subisse para US$2,82 (algo que ela não exibia nenhuma tendência de fazer em 1964), o Banco da Inglaterra tinha o compromisso de aceitar ouro ou dólares em troca de libras a esse preço — algo que ele ficaria muito feliz em fazer —, evitando um aumento maior no preço e ao mesmo tempo aumentando sua reserva de ouro e dólares, que funcionam como o respaldo da libra. Se, por outro lado (e essa era uma hipótese mais realista), a libra estivesse fraca e caísse para US$2,78, a obrigação do Banco da Inglaterra, sob juramento, era intervir no mercado e comprar com ouro ou dólares todas as libras oferecidas à venda por esse preço, independentemente da redução que isso pudesse representar em suas reservas. Dessa maneira, o banco central de um país esbanjador, como o pai em uma família esbanjadora, é forçado, com o tempo, a pagar as contas com capital. Mas, nas ocasiões de grave fraqueza da moeda, o banco central perde ainda mais reservas do que isso sugeriria, devido aos caprichos da psicologia do mercado. Os importadores e exportadores prudentes, que buscam proteger o capital e os lucros obtidos, reduzem ao mínimo a quantia que detêm em libras e o espaço de tempo no qual permanecem com ela. Os especuladores monetários, cujos narizes foram treinados para farejar a fraqueza, arremetem contra uma libra em queda e fazem enormes vendas a descoberto, na expectativa de lucrar com uma queda adicional da moeda, e o Banco da Inglaterra precisa absorver tanto as vendas especulativas quanto as vendas normais.

A suprema consequência da fraqueza incontrolada de uma moeda é algo cujos efeitos podem ser incomparavelmente mais desastrosos do que a falência de uma família.

Estou falando da desvalorização, e a desvalorização de uma importante moeda mundial como a libra é um dos principais pesadelos de todos os bancos centrais, seja em Londres, Nova York, Frankfurt, Zurique ou Tóquio. Se em qualquer momento o escoamento das reservas da Grã-Bretanha se tornasse tão grande a ponto de o Banco da Inglaterra ser incapaz de cumprir sua obrigação de manter a libra a US$2,78, ou se mostrasse relutante em fazê-lo, o resultado seria a desvalorização. Em outras palavras, a limitação do câmbio ao intervalo entre US$2,78 e US$2,82 seria abruptamente revogada; por um simples decreto do governo, o valor nominal da libra seria reduzido para uma quantia menor, e um novo conjunto de limites estabelecido em torno da nova paridade. A essência do perigo era a possibilidade de que a consequência disso pudesse dar origem a um caos não limitado à Grã-Bretanha. A desvalorização, como o mais heroico e perigoso dos remédios para uma moeda enferma, é corretamente temida. Ao tornar as mercadorias do país desvalorizado mais baratas para os outros, ela impulsiona as exportações, reduzindo ou eliminando o déficit nas contas internacionais, mas ao mesmo tempo torna tanto os produtos importados quanto os domésticos mais caros em casa, reduzindo assim o padrão de vida do país. É uma cirurgia radical, que cura uma doença à custa de parte da força e do bem-estar do paciente — e, em muitos casos, à custa de parte do seu orgulho e prestígio também. O pior de tudo, caso a moeda desvalorizada seja, como a libra, amplamente usada em transações internacionais, a doença — ou, mais precisamente, a cura — pode se revelar contagiosa. Para as nações que tenham grandes quantidades dessa moeda particular nos seus cofres de reserva, os efeitos da desvalorização são os mesmos que ocorreriam se os cofres tivessem sido assaltados. Essas e outras nações, vendo-se em uma inaceitável desvantagem comercial decorrente da desvalorização, podem precisar recorrer a uma desvalorização competitiva das suas moedas. Cria-se então uma espiral descendente: rumores de novas desvalorizações são constantemente ventilados; a perda da confiança no dinheiro de outras pessoas conduz a uma aversão às transações além das fronteiras nacionais e o comércio internacional, do qual dependem a comida e a segurança de centenas de milhões de pessoas em todo o mundo, tende a declinar. Um desastre desse tipo seguiu-se à mais representativa desvalorização de todos os tempos, a desvinculação da libra do antigo padrão-ouro em 1931 — um evento que ainda é via de regra considerado importante causa da Depressão dos anos 1930.

O processo funciona da mesma forma no que diz respeito às moedas dos mais de cem países membros do Fundo Monetário Internacional, uma organização que teve origem em Bretton Woods. No caso de qualquer país, um balanço de pagamentos favorável significa um acúmulo de dólares, seja de maneira direta ou indireta, que são livremente conversíveis em ouro, no banco central do país; se a demanda pela sua moeda for grande o suficiente, o país poderá valorizá-la — o inverso da desvalorização —, o que a Alemanha e a Holanda fizeram em 1961. Inversamente, um balanço de pagamentos desfavorável dá início à sequência de eventos que pode terminar na desvalorização forçada. O grau de desordem do comércio mundial que a desvalorização de uma moeda acarreta depende da importância internacional dessa moeda. (Uma grande desvalorização da rúpia indiana em junho de 1966, embora fosse uma questão séria na Índia, mal provocou uma ondulação nos mercados internacionais.) E — para concluir este breve resumo das regras de um jogo complexo do qual todo, mundo, em todos os lugares, é um jogador involuntário

— até mesmo o majestoso dólar está longe de estar imune aos efeitos de um balanço de pagamentos desfavorável ou de uma especulação. Por causa do compromisso assumido pelos Estados Unidos a respeito do dólar com relação ao ouro, ele funciona como o padrão para todas as outras moedas, de modo que o seu preço não flutua nos mercados. No entanto, ele pode sofrer uma fraqueza de um tipo menos visível porém igualmente deplorável. Quando os Estados Unidos enviam para fora uma quantidade de dinheiro substancialmente maior (seja um pagamento de importações, assistência econômica, investimentos, empréstimos, gastos de turistas ou custos militares) do que recebe, os beneficiários compram livremente as suas próprias moedas com os dólares recém-adquiridos, elevando o preço da sua própria moeda com relação ao dólar; o aumento do preço possibilita que o banco central desses países captem ainda mais dólares, os quais eles podem vender de volta para os Estados Unidos, em troca de ouro. Desse modo, quando o dólar está fraco, os Estados Unidos perdem ouro. A França — país que tem uma moeda forte e não alimenta um amor declarado pelo dólar — exigiu regularmente US$30 milhões ou mais em ouro norte-americano todos os meses, durante vários anos, até o outono de 1966, e entre 1958, quando os Estados Unidos começaram a ter um grave déficit nas suas contas internacionais, e meados de março de 1968, a reserva de ouro norte-americana foi reduzida à metade — caindo de US$22,8 bilhões para US$11,4 bilhões. Se a reserva um dia caísse para um nível inaceitavelmente baixo, os Estados Unidos seriam obrigados a quebrar a sua palavra e reduzir o valor em ouro do dólar, ou até mesmo parar inteiramente de vender ouro. Qualquer uma das duas ações seria, na verdade, uma desvalorização — a maior das desvalorizações, por causa da posição proeminente do dólar, que perturbaria mais a ordem monetária mundial do que a desvalorização da libra.

Hayes e Coombs, que não têm idade para ter vivido pessoalmente os eventos de 1931 como banqueiros mas que são alunos tão aplicados e sensíveis das operações bancárias internacionais que poderiam tê-los vivido, descobriram que, à medida que os dias quentes de 1964 se arrastavam, eles tinham a chance de estar em contato quase diário, por meio de telefonemas transatlânticos, com os seus congêneres no Banco da Inglaterra — o conde de Cromer, à frente do banco na ocasião, e Roy A. Bridge, o assessor em câmbio internacional. A partir dessas conversas e de outras fontes, ficou claro para eles que o desequilíbrio nas contas internacionais da Grã-Bretanha estava longe de ser todo o problema. Uma crise de confiança na solidez da libra estava se desenvolvendo, e a principal causa parecia ser a eleição que o governo conservador da Grã-Bretanha enfrentaria no dia 15 de outubro. O que os mercados financeiros internacionais mais odeiam e temem é a incerteza. Qualquer eleição representa incerteza, de modo que a libra sempre se comporta com nervosismo pouco antes de os britânicos irem às urnas, mas, para as pessoas que lidam com o câmbio, essa eleição parecia particularmente ameaçadora, devido à maneira como elas avaliavam o caráter do governo trabalhista, que talvez assumisse o poder. Os financistas conservadores de Londres, sem mencionar os da Europa Continental, olhavam com uma desconfiança quase irracional para Harold Wilson, a escolha trabalhista para primeiro-ministro; além disso, alguns dos assessores econômicos do Sr. Wilson haviam explicitamente enaltecido as virtudes da desvalorização da libra em textos teóricos anteriores; e, finalmente, havia uma analogia fortemente apropriada a ser extraída do fato de o último mandato do Partido Trabalhista britânico ter sido ostensivamente marcado, em 1949, por uma desvalorização da libra esterlina de US$4,03 para US$2,80.

Nessas circunstâncias, quase todos os negociadores nos mercados monetários mundiais, fossem eles empresários internacionais comuns ou consumados especuladores, estavam ansiosos para se livrar das libras que pudessem ter nas mãos — pelo menos até depois das eleições. Como todos os ataques especulativos, este se retroalimentou. Cada pequena queda no preço da libra resultou em uma perda adicional de confiança, e a libra foi caindo nos mercados internacionais — envolvendo um tipo de operação cambial estranhamente difuso, que não opera em um prédio central, com as suas negociações sendo realizadas por telefone e cabograma entre as mesas de operações das principais cidades do mundo. Simultaneamente, as reservas britânicas foram diminuindo, enquanto o Banco da Inglaterra lutava para segurar a libra. No início de setembro, Hayes foi a Tóquio para a reunião anual dos membros do Fundo Monetário Internacional. Nos corredores do prédio onde os participantes estavam reunidos, ele ouviu vários dirigentes dos bancos centrais europeus expressarem sua apreensão a respeito do estado da economia da Grã-Bretanha e das perspectivas para a moeda britânica. Por que o governo britânico não tomava medidas em seu país para controlar a saída de dinheiro e melhorar o balanço de pagamentos, perguntavam uns aos outros. Por que ele não elevava a taxa de juros básica do Banco da Inglaterra — a chamada taxa de desconto bancário —, dos atuais 5%, já que essa medida teria o efeito de aumentar as taxas de juros britânicas em todas as direções, atendendo à dupla finalidade de refrear a inflação interna e atrair investimentos em dólar para Londres de outros centros financeiros, o que faria com que a libra esterlina adquirisse uma base mais sólida?

Sem dúvida, os banqueiros continentais fizeram essas perguntas aos representantes do Banco da Inglaterra em Tóquio; de qualquer modo, os representantes do Banco da Inglaterra e os seus congêneres no Tesouro britânico não tinham deixado de fazer as mesmas perguntas a si mesmos. No entanto, as medidas propostas certamente seriam impopulares para o eleitorado britânico, arautos inequívocos de austeridade, e o governo conservador, assim como muitos governos antes dele, parecia estar paralisado pelo medo da iminente eleição. Por conseguinte, esse governo simplesmente não fez nada. No entanto, do ponto de vista estritamente monetário, a Grã-Bretanha adotou medidas defensivas durante o mês de setembro. O Banco da Inglaterra tinha um acordo permanente com o Federal Reserve de que qualquer uma das duas instituições poderia tomar emprestados da outra US$500 milhões, por um breve período, em qualquer ocasião, praticamente sem nenhuma formalidade; agora, o Banco da Inglaterra aceitou esse empréstimo de emergência e tomou medidas para complementá-lo com outros US$500 milhões, na forma de crédito a curto prazo, de vários bancos centrais europeus e do Banco do Canadá. Esse total de US$1 bilhão, aliado às derradeiras reservas britânicas em ouro e dólares, que correspondiam a mais ou menos US$2,6 bilhões, constituíam um considerável depósito de munição. Se o ataque especulativo à libra continuasse ou se intensificasse, o Banco da Inglaterra reagiria fazendo investimentos em dólares na libra no campo de batalha do livre mercado, o que presumivelmente aniquilaria os ofensores.

Como poderia ter sido esperado, o ataque de fato se intensificou quando o Partido Trabalhista saiu vitorioso nas eleições de outubro. O novo governo britânico compreendeu, desde o início, que estava diante de uma grave crise, e que uma ação drástica e imediata se fazia necessária. Tem sido comentado desde então que uma desvalorização sumária da libra foi seriamente considerada pelo recém-eleito primeiro-ministro e seus assessores financeiros — George Brown, secretário de Estado para Assuntos Econômicos; e James Callaghan, chanceler do Tesouro. Entretanto, a ideia foi rejeitada, e as medidas que eles efetivamente tomaram, em outubro e no início de novembro, foram uma sobretaxa de emergência de 15% sobre as importações britânicas (na realidade, um aumento geral das tarifas), um aumento no imposto sobre combustíveis e novos e rígidos impostos corporativos e de ganhos de capital. Essas foram, sem dúvida, medidas deflacionárias e fortalecedoras da moeda, mas a confiança dos mercados mundiais não foi renovada. A natureza específica dos novos impostos parece ter desconcertado, e até mesmo enfurecido, muitos financistas, dentro e fora da Grã-Bretanha, particularmente em virtude do fato de que, com o novo orçamento, os gastos do governo britânico com benefícios de assistência social na verdade aumentariam, em vez de ser reduzidos, como uma política deflacionária normalmente exigiria. De uma maneira ou de outra, portanto, os vendedores — ou os ursos, no jargão do mercado — permaneceram no controle do mercado da libra nas semanas que se seguiram à eleição, e o Banco da Inglaterra foi mantido ocupado atirando neles com preciosas balas do seu arsenal bilionário de dólares emprestados. No final de outubro, quase metade do bilhão já havia desaparecido, e os ursos ainda estavam avançando inexoravelmente sobre a libra, um centésimo de centavo de cada vez.

Hayes, Coombs e os seus colegas do departamento do exterior na rua Liberty, que observavam a situação com crescente ansiedade, estavam tão aflitos quanto os britânicos, pois um banco central que defende a sua moeda contra um ataque só pode ter uma vaga ideia de onde está vindo o ataque. A especulação é inerente ao comércio exterior e, pela sua natureza, é impossível isolá-la, identificá-la ou até mesmo defini-la. Existem graus de especulação; a própria palavra, assim como "egoísmo" ou "ganância", denota um julgamento e, no entanto, toda permuta de moedas poderia ser chamada de especulação em favor da moeda que está sendo adquirida e contra a que está sendo vendida. Em uma das extremidades da escala estão transações comerciais perfeitamente legítimas, com efeitos especulativos específicos. Um importador britânico que encomende mercadorias norte-americanas poderá, legitimamente, pagar em libras antes da entrega; se ele fizer isso, estará especulando contra a libra. Um importador norte-americano que tenha feito um contrato para pagar mercadorias britânicas por um preço estabelecido em libras pode legitimamente insistir que a compra das libras necessárias para quitar sua dívida seja protelada por certo período; ele também está especulando contra a libra. (A desconcertante importância para a Grã-Bretanha dessas operações comerciais comuns, chamadas de "*leads*" e "*lags*",* respectivamente, é mostrada pelo fato de que, se em épocas normais, todos os compradores internacionais de mercadorias inglesas retivessem o pagamento por um breve período, como dois meses e meio, as reservas de ouro e dólares do Banco da Inglaterra simplesmente desapareceriam.) Na outra extremidade da escala está o negociador de dinheiro que toma libras emprestadas e depois converte o empréstimo em dólares. Esse negociador, em vez de meramente proteger os seus interesses comerciais,

---

*Leads and lags ou *leading and lagging* é uma técnica de *hedging* que consiste em atrasar os recebimentos e pagamentos para compensar o efeito das variações cambiais. (N. da T.)

está envolvido em uma clara ação especulativa chamada venda a descoberto; esperando recomprar mais tarde as libras devidas por um preço menor, ele está simplesmente tentando obter um lucro com a redução no valor que ele antevê — e, com as baixas comissões que prevalecem no mercado monetário internacional, a manobra oferece uma das formas mais atraentes de jogo de alto risco do mundo.

Esse tipo de jogo, embora tendo na verdade contribuído bem menos para a crise da libra esterlina do que as medidas de autoproteção tomadas pelos nervosos importadores e exportadores, estava levando boa parte da culpa de todos os problemas da libra em outubro e novembro de 1964. Particularmente no Parlamento britânico, havia referências coléricas à atividade especulativa dos "gnomos de Zurique" — com Zurique tendo sido escolhida porque a Suíça, cujas leis bancárias protegem rigidamente o anonimato dos depositantes, é o "bar sem licença" das operações bancárias internacionais, e, consequentemente, grande parte da especulação monetária que tem origem em muitas partes do mundo é canalizada através de Zurique. Além do baixo comissionamento e do anonimato, a especulação monetária encerra outro atrativo. Graças às diferenças do fuso horário e do bom serviço telefônico, o mercado monetário internacional, ao contrário das bolsas de valores, das pistas de corrida e dos cassinos, praticamente nunca fecha. Londres abre uma hora depois da Europa Continental (ou abria até fevereiro de 1968, quando a Grã-Bretanha adotou a hora continental); Nova York, cinco horas (agora seis) depois disso; São Francisco, três horas depois *disso*; e Tóquio começa a funcionar mais ou menos na hora em que as operações em São Francisco se encerram. Somente a necessidade de dormir ou a falta de dinheiro precisam interromper as operações de um especulador irremediavelmente viciado em qualquer lugar do mundo.

"*Não* eram os gnomos de Zurique que estavam derrubando a libra", declarou um importante banqueiro de Zurique — chegando quase a afirmar que não havia gnomos por lá. Não obstante, uma venda a descoberto organizada — que os negociadores chamam de invasão de ursos — estava certamente em andamento, e os defensores da libra em Londres e os seus simpatizantes em Nova York teriam dado muita coisa para ter um vislumbre do inimigo invisível.

Foi nessa atmosfera, então, que no fim de semana que começava no dia 7 de novembro os banqueiros dos principais bancos centrais do mundo realizaram sua reunião mensal regular na Basileia, Suíça. Essas reuniões, que têm tido lugar regularmente desde a década de 1930, exceto durante a Segunda Guerra Mundial, são, na verdade, a reunião mensal do conselho diretor do Banco de Compensações Internacionais [Bank of International Settlements], criado na Basileia em 1930 basicamente como uma câmara de compensação para lidar com os pagamentos de reparações decorrentes da Primeira Guerra Mundial, mas que veio a funcionar como uma agência de cooperação monetária internacional e, incidentalmente, como uma espécie de clube dos dirigentes dos bancos centrais. Como tal, ele é muito mais limitado quanto aos recursos e restrito quanto à condição de membro do que o Fundo Monetário Internacional, mas, assim como outros clubes exclusivos, ele é frequentemente o cenário de grandes decisões. Representadas no seu conselho diretor estão Grã-Bretanha, França, Alemanha Ocidental, Itália, Bélgica, Holanda, Suécia e Suíça — em resumo, as potências econômicas da Europa Ocidental —, enquanto os Estados Unidos é um convidado mensal regular cuja presença é esperada, e o Canadá e o Japão são visitantes menos frequentes. O Federal Reserve é quase sempre representado por Coombs, e, às vezes, por Hayes e outros executivos de Nova York.

Na natureza das coisas, os interesses dos diferentes bancos centrais são antagônicos; eles se defrontam quase como se fossem participantes de um jogo de pôquer. Mesmo assim, como os problemas monetários internacionais têm, em sua origem, uma história quase tão longa quanto os problemas de causa semelhante entre as pessoas, o mais surpreendente a respeito da cooperação monetária internacional é o fato de ela ser tão nova. Ao longo de todas as épocas anteriores à Primeira Guerra Mundial, não podemos dizer que ela, de alguma maneira, existisse. Na década de 1920, ela existiu por meio de estreitos vínculos pessoais entre dirigentes dos bancos centrais, frequentemente mantida apesar da indiferença dos seus governos. Em nível oficial, ela teve um começo vacilante por intermédio do Comitê Financeiro da Liga das Nações, que deveria estimular a ação conjunta para evitar as catástrofes monetárias. O colapso da libra esterlina de 1931 e suas graves consequências representaram uma prova mais do que suficiente do fracasso do comitê. Mas dias melhores estavam por vir. A conferência financeira internacional de 1944 em Bretton Woods — da qual emergiram não apenas o Fundo Monetário Internacional como também toda a estrutura de regras monetárias do pós-guerra destinadas a ajudar a estabelecer e manter taxas de câmbio fixas, bem como o Banco Mundial, cujo objetivo era facilitar o fluxo de dinheiro dos países ricos para os países pobres ou devastados pela guerra — ergue-se como um marco miliário na cooperação econômica comparável à formação das Nações Unidas nas questões políticas. Citando apenas um dos frutos da conferência, um crédito de mais de US$1 bilhão concedido à Grã-Bretanha pelo Fundo Monetário Internacional durante a questão do

Canal de Suez em 1956 evitou, na ocasião, importante crise financeira internacional.

Nos anos subsequentes, as mudanças econômicas, assim como outras mudanças, tenderam a acontecer em maior quantidade e com mais rapidez; depois de 1958, as crises monetárias começaram a aparecer praticamente da noite para o dia, e o Fundo Monetário Internacional, que tem um mecanismo lento, revelou-se algumas vezes inadequado para enfrentar sozinho essas crises. Uma vez mais, o novo espírito de cooperação mostrou-se à altura dos acontecimentos, dessa vez com a mais rica das nações, os Estados Unidos, assumindo a liderança. A partir de 1961, o Federal Reserve, com a aprovação do Conselho do Federal Reserve e do Tesouro em Washington, juntou-se aos outros principais bancos centrais para criar um sistema de créditos rotativos sempre disponíveis, que logo veio a ser chamado de "rede swap". A finalidade da rede era complementar os recursos de crédito a prazo mais longo do Fundo Monetário Internacional, concedendo aos bancos centrais um acesso instantâneo a recursos financeiros que eles poderiam precisar durante um breve período para tomar providências rápidas e vigorosas em defesa das suas moedas. Sua eficiência não demorou a ser colocada à prova. No período entre a sua criação, em 1961, e o outono de 1964, a rede swap desempenhou um importante papel na triunfante defesa contra repentinos e violentos ataques especulativos contra pelo menos três moedas: a libra, no final de 1961; o dólar canadense, em junho de 1961; e a lira italiana, em março de 1964. No outono de 1964, os acordos de swap (*L'accord de swap*, para os franceses, *die Swap-Verpflichtungen*, para os alemães) haviam se tornado a pedra angular da cooperação monetária internacional. Na realidade, os US$500 milhões aos quais o Banco da Inglaterra estava considerando necessário recorrer no momento em que os principais executivos do banco se dirigiam para Basileia naquele fim de semana de novembro representavam parte da rede swap, que tinha se expandido bastante a partir dos seus primórdios relativamente modestos.

Quanto ao Banco de Compensações Internacionais, na função de instituição bancária, ele era uma peça relativamente secundária em toda essa engrenagem, mas na função de clube ele viera a desempenhar um papel nada secundário ao longo dos anos. Suas reuniões mensais da diretoria funcionavam (e ainda funcionam) como oportunidades para que os dirigentes dos bancos centrais possam conversar em uma atmosfera informal — trocar boatos, pontos de vista e palpites, algo que não poderiam ficar à vontade para fazer nem por carta nem nos telefonemas internacionais. Basileia, uma cidade renana medieval dominada pelos pináculos da sua catedral gótica do século XII e que há muito tempo é um próspero centro da indústria química, foi originalmente escolhida como sede do Banco de Compensações Internacionais porque era um ponto nodal das estradas de ferro europeias. Agora que a maioria dos banqueiros internacionais costuma viajar de avião, essa vantagem se tornou uma desvantagem, já que não há transporte aéreo de longa distância para a Basileia; os emissários precisam desembarcar em Zurique e continuar a viagem por trem ou carro. Por outro lado, a Basileia tem vários restaurantes de primeira classe, e talvez, do ponto de vista dos emissários dos bancos centrais, essa vantagem sobrepuje a inconveniência da viagem, pois os bancos centrais — ou pelo menos os bancos centrais europeus — têm uma associação firmemente estabelecida com o bem-viver. Um dos presidentes do Banco Nacional da Bélgica comentou certa vez com um visitante, sem sorrir, que considerava uma das suas obrigações deixar a adega da instituição melhor ainda do que a encontrara. Um convidado para o almoço no Banco da França geralmente ouve a seguinte desculpa: "Na tradição do banco, servimos uma comida bem simples", mas o que se segue é uma refeição durante a qual a constante discussão sobre as safras de vinho torna qualquer conversa sobre assuntos bancários inoportuna, ou até mesmo impossível, e na qual a tradição da simplicidade é honrada, aparentemente, porque apenas um tipo de vinho é servido antes do conhaque. A mesa do Banco da Itália é tão elegante quanto (alguns dizem que é a melhor de Roma), e o seu ambiente é realçado pelos inestimáveis quadros da Renascença pendurados nas paredes. Esses quadros foram adquiridos ao longo dos anos, por terem sido dados em garantia de empréstimos que não foram pagos no prazo estipulado. Quanto ao Federal Reserve de Nova York, qualquer forma de bebida alcoólica dificilmente é servida por lá, as operações bancárias costumam ser discutidas às refeições, e a responsável pela cozinha parece quase pateticamente agradecida sempre que algum dos executivos faz qualquer tipo de comentário sobre a refeição, mesmo que desfavorável. Por outro lado, a rua Liberty não é a Europa.

Nestes tempos democráticos, os bancos centrais na Europa são considerados o último baluarte da tradição bancária aristocrática, na qual o humor, o encanto e a cultura coexistem facilmente com a sagacidade comercial, e até mesmo a inclemência. Os equivalentes europeus dos guardas de segurança da rua Liberty tendem a ser serviçais de fraque. Até menos de uma geração atrás, a formalidade do discurso entre os dirigentes dos bancos centrais era a norma. Algumas pessoas acham que os primeiros a quebrá-la foram os britânicos, durante a Segunda Guerra Mundial, quando, segundo dizem, foi emitida uma ordem secreta para que as autoridades militares e as do governo britânico se dirigissem aos seus congêneres norte-americanos pelo primeiro nome; de qualquer modo, os dirigentes dos bancos centrais europeus e norte-americanos se tratam frequentemente pelo primeiro nome agora, e uma das razões para isso é, inquestionavelmente, o aumento da influência do dólar no pós-guerra. (Outra razão é que, na era emergente da cooperação, os dirigentes dos bancos centrais costumam se encontrar com mais frequência do que antes — não apenas na Basileia como também em Washington, Paris e em Bruxelas, em reuniões regulares de talvez meia dúzia de comitês bancários especiais de várias organizações internacionais. O mesmo punhado de importantes banqueiros desfila com tanta regularidade pelos lobbies dos hotéis dessas cidades que um deles acha que eles devem dar a impressão de ser extremamente numerosos, como os membros do coro da ópera que cruzam repetidamente o palco na cena triunfal de *Aída*.) E a linguagem, bem como a maneira como ela é usada, tende a acompanhar o poder econômico. Os dirigentes dos bancos centrais sempre usaram o francês ("um francês ruim", dizem alguns) em suas conversas, mas durante o longo período em que a libra foi a principal moeda mundial, o inglês passou a ser a primeira língua das operações bancárias dos bancos centrais, e, sob o domínio do dólar, ele permanece. O inglês é falado com fluência e de bom grado pelos principais executivos de todos os bancos centrais exceto os do Banco da França, e até mesmo os executivos do Banco da França são obrigados a manter tradutores disponíveis, em consideração à incapacidade ou relutância, aparentemente incurável, da maioria dos britânicos e norte-americanos de adquirir competência em qualquer outro idioma que não o seu. (Lorde Cromer, zombando da tradição, fala francês com extrema proficiência.)

Na Basileia, a boa comida e a conveniência vêm antes do esplendor; muitos dos emissários preferem um humilde restaurante na principal estação ferroviária, e o próprio Banco de Compensações Internacionais está modestamente situado entre uma casa de chá e um salão de cabeleireiro. Naquele fim de semana de novembro de 1964, o vice-presidente Coombs era o único representante presente do Sistema do Federal Reserve e, na verdade, ele seria o principal representante bancário dos Estados Unidos durante as fases inicial e intermediária da crise em formação. De uma maneira distraída, Coombs comeu e bebeu cordialmente com os outros — fiel às tradições da sua instituição, ele não é exatamente um gourmet —, mas seu verdadeiro interesse residia em ter uma ideia da reunião e dos sentimentos privados dos seus participantes. Ele era o homem perfeito para essa tarefa, pois contava com a confiança e o respeito inquestionáveis de todos os seus colegas estrangeiros. Os outros principais dirigentes dos bancos centrais habitualmente o chamam pelo primeiro nome — mais por um profundo afeto e admiração do que em deferência à mudança no costume. Eles também o utilizam quando falam dele entre si mesmos; o nome "Charliecoombs" (reunido assim devido a uma longa familiarização) é uma palavra a ser tratada com respeito nos círculos dos bancos centrais. Charliecoombs, eles nos dirão, é o tipo de pessoa da Nova Inglaterra (ele é de Newton, Massachusetts) que, embora o fato de ele falar comendo algumas letras e sílabas e o seu jeito seco o façam parecer um pouco frio e distante, é, na verdade, caloroso e intuitivo. Charliecoombs, embora um graduado de Harvard (turma de 1940), é o tipo de homem grisalho, despretensioso, com óculos meia-taça e um jeito formal que poderia facilmente fazer com que ele fosse tomado por um presidente de banco de uma pequena cidade norte-americana, e não mestre de uma das mais complexas habilidades do mundo. Era, de modo geral, reconhecido que se algum homem era o gênio por trás da rede swap, esse homem era o *"swapper"* da Nova Inglaterra, Charliecoombs.

Houve na Basileia, como de costume, uma série de sessões formais, cada uma com sua agenda, mas houve também, como de costume, muito bate-papo em sessões informais realizadas em quartos de hotel, escritórios e em um jantar formal no domingo à noite, no qual não havia nenhuma agenda e sim uma discussão livre do que Coombs passou a chamar, a partir de então, de "o assunto mais badalado no momento". Não poderia haver nenhuma dúvida com relação a que assunto era esse; era a situação da libra — e, na verdade, Coombs ouvira pouca discussão a respeito de qualquer outra coisa durante todo o fim de semana. "Ficou claro para mim, a partir do que ouvi, que a confiança na libra esterlina estava se deteriorando", disse ele. Duas perguntas estavam na cabeça da maioria dos banqueiros. Uma delas era se o Banco da Inglaterra pretendia retirar um pouco da pressão sobre a libra elevando a taxa de juros básica. Representantes do Banco da Inglaterra estavam presentes, mas obter uma resposta não era uma simples questão de perguntar quais eram as intenções deles; mesmo que eles estivessem dispostos a declará-las, não poderiam tê-lo feito, porque o Banco da Inglaterra não tem poderes para mudar sua taxa sem a aprovação — o que, na prática, se aproxima mais de sem a ordem — do governo britânico, e os governos eleitos têm uma antipatia natural por medidas que tornem o dinheiro escasso. A outra pergunta era se a Grã-Bretanha tinha ouro e dólares em quantidade suficiente para tapar o buraco caso o ataque especulativo continuasse. Ao lado do que restara do bilhão de dólares da rede swap expandida e do que restava dos seus direitos de retirada do Fundo

Monetário Internacional, a Grã-Bretanha tinha apenas as suas reservas oficiais, que haviam sido reduzidas na semana anterior para menos de US$2,5 bilhões — o seu menor nível em vários anos. Pior do que isso era a velocidade assustadora na qual as reservas estavam diminuindo; em um único mau dia na semana anterior, de acordo com palpites dos especialistas, elas tinham tido uma redução de US$87 milhões. Um mês inteiro com dias como aquele e todas as reservas desapareceriam.

Mesmo assim, declarou Coombs, ninguém na Basileia sonhava que a pressão sobre a libra esterlina se tornaria tão intensa quanto se tornou mais tarde ainda naquele mês. Ele voltou para Nova York preocupado porém determinado. No entanto, não foi para Nova York que o cenário principal da batalha pela libra esterlina se deslocou depois da reunião na Basileia; foi para Londres. A grande questão imediata era se a Grã-Bretanha iria ou não aumentar sua taxa de desconto bancário naquela semana, e essa resposta seria conhecida na quinta-feira, dia 12 de novembro. Na questão da taxa de desconto bancário, como em muitas outras coisas, os britânicos tendem a seguir um ritual. Se haverá uma mudança, ao meio-dia da quinta-feira — somente nesse horário — surge um aviso no saguão do andar térreo do Banco da Inglaterra anunciando a nova taxa, e, simultaneamente, um funcionário chamado de Intermediário do Governo [Government Broker], vestindo um paletó cor-de-rosa e cartola, percorre apressadamente a rua Throgmorton em direção à Bolsa de Valores de Londres e cerimoniosamente anuncia a nova taxa de uma tribuna. O meio-dia da quinta-feira passou sem nenhuma mudança; evidentemente, o governo trabalhista estava tendo tanta dificuldade para decidir o aumento da taxa de desconto bancário depois das eleições quanto os conservadores tinham tido antes delas. Os especuladores, onde quer que estivessem, reagiram a essa pusilanimidade em uníssono. Na sexta-feira, dia 13, a libra, que estivera moderadamente flutuante a semana inteira precisamente porque os especuladores estavam antevendo um aumento da taxa de desconto bancário, sofreu um terrível massacre, que a fez despencar para um preço de fechamento de US$2,7829 — apenas um pouco mais do que um quarto de centavo acima do mínimo oficial —, e o Banco da Inglaterra, interferindo com frequência para mantê-la equilibrada nesse nível, perdeu mais US$28 milhões das suas reservas. No dia seguinte, o comentarista financeiro do *Times* de Londres, intitulando-se Editor da Nossa Cidade, abriu o verbo. "A libra", escreveu ele, "não está parecendo tão firme quanto seria de se esperar."

Na semana seguinte o padrão se repetiu, porém de forma exagerada. Na segunda-feira, o primeiro-ministro Wilson, seguindo o exemplo de Winston Churchill, tentou usar a retórica como arma. Ao discursar em um banquete de gala no Guildhall, em Londres, diante de uma audiência que incluía, entre outros dignitários, o arcebispo de canterbury, o lorde chanceler, o lorde presidente do conselho, o lorde guarda-selos, o lorde prefeito de Londres e as respectivas esposas, Wilson proclamou, de maneira contundente e inequívoca, "não apenas nossa confiança como também a nossa determinação de manter a libra esterlina forte e vê-la bem-sucedida", e afirmou que o governo não hesitaria em tomar quaisquer medidas que se fizessem necessárias para atingir esse objetivo. Embora evitando cuidadosamente a terrível palavra "desvalorização", assim como todas as outras autoridades britânicas a tinham evitado o verão inteiro, Wilson procurou tornar inequívoco que o governo agora considerava essa medida fora de cogitação. Para enfatizar esse ponto, ele incluiu uma advertência aos especuladores: "Se quaisquer pessoas no país ou no exterior duvidam da firmeza da [nossa] resolução, que fiquem preparadas para pagar o preço da sua falta de confiança na Grã-Bretanha." Talvez os especuladores tenham ficado intimidados com essa torrente de palavras, ou talvez tenham sido novamente motivados a dar uma trégua no ataque à libra diante da perspectiva de um aumento da taxa de desconto bancária na quinta-feira; de qualquer modo, na terça e na quarta-feira, a libra, embora não tenha tido uma valorização no mercado, conseguiu cair um pouco menos do que caíra na sexta-feira anterior, e isso sem a ajuda do Banco da Inglaterra.

Na quinta-feira, de acordo com relatos subsequentes, tivera lugar uma vigorosa discussão privada entre o Banco da Inglaterra e o governo britânico a respeito da questão da taxa de desconto bancário — com lorde Cromer argumentando, pelo banco, que um aumento de pelo menos 1%, e talvez de 2%, era certamente essencial, e Wilson, Brown e Callaghan ainda hesitantes. A consequência foi que não houve nenhum aumento na taxa de desconto bancário na quinta-feira, e o efeito da inação foi uma imediata intensificação da crise. A sexta-feira, dia 20, foi um dia negro em Londres. A Bolsa de Valores, com os seus investidores movendo-se em uníssono com a libra esterlina, teve uma terrível sessão. A essa altura, o Banco da Inglaterra decidira estabelecer uma última salvaguarda para a libra, US$2,7825 — um quarto de centavo acima do limite inferior. A libra abriu na sexta-feira exatamente nesse nível e nele permaneceu o dia inteiro, sendo pressionada para baixo pela aclamação de ofertas de venda dos especuladores; nesse ínterim, o banco aceitou todas as ofertas a US$2,7825 e, ao fazer isso, consumiu mais reservas da Grã-Bretanha. Agora, as ofertas estavam chegando tão rápido que praticamente ninguém estava tentando disfarçar o seu lugar de origem; estava claro que elas vinham de toda parte — principalmente dos centros financeiros da Europa, mas também de Nova York e até mesmo de Londres. Os rumores de uma iminente desvalorização estendiam-se pelas bolsas de valores do continente. E em Londres surgiu um sinistro sinal de que o moral estava cedendo: a desvalorização era agora mencionada abertamente, até mesmo lá. O economista e sociólogo sueco Gunnar Myrdal, ao discursar em um almoço em Londres na quinta-feira, havia sugerido que uma pequena desvalorização talvez fosse agora a única solução possível para os problemas da Grã-Bretanha; uma vez que esse comentário exógeno quebrara o gelo, os britânicos também começaram a usar a terrível palavra, e, no *Times* da manhã seguinte, o próprio editor da nossa cidade diria, no tom de um comandante que prepara as tropas para uma possível rendição: "Rumores indiscriminados a respeito da desvalorização da libra podem ser perniciosos. No entanto, pior ainda seria encarar o uso dessa palavra como tabu."

Quando o anoitecer finalmente concedeu uma pausa de fim de semana à libra e aos seus defensores, o Banco da Inglaterra teve a chance de avaliar sua situação. Quase todo o bilhão de dólares emprestado em setembro nos acordos de swap expandidos se perdera na batalha. O direito que ele ainda tinha de fazer uma retirada no Fundo Monetário Internacional podia ser considerado praticamente inútil, já que a transação levaria semanas para ser concluída, e as coisas estavam acontecendo em dias e horas. O que o banco ainda tinha — e era tudo o que ele tinha — eram as reservas britânicas que haviam diminuído em US$56 milhões naquele dia e agora se situavam em torno de US$2 bilhões. Mais de um comentarista sugeriu, depois disso, que essa quantia poderia, de certa maneira, ser comparada às poucas esquadrilhas de aviões de combate aos quais a mesma nação teimosa havia sido reduzida 24 anos antes, no pior momento da Batalha da Grã-Bretanha.

A analogia é extravagante, e no entanto, à luz do que a libra significa, e significou, para os britânicos, não é irrelevante. Em uma era materialista, a libra tem quase a importância simbólica que um dia foi concedida à Coroa; o estado da libra esterlina *é* quase o estado da Grã-Bretanha. A libra é a mais antiga das moedas modernas. Acredita-se que o termo "libra esterlina" tenha nascido bem antes da conquista normanda, quando os reis saxões emitiam *pennies* de prata — chamados *"sterlings"* [esterlinos] ou *"starlings"* porque, às vezes, tinham estrelas gravadas neles — dos quais 240 equivaliam a 1 libra de prata pura. (O *shilling*, que representa 12 esterlinos, ou um vigésimo de 1 libra, só apareceu em cena depois da conquista.) Desse modo, pagamentos consideráveis na Grã-Bretanha eram feitos em libras desde os seus primórdios. A libra, contudo, não foi, de jeito nenhum, uma moeda sólida e inexpugnável durante os seus primeiros séculos, principalmente por causa do hábito deplorável dos seus antigos reis de aliviar suas dificuldades financeiras crônicas por meio da adulteração da cunhagem. Ao derreter certa quantidade de esterlinos, adicionando à mistura um pouco de metal comum e não colocando mais prata, e depois cunhando novas moedas, um rei irresponsável conseguia, magicamente, converter £100 em, digamos, £110, sem mais nem menos. A rainha Elizabeth I pôs fim a essa prática quando, em uma medida surpresa em 1561, ela retirou de circulação todas as moedas adulteradas pelos seus predecessores. O resultado, combinado com o crescimento do comércio britânico, representou uma rápida e espetacular ascensão do prestígio da libra e, menos de um século depois do golpe de Elizabeth, a palavra "esterlino" tinha adquirido o significado adjetivo que ainda tem na língua inglesa: "de extrema excelência, capaz de suportar qualquer prova." No final do século XVII, quando o Banco da Inglaterra foi fundado para lidar com as finanças do governo, o papel-moeda estava começando a ser considerado de confiança para uso geral, e ele viera a ser respaldado tanto pelo ouro quanto pela prata. À medida que o tempo foi passando, o prestígio monetário do ouro aumentou regularmente em relação ao da prata (no mundo moderno, a prata não tem nenhum prestígio como metal de reserva monetária, e apenas em cerca de meia dúzia de países ela funciona como o principal metal na cunhagem secundária), mas foi somente em 1816 que a Grã-Bretanha adotou o padrão-ouro — ou seja, prometeu converter o papel-moeda em moedas ou barras de ouro em qualquer ocasião. O soberano de ouro, valendo £1, que veio a simbolizar estabilidade, abundância e até mesmo alegria para mais vitorianos do que Bagehot*, apareceu pela primeira vez em 1817.

A prosperidade gerou a imitação. Vendo como a Grã-Bretanha estava prosperando, e acreditando que o padrão-ouro fosse, pelo menos em parte, responsável por isso, outras nações começaram a adotá-lo, uma após outra: a Alemanha, em 1871; a Suécia, a Noruega e a Dinamarca, em 1873; a França, a Bélgica, a Suíça, a Itália e a Grécia, em 1874; a Holanda, em 1875, e os Estados Unidos, em 1879. Os resultados foram desalentadores; dificilmente era possível dizer que os recém-chegados tinham ficado ricos de imediato, e a Grã-Bretanha, que, em retrospecto, parece ter prosperado tanto apesar do padrão-ouro quanto por causa

---

*Menção a Walter Bagehot (1826-1877), economista, analista político e jornalista inglês. (*N. da T.*)

dele, continuou a ser a indiscutível soberana do comércio mundial. Nos cinquenta anos que precederam a Primeira Guerra Mundial, Londres era a intermediária das finanças internacionais, e a libra era o seu instrumento quase oficial. Como David Lloyd George nostalgicamente escreveria mais tarde, antes de 1914 "o estalar de uma nota em Londres" — em outras palavras, de uma nota de crédito em libras esterlinas com a assinatura de um banco de Londres — "valia tanto quando o tilintar do ouro em qualquer porto do mundo civilizado". A guerra acabou com esse idílio ao abalar o delicado equilíbrio de forças que o haviam tornado possível e ao colocar em evidência um opositor à supremacia da libra — o dólar dos Estados Unidos. Em 1914, a Grã-Bretanha, pressionada para financiar suas forças de combate, adotou medidas para desencorajar as demandas de ouro, abandonando o padrão-ouro em tudo exceto no nome; nesse ínterim, o valor de £1 em dólares despencou de US$4,86 para um mínimo de US$3,20 em 1920. Na tentativa de recuperar a glória perdida, a Grã-Bretanha retomou um pleno padrão-ouro em 1925, amarrando a libra ao ouro em uma taxa que restabeleceu sua antiga relação de 4,86 com o dólar. O custo dessa heroica supervalorização, contudo, foi uma depressão crônica no país, sem mencionar o desprestígio político de cerca de 15 anos do chanceler do Tesouro que a ordenou, Winston Churchill.

O colapso geral de moedas durante a década de 1930 na realidade não começou em Londres e sim no continente, quando, no verão de 1931, uma corrida repentina ao principal banco da Áustria, o Creditanstalt, resultou na sua falência. O princípio dominó das falências bancárias — se é possível afirmar que tal coisa exista — entrou em ação. As perdas alemãs decorrentes desse desastre relativamente secundário resultaram em uma crise bancária na Alemanha, e depois, como enormes quantidades de recursos financeiros britânicos estavam agora congelados em instituições falidas no continente, o pânico cruzou o canal da Mancha e invadiu o lar da própria libra imperial. As demandas de ouro em troca de libras logo se tornaram pesadas demais para ser honradas pelo Banco da Inglaterra, mesmo com a ajuda de empréstimos da França e dos Estados Unidos. A Grã-Bretanha estava diante das sombrias alternativas de estabelecer uma taxa de desconto bancário quase usurária — entre 8% e 10% — a fim de manter recursos em Londres e interromper o escoamento do ouro, ou abandonar o padrão-ouro; a primeira opção, que teria causado uma depressão ainda maior na economia interna, na qual havia agora mais de 2,5 milhões de desempregados, foi considerada desarrazoada, e consequentemente, no dia 21 de setembro de 1931, o Banco da Inglaterra anunciou a suspensão da sua responsabilidade de vender ouro.

A medida atingiu o mundo financeiro como um furacão. Tão grande era o prestígio da libra em 1931 que John Maynard Keynes, o já famoso economista britânico, pôde dizer, não com total ironia, que a libra não abandonara o ouro e sim que o ouro abandonara a libra. Em qualquer caso, o ancoradouro do antigo sistema desaparecera, e o resultado foi o caos. Em poucas semanas, todos os países na vasta porção do planeta que na época estavam sob o domínio político ou econômico britânico já haviam abandonado o padrão-ouro, quase todas as outras principais moedas já tinham deixado o ouro ou sido drasticamente desvalorizadas em relação a ele e, no livre mercado, a libra, que antes era trocada por US$4,86 passou a ser cotada a US$3,50. Foi quando o próprio dólar — o novo potencial ancoradouro — se soltou. Em 1933, os Estados Unidos, impelido pela pior depressão da sua história, abandonou o padrão-ouro. Um ano depois, ele o retomou, de forma modificada, o chamado padrão de câmbio-ouro, de acordo com a qual a cunhagem do ouro foi encerrada e o Federal Reserve prometeu vender o metal precioso em forma de barra para outros bancos centrais e para mais ninguém — e vendê-lo com uma drástica desvalorização de 41% com relação ao preço antigo. A desvalorização dos Estados Unidos devolveu à libra sua antiga paridade com o dólar, mas a Grã-Bretanha encontrou pouco consolo em ficar firmemente amarrada a um ancoradouro inseguro. Mesmo assim, ao longo dos cinco anos seguintes, enquanto a política protecionista de prosperar à custa dos outros países se tornou a norma nas finanças internacionais, a libra não perdeu muito terreno em relação a outras moedas, e quando eclodiu a Segunda Guerra Mundial, o governo britânico audaciosamente a fixou em US$4,03 e impôs medidas controladoras para mantê-la nesse nível apesar do livre mercado. E ela permaneceu nesse nível durante uma década — porém apenas oficialmente. No livre mercado da neutra Suíça, ela flutuou ao longo de toda a guerra, refletindo a sorte militar da Grã-Bretanha, chegando a cair, nos seus momentos mais sombrios, para US$2.

Na era do pós-guerra, a libra tem estado quase continuamente em dificuldades. As novas regras do jogo das finanças internacionais que foram acordadas em Bretton Woods reconheceram que o antigo padrão-ouro era rígido demais e o padrão papel-moeda, sem lastro da década de 1930, excessivamente instável; surgiu, então, um acomodamento, de acordo com o qual o dólar — o novo rei das moedas circulantes — permaneceu amarrado ao ouro segundo o padrão de câmbio-ouro, e a libra, junto com as outras principais moedas, ficou amarrada ao dólar e não ao ouro, de acordo com taxas fixadas dentro de limites determinados. Na realidade, a era do pós-guerra foi, em essência, anunciada por uma desvalorização da libra cuja magnitude foi mais ou menos tão drástica quanto a de 1931, embora as consequências tenham sido bem menos severas. A libra, como a maioria das moedas europeias, emergiu de Bretton Woods com uma valorização claramente excessiva em relação à economia despedaçada que ela representava, e vinha sendo mantida daquela maneira apenas por medidas de controle impostas pelo governo. Por conseguinte, no outono de 1949, depois de um ano e meio de rumores de desvalorização, explosivos mercados negros da libra esterlina, e perdas em ouro que haviam reduzido as reservas britânicas para um nível perigosamente baixo, a libra foi desvalorizada de US$4,03 para US$2,80. Com as exceções isoladas do dólar norte-americano e do franco suíço, todas as moedas não comunistas importantes seguiram, quase instantaneamente, o exemplo da libra, mas dessa vez não houve uma redução do comércio nem qualquer outro tipo de caos, porque as desvalorizações de 1949, ao contrário das de 1931 e dos anos subsequentes, não foram tentativas descontroladas de países permeados pela depressão de obter uma vantagem competitiva a qualquer custo. Elas representaram meramente o reconhecimento da parte dos países devastados pela guerra de que eles tinham se recuperado a um ponto no qual poderiam sobreviver a uma concorrência internacional relativamente livre sem escoras artificiais. Na realidade, o comércio mundial, em vez de sofrer uma redução, se recuperou acentuadamente. No entanto, mesmo com a nova avaliação, mais racional, a libra continuou sua carreira de continuamente escapar por um triz. Crises da libra esterlina de várias magnitudes foram vencidas em 1952, 1955, 1957 e 1961. Do seu jeito frio e sem tato, a libra — assim como ocorrera em suas flutuações no passado, ela traçara com precisão a ascensão e a queda da Grã-Bretanha como a maior potência mundial —, agora, com a sua incômoda fraqueza periódica, parecia estar insinuando que nem mesmo a retração pela qual passara em 1949 fora suficiente para acomodar as suas reduzidas circunstâncias.

Assim sendo, em novembro de 1964, essas insinuações, com as suas humilhantes implicações, não deixaram de ser compreendidas pelo povo inglês. A maneira emocional como muitos cidadãos viam a questão da libra foi bem-ilustrada em um diálogo que ocorreu no famoso fórum, a coluna de cartas do *Times*, quando a crise estava no auge. Um leitor chamado I. M. D. Little escreveu repudiando todas as manifestações de desagrado a respeito da libra e particularmente os incômodos burburinhos a respeito da desvalorização — uma questão que ele afirmava ser econômica e não moral. Rápida como um raio veio a resposta de C. S. Hadfield, entre outras. Por acaso houvera um indício mais claro de tempos sem sentimento, perguntou Hadfield, do que a carta de Little? A desvalorização não é uma questão moral? "O repúdio — pois é isso que a desvalorização é, sem tirar nem pôr — se tornou respeitável?", gemeu Hadfield, no tom inconfundível, do patriota indignado, tão antigo na Grã-Bretanha quanto a própria libra.

Nos dez dias que se seguiram ao encontro na Basileia, a principal preocupação dos representantes do Federal Reserve de Nova York não era a libra, e sim o dólar. O déficit no balanço de pagamentos norte-americano tinha, àquela altura, atingido o ritmo alarmante de quase US$6 bilhões anuais, e estava ficando claro que um aumento da taxa de desconto bancário britânica, caso não fosse combinada com uma medida norte-americana, poderia meramente deslocar parte do ataque especulativo da libra para o dólar. Hayes, Coombs e as autoridades monetárias de Washington — William McChesney Martin, presidente do conselho administrativo do Conselho do Federal Reserve; o secretário do Tesouro, Douglas Dillon, e o subsecretário do Tesouro, Robert Roosa, concordaram que, caso a Grã-Bretanha elevasse a taxa dela, o Federal Reserve seria obrigado, à guisa de autodefesa, a elevar a *sua* taxa acima do nível vigente de 3,5%. Hayes teve numerosas conversas telefônicas a respeito desse ponto delicado com o seu equivalente em Londres, lorde Cromer. Um completo aristocrata — afilhado do rei Jorge V e neto de Sir Evelyn Baring, mais tarde o primeiro conde de Cromer (o qual, atuando como agente britânico no Egito, foi o castigo do general Charles George Gordon, vulgo Chinese Gordon, em 1884-1985) —, lorde Cromer também era um banqueiro de genialidade universalmente reconhecida e, aos 43 anos, o homem mais jovem, até onde alguém conseguia se lembrar, a dirigir o destino do Banco da Inglaterra; ele e Hayes, durante os seus frequentes encontros na Basileia e em outros lugares, tinham se tornado bons amigos.

De qualquer forma, durante a tarde de sexta-feira, dia 20, o Federal Reserve teve a chance de demonstrar as suas boas intenções defendendo a libra na linha de frente. A pausa oferecida pelo fechamento de Londres se revelou ilusória; 17 horas em Londres era apenas meio-dia em Nova York, e os insaciáveis especuladores conseguiram continuar a vender libras ainda durante várias horas no mercado de Nova York, e a sala de negociação do Federal Reserve substituiu temporariamente a do Banco da Inglaterra como o posto de comando da defesa. Usando como munição dólares britânicos — ou, mais precisamente, dólares americanos emprestados à Grã-Bretanha nos acordos de swap — os negociadores do Federal Reserve mantiveram resolutamente a libra a US$2,7825 ou acima desse valor, o que representou, é claro, um custo cada vez maior para as reservas britânicas. Misericordiosamente, depois do fechamento de Nova York, a batalha não acompanhou o sol até São Francisco nem deu a volta ao mundo até Tóquio. Evidentemente, os atacantes tinham se fartado, pelo menos naquele momento.

O que se seguiu foi um desses estranhos fins de semana modernos nos quais importantes questões são discutidas e importantes decisões são tomadas entre homens que estão aparentemente sentados, relaxando, em várias partes do mundo. Wilson, Brown e Callaghan estavam em Chequers, propriedade rural do primeiro-ministro, participando de uma conferência originalmente programada para tratar do assunto da política de defesa nacional. Lorde Cromer estava em sua casa de campo em Westerham, Kent. Martin, Dillon e Roosa estavam no escritório ou em casa, em Washington ou nos arredores. Coombs estava em sua casa, em Green Village, Nova Jersey, e Hayes estava visitando amigos em outra parte de Nova Jersey. Em Chequers, Wilson e os seus dois ministros das Finanças, deixando que as altas patentes militares deliberassem entre si a respeito da política de defesa, foram para uma varanda no andar de cima para tratar da crise da libra esterlina; a fim de trazer lorde Cromer para suas deliberações, eles mantiveram um circuito telefônico aberto para ele em Kent, usando um sistema de criptografia de voz quando falavam nele, de maneira a evitar que as suas palavras fossem interceptadas pelos seus inimigos invisíveis, os especuladores. Em algum momento do sábado, os britânicos tomaram uma decisão. Eles não apenas elevariam a taxa de desconto bancário 2% acima do seu nível vigente — para 7% — como também, contrariando o costume, fariam isso de manhã cedo, na segunda-feira, em vez de esperar até quinta-feira. Eles raciocinaram que, por um lado, adiar a medida até a quinta-feira significaria que mais três dias e meio transcorreriam, durante os quais era quase certo que o escoamento das reservas britânicas continuaria e poderia até se acelerar; por outro, o mero choque da violação deliberada do costume serviria para dramatizar a determinação do governo. A decisão, uma vez tomada, foi comunicada pelos intermediários britânicos em Washington às autoridades monetárias norte-americanas ali existentes, e retransmitidas para Hayes e Coombs em Nova Jersey. Esses dois, sabendo que o plano acordado de um aumento concomitante na taxa de desconto bancário de Nova York agora precisaria ser colocado em prática o mais rápido possível, entraram em ação pelo telefone organizando uma reunião na segunda-feira à tarde do conselho diretor do Federal Reserve, sem cuja iniciativa a taxa não poderia ser alterada. Hayes, um homem que atribui grande importância à cortesia, declarou depois, com considerável constrangimento, que ele receia ter sido o motivo do desespero da sua anfitriã naquele fim de semana; ele não apenas falou ao telefone quase o tempo todo, como também foi impedido pelas circunstâncias de dar qualquer explicação para o seu comportamento inconveniente.

O que tinha sido feito — ou melhor, o que estava prestes a ser feito — na Grã-Bretanha era suficiente para alvoroçar os redutos das finanças internacionais. Desde o início da Primeira Guerra Mundial, a taxa de desconto bancário nunca ultrapassara os 7% e apenas ocasionalmente chegara a esse nível; quanto à mudança da taxa em um dia que não era uma quinta-feira, a última vez que isso ocorrera, bastante ominosamente, fora em 1931. Antevendo uma intensa atividade na abertura de Londres, que ocorreria por volta das 5 horas da manhã em Nova York, Coombs foi para a rua Liberty no domingo à tarde para passar a noite no banco e estar disponível quando começassem os telefonemas transatlânticos. Como companheiro naquela noite ele teve um homem que achava prudente dormir com tanta frequência no banco que mantinha uma mala arrumada em sua sala — Thomas J. Roche, na ocasião o executivo sênior do câmbio internacional. Roche acolheu o chefe no "dormitório" — uma fileira de pequenos quartos no 11º andar, cada um equipado com mobília de ácer, velhas gravuras de Nova York, um telefone, um rádio-relógio, um roupão de banho e um kit de barbear — e os dois conversaram um pouco sobre os acontecimentos do fim de semana antes de se recolherem. Pouco antes das 5 da manhã, seus despertadores tocaram, e, depois de tomar um café da manhã preparado pela turma da noite, eles se dirigiram à sala de negociação do câmbio internacional, no sétimo andar, para guarnecer o seu fluoroscópio.

Às 5h10, eles estavam ao telefone com o Banco da Inglaterra, ouvindo as notícias. O aumento da taxa de desconto bancário havia sido anunciado pontualmente na abertura dos mercados de Londres, o que foi acompanhado por uma grande agitação; mais tarde, Coombs saberia que a entrada do intermediário do governo na Bolsa de Valores, o que é geralmente ensejo para certo silêncio, fora dessa vez recebida com tal alvoroço que ele teve dificuldade em divulgar a notícia. Quanto à primeira reação da libra no mercado, ela foi (como disse mais tarde um comentarista) como a de um cavalo de corrida ao dope; nos dez minutos que se seguiram à divulgação da taxa de desconto bancário, ela saltou para 2,7869, valor bem superior ao do fechamento da sexta-feira. Alguns minutos depois, os nova-iorquinos que se levantaram cedo estavam falando pelo telefone com o Deutsche Bundesbank, o banco central da Alemanha Ocidental, em Frankfurt, e com o Banco Nacional Suíço, em Zurique, sondando a reação continental. Ela havia sido igualmente positiva. Eles voltaram, então, a entrar em contato com o Banco da Inglaterra, onde as coisas estavam parecendo cada vez melhores. Os especuladores contra a libra estavam batendo em retirada, correndo para cobrir as suas vendas a descoberto, e quando a primeira luz cinzenta começou a aparecer nas janelas na rua Liberty, Coombs tinha ouvido que a libra estava sendo cotada em Londres a US$2,79 — seu melhor preço desde julho, quando a crise começara.

E as coisas continuaram assim ao longo de todo aquele dia. "7% vai atrair dinheiro da lua", comentou um banqueiro suíço, parafraseando o grande Bagehot, que dissera, do seu jeito vitoriano, não sofisticado: "7% vai extrair ouro do solo." Em Londres, a sensação de segurança era tão forte que promoveu um retorno ao bate-boca político de costume; no Parlamento, Reginald Maudling, a principal autoridade econômica dos conservadores, que estavam fora do poder, aproveitou a ocasião para comentar que, para início de conversa, não teria havido uma crise não fossem as medidas do governo trabalhista, e o chanceler do Tesouro, Callaghan, respondeu, com extrema cortesia: "Devo lembrar ao respeitável cavalheiro que ele nos disse [recentemente] que tínhamos herdado os seus problemas." Todo mundo estava claramente respirando melhor. Quanto ao Banco da Inglaterra, tão grande era o repentino clamor por libras que ele enxergou uma oportunidade para reabastecer o seu depauperado suprimento de dólares e, durante algum tempo, naquela tarde, o banco teve bastante confiança para trocar de lado no mercado, comprando dólares com libras por um valor levemente inferior a US$2,79. Em Nova York, o bom ânimo persistiu depois do fechamento de Londres.

Foi com uma clara consciência a respeito da libra que os diretores do Federal Reserve de Nova York puderam levar — e levaram — adiante o plano de elevar sua taxa de juros básica de 3,5% para 4%. Coombs declarou depois o seguinte: "O sentimento por aqui na manhã de segunda-feira era o seguinte: eles conseguiram — eles superaram novamente a dificuldade. Houve um suspiro geral de alívio. A crise da libra esterlina parecia estar encerrada."

Mas não estava. "Lembro-me de que a situação mudou muito rápido na terça-feira, dia 24", disse Hayes. A abertura daquele dia encontrou a libra parecendo firme a US$2,7875. Ordens de compra substanciais estavam chegando agora da Alemanha, e o dia que se descortinava parecia satisfatório. Assim as coisas continuaram, até as 6 horas da manhã, em Nova York — meio-dia no continente europeu. É por volta dessa hora que as diversas bolsas de valores da Europa — inclusive as mais importantes, em Paris e Frankfurt — realizam as reuniões nas quais determinam a cotação do dia para cada moeda, com o objetivo de definir as transações em ações e títulos com moedas estrangeiras, e essas sessões de fixação de preço tendem a influenciar os mercados monetários, pois dão uma indicação clara da opinião continental mais influente a respeito de cada moeda. As taxas das bolsas determinadas naquele dia para a libra demonstraram uma renovada e pronunciada falta de confiança. Ao mesmo tempo, como pareceu subsequentemente, os negociadores de dinheiro em toda parte, e particularmente na Europa, estavam reavaliando sua opinião a respeito da maneira como a taxa de desconto bancário fora elevada no dia anterior. Inicialmente, pegos de surpresa, eles tinham reagido com entusiasmo, mas agora, ao que parecia, eles tardiamente tinham chegado à conclusão que o fato de o pronunciamento ter sido feito na segunda-feira indicava que a Grã-Bretanha estava perdendo o controle da situação. "O que conotaria se os britânicos fossem jogar uma final de Copa em um domingo?", teria perguntando um banqueiro europeu a um colega. A única resposta possível é que isso conotaria pânico em Álbion.

O efeito dessa reavaliação foi uma reviravolta surpreendentemente drástica na ação do mercado. Em Nova York, entre 8 e 9 horas da manhã, Coombs, na sala de negociação, observava, deprimido, enquanto um mercado tranquilo da libra se transformava em um desastre completo. Ordens de venda em quantidades sem precedentes chegavam de toda parte. O Banco da Inglaterra, com a coragem do desespero, avançou a sua salvaguarda de US$2,7825 para US$2,7860, e, por meio de uma constante intervenção, manteve a libra nesse patamar. No entanto, ficou claro que o custo logo se tornaria elevado demais; alguns minutos depois das 9 horas da manhã, horário de Nova York, Coombs calculou que a Grã-Bretanha estava perdendo reservas ao ritmo sem precedente, e insuportável, de um US$1 milhão por minuto.

Hayes, chegando ao banco pouco depois das 9 horas, mal se sentara à sua mesa quando recebeu essa inquietante notícia do sétimo andar. "Vamos enfrentar um furacão", disse Coombs a ele, e prosseguiu comentando que a pressão sobre a libra esterlina estava agora aumentando tão rápido que era muito provável que a Grã-Bretanha pudesse ser forçada a desvalorizar a moeda ou impor um sistema radical de medidas de controle do câmbio — por muitas razões inaceitável — antes que a semana terminasse. Hayes imediatamente telefonou para os presidentes dos principais bancos centrais da Europa — alguns dos quais, como todos os mercados nacionais ainda não tinham sentido o peso total da crise, ficaram alarmados ao tomarem ciência da gravidade da situação — e implorou que não elevassem suas taxas de desconto bancário. (A sua tarefa não se tornou nem um pouco mais fácil ao ter de admitir que acabara de elevar a *sua* taxa.) Em seguida, ele pediu que Coombs fosse à sua sala. Ambos concordaram que a libra estava agora em um beco sem saída; o aumento da taxa de desconto bancário obviamente não atingira seu objetivo, e no ritmo de US$1 milhão por minuto de perda o poço de reservas da Grã-Bretanha estaria seco em menos de cinco dias úteis. A única esperança agora residia em reunir, em questão de horas, ou no máximo em um dia, uma grande quantidade de crédito de fora da Grã-Bretanha para possibilitar que o Banco da Inglaterra sobrevivesse ao ataque e o rechaçasse. Esse dinheiro de resgate fora reunido algumas vezes antes — para o Canadá, em 1962, para a Itália, mais cedo, em 1964, e para a Grã-Bretanha, em 1961 — mas, dessa vez, estava claro que uma quantidade de dinheiro muito maior seria necessária. O mundo dos bancos centrais estava diante não de uma oportunidade para construir um marco miliário na breve história da cooperação monetária internacional, mas sim da necessidade de fazê-lo.

Duas outras coisas estavam claras: que, tendo em vista os problemas do dólar, os Estados Unidos não poderiam esperar resgatar a libra sem ajuda, e que, apesar dos problemas do dólar, os Estados Unidos, com todo o seu poder econômico, teria de se unir ao Banco da Inglaterra para iniciar qualquer operação de resgate. Como primeiro passo, Coombs sugeriu que o crédito de emergência do Federal Reserve para o Banco da Inglaterra deveria ser aumentado, de imediato, de US$500 milhões para US$750 milhões. Lamentavelmente, uma ação rápida com relação a essa proposta foi impedida porque, de acordo com a lei do Federal Reserve, qualquer medida nesse sentido só poderia ser tomada por decisão de um comitê do sistema do Federal Reserve, cujos membros estavam espalhados por todo o país. Hayes conversou por meio de ligações interurbanas (por todo o mundo, os fios ruminavam notícias sobre a gravidade da situação da libra) com o contingente monetário de Washington, Martin, Dillon e Roosa, nenhum dos quais discordou da opinião de Coombs com relação ao que deveria ser feito e, em decorrência dessas discussões, foi feita uma ligação da sala de Martin para membros do comitê principal, chamado Comitê do Mercado Aberto [Open Market Committee], convocando uma reunião por telefone às 15 horas daquele dia. Roosa, no Tesouro, sugeriu que a contribuição dos Estados Unidos para o bolo de dinheiro poderia ser aumentada ainda mais, conseguindo um empréstimo de US$250 milhões do Export-Import Bank, uma instituição de propriedade do Tesouro e financiada pelo Tesouro em Washington. Hayes e Coombs foram, naturalmente, a favor dessa ideia, e Roosa acionou a máquina burocrática para destravar esse cofre-forte específico — um processo, advertiu ele, que certamente só seria concluído à noite.

À medida que o início da tarde passava em Nova York, com os milhões de dólares continuando a se escoar, de minuto em minuto, das reservas britânicas, Hayes e Coombs, junto com os seus colegas de Washington, estavam ocupados planejando o passo seguinte. Se o aumento do swap e o empréstimo do Export-Import Bank fossem aprovados, os créditos dos Estados Unidos corresponderiam a um total de US$1 bilhão; agora, ao conversar com a assediada guarnição do Banco da Inglaterra, os executivos do Federal Reserve começaram a acreditar que, para tornar a operação eficaz, teria de ser solicitado aos outros principais bancos centrais — chamados em forma abreviada nas operações dos bancos centrais de "o Continente", embora incluíssem os Bancos do Canadá e do Japão — que providenciassem créditos adicionais na ordem de US$1,5 bilhão ou, possivelmente, ainda mais. Essa quantia tornaria o Continente, coletivamente, um contribuinte maior para a causa do que os Estados Unidos — fato que Hayes percebeu que poderia não cair muito bem junto aos banqueiros continentais e os seus governos.

Às 15 horas, o Comitê do Mercado Aberto realizou sua reunião por telefone — 12 homens sentados às suas mesas em seis cidades, de Nova York a São Francisco. Os membros ouviram a voz seca e sem emoção de Coombs descrever a situação e fazer sua recomendação. Eles foram rapidamente convencidos. Em cerca de 15 minutos, haviam votado unanimemente para aumentar o crédito swap para US$750 milhões, sob a condição de que uma ajuda de crédito proporcional pudesse ser obtida de outros bancos centrais.

No final da tarde, chegara uma notícia de Washington informando que as perspectivas do empréstimo do Export-Import Bank pareciam boas, e que uma resposta definitiva poderia ser aguardada antes da meia-noite. Assim, o US$1 bilhão em créditos norte-americanos parecia estar praticamente garantido. Faltava tentar convencer o Continente. Era noite na Europa, de modo que não seria possível tentar convencer ninguém; a hora decisiva, portanto, seria a hora da abertura continental no dia seguinte, e o período crucial para o destino da libra seriam as poucas horas depois disso. Hayes, depois de deixar instruções para que um carro do banco fosse buscá-lo em casa, em New Canaan, Connecticut, às 4 horas da manhã, pegou o trem que costumava pegar todos os dias no Grand Central Terminal pouco depois das 17 horas. Posteriormente, ele expressou certo arrependimento por ter agido de maneira tão rotineira em um momento tão dramático. "Deixei o banco com certa relutância", afirmou ele. "Em retrospecto, creio que eu gostaria de não ter saído de lá. Não estou querendo dizer como uma questão prática — também fui útil agindo de casa, e, na verdade, acabei passando a maior parte da noite no telefone com Charlie Coombs, que permaneceu no banco — mas apenas porque algo assim não acontece todos os dias na vida de um banqueiro. Acho que sou uma criatura de hábitos. Além disso, é uma espécie de princípio meu insistir em manter um equilíbrio adequado entre a vida privada e a vida profissional." Embora Hayes não diga isso, ele pode também ter pensado em outra coisa. É possível afirmar com segurança que é uma espécie de princípio dos líderes dos bancos centrais não dormir em seu local de trabalho. Se transpirasse a notícia de que o metódico Hayes estava fazendo isso em uma ocasião como essa, segundo o seu possível raciocínio, esse fato poderia muito bem ser considerado um sinal de pânico, como o aumento da taxa de desconto bancário da Grã-Bretanha em uma segunda-feira.

Enquanto isso, Coombs estava passando outra noite na rua Liberty; ele fora para casa na noite anterior porque parecera temporariamente que o pior tinha passado, mas dessa vez ele ficou lá depois do trabalho com Roche, que não tinha ido para casa desde o fim de semana anterior. Por volta da meia-noite, Coombs recebeu a confirmação do crédito de US$250 milhões do Export-Import Bank, que tinha chegado de Washington durante a noite, como prometido. Agora, então, tudo estava preparado para a operação da manhã seguinte. Coombs uma vez mais se instalou em um dos desinteressantes cubículos do 11º andar, e, depois de repassar pela última vez o que seria necessário para a tarefa de convencer os banqueiros continentais, ele programou o seu rádio-relógio para as 3h30 e foi para a cama. Um funcionário do Federal Reserve, que tinha inclinação literária e um temperamento romântico, foi posteriormente levado a traçar um paralelo entre o Federal Reserve naquela noite e o acampamento britânico na véspera da Batalha de Agincourt na versão shakespeariana, na qual o rei Henrique refletiu tão eloquentemente sobre como a participação na ação vindoura serviria para enobrecer até mesmo os soldados mais desprezíveis, e como cavalheiros seguros em casa, na cama, se considerariam mais tarde amaldiçoados por não terem estado no cenário da batalha. Coombs, um homem prático, não tinha essa opinião grandiosa a respeito da sua situação; mesmo assim, enquanto cochilava de modo intermitente, esperando a chegada da manhã para poder telefonar para a Europa, ele estava bastante consciente de que os eventos dos quais participava não se pareciam com nada visto anteriormente nas operações bancárias.

II

Por conseguinte, nessa noite de terça-feira, 24 de novembro de 1964, Hayes chegou em casa, em New Canaan, Connecticut, mais ou menos às 18h30, exatamente como de costume, tendo inexoravelmente pegado o seu trem habitual das 17h09 na estação Grand Central. Hayes era um homem de 54 anos, alto, magro, de fala mansa, com olhos penetrantes emoldurados por óculos redondos acorujados, com um ar levemente professoral e uma reputação de imperturbabilidade. Ao agir de maneira tão familiar e metódica em uma ocasião assim, ele compreendeu, um pouco surpreso, que os seus colegas devem ter achado que ele estava realmente à altura da sua reputação. Ao chegar em casa, o chalé de um zelador datado mais ou menos de 1840 que o casal Hayes comprara e reformara 12 anos antes, ele foi recebido, como de costume, pela esposa, uma mulher bonita e jovial, de descendência anglo-italiana, cujo nome é Vilma, mas sempre é chamada de Bebba, que adora viajar, não tem praticamente nenhum interesse em operações bancárias e é filha do falecido barítono Thomas Chalmers da Metropolitan Opera. Como naquela época do ano já era noite quando Hayes chegou, ele decidiu se abster de uma atividade relaxante do início da noite — caminhar até o topo de uma encosta relvada ao lado da casa que oferece uma bela vista através do estuário até Long Island. De qualquer modo, ele não estava realmente com vontade de relaxar; na verdade, estava se sentindo tenso, e achou melhor continuar assim aquela noite, pois o carro do banco iria buscá-lo extremamente cedo na manhã seguinte para conduzi-lo ao trabalho.

Durante o jantar, Hayes e a esposa discutiram assuntos como o fato de o filho do casal, Tom, que estava no último ano de Harvard, estar chegando no dia seguinte para o recesso de Ação de Graças. Depois, Hayes se acomodou em uma poltrona para ler um pouco. Nos círculos bancários, ele é considerado do tipo culto, intelectual, e, na realidade, ele é *de fato* culto e intelectual, em comparação com a maioria dos banqueiros; mesmo assim, sua leitura de assuntos não relacionados com bancos tende a não ser constante e ampla, como a da sua mulher, e sim esporádica, inconstante e intensiva — tudo a respeito de Napoleão durante algum tempo, talvez, depois um período sem nenhuma leitura, em seguida, um mergulho, digamos, na Guerra Civil. Naquela ocasião, ele estava se concentrando na ilha de Corfu, onde ele e a Sra. Hayes planejavam passar algum tempo. Mas, antes que pudesse avançar muito na leitura do seu mais recente livro sobre Corfu, ele foi chamado ao telefone. O telefonema era do banco. Havia novidades, e Coombs achou que o presidente Hayes deveria ser informado a respeito delas.

Recapitulando em poucas palavras: medidas drásticas para salvar a libra, nas quais o Federal Reserve não apenas estaria intimamente envolvido mas que na verdade ajudaria a iniciar, seriam tomadas pelos bancos do governo — ou bancos centrais, como são mais comumente chamados — das principais nações não comunistas do mundo o mais rápido possível depois da abertura da manhã seguinte dos mercados financeiros de Londres e do continente, o que aconteceria entre 4 e 5 horas da manhã, horário de Nova York. A Grã-Bretanha estava diante da falência, por alguns motivos: um enorme déficit em suas contas internacionais ao longo dos meses anteriores resultara em perdas concomitantes nas reservas de ouro e dólar do Banco da Inglaterra; o medo no mundo inteiro de que o recém-eleito governo trabalhista decidisse atenuar a situação, ou fosse forçado a fazer isso, desvalorizando a libra da sua paridade com relação ao dólar de cerca de 2,80 para um valor substancialmente menor causara uma enxurrada de vendas de libras pelos hedgers e especuladores nos mercados monetários internacionais; o Banco da Inglaterra, cumprindo uma obrigação internacional de sustentar a libra em um preço de livre mercado não inferior a US$2,78, estivera perdendo milhões de dólares por dia das suas reservas que agora eram de cerca de US$2 bilhões, o ponto mais baixo em muitos anos.

A esperança restante residia em obter dos bancos centrais das nações ricas do mundo, em questão de horas, antes que fosse tarde demais, créditos a curto prazo, com um valor sem precedente, para a Grã-Bretanha. Com esses créditos à sua disposição, o Banco da Inglaterra deveria ser capaz de comprar libras de uma maneira tão agressiva que o ataque especulativo poderia ser absorvido, refreado e, finalmente, rechaçado, concedendo tempo à Grã-Bretanha para colocar em ordem os seus assuntos econômicos. Exatamente qual deveria ser a quantia necessária para o resgate era uma questão aberta, porém, mais cedo naquele dia, as autoridades monetárias dos Estados Unidos e da Grã-Bretanha haviam chegado à conclusão de que ela teria de ser pelo menos de US$2 bilhões, ou mais. Os Estados Unidos, por intermédio do Federal Reserve de Nova York e do Export-Import Bank de propriedade do Tesouro, em Washington, haviam se comprometido naquele dia a emprestar US$1 bilhão; a tarefa remanescente era persuadir os outros principais bancos centrais — habitualmente chamados no mundo dos bancos centrais de "Continente", embora os Bancos do Canadá e do Japão estivessem incluídos — a emprestar mais de US$1 bilhão adicional.

Nada desse tipo jamais fora pedido antes ao Continente, por meio da rede swap ou de qualquer outro meio. Em setembro de 1964, a Europa continental disponibilizara seu maior crédito coletivo de emergência até então — US$500 milhões para o Banco da Inglaterra, para ser usado na defesa da libra, já sob ataque na ocasião. Agora, com esse empréstimo de US$500 milhões ainda pendente e a libra em dificuldades muito maiores, o Continente estava prestes a receber um apelo para que emprestasse mais do que o dobro dessa quantia — talvez até mesmo o quíntuplo. Obviamente, o espírito de cooperação, ou até mesmo a qualidade da misericórdia, estava prestes a ser posto à prova. Essas podem ter sido as reflexões de Hayes naquela noite.

Com assuntos tão portentosos revolvendo-se em sua cabeça, Hayes teve dificuldade em manter a atenção fixa em Corfu. Além disso, a expectativa da chegada do carro do banco às 4 horas fez com que ele sentisse que deveria ir cedo para a cama. Enquanto se preparava para fazer isso, a Sra. Hayes comentou que, como o marido teria que se levantar no meio da noite, ela deveria sentir pena dele, mas, como era óbvio que ele estava avidamente aguardando, o que o faria se levantar àquela hora, a Sra. Hayes, na verdade, sentia inveja dele.

Na rua Liberty, Coombs dormiu de modo intermitente até ser despertado pelo rádio-relógio no seu quarto por volta das 3h30, horário de Nova York — em outras palavras, 8h30 no horário de Londres e 9h30 mais para o leste, no continente europeu. Uma série de crises no câmbio internacional envolvendo a Europa o havia acostumado de tal maneira à diferença do fuso horário que ele estava inclinado a pensar em função do dia europeu, referindo-se casualmente às 8 horas da manhã em Nova York como "hora do almoço" e às 9 horas como "meio da tarde". Então, ele se levantou, no seu modo de ver as coisas, "de manhã", embora as estrelas ainda brilhassem sobre a rua Liberty. Coombs se vestiu, foi para a sua sala no décimo andar, onde tomou o café da manhã fornecido pela equipe regular da cozinha do turno da noite, e começou a telefonar para os principais bancos centrais do mundo não comunista. Todos os telefonemas foram completados por uma telefonista, que cuida da mesa telefônica do Federal Reserve no horário fora do expediente, e todos eles tinham direito à prioridade especial de emergência do governo que os executivos do banco estão autorizados a solicitar, mas nessa ocasião isso não foi necessário, porque, às 4h15, quando Coombs começou a dar os telefonemas, os circuitos transatlânticos estavam praticamente livres.

Os telefonemas foram dados, basicamente, para preparar o terreno para o que estava por vir. As notícias da manhã do Banco da Inglaterra, obtidas em uma das primeiras chamadas da rua Liberty, eram que as condições estavam inalteradas com relação ao dia anterior: o ataque especulativo sobre a libra prosseguia com força total, e o Banco da Inglaterra estava sustentando o preço da libra a US$2,7860 jogando reservas adicionais no mercado. Coombs tinha motivos para acreditar que quando o mercado de câmbio internacional de Nova York abrisse, cerca de cinco horas depois, vastas quantidades adicionais de libras seriam lançadas no mercado deste lado do Atlântico, e mais dólares e ouro britânicos precisariam ser despendidos. Ele transmitiu essa alarmante informação para os seus congêneres em instituições como o Deutsche Bundesbank, em Frankfurt; o Banque de France, em Paris; o Banca d'Italia, em Roma; e o Banco do Japão, em Tóquio. (Neste último caso, foi preciso telefonar para a residência dos executivos, já que, devido à diferença de 14 horas no fuso horário, já passavam das 18 horas no Oriente.) Em seguida, avançando para o xis da questão, Coombs informou aos representantes dos vários bancos que em breve seria pedido a eles, no interesse do Banco da Inglaterra, um empréstimo sem precedentes. "Sem mencionar valores específicos, tentei enfatizar que se tratava de uma crise de primeira grandeza, o que muitos deles ainda não tinham compreendido", declarou Coombs. Um executivo do Bundesbank, que sabia tanto a respeito da extensão da crise quanto qualquer pessoa fora de Londres, Washington e Nova York, disse que em Frankfurt eles estavam "mentalmente preparados" — ou "preparados para o terrível choque" talvez fosse uma expressão melhor — para o enorme golpe que estava prestes a atingi-los, mas que até a ocasião do telefonema de Coombs eles tinham a esperança de que o ataque especulativo sobre a libra se resolvesse espontaneamente, e mesmo depois do telefonema eles não tinham a menor ideia de quanto poderia lhes ser solicitado. De qualquer modo, tão logo Coombs desligou o telefone, o presidente do Bundesbank convocou uma reunião da diretoria, e, pelo que se viu depois, a sessão permaneceria aberta o dia inteiro.

Ainda assim, tudo isso era preparatório. Os verdadeiros pedidos, com quantias específicas, teriam de ser feitos pelo presidente de um banco central para outro. Na ocasião em que Coombs estava ao telefone "amaciando" os executivos dos bancos centrais, o presidente do Federal Reserve estava na limusine do banco, em algum ponto entre New Canaan e a rua Liberty, e a limusine, em uma flagrante falta de conformidade com o estilo James Bond das transações internacionais de alto nível, não estava equipada com um telefone.

Hayes, o homem esperado, era o presidente do Federal Reserve de Nova York havia pouco mais de oito anos, tendo sido escolhido para o cargo, para sua perplexidade e praticamente a de mais ninguém, não a partir de uma posição de comparável eminência ou das próprias fileiras do Federal Reserve, mas das fervilhantes legiões de vice-presidentes dos bancos comerciais de Nova York. Por mais incomum que a nomeação possa ter parecido na época, em retrospecto ela parece providencial. Um estudo sobre o início da vida de Hayes e o princípio da sua carreira dá a impressão de que tudo tinha, de alguma maneira, a intenção de prepará-lo para lidar com esse tipo de crise monetária internacional, assim como a vida de um escritor ou pintor parece, às vezes, ter consistido, basicamente, em uma preparação para a execução de uma única obra de arte. Se a Divina Providência, ou talvez o seu departamento financeiro, quando a enorme crise da libra esterlina era iminente, precisasse de uma avaliação das qualificações de Hayes para lidar com essa tarefa e tivesse contratado o equivalente celestial de um recrutador para fazer um relato sobre ele, o dossiê poderia ter sido mais ou menos assim:

"Nascido em Ithaca, no estado de Nova York, no dia 4 de julho de 1910; criado principalmente na cidade de Nova York. O pai, professor de direito constitucional na Universidade Cornell, posteriormente consultor de investimento em Manhattan; a mãe, ex-professora do ensino fundamental, sufragista entusiástica, atuante em centros de serviços comunitários e de assistência social, posicionamento político liberal. Ambos observadores de pássaros. Atmosfera familiar intelectual, livre-pensadora e imbuída de espírito público. Hayes frequentou escolas particulares em Nova York e Massachusetts, e geralmente era o melhor aluno da escola. Depois foi para Harvard (apenas como aluno do primeiro ano) *e* Yale (três anos: com foco em matemática, Phi Beta Kappa no penúltimo ano, remador improdutivo na equipe da turma, graduou-se bacharel em 1930 como primeiro aluno da turma). Estudou na New College, Oxford, com uma bolsa Rhodes de 1931 a 1933; tornou-se lá um firme anglófilo e escreveu uma tese sobre 'A política do Federal Reserve e o funcionamento do padrão-ouro nos anos 1923-1930', embora não tivesse a menor intenção de um dia ingressar no banco. Desejaria agora ter a tese, para o caso de ela conter ofuscantes elucidações juvenis, mas nem ele nem a New College conseguiram encontrá-la. Ingressou no setor bancário comercial de Nova York em 1933 e foi subindo de maneira lenta porém regular (salário anual de US$2,7 mil em 1938); chegou ao cargo de secretário assistente (embora um título sem importância) da New York Trust Company em 1942; depois de um período na Marinha, em 1947 tornou-se vice-presidente assistente e, dois anos depois, chefe do Departamento do Exterior do New York Trust, apesar de não possuir nenhuma experiência anterior em operações bancárias internacionais. Aparentemente, aprendeu rápido; surpreendeu os seus colegas e superiores, e obteve a reputação entre eles de gênio do câmbio internacional ao prognosticar a exata desvalorização da libra em 1949 (de US$4,03 para US$2,80) algumas semanas antes que ela ocorresse.

"Foi nomeado presidente do Federal Reserve de Nova York em 1956, para sua completa perplexidade e da comunidade bancária de Nova York, cuja maioria nunca ouvira falar nesse homem um tanto tímido. Reagiu calmamente tirando férias de dois meses com a família na Europa. O consenso agora é que os diretores do Federal Reserve tiveram uma presciência quase implausível, ou sorte, ao escolher um especialista em câmbio internacional exatamente quando o dólar estava ficando mais fraco e a cooperação monetária internacional se tornando realmente importante. É apreciado pelos dirigentes dos bancos centrais da Europa, que o chamam de Al. Ganha US$75 mil por ano, o que o torna a segunda autoridade federal mais bem-paga depois do presidente dos Estados Unidos, pois os salários do Federal Reserve têm a intenção de ser mais ou menos competitivos no setor bancário do que no setor do funcionalismo público. É muito alto e muito magro. Procura chegar e sair do trabalho sempre à mesma hora e manter sua vida privada inviolável, como uma questão de princípio; considera o trabalho regular à noite em um escritório 'afrontoso'. Queixa-se de que o seu filho tem uma opinião negativa sobre os negócios; atribui isso a um 'esnobismo invertido' — mas mesmo assim permanece calmo.

"Conclusão: este é exatamente o homem para representar o banco central dos Estados Unidos em uma crise da libra esterlina."

Na verdade, Hayes se encaixa de imediato na imagem de um mecanismo perfeitamente planejado e moldado para executar determinada tarefa complexa, e seu caráter contém tantos paradoxos quanto os de qualquer pessoa. Embora praticamente ninguém no setor bancário tente descrever Hayes sem usar as palavras "culto" e "intelectual", ele tende a pensar em si mesmo como um erudito e intelectual indiferente mas como um homem de ação competente, e, quanto a esta última afirmação, os eventos de 24 de novembro de 1964 parecem confirmá-la. Embora de algumas maneiras ele seja o banqueiro completo — em conformidade com a ideia de um banqueiro de H. G. Wells, ele parece "desprezar o dinheiro, assim como um terrier despreza os ratos", e ser desprovido de uma curiosidade filosófica a respeito dele —, ele tem uma curiosidade claramente nada característica de um banqueiro com relação a tudo mais. E embora os conhecidos às vezes o considerem desinteressante, os seus amigos mais próximos falam de uma rara capacidade de satisfação e de uma serenidade interior que parecem torná-lo imune às tensões e distrações que fragmentam a vida de um número tão grande dos seus contemporâneos. Sem sombra de dúvida, essa serenidade interior foi severamente posta à prova durante o percurso de Hayes em direção à rua Liberty. Quando chegou à sua mesa por volta das 5h30, sua primeira medida foi apertar o botão de Coombs no intercomunicador e pedir que o chefe do Departamento Internacional lhe apresentasse a sua mais recente avaliação do cenário. Ele foi informado de que, como esperara, o nauseante escoamento de dólares do Banco da Inglaterra continuava a todo vapor. Porém, pior do que isso, Coombs lhe informou que os seus contatos com banqueiros locais que também se encontravam em uma vigília de emergência nas primeiras horas da manhã (executivos nos departamentos internacionais dos grandes bancos comerciais como o Chase Manhattan e o First National City) disseram que, durante a noite, tinha se acumulado uma pilha fantástica de ordens para descarregar libras no mercado de Nova York assim que ele abrisse. O Banco da Inglaterra, já quase alagado, podia esperar que uma nova onda vinda de Nova York o atingisse dali a quatro horas. A necessidade da pressa, portanto, tornou-se ainda mais urgente. Hayes e Coombs concordaram que o projeto de reunir um pacote internacional de créditos para a Grã-Bretanha seria anunciado o mais rápido possível depois da abertura de Nova York — talvez já às 10 horas. Para que o banco tivesse um único centro para todas as suas comunicações internacionais, Hayes decidiu abandonar sua sala — que era bastante espaçosa, com as paredes decoradas com painéis e cadeiras confortáveis dispostas ao redor de uma lareira — e deixar que a sala de Coombs, mais adiante no corredor, muito menor e mais austera, porém organizada de maneira mais eficiente, funcionasse como o centro de comando. Chegando lá, ele pegou um dos três telefones e pediu à telefonista que ligasse para lorde Cromer, no Banco da Inglaterra. Quando a ligação foi completada, os dois homens — as principais figuras na proposta operação de resgate — recapitularam os planos uma última vez, verificando as quantias que haviam experimentalmente decidido pedir a cada banco central e chegando a um acordo com relação a quem telefonaria primeiro para quem.

Aos olhos de algumas pessoas, Hayes e lorde Cromer formavam um par estranho. Além de ser um completo aristocrata, George Rowland Stanley Baring, o terceiro conde de Cromer, é um banqueiro completo. Um rebento do famoso banco mercantil de Baring Brothers, o terceiro conde e afilhado de um monarca frequentou o Eton College e o Trinity College, Cambridge, passou 12 anos como diretor executivo do banco da sua família e depois, dois anos — de 1959 a 1961 —, como ministro da Economia da Grã-Bretanha e principal representante do Tesouro do seu país em Washington. Enquanto Hayes adquirira o seu domínio dos segredos das operações bancárias internacionais por intermédio do estudo paciente, lorde Cromer, que não é nenhum erudito, adquiriu o seu por meio da hereditariedade, do instinto ou por osmose. Enquanto Hayes, apesar da sua altura física incomum, pudesse facilmente passar despercebido na multidão, lorde Cromer, que é de altura mediana porém elegante e vistoso, chamaria atenção em qualquer lugar. Enquanto Hayes tende a ser um pouco hesitante com relação a intimidades casuais, lorde Cromer é conhecido pelo seu jeito cordial, e lisonjeou e também vagamente desapontou muitos banqueiros que estavam impressionados com o seu título — sem dúvida, involuntariamente — ao encorajá-los de imediato a chamá-lo de Rowley. "Rowley é muito autoconfiante e decidido", declarou um banqueiro norte-americano. "Ele nunca tem medo de interferir, porque está convencido de sua própria posição. Mas ele é razoável. É o tipo de homem que, em uma crise, seria capaz de pegar o telefone e fazer alguma coisa a respeito dela." Esse mesmo banqueiro confessa que até o dia 25 de novembro de 1964 ele não pensava que Hayes fosse esse tipo de homem.

Começando mais ou menos às 6 horas daquela manhã, Hayes pegou o telefone, em uníssono com lorde Cromer. Um depois do outro, os principais dirigentes dos bancos centrais do mundo — entre eles o presidente Karl Blessing, do Deutsche Bundesbank; o Dr. Guido Carli, do Banco da Itália; o presidente Jacques Brunet, do Banco da França; o Dr. Walter Schwegler, do Banco Nacional Suíço; e o presidente Per Asbrink, do Riksbank sueco — pegaram os *seus* telefones e descobriram, alguns deles com considerável surpresa, a gravidade que a crise da libra esterlina havia alcançado na véspera, quando os Estados Unidos haviam se comprometido a fazer um empréstimo de curto prazo de US$1 bilhão, e que agora estava sendo pedido a eles que retirassem muito dinheiro das reservas dos seus países para ajudar a libra a sobreviver durante algum tempo. Alguns ouviram a notícia de Hayes, outros, de lorde Cromer; em ambos os casos, eles foram informados da situação não por um conhecido casual ou oficial, mas sim por um colega, membro daquela fraternidade esotérica, o clube da Basileia. Hayes, em cuja posição como representante do país já prometera emprestar uma grande quantia, o colocou automaticamente como líder da operação, teve o cuidado de deixar claro em cada um dos telefonemas que a sua parte no processo era colocar o peso do Federal Reserve atrás de um pedido que partia do Banco da Inglaterra. "A situação da libra é crítica, e eu entendo que o Banco da Inglaterra está solicitando que você libere para ele uma linha de crédito de US$250 milhões", dizia ele, individualmente, com o seu jeito calmo, para o presidente de cada banco central da Europa continental. "Estou certo de que você entende que esta é uma situação na qual temos todos que permanecer unidos." (Ele e Coombs falavam o tempo todo em inglês, é claro. Apesar de ter feito um curso de reciclagem em francês, e de ter tido em

Yale um dos mais impressionantes históricos acadêmicos de que as pessoas conseguem se lembrar, Hayes não era bom em idiomas e ainda não se sentia confiante a ponto de ter uma importante conversa de negócios em outra língua que não fosse o inglês.) Nos casos em que ele tinha relações particularmente boas com o seu equivalente continental, ele falou em um tom mais informal, usando o jargão do setor dos bancos centrais no qual a unidade numérica convencional é US$1 milhão. Hayes diria suavemente nesses casos: "Você acha que poderia contribuir com, digamos, US$150?" Independentemente do grau de formalidade da abordagem de Hayes, a primeira reação, segundo ele, geralmente era a cautela, misturada com choque. "A situação está realmente tão ruim assim, Al? Ainda estávamos torcendo para que a libra se recuperasse sozinha" é o tipo de comentário que ele lembra de ter ouvido várias vezes. Quando Hayes lhes assegurava que a situação era mesmo grave, e que a libra certamente não se recuperaria sozinha, a resposta que ele mais ouviu foi algo como "Vamos ver o que podemos fazer; ligo para você mais tarde". Alguns dos banqueiros disseram que o mais impressionante a respeito do primeiro telefonema de Hayes não foi tanto o que ele disse mas quando ele o disse. Sabendo que ainda faltava muito para o amanhecer em Nova York, e conhecendo o quanto Hayes fazia questão de respeitar o que era considerado o horário dos banqueiros, esses europeus perceberam que a situação deveria ser realmente grave no momento em que ouviram a voz dele. Assim que Hayes quebrava o gelo em cada banco continental, Coombs assumia o controle e começava a explicar os detalhes aos seus congêneres.

A primeira rodada de telefonemas deixou Hayes, lorde Cromer e seus companheiros nas ruas Liberty e Threadneedle relativamente esperançosos. Nenhum dos bancos dera a eles um não categórico — nem mesmo, para alegria de todos, o Banco da França, embora a política francesa já tivesse começado a se afastar acentuadamente da cooperação com a Grã-Bretanha e os Estados Unidos nos assuntos monetários, entre outros. Além disso, vários presidentes os haviam surpreendido ao sugerir que a sua contribuição para o empréstimo poderia ser na verdade maior do que a sugerida. Com esse incentivo, Hayes e lorde Cromer decidiram voar mais alto. Sua meta original tinha sido um crédito total de US$2,5 bilhões; agora, após reconsiderar, eles viram que havia uma possibilidade de conseguirem US$3 bilhões. "Decidimos aumentar um pouco a aposta aqui e ali", comenta Hayes. "Não havia como saber precisamente qual a quantia mínima necessária para inverter a situação. Sabíamos que estaríamos contando, em grande medida, com o efeito psicológico do nosso pronunciamento — partindo do princípio de que seríamos capazes de fazer o pronunciamento. Três pareceu para nós um bom número redondo."

Mas dificuldades assomavam à frente, e a maior delas, como ficou claro quando os dirigentes dos diversos bancos centrais começaram a telefonar mais tarde com as suas respostas, foi conseguir que tudo fosse feito rapidamente. O ponto mais difícil de comunicar, que Hayes e Coombs descobriram, foi o fato de que cada minuto que se passava representava uma perda adicional de US$1 milhão ou mais para as reservas britânicas, e que, se os canais normais fossem seguidos, os empréstimos inquestionavelmente chegariam tarde demais para evitar a desvalorização da libra. Alguns dos bancos centrais eram obrigados por lei a consultar os seus governos antes de assumir um compromisso e outros, não, mas mesmo aqueles que não eram obrigados insistiram em fazê-lo, como um ato de cortesia; isso levou tempo, especialmente porque mais de um ministro das Finanças, alheio ao fato de estar sendo procurado para aprovar um enorme empréstimo imediato, com poucas evidências da sua necessidade além da convicção de lorde Cromer e Hayes, estava temporariamente indisponível. (Um deles estava ocupado em um debate no Parlamento de seu país.) E mesmo nos casos em que o ministro das Finanças estava disponível, ele se mostrou, algumas vezes, relutante em agir sob uma pressão tão grande. Os governos atuam mais deliberadamente em questões monetárias do que os dirigentes dos bancos centrais. Alguns dos ministros das Finanças efetivamente disseram que depois de o Banco da Inglaterra apresentar o seu balanço patrimonial, junto com uma solicitação formal, por escrito, do crédito de emergência, eles analisariam de bom grado a questão. Além disso, alguns dos próprios bancos centrais exibiram uma enlouquecedora inclinação para observar escrupulosamente as formalidades. Consta que o diretor de câmbio internacional de um dos bancos teria respondido ao pedido dizendo: "Ora, isto é muito conveniente! Por acaso temos uma reunião do conselho administrativo marcada para amanhã. Vamos apresentar a questão para eles e depois entraremos em contato com você." O conteúdo da resposta de Coombs, que era o homem ao telefone em Nova York, não está registrado, mas consta que seu tom foi atipicamente veemente. Até mesmo a célebre serenidade de Hayes foi abalada uma ou duas vezes, pelo menos foi o que disseram os presentes na ocasião; o seu tom de voz permaneceu calmo como sempre, mas o volume ficou bem acima do nível habitual.

Os problemas que os bancos centrais continentais tiveram para enfrentar o desafio são bem exemplificados pela situação do mais rico e poderoso deles, o Deutsche Bundesbank. Sua diretoria já estava reunida em uma sessão de emergência em decorrência da ligação recebida mais cedo de Coombs quando outro telefonema de Nova York — este de Hayes para o presidente Blessing — deu ao Bundesbank a primeira indicação do montante que estavam pedindo emprestado. A quantia solicitada a cada banco central naquela manhã nunca se tornou pública, mas, com base naquilo que *se tornou conhecido*, é razoável pressupor que tenha sido pedido ao Bundesbank que contribuísse com US$500 milhões — a maior quota do grupo, e certamente a maior quantia já pedida de empréstimo a qualquer banco central e por outro, com exceção do Federal Reserve, em questão de horas. Logo depois de Hayes lhe ter dado essa desagradável informação, Blessing recebeu um telefonema de lorde Cromer, de Londres, no qual este confirmou tudo o que Hayes tinha dito a respeito da gravidade da crise e repetiu o pedido. Talvez com um pouco de relutância e desagrado, os diretores do Bundesbank concordaram, em princípio, que a coisa tinha de ser feita. Mas foi aí que os seus problemas começaram. Blessing e os seus assistentes decidiram que eles teriam de respeitar as normas. Antes de tomar qualquer medida, eles precisavam consultar os seus parceiros econômicos no Mercado Comum Europeu e no Banco de Compensações Internacionais, e o principal homem a ser consultado, por ocupar naquele momento o cargo de presidente do Banco de Compensações Internacionais, era o Dr. Marius W. Holtrop, presidente do Banco da Holanda, a quem também, é claro, estava sendo solicitada uma contribuição. Uma ligação urgente foi feita de Frankfurt para Amsterdã. Os diretores do Bundesbank foram informados de que o Dr. Holtrop não estava em Amsterdã; por acaso, ele tinha ido de trem, naquela manhã, para Haia, para se encontrar com o ministro das Finanças do seu país para tratar de outros assuntos. O Banco da Holanda assumir um compromisso tão importante sem o conhecimento do seu presidente estava fora de cogitação, e, do mesmo modo, o Banco da Bélgica, um país cujas políticas monetárias estavam inextricavelmente ligadas às da Holanda, relutava em agir antes que a Holanda desse o seu aval. Assim, durante uma hora ou mais, enquanto milhões de dólares continuavam a se escoar do Banco da Inglaterra e a ordem monetária do mundo permanecia comprometida, toda a operação de resgate estava suspensa enquanto o Dr. Holtrop, que cruzava as planícies holandesas de trem, ou que talvez já estivesse em Haia preso em um engarrafamento, não podia ser encontrado.

Tudo isso, é claro, significava uma frustração agonizante em Nova York. Quando a manhã finalmente começou nos Estados Unidos, a campanha de Hayes e Coombs recebeu um estímulo de Washington. As principais autoridades monetárias do governo — Martin, no Conselho do Federal Reserve, Dillon e Roosa, no Tesouro — tinham estado intimamente envolvidas no planejamento do resgate da véspera, e parte do planejamento, é claro, fora a decisão de deixar que o banco de Nova York, por ser o braço habitual do sistema do Federal Reserve e do Tesouro nas transações monetárias internacionais, atuasse como a sede da campanha. Portanto, os membros do contingente de Washington tinham dormido em casa e ido para o trabalho na hora normal. Agora, depois de informados por Hayes das dificuldades em desenvolvimento, Martin, Dillon e Roosa entraram em ação fazendo chamadas transatlânticas para enfatizar o grau de preocupação dos Estados Unidos com o assunto. Mas nenhuma quantidade de telefonemas de lugar nenhum seria capaz de deter o relógio — ou encontrar o Dr. Holtrop —, e Hayes e Coombs finalmente tiveram de abandonar a ideia de ter um pacote de crédito pronto para ser anunciado para o mundo por volta de 10 horas da manhã em Nova York. E também havia outras razões para o enfraquecimento das esperanças anteriores. Quando os mercados de Nova York abriram, a extensão do alarme que se propagara pelo mundo financeiro durante a noite foi claramente revelada. A mesa de operações de câmbio internacional do banco, no sétimo andar, informou que o ataque à libra na abertura de Nova York fora tão apavorante quanto eles tinham esperado, e que a atmosfera do mercado de câmbio local atingira um estado quase de pânico. O departamento de valores mobiliários do banco transmitiu a alarmante notícia de que o mercado de títulos do governo dos Estados Unidos estava sendo submetido à mais forte pressão dos últimos anos, refletindo uma deplorável falta de confiança no dólar da parte dos negociadores de títulos. Essa informação serviu como um sinistro lembrete para Hayes e Coombs de algo que eles já sabiam — que uma queda da libra em relação ao dólar poderia possivelmente acontecer em seguida, em uma espécie de reação em cadeia, por uma desvalorização forçada do dólar em relação ao ouro, o que poderia causar o caos monetário em toda parte. Se Hayes e Coombs estavam se permitindo momentos de devaneios ociosos nos quais se representavam apenas como bons samaritanos, essa foi a informação ideal para trazê-los de volta à realidade. Em seguida, chegaram as notícias de que as histórias extravagantes que circulavam por Wall Street mostravam sinais de se cristalizarem em uma única história, desmoralizantemente convincente porque era muito específica. Corria o boato de que o governo britânico anunciaria uma desvalorização da libra por volta do meio-dia, horário de Nova York. Isso poderia ser refutado com segurança, pelo menos no que dizia respeito à hora, já que a Grã-Bretanha obviamente não faria uma desvalorização enquanto as negociações de crédito estivessem em andamento. Dividido entre o desejo de abafar um rumor destrutivo e a necessidade de manter as negociações em segredo até sua conclusão, Hayes optou por um meio-termo. Ele pediu a um dos seus colaboradores que telefonasse para alguns dos principais banqueiros e negociadores de Wall Street e dissesse, o mais enfaticamente possível, que ele podia afirmar, com segurança, que esse último rumor de desvalorização era falso. "Você pode ser mais específico?", foi a pergunta feita ao colaborador, e ele respondeu "Não, não posso", porque não havia mais o que dizer.

Essa notícia infundada era alguma coisa, mas não era suficiente; o mercado de câmbio internacional e o de títulos foram apenas momentaneamente tranquilizados. Houve ocasiões naquela manhã, Hayes e Coombs agora admitem, em que eles desligaram os seus telefones, se entreolharam na sala de Coombs e pensaram simultaneamente o seguinte: não vai dar tempo. No entanto — na melhor tradição do melodrama, que às vezes parece sobreviver obstinadamente na natureza em um momento no qual está morto na arte —, exatamente quando tudo parecia mais sombrio, boas notícias começaram a chegar. O Dr. Holtrop fora encontrado em um restaurante em Haia, onde estava almoçando com o ministro das Finanças da Holanda, o Dr. J. W. Witteveen; além disso, o Dr. Holtrop havia aprovado a operação de resgate, e quanto à questão de consultar o seu governo, *isso* não foi nenhum problema, pois o representante do governo estava sentado à mesa com ele. O principal obstáculo estava, portanto, superado, e depois de o Dr. Holtrop ter sido encontrado, as dificuldades começaram a diminuir e se tornar aborrecimentos, como a necessidade de pedir contínuas desculpas aos japoneses por tirá-los da cama quando já passava da meia-noite em Tóquio. A maré tinha virado. Antes do meio-dia em Nova York, Hayes e Coombs, bem como lorde Cromer e os seus assistentes em Londres, sabiam que tinham a concordância, em princípio, de dez bancos centrais — os da Alemanha Ocidental, da Itália, da França, da Holanda, da Bélgica, da Suíça, do Canadá, da Suécia, da Áustria e do Japão — e também a do Banco de Compensações Internacionais.

Restava a espera enquanto cada banco central passava pelo processo dolorosamente lento de completar as formalidades necessárias para tornar a sua medida legal e adequada. O epítome da ordem, o Bundesbank, só poderia agir depois de obter a ratificação dos membros do seu conselho diretor, cuja maioria ocupava postos provinciais espalhados por toda a Alemanha. Os dois principais representantes do Bundesbank dividiram a tarefa de telefonar para os diretores ausentes e convencê-los a aderir à proposta — tarefa que se tornava ainda mais delicada por se pedir a esses diretores que aprovassem algo que, na realidade, a sede do banco já se comprometera a fazer. No meio da tarde, hora continental, enquanto os dois representantes estavam ocupados com essas delicadas conversas intricadas, Frankfurt recebeu um novo telefonema de Londres. Era lorde Cromer, sem dúvida em um tom tão exasperado quanto a sua situação o permitia, e o que ele tinha a dizer era que a Grã-Bretanha estava perdendo as suas reservas tão rápido que a libra não conseguiria sobreviver nem mais um dia. Apesar das formalidades, esse era um caso de agora ou nunca. (A perda das reservas do Banco da Inglaterra naquele dia nunca foram divulgadas. Posteriormente, a revista *Economist* publicou um palpite de que a perda pode ter sido de US$500 milhões, ou cerca de um quarto do que restava nos cofres da Grã-Bretanha.) Depois do telefonema de lorde Cromer, os representantes do Bundesbank temperaram o tato com a brevidade; eles obtiveram a aprovação unânime dos diretores e pouco depois das 17 horas, horário de Frankfurt, estavam prontos para informar a lorde Cromer e a Hayes que o Bundesbank iria conceder o empréstimo solicitado de US$500 milhões.

Outros bancos centrais estavam informando, ou já tinham informado, sua concordância. O Canadá e a Itália emprestaram US$200 milhões cada um, e sem dúvida ficaram felizes por fazê-lo, já que as suas moedas tinham sido beneficiárias de operações internacionais de resgate bem menores, mas sob outros aspectos semelhantes em 1962 e no início de 1964, respectivamente. Se um relato subsequente no *Times* de Londres for aceito como verdadeiro, a França, a Bélgica e a Holanda, que nunca anunciaram oficialmente o valor de sua participação, também contribuíram, cada uma, com US$200 milhões. Consta que a Suíça contribuiu com US$160 milhões e a Suécia com US$100 milhões, enquanto a Áustria, o Japão e o Banco de Compensações Internacionais completaram o pacote com quantias até agora não divulgadas. Já na hora do almoço em Nova York estava tudo concluído, e a última parte da tarefa era divulgar a notícia da maneira mais eficaz possível para causar um impacto extremamente rápido, forte e convincente no mercado.

A tarefa pôs em evidência outro homem do Federal Reserve, o vice-presidente responsável pelas informações públicas, Thomas Olaf Waage. Waage (seu nome rima com "saga", em inglês) estivera presente e ativo na sala de Coombs praticamente a manhã inteira, falando constantemente ao telefone como homem de contato com Washington. Nascido e criado em Nova York, filho de um piloto de rebocador e capitão de barco de pesca norueguês, Waage é um homem de amplos e sinceros interesses gerais — entre eles a ópera, Shakespeare, Trollope, e a sua herança ancestral, a navegação — e uma paixão intensa, que é tentar transmitir não apenas os fatos mas também o drama, o suspense e a emoção das operações dos bancos centrais para um público cético e não raro com olhos vidrados. Em resumo, um banqueiro que é um romântico incorrigível. Portanto, ele ficou eufórico quando Hayes o incumbiu da tarefa de preparar um comunicado à imprensa que daria informações ao mundo, da maneira mais enfática possível, sobre a operação de resgate. Enquanto Hayes e Coombs se esforçavam para resolver as pendências do pacote, Waage estava ocupado coordenando o momento certo com os seus equivalentes no Conselho do Federal Reserve e no Departamento do Tesouro em Washington, que participariam da emissão do pronunciamento norte-americano, e no Banco da Inglaterra, que, conforme havia sido combinado entre Hayes e lorde Cromer, faria um pronunciamento próprio simultâneo. "Duas horas da tarde, horário de Nova York, foi o horário determinado para os pronunciamentos, quando começou a parecer que teríamos algo para anunciar a essa hora", recorda Waage. "Esse horário já não pegaria os mercados do continente europeu e de Londres naquele dia, é claro, mas eles teriam toda a tarde em Nova York até o fechamento, por volta de 17 horas, e se o mercado da libra esterlina pudesse ser dramaticamente revertido antes dessa hora, era bastante provável que a recuperação continuasse no continente e em Londres no dia seguinte, quando os mercados norte-americanos estariam fechados por causa do feriado do Dia de Ação de Graças. Quanto ao valor total do crédito que estávamos pretendendo anunciar, ele ainda permanecia em US$3 bilhões. Mas eu me lembro que surgiu um problema de última hora de um tipo particularmente embaraçoso. Quase no fim do processo, quando achamos que todo o pacote estava sob controle, Charlie Coombs e eu contamos o que fora prometido, apenas para ter certeza, e só chegamos a um total de US$2,85 bilhões.

Aparentemente, tínhamos perdido US$150 milhões em algum lugar. Foi exatamente o que tínhamos feito — calculado errado. Então, estava tudo bem."

O pacote foi reunido a tempo de se encaixar na nova programação, e os pronunciamentos do Federal Reserve, do Tesouro e do Banco da Inglaterra saíram simultaneamente na mídia noticiosa, às 14 horas em Nova York e às 19 horas em Londres. Em decorrência da influência de Waage, a versão norte-americana, embora tenha ficado um pouco aquém do espírito, digamos, da última cena de *Os Cantores de Nuremberg*, ainda foi excepcionalmente empolgante no que tange aos pronunciamentos bancários, falando com certa ostentação discreta da natureza sem precedente da quantia envolvida e de como os bancos centrais tinham "agido rapidamente para mobilizar um gigantesco contra-ataque à venda especulativa da libra". O comunicado londrino teve uma característica diferente, alcançando certo grau da qualidade britânica quintessencial que parece estar reservada para os momentos de grave crise. Ele disse simplesmente: "O Banco da Inglaterra tomou providências de acordo com as quais US$3 bilhões estão disponíveis para o respaldo da libra esterlina."

Aparentemente, o sigilo da operação fora preservado com êxito, e o comunicado deixou perplexo o mercado de câmbio internacional de Nova York, porque a reação foi tão rápida e eletrizante quanto poderia se esperar. Os especuladores que atacavam a libra decidiram instantaneamente, sem hesitar, que o jogo tinha acabado. Imediatamente depois do pronunciamento, o Federal Reserve apresentou uma oferta de libras a US$2,7868 — um valor levemente superior ao nível no qual a libra havia sido vigorosamente mantido o dia inteiro pelo Banco da Inglaterra. Tão grande era a pressa dos especuladores de se livrar das suas posições especulativas comprando libras que o Federal Reserve encontrou muito poucas libras à venda por esse preço. Por volta de 14h15, transcorreram alguns minutos estranhos e animadores nos quais não havia nenhuma libra esterlina disponível em Nova York por *nenhum* preço. As libras foram mais à frente oferecidas por um preço mais elevado, sendo imediatamente devoradas, e assim o preço continuou a subir a tarde inteira, fechando levemente acima de US$2,79.

Vitória! A libra estava fora de perigo imediato; o plano funcionara. Tributos ao sucesso da operação começaram a afluir de toda parte. Até mesmo o autoritário *Economist* declararia concisamente: "Independentemente de que outras redes entrem em colapso, ao que parece, os dirigentes dos bancos centrais [têm uma] incrível capacidade para obter resultados instantâneos. E embora o mecanismo deles não seja o mais desejável, ajustado sempre para o respaldo a curto prazo do status quo, ele se revela o único que funciona."

Desse modo, com a libra sendo negociada novamente a um valor razoavelmente elevado, o Federal Reserve fechou para o feriado, e os banqueiros foram para casa. Coombs se lembra de ter tomado um Martíni excepcionalmente rápido. Hayes, ao entrar em casa em New Canaan, descobriu que seu filho, Tom, chegara de Harvard. Tanto a esposa quanto o filho notaram que ele se encontrava em um estado de agitação fora do comum, e quando perguntaram qual era o motivo ele respondeu que acabara de viver o dia mais recompensador de toda a sua carreira profissional. Pressionado para dar detalhes, ele fez um relato resumido e simplificado da operação de resgate, tendo em mente o tempo todo o fato de que a sua audiência era formada por uma esposa que não tinha nenhum interesse em operações bancárias e um filho que tinha uma opinião negativa sobre os negócios. A reação que ele obteve ao concluir o seu recital foi de um tipo que poderia aquecer o coração de um Waage, ou de qualquer explicador sério de proezas bancárias para o leigo não solidário. "Foi um pouco confuso no início", disse a Sra. Hayes, "mas antes de você terminar você nos deixou em um incrível suspense."

Waage, em sua casa em Douglaston, narrou os eventos do dia para a *sua* mulher do *seu* jeito característico. "Foi dia de são Crispim",* exclamou ele ao irromper pela porta, "e eu estava com Harry!"

III

Tendo me interessado inicialmente pela libra e seus riscos na época da crise de 1964, fiquei muito envolvido com o assunto. Ao longo dos três anos e meio subsequentes, acompanhei seus altos e baixos na imprensa norte-americana e na britânica, e de vez quando fui até o Federal Reserve para reavivar o meu relacionamento com os seus executivos e ver que outros esclarecimentos eu poderia conseguir. Toda a experiência foi uma inequívoca comprovação da tese de Waage de que as operações dos bancos centrais podem estar repletas de suspense.

A libra não permaneceria a salvo. Um mês depois da grande crise de 1964, os especuladores reiniciaram os seus ataques e, no final daquele ano, o Banco da Inglaterra tinha

---

*Waage certamente é o funcionário do Federal Reserve, mencionado anteriormente pelo autor, que traçou um paralelo entre o Federal Reserve e o acampamento britânico na véspera da Batalha de Agincourt, na versão de Shakespeare em *Henrique V*. Essa batalha teve lugar no dia de são Crispim, e Harry era o apelido do rei Henrique. Assim, Waage quis dizer que estava ao lado do rei na batalha. (*N. da T.*)

usado mais de US$500 milhões do seu novo crédito de US$3 bilhões. Tampouco a chegada do novo ano fez com que os ataques cessassem. Em 1965, depois de um janeiro relativamente flutuante, a libra voltou a ser pressionada em fevereiro. O crédito de novembro fora para um período de três meses; agora, com o período encerrado, as nações que tinham concedido o empréstimo decidiram prorrogá-lo por mais três meses, a fim de que a Grã-Bretanha tivesse mais tempo para pôr a sua economia em ordem. No entanto, no final de março, a economia britânica ainda estava instável, a libra tinha novamente caído abaixo de US$2,79 e o Banco da Inglaterra estava de volta no mercado. Em abril, a Grã-Bretanha anunciou um orçamento mais apertado, e seguiu-se uma recuperação, mas esta se revelou de curta duração. No início do verão, o Banco da Inglaterra tinha sacado, e empenhado na batalha contra os especuladores, mais de um terço dos US$3 bilhões. Animados, os especuladores insistiram no ataque. No final de junho, autoridades britânicas declararam considerar que a crise da libra esterlina tinha terminado, mas eles estavam tentando se mostrar confiantes; em julho a libra afundou de novo, apesar de outro aperto de cinto na economia nacional. No final de julho, o mercado de câmbio internacional estava convencido de que uma nova crise estava se formando. No final de agosto, a crise chegara e, de algumas maneiras, era mais perigosa do que a de novembro de 1964. O problema era que o mercado parecia acreditar que os bancos centrais estavam cansados de derramar dinheiro na batalha e agora deixariam a libra esterlina cair, independentemente das consequências. Mais ou menos nessa época, telefonei para um conhecido meu, um homem importante no setor de câmbio internacional em Nova York para perguntar o que ele achava da situação, e recebi a seguinte resposta: "Até onde eu sei, o mercado de

Nova York está 100% convencido de que a desvalorização da libra esterlina vai acontecer neste outono — e não estou querendo dizer 95%; é 100% mesmo." Depois, no dia 11 de setembro, li nos jornais que o mesmo grupo de bancos centrais, desta vez com exceção da França, tinham providenciado outro pacote de resgate de emergência, cujo valor não foi anunciado na ocasião — subsequentemente foi noticiado que tinha sido em torno de US$1 bilhão —, e nos dias seguintes observei o preço de mercado da libra subir, pouco a pouco, até que no final do mês ele passou dos US$2,80 pela primeira vez em 16 meses.

Os bancos centrais tinham conseguido de novo, e passado algum tempo fui até o Federal Reserve para me inteirar dos detalhes. Eu me encontrei com Coombs, e ele estava otimista e extraordinariamente comunicativo. "A operação deste ano foi inteiramente diferente da do ano passado", disse-me ele. "Foi uma medida agressiva da nossa parte, em vez de uma providência defensiva desesperada. No início de setembro, chegamos à conclusão de que a libra estava excessivamente supervendida — em outras palavras, a quantidade de especulação contra ela era exageradamente desproporcional ao que era justificado pelos fatos econômicos. Na realidade, durante os oito primeiros meses do ano, as exportações britânicas tinham aumentado mais de 5% com relação ao período correspondente de 1964, e parecia provável que o déficit do balanço de pagamentos de 1964 da Grã-Bretanha fosse reduzido à metade em 1965. É um progresso econômico muito promissor, e os ursos especuladores pareciam não ter se dado conta disso. Eles tinham continuado a vender a libra a descoberto, baseados em fatores técnicos de mercado. Eram eles que estavam expostos agora. Decidimos que o momento era perfeito para um contra-ataque."

O contra-ataque, prosseguiu Coombs explicando, foi tramado sem pressa dessa vez — não por telefone, e sim frente a frente, no fim de semana de 5 de setembro na Basileia. O Federal Reserve estava representado por Coombs, como de costume, e também por Hayes, que interrompeu as suas férias em Corfu, planejadas havia muito tempo, para estar presente na reunião. O golpe foi planejado com precisão militar. Foi decidido que não anunciariam dessa vez o valor do pacote de crédito, a fim de confundir e desconcertar ainda mais o inimigo, os especuladores. O local escolhido para o início do ataque foi a sala de negociação do Federal Reserve, e a hora foi 9 horas da manhã, horário de Nova York — cedo o bastante para que Londres e o Continente ainda estivessem fazendo negociações — no dia 10 de setembro. Na hora determinada, o Banco da Inglaterra disparou a primeira salva anunciando que novos acordos entre os bancos centrais possibilitariam em breve que uma "ação apropriada" fosse tomada nos mercados de câmbio. Depois de deixar passar 15 minutos para que o sentido dessa mensagem discretamente ameaçadora fosse absorvida, o Federal Reserve atacou. Usando, com a concordância da Grã-Bretanha, o novo crédito internacional como munição, ele fez ofertas simultâneas de compra de libra em todos os principais bancos que operam no mercado de câmbio de Nova York totalizando quase US$30 milhões, à taxa vigente da ocasião de US$2,7918. Sob essa pressão, o mercado imediatamente subiu, e o Federal Reserve acompanhou o movimento, aumentando pouco a pouco o valor da sua oferta. A US$2,7934 o banco interrompeu temporariamente as operações — em parte, para ver o que o mercado faria sozinho, em parte, para confundir as coisas. O mercado se manteve firme, mostrando que nesse nível havia agora o mesmo número de compradores independentes de libras esterlinas quanto de vendedores, e que os ursos, os especuladores — estavam ficando apavorados. Mas o banco estava longe de estar satisfeito; voltando vigorosamente ao mercado, ele elevou o preço para US$2,7945 no decorrer do dia. E depois a bola de neve começou a rolar sozinha — com os resultados que eu lera nos jornais. "Foi um esmagamento de urso bem-sucedido", disse-me Coombs com um certo prazer sinistro, com o qual era fácil ser solidário; dei comigo cismando que, para um banqueiro, derrotar esmagadoramente os seus adversários, atacá-los impiedosamente e obrigá-los a buscar proteção, não para benefício pessoal ou institucional, e sim para o bem público, deve ser uma fonte de rara e genuína satisfação.

Soube depois, por intermédio de outro banqueiro, o quão dolorosamente os ursos tinham sido esmagados. Com as margens de crédito sobre a especulação em moedas sendo o que são — por exemplo, para se comprometer com US$1 milhão contra a libra, um especulador pode precisar colocar apenas US$30 ou US$40 mil em dinheiro —, a maioria dos negociadores tinha assumido compromissos que chegavam a dezenas de milhões. Quando o compromisso de um negociador era de US$10 milhões, ou US$28 milhões, cada mudança de um centésimo de centavo no preço da libra significava uma mudança de US$1 mil no valor da sua conta. Portanto, entre os US$2,7918 do dia 10 de setembro e os US$2,8010 do dia 29 de setembro, esse negociador na posição vendida teria perdido US$92 mil — o bastante, poderíamos imaginar, para fazer com que ele pense duas vezes antes de vender novamente a libra esterlina a descoberto.

Seguiu-se um prolongado período de calmaria. O ar de crise iminente que pairara sobre as operações de câmbio durante a maior parte do ano precedente desapareceu, e nos seis meses seguintes o mercado mundial da libra esterlina foi mais radiante do que fora em qualquer ocasião nos últimos anos. "A batalha pela libra esterlina terminou", anunciaram autoridades britânicas (sensatamente anônimas) em novembro, no primeiro aniversário do resgate de 1964. Agora, disseram as autoridades, "estamos travando a batalha pela economia". Aparentemente, eles também estavam vencendo essa batalha, porque, quando a posição do balanço de pagamentos da Grã-Bretanha de 1965 foi finalmente calculada, ela mostrou que o déficit não fora meramente reduzido à metade, de acordo com as previsões, e sim reduzido a *menos* da metade. E, nesse ínterim, a força da libra possibilitou que o Banco da Inglaterra não apenas pagasse todas as suas dívidas a curto prazo com outros bancos centrais mas também que acumulasse no mercado aberto, em troca das suas recém-desejáveis libras, mais de US$1 bilhão de novos dólares para adicionar às suas preciosas reservas. Por conseguinte, entre setembro de 1965 e março de 1966, essas reservas aumentaram de US$2,6 milhões para US$3,6 bilhões — um valor relativamente seguro. E, depois, a libra passou com facilidade por uma campanha eleitoral nacional — como sempre, uma época tempestuosa para a moeda. Quando estive com Coombs na primavera de 1966, ele parecia tão presunçoso e despreocupado com relação à libra esterlina quanto um velho torcedor dos New York Yankees a respeito do seu time.

Eu tinha quase chegado à conclusão de que acompanhar o destino da libra não era mais divertido quando explodiu uma nova crise. Uma greve de marinheiros contribuiu para a volta do déficit comercial da Grã-Bretanha, e no início de junho de 1966 a cotação estava novamente abaixo de US$2,79 e, segundo diziam, o Banco da Inglaterra estava de volta ao mercado gastando as suas reservas para defender a moeda. No dia 13 de junho, com um pouco da despreocupação de bombeiros veteranos que atendem a um chamado de rotina, novamente os bancos centrais concederam um novo pacote de crédito a curto prazo. No entanto, o pacote representou apenas uma ajuda temporária, e no final de julho, no esforço de chegar à raiz dos problemas da libra por meio de uma cura definitiva do déficit, o primeiro-ministro Wilson impôs ao povo britânico o mais rigoroso conjunto de restrições econômicas já aplicadas em seu país em tempos de paz — impostos elevados, uma impiedosa contenção do crédito, o congelamento de preços e salários, uma redução dos gastos do governo com o bem-estar social e um limite de US$140 anuais nos gastos de cada cidadão britânico nas viagens ao exterior. O Federal Reserve, Coombs me contou mais tarde, ajudou entrando no mercado da libra esterlina logo depois que a Grã-Bretanha anunciou o programa de austeridade, e a libra reagiu satisfatoriamente a essa cutucada. Em setembro, como um extra, o Federal Reserve aumentou a linha swap com o Banco da Inglaterra de US$750 milhões para US$1,35 bilhão. Estive com Waage em setembro, e ele falou calorosamente de todos os dólares que o Banco da Inglaterra estava novamente acumulando. "As crises da libra esterlina se tornaram entediantes", comentou a revista *Economist* mais ou menos nessa época, com o tipo mais tranquilizador de fleuma britânica.

A calmaria voltou a reinar — e novamente apenas por pouco mais de seis meses. Em abril de 1967, a Grã-Bretanha estava livre de dívidas a curto prazo e tinha amplas reservas. Mas no intervalo de mais ou menos um mês surgiu o primeiro de uma série de dolorosos reveses. Duas consequências da breve guerra entre árabes e israelenses — uma enorme saída de recursos financeiros árabes da libra para outras moedas e o fechamento do canal de Suez, uma das principais artérias comerciais da Grã-Bretanha — causaram uma nova crise quase que da noite para o dia. Em junho, o

Banco da Inglaterra (agora sob nova liderança, pois em 1966 Sir Leslie O'Brien sucedera lorde Cromer na presidência) precisou recorrer fortemente à sua linha swap com o Federal Reserve, e em julho o governo britânico se viu forçado a renovar as dolorosas restrições econômicas do ano anterior; mesmo assim, em setembro, a libra caiu para US$2,7830, seu ponto mais baixo desde a crise de 1964. Telefonei para o meu especialista em câmbio internacional para perguntar por que o Banco da Inglaterra — que em novembro de 1964 tinha estabelecido sua última salvaguarda em US$2,7860, e que, de acordo com o seu último balanço, tinha agora reservas disponíveis de mais de US$2,5 bilhões — estava deixando o preço da moeda cair tão perigosamente perto do mínimo absoluto (a menos que fizesse uma desvalorização) de US$2,78. "Bem, a situação não é exatamente tão desesperadora quanto o número sugere", respondeu ele. "A pressão especulativa até agora não é, nem de longe, tão forte quanto era em 1964. E a posição econômica fundamental este ano — pelo menos até agora — é muito melhor. Apesar da guerra no Oriente Médio, o programa de austeridade começou a ter efeito. Durante os primeiros oito meses de 1967, os pagamentos internacionais da Grã-Bretanha estiveram quase equilibrados. O Banco da Inglaterra, evidentemente, está esperando que este período de fraqueza da libra passe sem que ele precise intervir."

Mais ou menos nessa época, contudo, notei um presságio perturbador no ar — o aparente abandono da parte dos britânicos do seu antigo tabu contra usar descontraidamente a palavra "desvalorização". Como outros tabus, este parecia ter se baseado em uma combinação de lógica prática (conversar a respeito da desvalorização poderia facilmente iniciar um tumulto especulativo e fazer com que ela acontecesse) e superstição. Mas agora passei a ver a desvalorização sendo discutida na imprensa britânica livremente e com frequência, e, em várias publicações respeitadas, sendo efetivamente defendida. E isso não era tudo. O primeiro-ministro Wilson, é bem verdade, continuou a seguir um trajeto cuidadoso em volta da palavra, até mesmo no ato de prometer, como fez repetidamente, que o seu governo se absteria de realizá-la; não haveria "nenhuma mudança na política existente" quanto a "questões monetárias internacionais", afirmou ele, delicadamente, em determinada ocasião. No dia 24 de julho, contudo, o chanceler do Tesouro, James Callaghan, falou abertamente na Câmara dos Comuns a respeito da desvalorização, queixando-se de que defendê-la como política nacional tinha ficado em voga, declarando que uma política desse tipo representaria uma deslealdade para com outras nações e o povo delas, e também afirmando que o seu governo nunca recorreria a ela. Seu ponto de vista era familiar e reconfortante; sua maneira direta de expressá-lo era exatamente o oposto. Nos dias mais sombrios de 1964, ninguém tinha pronunciado a palavra "desvalorização" no Parlamento.

Ao longo de todo o outono, tive a sensação de que a Grã-Bretanha estava sendo surpreendida por uma perversa concatenação de cruéis infortúnios, alguns especificamente prejudiciais para a libra e outros meramente devastadores para os costumes britânicos. Na primavera anterior, o petróleo de um navio-tanque naufragado, e em estado deplorável, poluíra as praias da Cornualha; agora, uma epidemia estava destruindo dezenas e, no final, centenas de milhares de cabeças de gado. A camisa de força econômica que a Grã-Bretanha tinha usado durante mais de um ano havia elevado o desemprego para o seu nível mais elevado em anos e tornou o governo trabalhista o mais impopular do pós-guerra. (Seis meses depois, em uma pesquisa de opinião patrocinada pelo jornal *Sunday Times*, os britânicos elegeriam Wilson o quarto homem mais abominável do século, depois de Hitler, De Gaulle e Stalin, nessa ordem.) Uma greve portuária em Londres e em Liverpool que começara em meados de setembro e se arrastaria por mais dois meses diminuiu ainda mais o já claudicante comércio de exportação, e colocou um fim abrupto na esperança que a Grã-Bretanha ainda tinha de encerrar o ano com suas contas internacionais equilibradas. No início de novembro de 1967, a libra era cotada a US$2,7822, o seu ponto mais baixo em uma década. E, depois, as coisas se deterioraram rapidamente. Na noite da segunda-feira, dia 13, Wilson aproveitou a ocasião do seu comparecimento anual no banquete do lorde prefeito de Londres — exatamente a mesma plataforma que ele usara para o seu ardente compromisso de defender a libra esterlina na crise de três anos antes — para implorar ao país e ao mundo que desconsiderassem as estatísticas mais recentes de comércio exterior do seu país, pois elas estavam distorcidas por fatores temporários, que seriam divulgados no dia seguinte. Na terça-feira, dia 14, os números do comércio exterior, devidamente divulgados, mostraram um déficit em outubro de mais de £100 milhões — o pior jamais informado. O Gabinete se reuniu na hora do almoço na quinta-feira, dia 16 e, naquela tarde, na Câmara dos Comuns, o chanceler Callaghan, quando lhe pediram que confirmasse ou negasse os rumores de um novo enorme crédito dos bancos centrais que estaria condicionado a medidas de austeridade adicionais causadoras de desemprego, respondeu acaloradamente, com o que mais tarde foi chamado de imprudência: "O governo tomará as decisões apropriadas à luz do nosso entendimento das necessidades da economia britânica, e de mais ninguém. E isso, neste estágio, não inclui o aumento no índice de desemprego."

Unanimemente, os mercados de câmbio concluíram que a decisão de desvalorizar a libra havia sido tomada e que Callaghan, inadvertidamente, deixara escapar o segredo. A sexta-feira, dia 17, foi o dia mais frenético na história dos mercados de câmbio, e o mais sombrio na história de mil anos da libra. Ao manter a libra em US$2,7825 — o preço decidido nessa ocasião como a última salvaguarda — o Banco da Inglaterra gastou uma quantidade de dólares das suas reservas que ele talvez nunca venha a considerar adequado revelar; banqueiros comerciais de Wall Street, que têm motivos para saber, estimaram o valor em torno de US$1 bilhão, o que significaria um escoamento contínuo, de um dia inteiro, de mais de US$2 milhões por minuto. Indubitavelmente, as reservas britânicas caíram abaixo da marca dos US$2 bilhões, e talvez bem abaixo. No final de um sábado, 18 de novembro, a Grã-Bretanha anunciou sua capitulação. Quem me transmitiu a notícia foi Waage, por um telefonema naquela tarde, às 17h30, horário de Nova York. "A libra foi desvalorizada há uma hora para US$2,40, e a taxa de desconto bancário britânica subiu para 8%", disse ele. Sua voz estava um pouco trêmula.

Sábado à noite, tendo em mente que dificilmente alguma coisa exceto uma guerra importante perturba mais a organização financeira mundial do que a desvalorização de uma moeda forte, resolvi dar uma olhada na capital do mundo financeiro, Wall Street. Um vento desagradável empurrava papéis pelas ruas vazias, e estava habitualmente quieto, algo um tanto intimidante, como nas horas fora do horário comercial naquela parte da cidade. Havia algo incomum, contudo: a presença de fileiras de janelas iluminadas nos prédios normalmente escuros — de modo geral, era uma fileira iluminada por prédio. Consegui identificar algumas das fileiras como os departamentos do Exterior dos grandes bancos. As pesadas portas dos bancos estavam trancadas e com grades; os homens dos departamentos do exterior evidentemente tocam a campainha para poder entrar nos fins de semana, ou usam entradas discretas nas laterais ou nos fundos dos prédios. Levantando a gola do meu casaco, segui pela rua Nassau em direção à rua Liberty para dar uma olhada no Federal Reserve. Eu o encontrei iluminado, não em uma única fileira e sim — de alguma forma de uma maneira mais hospitaleira — em um padrão irregular sobre toda a sua fachada Florentina, mas a porta principal também estava solidamente fechada. Enquanto eu contemplava o prédio, uma lufada de vento trouxe uma rajada incongruente de música de órgão — talvez da Trinity Church, situada a alguns quarteirões de distância — e me dei conta de que nos últimos dez ou 15 minutos eu não vira ninguém. A cena me pareceu epitomar uma das duas faces das operações dos bancos centrais — a face fria e hostil, que sugere homens em um sigilo arrogante tomando decisões que afetam o restante de nós mas que não podemos influenciar ou mesmo compreender, e não a face mais agradável de homens de negócios elegantes e cultos que benevolentemente salvam moedas vacilantes enquanto saboreiam trufas e vinho na Basileia. Essa não era a noite desta última face.

Domingo à tarde, Waage deu uma entrevista coletiva à imprensa em uma sala do décimo andar do banco, à qual eu compareci, junto com uma dúzia de outros repórteres, que atuavam habitualmente na área do Federal Reserve. Waage discorreu genericamente sobre a desvalorização, esquivando-se das perguntas às quais não queria responder, às vezes replicando, como o professor que fora um dia, com outras perguntas. Ainda era cedo demais, afirmou, para predizer a extensão do risco de que a desvalorização pudesse conduzir a "outro 1931". Praticamente qualquer prognóstico, declarou ele, seria uma questão de tentar ser mais esperto do que milhões de pessoas e milhares de bancos no mundo inteiro. Os dias que se seguiriam contariam a história. Waage parecia estimulado, e não deprimido; sua atitude demonstrava claramente apreensão, mas também resolução. Ao me retirar, perguntei se ele ficara acordado a noite inteira. "Não, ontem à noite fui assistir a *The Birthday Party*,* e devo dizer que o mundo de Pinter faz mais sentido do que o meu, hoje em dia", respondeu ele.

Os principais aspectos do que aconteceu na quinta e na sexta-feira começaram a emergir ao longo dos dias seguintes. Quase todos os rumores que tinham estado circulando se revelaram mais ou menos verdadeiros. A Grã-Bretanha *de fato* estivera negociando outro crédito imenso para evitar a desvalorização — um crédito cuja ordem de grandeza equivalia à do pacote de US$3 bilhões de 1964, com os Estados Unidos uma vez mais planejando entrar com a parcela maior. Ninguém sabe ao certo se a Grã-Bretanha fizera a desvalorização por escolha ou necessidade. Wilson, ao explicar a medida para o seu povo em um discurso na televisão, disse que "teria sido possível superar com êxito a atual tendência de especulação estrangeira contra a libra por meio de um empréstimo dos bancos centrais e governos de outros países", mas essa ação, desta vez, talvez fosse "irresponsável", porque "os nossos credores no exterior poderiam muito bem insistir em ter garantias a respeito de um ou outro aspecto das nossas políticas nacionais"; ele não mencionou explicitamente que eles teriam feito isso. De qualquer modo, o Gabinete britânico havia decidido, em princípio, fazer a desvalorização — é possível imaginar com

---

*Peça teatral de autoria de Harold Pinter. (*N. da T.*)

que sombria relutância — já no fim de semana anterior, e depois determinou o valor exato da desvalorização em sua reunião de quinta-feira na hora do almoço. Nessa ocasião, o Gabinete também decidira ajudar a garantir a eficácia da desvalorização impondo novas medidas de austeridade à nação, entre elas impostos corporativos mais elevados, redução nos gastos com a defesa e a taxa de desconto bancário mais elevada dos cinquenta anos anteriores. Quanto à demora de dois dias para colocar em vigor a desvalorização, que fora tão onerosa para as reservas britânicas, as autoridades agora explicaram que esse período fora necessário a fim de se realizarem conferências com as outras principais potências monetárias. Essas conferências eram exigidas pelas regras monetárias internacionais antes de uma desvalorização, e, além disso, a Grã-Bretanha precisava urgentemente da promessa dos seus principais concorrentes no comércio internacional de que não planejavam invalidar o efeito da desvalorização britânica com desvalorizações compatíveis em suas moedas. As origens do pânico da venda de libras na sexta-feira também foram, agora, em parte, esclarecidas. De modo nenhum todas as vendas tinham correspondido a uma desumana especulação da parte dos famosos — embora invisíveis e talvez inexistentes — gnomos de Zurique. Pelo contrário, grande parte delas tinha sido uma forma de autoproteção, chamada de *hedging*, da parte de grandes corporações internacionais, muitas delas norte-americanas, que fizeram vendas a descoberto da libra esterlina equivalentes a pagamentos que eles receberiam em libras semanas ou meses depois. A prova disso foi fornecida pelas próprias corporações, algumas das quais rapidamente asseguraram aos seus acionistas que devido à sua presciência elas tinham conseguido não perder nada, ou muito pouco, com a desvalorização. A International Telephone & Telegraph, por exemplo, anunciou no domingo que a desvalorização não afetaria os seus lucros em 1967, porque a "direção da empresa já vinha antevendo havia algum tempo a desvalorização". A International Harvester e a Texas Instruments informaram que tinham se protegido fazendo o correspondente a vendas a descoberto da libra esterlina. A Singer Company disse que talvez tivesse, acidentalmente, lucrado com a transação. Outras empresas norte-americanas informaram que tinham se saído bem, mas se recusaram a fazer maiores comentários, alegando que se revelassem os métodos usados poderiam ser acusadas de ter se aproveitado da Grã-Bretanha em sua situação angustiante. "Digamos apenas que fomos espertos" foi o que disse o porta-voz de uma empresa. E essa declaração, embora carecesse de graça e elegância, talvez tenha sido justa. Na selva dos negócios internacionais, o *hedging* sobre uma moeda estrangeira fraca é considerado como uso legítimo das garras em autodefesa. Vender a descoberto com um propósito especulativo goza de menos respeitabilidade, e é interessante assinalar que as fileiras daqueles que especularam contra a libra esterlina na sexta-feira, e falaram posteriormente a respeito do assunto, incluíam algumas pessoas que estavam muito longe de Zurique. Um grupo de profissionais liberais de Youngstown, Ohio — veteranos investidores no mercado de ações, mas que nunca antes haviam especulado com moedas internacionais —, tinha concluído na sexta-feira que a libra esterlina estava prestes a ser desvalorizada, e vendeu £70 mil a descoberto, obtendo um lucro de quase US$25 mil no fim de semana. É claro que as libras vendidas tinham sido compradas com dólares pelo Banco da Inglaterra, adicionando uma minúscula gota à perda de reservas da Grã-Bretanha. Ao ler a respeito do pequeno golpe no *Wall Street Journal*, para quem o corretor do grupo havia dado a informação, presumivelmente com orgulho, tive a esperança de que os gnomos principiantes de Youngstown tivessem pelo menos compreendido as implicações do que estavam fazendo.

Já chega de falar sobre o domingo e a especulação moral. Na segunda-feira, o mundo financeiro, ou a maior parte dele, voltou ao trabalho, e a desvalorização começou a ser colocada à prova. A prova consistia em duas perguntas. Primeira pergunta: a desvalorização cumpriria o seu propósito para a Grã-Bretanha, ou seja, estimularia suficientemente as exportações e reduziria as importações a ponto de curar o déficit internacional e pôr um fim à especulação contra a libra? Segunda pergunta: seria ela, como em 1931, acompanhada por uma sucessão de desvalorizações competitivas de outras moedas, conduzindo, em última análise, a uma desvalorização do dólar em relação ao ouro, ao caos monetário internacional e, talvez, a uma depressão mundial? Fiquei observando enquanto as respostas começavam a tomar forma.

Na segunda-feira, os bancos e as centrais de corretagem de Londres permaneceram fechados, por ordem do governo, e quase todos os negociadores de outros países evitaram se posicionar com relação à libra esterlina devido à ausência do Banco da Inglaterra no mercado, de modo que a resposta à pergunta sobre a força ou a fraqueza da libra em sua nova avaliação foi adiada; nas ruas Threadneedle e Throgmorton, multidões de corretores, intermediários e funcionários dos estabelecimentos andavam de um lado para o outro e falavam animadamente — mas ninguém fez negociações —, em uma cidade na qual a bandeira britânica estava hasteada em todos os mastros porque, por acaso, era o dia do aniversário de casamento da rainha. O mercado de Nova York abriu acentuadamente mais baixo, e depois se recuperou. (Não havia, na verdade, uma explicação racional para a queda inicial; os homens que trabalhavam com o mercado de valores imobiliários ressaltaram que a desvalorização apenas soa depressiva, de um modo geral.) Ao anoitecer da segunda-feira, fora anunciado que 11 outras moedas — as da Espanha, Dinamarca, Israel, Hong Kong, Malta, Guiana, Malavi, Jamaica, Fiji, Bermudas e Irlanda — também estavam sendo desvalorizadas. Isso não era tão ruim, porque o efeito perturbador da desvalorização de uma moeda é proporcionalmente direto à importância dessa moeda no comércio internacional, e nenhuma dessas moedas tinha grande importância. A mais agourenta era a Dinamarca, porque este país poderia ser facilmente seguido pelos seus aliados econômicos próximos, Noruega, Suécia e Holanda, e isso *seria* bastante grave. O Egito, que perdera instantaneamente US$38 milhões em libras que tinha em suas reservas no momento da desvalorização, se manteve firme, bem como o Kuwait, que perdeu US$18 milhões.

Na terça-feira, os mercados estavam a todo vapor em toda parte. O Banco da Inglaterra, de volta às atividades, estabeleceu os novos limites de negociação da libra em um mínimo de US$2,38 e um teto de US$2,42, e a libra acabou sendo imediatamente negociada no valor máximo, como uma bola de gás que tivesse escapado da mão de uma criança, lá permanecendo o dia inteiro; na realidade, por razões obscuras inaplicáveis a bolas de gás, ela passou grande parte do dia levemente acima do teto. Agora, em vez de pagar dólares por libras, o Banco da Inglaterra estava fornecendo libras em troca de dólares, começando o processo de recuperação das suas reservas. Telefonei para Waage para conversar sobre o que eu imaginei que fosse motivo para ele estar comemorando, mas o encontrei recebendo tudo com calma. A força da libra, disse ele, era "técnica" — ou seja, era causada pelo fato de os vendedores a descoberto da semana anterior estarem agora comprando libras para embolsar os seus lucros —, e o primeiro teste objetivo da nova libra não ocorreria antes da sexta-feira. Mais sete pequenos governos anunciaram desvalorizações durante o dia. Na Malásia, que havia desvalorizado a sua velha libra respaldada pela libra esterlina mas não o seu novo dólar, baseado no ouro, e que continuava a manter as duas moedas em circulação, a injustiça da situação causou tumultos, que deixaram ao longo das duas semanas seguintes mais de 27 pessoas mortas — as primeiras baixas da desvalorização. Sem considerar esse doloroso lembrete de que as peças no perigoso jogo das finanças internacionais são o meio de vida de pessoas, e até mesmo a vida delas, até aqui tudo bem.

Mas na quarta-feira, dia 22, houve um presságio menos localizado de problemas. O ataque especulativo que durante tanto tempo golpeara e finalmente esmagara a libra, agora se voltara, como todos temiam que pudesse acontecer, contra o dólar. Como uma nação que se comprometeu a vender qualquer quantidade de ouro para o banco central de qualquer outra nação pelo preço fixo de US$35 por onça, os Estados Unidos são o fecho de abóbada do arco monetário do mundo, e o ouro contido em seu Tesouro — que naquela quarta-feira correspondia a um pouco menos de US$13 bilhões — é o alicerce. O presidente do Conselho do Federal Reserve, Martin, havia declarado repetidamente que os Estados Unidos continuariam a vendê-lo, sempre que solicitado, em quaisquer condições, se necessário até a última barra. Apesar dessa promessa, e embora o presidente Johnson a tivesse reiterado logo depois da desvalorização da Grã-Bretanha, os especuladores começaram agora a comprar ouro com dólares em enormes quantidades, expressando o mesmo tipo de ceticismo diante das afirmações oficiais demonstrado pelos habitantes de Nova York, que começaram a acumular fichas do metrô. De repente, o ouro passou a ser atipicamente procurado em Paris, Zurique e outros centros financeiros, e mais particularmente em Londres, o principal mercado do metal no mundo, e as pessoas imediatamente começaram a falar na Corrida do Ouro de Londres. As ordens de compra de ouro do dia, que alguns especialistas estimaram ser superiores a US$50 milhões, pareciam vir de toda parte — exceto, presumivelmente, dos cidadãos norte-americanos e britânicos, que são proibidos, por lei, de comprar ou possuir ouro monetário. E quem venderia o metal para essas multidões invisíveis que repentinamente tinham readquirido a avidez milenar pelo ouro? Não o Tesouro dos Estados Unidos, o qual, por intermédio do Federal Reserve, só vendia ouro para os bancos centrais, que não prometiam, de modo nenhum, vender o metal. Para preencher esse vácuo, outro grupo cooperativo internacional, o *pool* do ouro de Londres, tinha sido criado em 1961. Abastecido por seus membros — Estados Unidos, Grã-Bretanha, Itália, Holanda, Suíça, Alemanha Ocidental, Bélgica e, originalmente, França — com lingotes de ouro em quantidades que poderiam ofuscar um Creso (59% do total vindo dos Estados Unidos), a finalidade do *pool* era acalmar pânicos monetários fornecendo ouro a compradores não governamentais em qualquer quantidade solicitada, por um preço efetivamente idêntico ao do Federal Reserve e, desse modo, proteger a estabilidade do dólar e do sistema.

E foi isso que o *pool* fez na quarta-feira. Na quinta, contudo, as coisas pioraram muito, com o frenesi de compra de ouro tanto em Paris quanto em Londres quebrando até mesmo os recordes estabelecidos durante a crise dos mísseis de Cuba em 1962, e muitas pessoas, entre elas autoridades britânicas e norte-americanas, ficaram convencidas de algo de que haviam suspeitado desde o início — que a corrida do ouro fazia parte de um plano do general De Gaulle e da França para humilhar, primeiro, a libra e, agora, o dólar. É preciso admitir que as evidências eram todas circunstanciais, mas persuasivas. De Gaulle e os seus ministros, havia muito tempo, tinham confessado publicamente que desejavam relegar a libra e o dólar a papéis internacionais bem menores do que os vigentes. Uma compra de ouro, cuja quantidade era suspeita até mesmo para Londres, foi rastreada até a França. Segunda-feira à noite, 36 horas antes do início da corrida do ouro, o governo francês deixara escapar, por meio de um vazamento na imprensa, que pretendia fazer um saque no *pool* do ouro (de qualquer modo, de acordo com informações subsequentes, a França não tinha feito nenhuma contribuição para o *pool* desde junho), e o governo francês foi igualmente acusado de ter ajudado a espalhar falsos rumores de que a Bélgica e a Itália também estavam prestes a fazer saques. E agora estava vindo à tona, pouco a pouco, que nos dias que antecederam a desvalorização, a França fora, de longe, a nação que mais relutara em participar de outro pacote de crédito para resgatar a libra esterlina, e que, ainda por cima, foi somente no último minuto que a França fizera a promessa de que não desvalorizaria a sua moeda caso a Grã-Bretanha viesse a desvalorizar a sua. No todo, havia bons motivos para supor que De Gaulle e companhia tinham desempenhado um papel pernicioso, e, quer isso fosse verdade, quer não, não pude deixar de sentir que as acusações contra eles estavam apimentando bastante a crise da desvalorização — e essa pimenta se tornaria mais picante alguns meses depois, quando o franco passaria por terríveis dificuldades, e os Estados Unidos seriam obrigados pelas circunstâncias a socorrê-lo.

Na sexta-feira, em Londres, a libra passou o dia inteiro bem encostada no seu teto, tendo grande sucesso na sua primeira prova realmente importante pós-desvalorização. Somente alguns pequenos governos tinham anunciado desvalorizações depois da segunda-feira, e agora estava evidente que a Noruega, a Suécia e a Holanda permaneceriam firmes. No entanto, no terreno do dólar, as coisas pareciam piores do que nunca. As compras de ouro em Londres e Paris tinham excedido, de longe, as da véspera, e as estimativas eram que a venda do ouro em todos os mercados nos três dias anteriores totalizava um valor não muito inferior a US$1 bilhão; houve quase um pandemônio em Joanesburgo quando especuladores brigaram entre si para pôr as mãos em ações de mineradoras de ouro; e por toda a Europa as pessoas estavam trocando dólares não apenas por ouro mas também por outras moedas. Embora o dólar dificilmente estivesse na posição que a libra ocupara uma semana antes, havia pelo menos incômodos paralelos. Subsequentemente, foi informado que, nos primeiros dias depois da desvalorização, o Federal Reserve, tão acostumado a oferecer apoio a outras moedas, fora obrigado a *tomar* emprestadas várias moedas estrangeiras, no valor total de quase US$2 bilhões, a fim de defender a sua.

No final da sexta-feira, depois de comparecer a uma conferência na qual Waage estava com um ânimo jocoso e nervoso, o que também me fez ficar nervoso, deixei o Federal Reserve acreditando, em parte, que a desvalorização do dólar seria anunciada no fim de semana. Nada desse tipo aconteceu; pelo contrário, o pior havia passado temporariamente. No domingo, foi anunciado que representantes dos bancos centrais dos países do *pool* do ouro, Hayes e Coombs entre eles, haviam se reunido em Frankfurt e concordado formalmente em continuar a manter o dólar na sua taxa de câmbio atual com relação ao ouro por meio da combinação dos seus recursos financeiros. Isso pareceu remover qualquer dúvida de que o dólar era respaldado não apenas pela reserva de ouro de US$13 bilhões dos Estados Unidos mas também pelos US$14 bilhões adicionais em ouro dos cofres da Bélgica, Grã-Bretanha, Itália, Holanda, Suíça e Alemanha Ocidental. Os especuladores ficaram aparentemente impressionados. Na segunda-feira, a compra de ouro foi muito menor em Londres e em Zurique, continuando, porém, em um ritmo sem precedentes em Paris — e isso apesar de uma mordaz entrevista à imprensa dada pelo próprio De Gaulle naquele dia, que, ao lado de confusas opiniões sobre vários outros assuntos, aventurou-se a externar o ponto de vista de que a tendência dos eventos seguia na direção do declínio da importância internacional do dólar. Na terçafeira, as vendas de ouro caíram acentuadamente em todos os lugares, até mesmo em Paris. "Hoje foi um bom dia", disse-me Waage por telefone naquela tarde. "Esperamos que amanhã seja ainda melhor." Na quarta-feira, os mercados de ouro estavam de volta ao normal, mas, em decorrência dos acontecimentos da semana, o Tesouro perdera cerca de 450 toneladas de ouro — equivalentes a quase US$500 milhões — ao cumprir as suas obrigações com o *pool* do ouro e atender às solicitações dos bancos centrais estrangeiros.

Dez dias depois da desvalorização, tudo estava quieto. Mas tratava-se apenas de uma calmaria em meio a sucessivas ondas de choque. Entre os dias 8 e 18, teve lugar um novo período de frenética especulação contra o dólar, retirando, aproximadamente, mais 400 toneladas de ouro do *pool*; esta onda, como a anterior, acabou sendo acalmada por reiterações dos Estados Unidos e dos seus parceiros no *pool* do ouro da sua determinação de manter o *status quo*. No final do ano, o Tesouro tinha perdido quase US$1 bilhão em ouro desde a desvalorização da Grã-Bretanha, o que fez com que o seu estoque de ouro ficasse abaixo da marca de

US$12 bilhões pela primeira vez desde 1937. O programa do balanço de pagamentos do presidente Johnson, anunciado em 1º de janeiro de 1968 e baseado principalmente em restrições aos empréstimos dos bancos norte-americanos e aos investimentos industriais no exterior, ajudou a reprimir a especulação durante dois meses. Mas a corrida do ouro não seria subjugada de maneira tão simples. Apesar de todas as promessas, havia poderosas forças econômicas e psicológicas por trás dela. Em um sentido mais amplo, era uma expressão da antiga tendência de desconfiar de todos os papéis-moeda nos momentos de crise, porém, mais especificamente, era a consequência havia muito tempo temida da desvalorização da libra esterlina, e — talvez ainda mais especificamente — era um voto de desconfiança na determinação dos Estados Unidos de manter os seus assuntos econômicos em ordem, particularmente um nível de consumo civil além dos sonhos da ganância em uma época na qual cada vez mais bilhões estavam sendo enviados ao exterior para apoiar uma guerra cujo término não estava à vista. O dinheiro no qual o mundo deveria depositar a sua confiança parecia, para os especuladores de ouro, aquele do mais descuidado e leviano esbanjador.

Quando voltaram ao ataque, no dia 29 de fevereiro — escolhendo esse dia por nenhum motivo específico, a não ser o fato de um senador dos Estados Unidos, Jacob Javits, ter acabado de comentar, com mortífera seriedade ou imprudência casual, que ele achava que o seu país poderia muito bem suspender temporariamente todos os pagamentos em ouro aos países estrangeiros —, foi com tamanha ferocidade que a situação rapidamente ficou fora de controle. No dia 1º de março, o *pool* do ouro vendeu, segundo estimativas, entre 40 e 50 toneladas em Londres (quando, em um dia normal, ele costumava vender de 3 a 4 toneladas); nos dias

5 e 6 de março, foram 40 toneladas por dia; no dia 8, mais de 75 toneladas; e no dia 13 de março, um total que não pôde ser estimado com precisão mas que foi bem superior a 100 toneladas. Nesse ínterim, a libra, que não poderia de jeito nenhum escapar de outra desvalorização se o dólar fosse desvalorizado com relação ao ouro, desceu pela primeira vez abaixo do seu valor nominal de US$2,40. Outra reiteração das promessas agora familiares, desta vez do clube de dirigentes dos bancos centrais na Basileia, no dia 10 de março, que pareceu não surtir nenhum efeito. O mercado estava no clássico estado de caos, desconfiado de todas as afirmações públicas e à mercê de todos os rumores passageiros. Um importante banqueiro suíço chamou sombriamente a situação de "a mais perigosa desde 1931". Um dos membros do clube da Basileia, amenizando o desespero com caridade, disse que os especuladores do ouro aparentemente não se davam conta de que as suas ações estavam colocando em perigo o dinheiro do mundo. O *New York Times* declarou, em um editorial, que "está bastante claro que o sistema internacional de pagamentos (...) está se desgastando".

Na quinta-feira, 14 de março, o pânico foi adicionado ao caos. Os negociadores de ouro em Londres, ao descrever as ações do dia, usaram as palavras nada britânicas "estouro", "catástrofe" e "pesadelo". O volume exato de ouro vendido naquele dia não foi divulgado, como de costume — de qualquer modo, provavelmente não poderia ter sido contado com precisão —, mas todos concordaram que havia um recorde absoluto; a maioria das estimativas colocou o total em torno de 200 toneladas, ou o equivalente a US$220 milhões, enquanto o *Wall Street Journal* duplicou esse total. Se a primeira estimativa estava certa, durante o dia de negociações o Tesouro dos Estados Unidos havia pago, apenas por intermédio da sua parcela do *pool* do ouro, US$1 milhão a cada três minutos e 42 segundos; se o número do *Wall Street Journal* estava certo (como um subsequente pronunciamento do Tesouro fez parecer que sim), ele havia pago US$1 milhão a cada *um* minuto e 51 segundos. Claramente, as coisas não poderiam continuar dessa maneira. Assim como a Grã-Bretanha em 1964, nesse ritmo, os Estados Unidos teriam uma despensa vazia em questão de dias. Naquela tarde, o Sistema do Federal Reserve aumentou sua taxa de desconto bancário de 4,5% para 5% — uma medida defensiva tão tímida e inadequada que um banqueiro de Nova York a comparou a um tiro de espingarda de ar comprimido, e o Federal Reserve de Nova York, como o braço de câmbio internacional do Sistema, foi levado a protestar, recusando-se a concordar com o aumento simbólico. Mais tarde naquele dia, em Nova York, e quando já era quase meia-noite em Londres, os Estados Unidos pediram que a Grã-Bretanha mantivesse o mercado de ouro fechado no dia seguinte, sexta-feira, para evitar uma catástrofe ainda maior e abrir caminho para o fim de semana, quando consultas internacionais frente a frente poderiam ser realizadas. O perplexo povo norte-americano, em grande medida alheio à existência do *pool* do ouro, provavelmente sentiu a feição geral das coisas quando tomou conhecimento, na sexta-feira de manhã, que a rainha Elizabeth II tinha se reunido com os seus ministros para discutir a crise entre meia-noite e 1 hora da manhã.

Na sexta-feira, um dia de nervosa espera, os mercados de Londres ficaram fechados, bem como as mesas de operações de câmbio internacional em quase toda parte, mas o ouro subiu rapidamente para um preço elevado no mercado de Paris — uma espécie de mercado negro, do ponto de vista norte-americano — e em Nova York, a libra esterlina, sem o apoio do firmemente travado Banco da Inglaterra, logo caiu abaixo do seu preço mínimo inferior de US$2,38. Ao longo do fim de semana, os dirigentes dos bancos centrais das nações do *pool* do ouro (Estados Unidos, Grã-Bretanha, Alemanha Ocidental, Suíça, Itália, Holanda e Bélgica, com a França ainda ostensivamente ausente e, na verdade, não tendo sido convidada dessa vez) se reuniram em Washington, com Coombs representando o Federal Reserve junto com o presidente do Conselho Administrativo, Martin. Depois de dois dias de discussões rigidamente sigilosas, enquanto o mundo monetário aguardava com a respiração contida, eles anunciaram as suas decisões no final da tarde de domingo. O preço monetário oficial de US$35 por onça do ouro seria mantido para ser usado em todas as transações entre os bancos centrais; o *pool* do ouro seria dispersado e os bancos centrais não forneceriam mais ouro para o mercado de Londres, onde o ouro negociado a portas fechadas teria permissão para encontrar o seu próprio preço; sanções seriam aplicadas contra qualquer banco central que tentasse lucrar com o preço diferencial entre o preço dos bancos centrais e o preço do livre mercado; e o mercado de ouro de Londres permaneceria fechado durante algumas semanas, até que a poeira baixasse. Durante os primeiros dias de negociações no novo sistema, a libra se recuperou fortemente, e o preço do ouro no livre mercado se acomodou entre US$2 e US$5 acima do preço dos bancos centrais — um diferencial consideravelmente menor do que muitos haviam esperado.

A crise tinha passado, ou *aquela* crise tinha. O dólar escapara da desvalorização e o mecanismo monetário internacional estava intacto. Tampouco a solução tinha sido particularmente radical; afinal de contas, o ouro tivera dois preços em 1960, antes de o *pool* do ouro ter sido criado. Mas a saída foi uma solução temporária, tapa-buraco, e a cortina do palco não tinha se fechado. Como o fantasma de Hamlet, a libra, que iniciara a ação, estava agora nos bastidores. Os principais atores no palco, à medida que o verão se aproximava, eram o Federal Reserve e o Tesouro dos Estados Unidos, que estavam fazendo o que podiam, de maneira técnica, para manter o equilíbrio; o Congresso, complacente com a prosperidade, envolvido com as eleições que se aproximavam, e, portanto, resistente a taxas mais elevadas e outras medidas restritivas desagradáveis (na própria tarde do pânico em Londres, o Comitê Financeiro do Senado havia rejeitado uma sobretaxa no imposto de renda); e, finalmente, o presidente, preconizando "um programa de austeridade nacional" para defender o dólar, mas ao mesmo tempo levando adiante a Guerra do Vietnã com despesas cada vez mais elevadas, que se tornara tão ameaçadora para a saúde monetária norte-americana quanto, na opinião de muitos, o era para a alma do país. Em última análise, ao que parecia, os Estados Unidos tinham apenas três rumos econômicos possíveis: acabar de alguma maneira com a Guerra do Vietnã, a raiz do problema dos pagamentos e, portanto, a essência da questão; adotar uma plena economia de guerra, com impostos elevadíssimos, controle de preços e salários e, talvez, o racionamento; ou enfrentar a desvalorização forçada do dólar e talvez uma desordem monetária mundial que causaria a crise.

Olhando além da Guerra do Vietnã e de suas enormes implicações monetárias mundiais, os dirigentes dos bancos centrais perseveraram. Duas semanas depois da solução tapa-buraco da crise do dólar, os dirigentes dos dez mais poderosos países industriais se encontraram em Estocolmo e concordaram, com oposição apenas da França, com a criação gradual de uma nova unidade internacional que complementaria o ouro como a base subjacente de todas as moedas. Ela consistirá (se a resolução for seguida pela ação) de direitos especiais de retirada do Fundo Monetário Internacional, disponíveis para as nações em proporção às suas reservas existentes. No jargão dos banqueiros, os direitos serão chamados S.D.R.*; no jargão popular, eles foram imediatamente chamados de ouro de papel. O sucesso do plano em alcançar os seus objetivos — evitar a desvalorização do dólar, superar o desabastecimento mundial de ouro monetário e, assim, adiar indefinidamente a desordem ameaçada — dependerá de homens e nações conseguirem finalmente, de alguma maneira, em um triunfo da razão, alcançar o que deixaram de alcançar em quase quatro séculos da existência do papel-moeda: em outras palavras, superar uma das mais antigas e menos racionais das características humanas, a cobiça da aparência e da sensação do ouro propriamente dito, e passar a realmente atribuir um valor igual a uma promessa escrita em um pedaço de papel. A resposta a essa pergunta virá no último ato, e a perspectiva de um final feliz não é radiante.

No início do último ato — depois da desvalorização da libra mas antes do pânico do ouro — fui até a rua Liberty falar com Coombs e Hayes. Encontrei Coombs parecendo extremamente cansado porém não desanimado a respeito dos três anos que ele passara, em grande medida, trabalhando em uma causa perdida. "Não considero que a luta pela libra tenha sido completamente em vão", disse ele. "Nós ganhamos aqueles três anos, e durante esse período a Grã-Bretanha implantou várias medidas internas para se fortalecer. Se eles tivessem sido obrigados a fazer uma desvalorização em 1964, era bem possível que a inflação de preços e salários teria consumido qualquer benefício e os

---

*Iniciais do nome em inglês, *Special Drawing Rights*. (N. da T.)

colocado de volta à situação inicial. Além disso, ao longo desses três anos ocorreram ganhos adicionais da cooperação monetária internacional. Só Deus sabe o que teria acontecido a todo o sistema com uma desvalorização em 1964. Sem aquele esforço internacional de três anos — aquela ação de retaguarda — a libra esterlina poderia ter tido um colapso muito pior com repercussões bem mais prejudiciais do que as vistas até mesmo agora. Lembre-se de que, afinal de contas, o nosso esforço e o dos outros bancos centrais não era sustentar a libra em benefício da própria libra. Era sustentá-la visando a preservação do sistema. E o sistema sobreviveu."

Para o observador externo, Hayes estava com a mesma aparência da última vez que eu o vira um ano e meio antes — tão plácido e sereno como se tivesse passado todo aquele tempo lendo a respeito de Corfu. Perguntei se ele ainda punha em prática o seu princípio de manter o horário dos banqueiros, e ele respondeu, sorrindo muito de leve, que havia muito tempo o princípio tinha dado preferência à conveniência — que, do ponto de vista do consumo de tempo, a crise da libra esterlina de 1967 fizera a crise de 1964 parecer brincadeira de criança, e que a crise subsequente do dólar estava se revelando idêntica. Outra vantagem de toda a questão de três anos e meio, disse ele, foi que o seu melodrama frequentemente excruciante havia contribuído um pouco para o interesse da Sra. Hayes nas operações bancárias, e até um pouquinho, mas não tanto, para a posição dos negócios na escala de valores do seu filho Tom.

Quando Hayes falou sobre a desvalorização, contudo, pude perceber que sua placidez era uma máscara. "Ah, sem dúvida, fiquei desapontado", declarou ele com a voz baixa. "Afinal de contas, demos um duro danado para evitá-la.

E quase conseguimos. Na minha opinião, a Grã-Bretanha poderia ter obtido uma ajuda suficiente do exterior para sustentar a taxa. Ela poderia ter feito isso sem a França. A Grã-Bretanha optou pela desvalorização. Creio que existe uma boa chance de que ela venha a ser um sucesso. E o benefício para a cooperação internacional é indiscutível. Charlie Coombs e eu pudemos sentir isso em Frankfurt em novembro, na reunião do *pool* do ouro — a sensação de todos os presentes é de que agora é a hora de ficarmos firmemente unidos. Mas ainda assim (...)." Hayes fez uma pausa, e quando voltou a falar sua voz estava tomada por uma força tão silenciosa que eu vi a desvalorização pelos seus olhos — não apenas como um revés profissional mas como um ideal perdido e um ídolo tombado. Ele disse o seguinte: "Naquele dia em novembro, aqui no banco, quando um mensageiro me trouxe o documento britânico ultrassecreto que nos informava a decisão de desvalorizar a libra, eu me senti fisicamente mal. A libra esterlina nunca mais seria a mesma. Ela nunca mais despertaria a mesma confiança ao redor do mundo."

Índice remissivo

A. B. Dick Company, 213
abordagem linha-dura, 394
acionistas, profissionais, 398-405
acionistas profissionais, 398-405
ações
  compra pelos trustes de, 197
  oferta flutuante de, 324
  opções de compra de, 184
Acordo de Bretton Woods, 451, 454, 463-464, 479
acordos de swap, 464, 472, 481
Adrian H. Muller & Son, 348
Ahvaz, Iran, 387, 388
Alasca, 387
Alemanha. *Ver também* Alemanha Ocidental
  crise bancária na, 476-477
  imposto de valor agregado na, 170
  padrão-ouro na, 475
  valorização da moeda na, 454
Alemanha Ocidental
  bancos centrais na, 508-509
  pool do ouro de Londres, 535, 542

alíquotas de impostos, 121-122, 130, 147, 151
Allied Crude Vegetable Oil & Refining Co., 258-62, 264-5
Allis-Chalmers Mfg. Co., 311
Amalgamated Clothing Workers of America, 249
American Bar Association,
  simpósio da, 440
  seção de tributação da, 167
American Broadcasting Company, 227
American Education Publications, 229, 240
American Law Institute, 428
American Photocopy Co., 216
American Potash & Chemical Corp., 440
American Public Finance (Schultz & Harriss), 119
American Scholar, 236, 239
American Society of Corporate Secretaries, 395
American Telephone and Telegraph (AT&T)
  contribuições da, 225

negociações e a, 10, 12, 19-23, 25
reunião de acionistas da, 396, 397-404
análise de valores mobiliários, sistema de antiperistase de, 42
anomalias, 179
Anti-Intellectualism in American Life (Hofstadter), 161
Aquin, Irmã, 30
Architecture, 444
Arkin, Frances, 401, 404
Arnold, Fortas & Porter, 141
arquivo de identidade nacional, 136
Arrow Stores, 345
Arthur Young & Co., 413
Asbrink, Per, 504
Astor, John Jacob, 176
Aswan Dam, 386
AT & T., *ver* American Telephone & Telegraph
Atlantic Monthly, 26
atletas profissionais, 162
atletas profissionais, e impostos, 162
atrasos na fita, na Bolsa de Valores de Nova York, 18-21
Attapulgus Clay Company, 365
Attapulgus Minerals & Chemicals Corp., 363, 365
Auchincloss, Louis, 122
Austrália, imposto de renda na, 125

Áustria
Banco da, 476
bancos centrais na, 511, 512
falência bancária na, 476
imposto de renda na, 125
Authors League of America, 162, 238
automatização do processo de checagem dos impostos, 136
automóvel Edsel, 46-116
ascensão e florescimento, 46-88
colisões e problemas com o, 84-85, 94-95
concessionárias para o, 71-78, 84-87, 97, 99
declínio e queda do, 88-116
design do, 46-49, 51-56, 88-89, 98
dispositivos e acessórios, 89-90
Dia do Lançamento do, 72, 74-76
imprensa e o, 81-86, 90, 106-107
modelo em escala do, 86-87, 99
modelos, 81-82, 87, 90-91, 103
montadoras, 74-75
motoristas de testes e, 83-84
New York Times sobre o, 78, 91
nome para o, 49, 57, 64-69, 107-108, 115
número produzido e vendido, 105
preços do, 46, 87

propaganda e publicidade
para o, 67, 76, 78-79, 87, 94-95, 98, 101
roubo do, 87-88
Automóvel Mercury, 52, 61, 79, 95, 106
automóveis. *Ver também* carros; automóvel Edsel
Chevrolet, 58, 60, 94, 96
estilização dos, 52-56, 115-116
Mercury, 52, 60, 79, 96, 106
Automotive News, 79, 94, 102

Bagehot, Walter, 447, 475, 485
Bailey, Herbert S., Jr., 238
balanço de pagamentos
Grã-Bretanha, 449, 519, 522
Estados Unidos, 480, 538
balcão de registro das listas de casamento, 233
Baldwin-Lima-Hamilton, 319
Beacon Journal de Akron, 429, 433
"The American Way in Taxation" (Doris, ed.), 139
Banco da Áustria, 476
Banco da Bélgica, 465, 509
Banco da Inglaterra, 280. *Ver também* libra esterlina
balanço patrimonial do, 507
linha de crédito para o, 504, 507, 517
acordo com o Federal Reserve de Nova York, 458
taxa de juros básica, 458, 469

papel do, 445, 447, 451-452, 457-459
Banco da França, 446, 465, 468, 497, 504, 505
Banco da Itália, 465, 497, 504
Banco da Holanda, 508-509
Banco de Compensações Internacionais, 461, 465, 468, 509, 511, 513
Banco do Canadá, 458, 489, 496
Banco do Japão, 489, 496, 497
Banco Mundial, 362, 384, 463
Banco Nacional Suíço, 485, 504
bancos centrais, 445-446, 458, 463-466, 504, 507, 511-512, 519
Bancos centrais do Continente, 507, 511
Baring, George R. *Ver* Cromer, terceiro conde de
Baring, Sir Evelyn, 481
Baring Brothers (Londres), 503
Barragem de Fontana, 370
Barragem Dez, 386-387, 390
Barrett, Emerson P., 426
Barron's, 228
Basileia, Suíça, 462, 465, 467-470
Basic Systems, 229
Basílica de são Marcos, 119
Battelle Memorial Institute, 221-225, 246
Batalha de Agincourt, 492
Batalha da Grã-Bretanha, 474
Bazelon, David T., 119
Becker, Horace W., 246-247

Bélgica
  Banco da, 465, 509
  bancos centrais na, 511, 513
  imposto de renda na, 125, 134
  padrão-ouro na, 475
  pool de ouro em Londres e a, 535, 541
Bell Telephone Co., 382
"Bell Telephone Hour", 404
benefícios de assistência social, na Grã-Bretanha, 459, 523
Berle, A. A., 393, 405
Bermudas, desvalorização da moeda em, 532
B. F. Goodrich Co., 420-427, 429-441
Biblioteca Pública de Nova York, 235
bibliotecas, atividades de fotocópia das, 234-238
Bicks, Robert A., 289, 290
Bishop, Robert M., 256-257, 261-262, 266, 270, 276
Black, Eugene R., 362
Blessing, Karl, 504, 508
Blume, Neil L., 83
Bolsa de Mercadorias de Nova York, 258, 262
Bolsa de Valores de Amsterdã, 14, 16
Bolsa de Valores de Londres, 470
Bolsa de Valores de Nova York, 14-44, 128
  atrasos da fita na, 19-22
  chamadas de margem, 24, 43
  Departamento de Conduta e Reclamações, 273
  especialistas em pregão, 33
  Ira Haupt & Co. e a, 256-285
  Luncheon Club, 195
  Quinta-Feira Negra, 36, 37
  requisitos de reserva de capital da, 256, 259
  suspensão das negociações, 229, 242, 335-336, 342
bolsas de valores. *Ver também* Bolsa de Valores de Nova York
  Amsterdã, 13, 16
  Bolsa de Valores de Londres, 470
  função das, 175, 205
bolsas, dos países europeus, 28, 473, 486
Bonsal, Dudley J., 178, 195, 200, 203-204, 208, 210-211
Bowers Stores, 345
Bradford, E. W., 340
Brand, Martha, 413
Brandeis, Louis, 370
brechas, imposto, 129, 144, 149-151, 153, 154, 172-173
Breech, Ernest R., 49, 52, 56, 68, 85, 87
Bridge, Roy A. O., 456
Bromberger, Allen, 378
Bromberger, Daniel, 378
Bromberger, Nancy, 378

JOHN BROOKS | 551

Bromberger, Sylvain, 378
Brown, George, 459, 472, 482
Brown, Roy A., 52-56, 70, 84, 89, 94, 99, 106-107, 115-116
Brunet, Jacques, 504
Brusati, Louis A., 408-409
Bruxelas, bolsa de valores em, 28
Buckingham, Doolittle & Burroughs, 432
Bulls, 322
Bundesbank, Deutsche, 484, 497-498, 504, 507, 512
Burch, John C., 350-351
Burens, George E., 304, 311-313
Burke, Clarence E., 311, 312
Business Week, 47, 86, 396

Callaghan, James, 459, 472, 482, 485, 525-527
Câmara de Comércio (Chicago), 258
Campbell, Alexander, 301
Campbell Soup, 24
Canadá. *Ver também* Texas Gulf Sulphur Co.
  Banco do, 458, 490, 495
  bancos centrais no, 511, 513
  imposto de renda no, 134
  The Northern Miner, 189, 191, 192, 193, 206
Canadian Broadcasting Corporation, 40
Canadian Institute of Mining and Metallurgy, 191

canal de Suez, fechamento do, 523
Canterbury, arcebispo de, 471
Caplin, Mortimer M., 134, 136-145
Carli, Guido, 504
Carlson, Chester F., 220-224, 243-246
Carrier Corporation, 362
carro experimental. *Ver* E-Car
carros
  E-Car, 52-60, 62-65, 66-70, 76, 115
  europeus, 88, 114
carros europeus, 88, 114
Cary, William L., 284
casamento
  balcão de registro das listas de, 233
  impostos e o, 157, 172
casas da moeda, 448
Cascade Pictures, 75
Case, Josephine Young, 414
Castro, Fidel, 410
Caxemira, 362
Ceilão, taxa de dispêndio no, 171
cemitério de títulos, 348
certeiramente, sonda, 181, 186
chamadas
  de margem, 24, 44
  em estoque, 184
chamadas de margem, Bolsa de Valores de Nova York, 24, 44
Champion, George, 270

Chandler, Raymond, 305
Charyk, Joseph V., 417
Chase Manhattan Bank, 270, 277-280, 405, 444, 502
checagem de impostos, automatização da, 136
Chenoweth, Richard A., 433
Chevrolet, 58, 60, 94, 96
Chile, 42, 387
Chrysler Corporation, 49, 52, 218
Churchill, Winston, 471, 476
Clapp, Gordon R., 355, 384
Clark, Harold E., 244-245
Clayton, Richard H., 180, 183, 185, 194, 200-204, 211-212
Cleveland, Grover, 127
Coates, Francis G., 193, 196-197, 200, 205-206, 209-212
cobre, 41-42, 179, 184, 190-191, 192-193, 200
Cohan, George M., 156
Cohen, Sheldon S., 137, 141-143, 145
coleções de arte, 162-163
Collier's, 362
Colômbia, 356, 379, 387
Comissão de Energia Atômica, 75, 355
Comissão Federal de Comunicações, 400-401
Comitê de Planejamento de Novos Produtos, Ford Motor Company, 50-52, 56
Comitê do Mercado Aberto, 489, 490

Comitê Econômico Conjunto do Congresso, 150
Comitê Financeiro da Liga das Nações, 462-463
Comitê Financeiro do Senado, 172, 543
Comitê Judiciário da Câmara, 239, 240
Comitê Permanente da Câmara de Representantes, 143, 173
Commerce Clearing House, Inc., 160
Commercial Appeal de Memphis, 339, 345-346
Communications Satellite Corp. (Comsat), 395, 415-418
comunicação
 graus de, 297, 304
 problema de, 286-320
computadores
 7074, 31
 automatização do processo de checagem dos impostos e os, 137
Comsat. *Ver* Communications Satellite Corp.
concessionárias, 71-78, 84-87, 97, 99
Cone, Fairfax M., 70
confiança, perda da, 454, 456-457
conformidade voluntária na tributação, 139-143
Confusion of Confusions (De la Vega), 14

conquista normanda, 474
Conselho do Federal Reserve, 445-446, 464
Consolidated Edison, 395
Constituição, Estados Unidos, emendas à, 128, 140
consultoria tributária, 160, 165-166
Consumer Reports, 92, 104
Consumers Union, 92, 95
"Contas de Despesas de 1963" (Commerce Clearing House, Inc.), 160
Continental Illinois National Bank & Trust Co., 273-276
contratos futuros
  de commodities, 257-260
  de óleo vegetal, 257-260, 261-262
contratos futuros de óleo vegetal, 258, 262
contratos futuros de commodities, 257-260
contribuições beneficentes
  como dedução do imposto de renda, 56-57
  doações da Xerox Corp., 225
  Plano Cleveland de, 225
  "programa de 1%" de, 225
contribuições beneficentes como, 56-57, 162-163
controvérsia da mordida sem compromisso, 438
Cooke, Morris, 380

Coombs, Charles A.
  libra esterlina e, 449-451, 456, 459, 463, 470-471, 480-492, 494-498, 502-512, 513-516, 518-524, 537, 544-546
  vida e carreira de, 468-470
cooperação monetária internacional, 463-464, 488, 500, 545
Copeland, Robert F. G., 78
copiadora Xerox 813, 229, 244
copiadora Xerox 914, 229-232, 233, 244, 246-248
copiadora Xerox 2400, 230
copiadoras em contraste com duplicadoras, 215, 216-217
cópias excessivas, 234
"Copy" como "counterfeit", 214
Copyflo da Xerox, 230
Cordiner, Ralph J., 298-303, 307, 313-319
Corner, jogo de, 320-353
Corpo de Engenheiros do Exército dos Estados Unidos, 387
corporações
  como pessoas, 205-206
  o imposto de renda e as, 119, 129, 130-132, 151-153
  poder das, 393
  regras para as, 176-17
Costa do Marfim, 356, 387
cota de exaustão percentual sobre o petróleo, 55, 144, 153-154

Coyle, Frank J., 256, 621-263, 265, 272-273
Cranley, John J., 35, 36-37
crash da bolsa (1929), 14-15, 24, 26, 27-28, 30, 36, 41, 45
crash da bolsa (1962), 14-32, 45
Crawford, David M., 192-194, 201, 203-204, 210-212
crédito
   ausência de restrições federais ao crédito no mercado de ações, 24
   crédito de emergência do Federal Reserve, 482
   créditos rotativos, 464
   linha de crédito para o Banco da Inglaterra, 504, 506, 517
Creditanstalt (Banco da Áustria), 476
crédito de emergência do Federal Reserve, 488-489
crédito no mercado de ações, ausência de restrições sobre o, 24
créditos rotativos, 464
Creso, 534-535
crise dos mísseis de Cuba (1962), 536
Cromer, terceiro conde de
   antecedentes do, 468, 481
   função do, 455-456, 472, 428, 503-506
Crooks, Richard M., 264-267, 285
Crusoe, Lewis D., 49-50
Curtis Publishing Co., 185
Curzon, lorde, 385

Dallas, Alexander J., 126
Dario, rei da Pérsia, 385
Darke, Kenneth, 180-181, 184-185, 200-201, 204, 211-212
Davis, Evelyn, 401, 404, 411-418
Daily Star de Toronto, 189
De Angelis, Anthony, 259
De Gaulle, general, 526, 536, 538
De la Vega, Joseph, 14-19, 21-22, 27, 29, 32, 36, 45
Décima Sexta Emenda, Constituição dos Estados Unidos, 128
dedução de impostos
deduções. *Ver* deduções de impostos
deduções de entretenimento. *Ver* deduções de viagens e entretenimento
deduções de viagens e entretenimento, 156-161
deflacionárias, medidas fortalecedoras da moeda, 459
Departamento de Análise de Minérios de Nova York, 447
Departamento de Conduta e Reclamações, da Bolsa de Valores de Nova York, 272
Departamento de Pesquisa Social Aplicada, Universidade Columbia, 60-61

Departamento de Pesquisas Sociais Aplicadas da Universidade Columbia, 59-62
Departamento do Tesouro. *Ver também* Tesouro dos Estados Unidos
  custos, 137
  exigências feitas ao, 121
  função do, 166, 172-173, 446, 464, 535
depreciação, como dedução de imposto, 153, 160
depreciação como, 153, 160
desemprego, na Grã-Bretanha, 476, 526-527
Dessauer, John H., 241, 23-244
destruição dos trustes, 288, 381
desvalorização. *Ver* desvalorização da moeda
desvalorização da moeda. *Ver também países específicos*
  da libra esterlina, 452-456, 456-457, 459, 479-480, 494, 510, 525, 528-534, 535
  dólares, Estados Unidos, em relação ao ouro, 510, 532, 537-539
  impactos da, 452-456, 532-533
desvalorização da rupia, 454
Deutsche Bundesbank, 484, 497, 504, 507, 512-513
Development & Resources Corp. (D. & R.), 355, 379, 383-387, 390-391

Dia do Edsel, 76, 86-87, 97
Dial-A-Matic Autostat, 216
Diamond, Walter H., 133
Dick Jr., C. Matthews, 213
Die Swap-Verpflichtungen (acordos de swap), 464
Dillon, Douglas, 481, 482, 489, 509
Dinamarca
  desvalorização da moeda na, 532-533
  imposto de renda na, 125
  padrão-ouro na, 475
dispositivo de opção de compra de ações, 151-13
dispositivos de interesse especial, imposto de renda, 129. *Ver também* brechas, imposto
direitos especiais de retirada (S.D.R.), 544
direitos minerais, 185
dividendos, retenção de impostos sobre, 144
Divisão Antitruste, Departamento de Justiça, 289, 381
Divisão de Produtos Especiais, Ford Motor Company, 52, 57, 62, 64, 66, 68, 116
Divisão Edsel, 69-73, 75-76, 80, 99-100
doações, impostos sobre, 162-163, 164
dólar, canadense, 464
dólar, Estados Unidos
  desvalorização em relação ao ouro, 510, 532, 536-537

conversibilidade de ouro em, 451-452, 454-455, 478-479
influência do, 466-467, 538
estabilidade do, 478-479, 535-536
enfraquecimento do, 500
dólar canadense, 464
domicílio fiscal, 157
Doris, Lillian, 139
Douglas, Paul H., 174
doutrina do uso razoável, 238-239
Doyle, Arthur W., 439-440
Doyle, J. C. (Larry), 73-75, 78, 87, 97, 99, 102, 108-109, 113-114
D & R *Ver* Development & Resources Corp.
Drew, Daniel, 176
Dreyfus & Co., 36
Dreyfus Fund, 36, 37
duplicadoras, em contraste com copiadoras, 215, 216
DuPont, Homsey & Co., 267
Dutch Cookie Machine Co., 428

Eastman Kodak, 216, 219, 223, 249
Eberstadt, Ferdinand, 369
Ebtehaj, Abolhassen, 384
E-Car (carro experimental), 52-60, 62-64, 66-70, 76-77, 115
Edgar Brothers, 366
Edison, Thomas A., 213
educação
    educação do contribuinte da Receita Federal, 135-136, 165-166
    doações da Xerox Corp. para a, 225
    educação do contribuinte, 135, 166
Effler, Carl, 423-426, 432
E. F. Hutton & Co., 195
Egito
    barragem de Assuã no, 386
    desvalorização da moeda no, 533-534
E. I. du Pont de Nemours & Co., 440
Eisenstein, Louis, 168
E. L. Bruce Company, 320-321, 326
eletrofotografia, 220
Elizabeth I, rainha, 474
Elizabeth II, rainha, 541
Ellis, Ridsdale, 436-437
empréstimo do Export-Import Bank, 489, 490, 491-492
Erben, Henry V. B., 297-302, 316
escalada, 262
Escócia, 431
Escola de Direito da Universidade de Nova York, 143, 167
escrita seca, 218
Espanha
    desvalorização da moeda na, 533
    imposto de renda na, 125
especialistas em pregão, Bolsa de Valores de Nova York, 33
especulação. *Ver* especulação da moeda

especulação da moeda
  em vários países, 464
  libra esterlina e a, 451-452, 457, 461, 515-521
  margens de crédito na, 521
Estados Unidos (EUA)
  balanço de pagamentos, 480, 538
  Corpo de Engenheiros do Exército, 387
  economia nos, 393
  enfraquecimento do dólar nos, 456
  inventividade nos, 56
  mapa dos, 208
  padrão-ouro nos, 475, 477
  pool do ouro de Londres e os, 535, 540
  produto nacional bruto dos, 51
  recolhimento do imposto de renda nos, 118-119, 125-128, 132, 134
  renda nacional dos, 28
  reservas de ouro dos, 435-450, 456, 535
  Suprema Corte, 128, 212, 440
  títulos do governo, 510
esterlino. *Ver* libra esterlina
estilização, de automóveis, 52-56, 115-116
ETC: A Review of General Semantics, 102
eurodólares, 278

F. Eberstadt & Co., 245
Fairman, Francis, 297
falências bancárias, princípio dominó, 476
FBI (Federal Bureau of Investigations), 311-312
Federal Pacific Electric Co., 310-311
Federal Reserve Bank, 444, 463-464, 528-529
Federal Reserve de Nova York,
  acordo do Banco da Inglaterra com o, 457-458
  cofre-forte com ouro no, 447-448
  créditos rotativos e o, 464
  descrição do, 443-444, 467, 528
  função do, 445-446, 447-448, 467, 540-541
  libra esterlina e o, 448-450, 481-484, 486, 494-496, 514-521, 523, 540-541, 542-543
  moedas estrangeiras tomadas emprestadas pelo, 537
Feiffer, Jules, 318
Feller, Max, 422, 425
Ferrall, Sr., 311-312
Fiji, desvalorização da moeda em, 532-533
Filão de Comstock, 190
Filipinas, 387
Finlândia, imposto de renda na, 125-126
First National City Bank, 270-271, 501
fixação de preços, 287-292, 297, 299-300, 305, 308-309, 314

Florença, 443-445
  imposto de renda em, 123
flutuações do mercado de ações, 13-45
Fogarty, Charles F., 180-182, 186-187, 188-190, 192-193, 195, 200-203, 212
Foodelectric, 353
Foote, Cone & Belding, 67, 69-72, 81-83, 94, 111
Forbes, Harland C., 395
Ford, Benson, 64
Ford, Edsel, 64
Ford, Henry, II, 49, 52, 56, 64, 67, 81-82, 99
Ford, William Clay, 64
Ford Foundation, 104
Ford Motor Company, 46-116
  Comitê de Planejamento de Novos Produtos, 49-52, 56
  Divisão de Produtos Especiais, 52, 57, 62, 64, 66, 69, 115
Ford Motor Company, Ltd. (Inglaterra), 113
Foreign Tax & Trade Briefs, 133
Fort Knox, 447
Fortune, 218, 224, 291
França
  Banco da, 445, 465, 468, 497, 504, 505
  bancos centrais na, 511, 512
  imposto de renda na, 123, 126, 134
  imposto de valor agregado na, 170
  moeda na, 456
  padrão-ouro na, 475
  pool do ouro de Londres e a, 434-435
franco, suíço, 478-479
franco suíço, 479
Frank, Walter N., 270
fraqueza da moeda, 453
Free Press de Detroit, 86, 91
fundações
  Ford Foundation, 105
  isenção de impostos das, beneficentes, 153, 162
  isentas de impostos, 153
fundações beneficentes, isenções fiscais das, 153-154, 163
fundações isentas do pagamento de impostos, 153
Fundo Monetário Internacional
  função do, 464
  membros do, 454, 457, 463
  retiradas do, 469, 473
  S.D.R.s sobre o, 543
Fundos mútuos
  compras realizadas pelos, 24-25, 44
  vendas realizadas pelos, 44
Funston, G. Keith, 261-262, 266-276, 280-285

gado epidêmico, 526
Galloway, Wayne, 423, 432
Gana, 356, 387

Ganey, J. Cullen, 290-294, 304, 310, 319
ganhos de capital, impostos sobre, 129-132, 150-153, 163
Garagem, 34
gás natural, 385
General Electric Co., 291-319
  Política Diretiva 20.5, 295-296, 298, 301-302, 304, 317
  reunião de acionistas da, 395, 396, 405-410
General Foods, 111
General Motors, 37, 46, 49, 52, 60, 96, 101
Gezon, L. B., 306-307, 313
Gilbert, John, 411
Gilbert, Lewis D., 398-402, 411-418
Gillespie, S. Hazard, 209
Ginn, William S., 296-303, 313, 317, 319
gnomos de Zurique, 462, 530
Goldman, Sachs & Co., 277
Goodrich Co. Ver B.F. Goodrich Co.
Goodrich versus Wohlgemuth, 429-440
Gore, Albert, 174
governo trabalhista, na Grã Bretanha, 457, 459, 470, 485, 494, 525
Grã-Bretanha
  balanço de pagamentos da, 449, 520, 522
  benefícios de assistência social na, 459, 523
  deflacionárias, medidas para fortalecimento da moeda na, 458-459
  desemprego na, 476, 526-527
  durante a Segunda Guerra Mundial, 466
  governo trabalhista na, 457, 459, 470, 485, 494, 526
  imposto de renda e a, 123-125, 133, 153
  padrão-ouro na, 454, 476-477
  programa de austeridade na, 523-524
  taxa de desconto bancário, 458, 470
  xerografia na, 248
grafite, 179
Grande Depressão, 41, 130, 131, 219, 454
Grandes empreendimentos: uma nova era (Lilienthal), 356, 380-383
Grécia
  imposto de renda na, 125
  padrão-ouro na, 475
Greene, Nathan, 369, 374-377
Greenewalt, Crawford, 374
Gregory, Seth, 364
Guerra da Coreia, 49, 131
guerra de 1812, 126, 176
Guerra do Vietnã, 121, 543
guerra entre árabes e israelenses, 523

guerra revolucionária, 170
Guiana, desvalorização da moeda na, 533
guildas dos ofícios, 427

Hadfield, C. S., 480
Haemisegger, H. Fred, 197
Haia, 508, 509, 511
Haloid Co., 219, 221-222
Haloid Xerox, Inc., 218, 223
Harcourt, Brace & World, 237
Harding, Bertrand M., 137
Harlem Railway, 325
Harriss, C. Lowell, 119
Hart, Philip A., 294, 303
Harvard, 164, 170, 361
Harvard Business Review, 396, 400, 406
Harvard Business School, 14, 253
Harvey, Frank H., 431, 435, 437-438
Haupt & Co. *Ver* Ira Haupt & Co.
Hayakawa, S.I., 102-103
Hayes, Alfred,
   início da vida e carreira de, 498-505
   libra esterlina e, 450, 456-457, 458, 463, 480-483, 487-496, 506-513, 544-546
Hayes, Tom, 493, 516, 546
Hayes, Vilma, 493, 495, 516-517, 546
Hedging, 530, 531
Heilbroner, Robert L., 28
Hellerstein, Jerome, 128, 143, 153, 159

Henry Ansbacher & Co. (Londres), 273, 280
Henrique VIII, rei, 301
Hentschel, H. Frank, 311, 312
Herald Tribune, 189, 191
Hickenlooper, Bourke, 359
Hinton, Longstreet, 198, 199, 206, 207, 208, 209
Hitler, Adolf, 526
Hofstadter, Richard, 161
Holanda
   imposto de renda na, 125
   mania da tulipa na, 218
Holanda
   Banco da, 508-509
   bancos centrais na, 511, 512
   padrão-ouro na, 475
   pool do ouro de Londres e a, 535, 542
   valorização da moeda na, 454
Holdings controlados, no máximo, por cinco pessoas, 154
Holmes, Oliver Wendell, 427
Holtrop, Marius W., 508-509, 511
Holyk, Sra., 183
Holyk, Walter, 180-181, 183-187, 191, 195-196, 201-202, 211
Hong Kong, desvalorização da moeda em, 533
Hovde, Frederick L., 407

IBM *Ver* International Business Machines

idioma francês, 466-467
idioma inglês, 468, 504-505
idiomas
  francês, 466-467
  inglês, 468, 504-505
impactos, 304-305
imposto de consumo, 170
imposto de renda
  alíquotas progressivas, 119, 126-127
  anulação do, 124-125, 156, 171
  auditorias, 136-137
  conformidade voluntária e o, 139-143
  corporações e o, 119, 129, 130-131, 151-153
  dispositivos de interesse especial, 129, 149-150, 174
  em Florença, 123
  em outros países, 123-125, 133-134
  evasão, 121, 124, 136-137, 140, 156
  extinção do, 168
  Guerra Civil e o, 52, 54-55, 132
  Grã-Bretanha e o, 123-125, 133, 153
  história do, 122-133
  ideal, 173-174
  nos países comunistas, 133
  original, 133
  Primeira Guerra Mundial e o, 129, 131
  sonegação, 121-122, 130-131, 155, 166-167
  recolhimento dos Estados Unidos do, 118-119, 125-128, 131, 134
  reforma, 121-122, 144, 155-157, 171-174
imposto de renda, Guerra Civil e o, 126, 128, 131
imposto de renda federal, 117-174
imposto de renda ideal, 173-174
imposto de renda original (1913), 132
imposto de valor agregado, 169
imposto de vendas, 170
imposto do Antigo Regime, 123
impostos (taxas). *Ver também* imposto de renda *no Antigo Regime*, 123
  atletas profissionais e os, 162
  brechas, 129, 144, 149-151, 153, 154, 172-173
  casamento e os, 157, 172
  de capitação, 123
  de consumo, 170
  de dispêndio, 170-171
  de utilização, 170
  indústria de óleo e os, 118, 129-130
  moeda antes dos impostos e depois dos impostos, 119
  retenção de, 124, 144
  Segunda Guerra Mundial e os, 130

sobre doações, 162, 164
sobre ganhos de capital, 129-132, 150-153, 162
trabalho intelectual e os, 161
trustes e os, 164
valor agregado, 170
vendas, 170
impostos de capitação, 123
impostos de utilização, 170
Índia
   desvalorização da rupia na, 454
   disputa do Paquistão com a, 362-363
   imposto de renda na, 125
   taxa de dispêndio na, 171
individualismo, 357, 380, 381
indústria de óleo
   cota de exaustão percentual sobre o petróleo, 129, 131, 153-154
   derramamento, 526
   impostos e a, 118, 120-130
   refinaria de Abadan, 385
indústria de produtos elétricos, fixação de preços e manipulação fraudulenta de licitações, 287
indústria do aço, 16, 38. *Ver também* United States Steel Corp.
informações confidenciais, 425
informações privilegiadas, utilização de, 177-178, 184, 201, 205, 209

Inglaterra. *Ver* Banco da Inglaterra; Ford Motor Company, Ltd.; Grã-Bretanha; Londres
Ingraham, Joseph C., 91
injunção
   anulação da, 428
   exemplos de, 201, 295, 298, 440
   origem da, 431
   regras relacionadas com a, 437-438
Insider trading, 177-178. *Ver também* Texas Gulf Sulphus Co.
Insider Trading and the Stock Market (Manne), 178
interdito, 431
intermediário do governo, 470, 484
International Business Machines (IBM), 22, 30, 37, 222
International Harvester, 531
International Latex Corp., 421-426, 431-435, 437-441
International Telephone & Telegraph, 530
introdução do *shilling*, 474
invasões de ursos, 325, 327, 462
inventividade, norte-americana, 56
Ira Haupt & Co., 256-285
Irã, 356, 384-389, 390
   Ahvaz, 387, 388
Irã, xá do, 358, 384
Irlanda, desvalorização da moeda na, 532

I.R.S. *Ver* Serviço Interno de Rendimento
isenção de impostos
das fundações beneficentes, 153, 162
dos títulos estaduais e municipais, 117, 150
Israel, desvalorização da moeda em, 532
Itália, 309. *Ver também cidades específicas*
Banco da, 465, 497, 504
bancos centrais na, 511, 512
imposto de renda na, 125
padrão-ouro na, 475
pool do ouro de Londres e a, 535, 542
I-T-E Circuit Breaker Co., 305, 310-311

J. K. Lasser Tax Institute, 159
J. R. Williston & Beane, 257, 260-265, 266
Jamaica, desvalorização da moeda na, 533
Japão
Banco do, 490, 495, 496
bancos centrais no, 511, 512
empresa de fogos de artifício no, 86
imposto de renda no, 125
Javits, Jacob, 539
Jefferson, Thomas, 369
Jeter, R. G., 426, 431, 434-435, 439-442

John Birch Society, 227
Johnson, Lyndon B., 284, 534, 539
Judge, J. Emmet, 78-80
juros, retenção de impostos sobre, 144

Kaiser, Henry J., 51
Kaldor, Nicholas, 171
Kamerman, Morton, 256-262, 265
Kappel, Frederick R., 395, 398, 400-405
Karp, Irwin, 238
Kefauver, Estes, 287, 296, 299-300, 306, 309, 317, 319
Kennamer, Frank E., Jr., 201, 209
Kennedy, John F.
assassinato de, 257, 266, 278
enterro de, 214
governo de, 39
indústria do aço e, 15, 38
sobre a reforma do imposto de renda, 125, 155, 156-157, 171
Keynes, John Maynard, 477
Khuzistão, 356, 384-386, 389, 390
Kleinwort, Benson, Ltd., 273, 277, 279, 280
Kornei, Otto, 220
Krafve, Richard
carreira de, 49, 52-56, 70-74, 76-78, 83, 86-87, 89, 95-99, 109, 111-112, 115
nome do Edsel e, 64, 66, 69
sobre Wallace, 58

Kreisler, Charles, 76, 99
Kreuger, Ivar, 259
Kuwait, 533

La Branche, George M. L., Jr., 33-36
La Branche and Wood & Co., 33
La Guardia, Fiorello, 370
La Rochefoucauld, François, 214
L'accord de swap (acordos swap), 464
Lags, 460
Lamont, Thomas S., 189, 196-200, 205-212
Lasker, Albert, 361
Lasser Tax Institute, J.K., 159
Latex. *Ver* International Latex Corp.
Lazard Frères & Co., 361-365, 384, 387, 391
LDX da Xerox, 230
Leads, 460
Lear, Rei, 419
Lei Antitruste Clayton (1914), 288
Lei Antitruste de Sherman (1890), 127
Lei da Receita (1964), 146, 155
Lei do Federal Reserve, 488-489
lei romana, 431
leis de comunhão de bens, 172
leis de direitos autorais, 234-240
leis do imposto de renda, 121
 dispositivos das, 118, 143-146
leis tributárias, 135. *Ver também* leis do imposto de renda

Lever Brothers, 111
Levy, Gustave L., 277-281
libra esterlina, 443-546
 Coombs e a, 449-450, 456, 458-459, 463, 470, 480-492, 494-498, 501-511, 513-516, 519-523, 536-537, 545-546
 cotações das bolsas da, 486
 desvalorização da, 452-456, 457, 458-459, 478-479, 494, 510, 524, 528-533, 535
 especulação da moeda e a, 451-452, 457, 460-461, 515-521
 Federal Reserve de Nova York e a, 448-449, 481-484, 486, 494-495, 515-521, 523, 540, 543
 Hayes, A., e a, 450, 456-459, 458-459, 463, 480-483, 487-496, 506-513, 545-546
 importância simbólica da, 474
 origem da, 474
 Tesouro dos Estados Unidos e a, 544
Life, 76
Liga das Nações, Comitê Financeiro da, 463
Lilienthal, David, Jr., 378
Lilienthal, David E., 354-392
Lilienthal, Helen Lamb, 358-361, 362, 378, 379-381, 387
Lincoln, Abraham, 126
Linowitz, Sol M., 221, 241, 249-252, 259

liquidação branca, 299
lira, italiana, 464
lira italiana, 464
lista de candidatos à direcão executiva, 394
Liston, Sonny, 42
Little, I. M. D., 480
Livermore, Jesse L., 329-330, 334-335
Lloyd George, David, 476
Locke, John, 215
lojas Keedoozle, 352-353
lojas Sole Owner, 351-352
Londres
  Baring Brothers, 503
  Henry Ansbacher & Co., 273, 280
  pool do ouro, 535-536, 538-541
  Sunday Times, 526
Long, L. W., 311
lorde chanceler, 471
lorde prefeito de Londres, 471, 526
lorde presidente do Conselho, 471
lorde guarda-selos, 471
loterias, federais, 170
loterias federais, 169-170
Luís XIV, rei, 123
Luncheon Club (Bolsa de Valores de Nova York), 195
Luxemburgo, imposto de renda em, 125

Magnavox Corp., 230
Mahoney, James P., 283

Maistre, Joseph de, 145-146
Malásia, 534
Malavi, desvalorização da moeda em, 533
Malta, desvalorização da moeda em, 533
mania da tulipa, na Holanda, 218
manipulação fraudulenta de licitações, 287
Manne, Henry G., 178
Manufacturers Hanover Trust Co., 270
máquina de impressão, offset, 215-216, 237-238
máquina de impressão offset, 215, 237-238
máquina Thermo-Fax, 216
Máquina Verifax, 216
máquinas de escrever, 214, 216, 231
máquinas de reprodução no escritório, 214-216
margens de crédito
  para concessionárias, 110
  sobre a especulação em moedas, 521
Martin, William McChesney, 480, 482, 488, 509, 534, 541
Maudling, Reginald, 485
Máximas (La Rochefoucauld), 214
McCahill, Tom, 92
McCarthy, Eugene J., 174
macarthismo, 357
McColough, C. Peter, 251-252

McCormack, James, 416-417
McKeen, John E., 410
McKellar, Kenneth D., 357, 390
McKinley, Ray, 84
McLuhan, Marshall, 236, 239
McNamara, Robert S., 112
Mechanix Illustrated, 92
média Dow Jones, 14
Mercado Comum Europeu, 208
mercado de balcão, 340-341
mercado monetário internacional, 461
mercados de câmbio internacionais, 450, 497, 511, 515, 518
mercados europeus, 28, 41
Merrill Lynch, Pierce, Fenner & Smith, 19, 20, 31, 208, 263
Meyer, André, 361, 363, 368, 372, 383, 387
Michelângelo, 54
milionários da Xerox, 219, 250
mimeografagem, os primórdios da, 215
mimeógrafo, 213
mimeógrafo de Edison, 215
mimeógrafo do Sr. Dick, 216
Minerals & Chemicals Corporation of America, 356, 363, 365, 368, 371, 377-379, 380
Minerals & Chemicals Philipp Corp., 363
Minerals Separation North American Corp., 363-366
Minnesota Mining & Manufacturing Co., 216

moeda. *Ver também* dólares, Estados Unidos; papel-moeda; libra esterlina
  antes dos impostos e depois dos impostos, 119-120
  deflacionária, medidas fortalecedoras da moeda, 459
  dólar canadense, 464
  empréstimos de, estrangeira, 537
  enferma, 453
  eurodólares, 277-278
  franco suíço, 479
  na França, 454
  lira italiana, 464
  rupia, 366
moeda enferma, 453
moedas, desvalorização das, 474
moedas estrangeiras, empréstimos tomados, 536-537
Mollison, Richard D., 180-183, 188, 191-192, 195, 201-202, 211
Moore, Marianne, 66-69
monstro de Martinsburg, 137, 140
Morgan, Arthur, 382
Morgan, J. P., 13
Morgan Guaranty Trust Co., 189, 198, 270
Morgan Library, 66
Morgenthau Jr., Henry, 171
Mothner, Samuel, 20
Motor Trend, 91, 92
mudança frequente de emprego, 427

Mullaney, Thomas E.,276
Municipal Art Society de Nova York, 444
Murray, Arthur, 428
Myrdal, Gunnar, 473

Nações Unidas (ONU)
  apoio da Xerox às, 226-227, 254
  formação da, 464
Nance, James J., 101, 102
Nassau Hospital, 199
National Automobile Dealers Association, 111
National Broadcasting Co., 413
National Education Association, 238
National State Bank de Newark, 273
Nehru, 370
negociadores de ações, 14, 178
New Deal, 130, 354
Newman, George H., 256-257
New Republic, 290
New York City Bar Association, 440
New Yorker, 66
New York Herald Tribune, 189, 191
New York Times
  sobre a economia norte-americana, 393
  editoriais do, 28-29, 540
  sobre o Edsel, 78, 91
  Ira Haupt & Co. e o, 265, 276, 284
  sobre Lilienthal, David E., 355
  sobre a Piggly Wiggly Stores, 328, 344
  sobre a Texas Gulf Sulphur Co., 189, 190
Normas da Receita Federal
  1954, 121, 144, 146-150
  1964, 147, 156
  complexidade das, 145, 166, 171-174
Nova Direção, 137-141
Nova Zelândia, imposto de renda na, 125
Norris, George, 370
Northern Pacific Railway, 325, 337, 342
Northern Miner, (Canadá), 188, 191, 192, 194, 207
Noruega
  desvalorização da moeda na, 533
  imposto de renda na, 125
  padrão-ouro na, 474
número de conta, contribuinte, 136
número de conta do contribuinte, 136

"O seu imposto de renda". (J. K. Lasser Tax Institute), 159
"O seu imposto de renda federal" (Receita Federal dos Estados Unidos), 135
O'Brien, Sir Leslie, 524
oferta e procura, 40, 450-451

oferta flutuante de ações, 324
óleo de semente de algodão, 257-259, 261-262
óleo de soja, 257-259
oligarcas, 393
Oliver, John, 384
Olmstead, Fred, 91
opção de compra de ações com restrições, 131
opções de compra de ações, 131, 383
Operação Fases da Lua, 311, 312
Oppenheimer, Robert, 370
ouro
  cofre-forte, 447-448
  de papel, 543
  desvalorização do dólar, Estados Unidos, em relação ao, 510, 533
  dois preços para o, 541
  durante a Segunda Guerra Mundial, 448
  em troca de dólares, 450-451, 454-455, 479
  monetário, 535, 544
  prestígio do, 475
  reserva dos Estados Unidos de, 435-450, 456, 535
ouro de papel, 544
ouro dos tolos, 179
ouro monetário, 535, 544

P. R. Mallory & Co., 220-221
padrão câmbio-ouro, 477, 478-479
padrão de vida, 453
padrão-ouro
  abandono do, 454, 476-477
  na Grã-Bretanha, 454, 476-477
  nos Estados Unidos, 475, 477
  nos países europeus, 475
pagamentos de reparações, da Primeira Guerra Mundial, 462
Page, Jerry, 314
países comunistas, imposto de renda nos, 133
países europeus. *Ver também países específicos*
  bolsas de valores dos, 28, 473, 486
  imposto de renda nos, 125, 134
  padrão-ouro nos, 475
Palácio Cor-de-Rosa, 322, 347, 348, 349
papel-carbono, 214, 215
papel-moeda, 239, 475, 539, 544
Paquistão, 362
patentes, 219-224, 246, 364, 428-429
Patterson, Floyd, 42
Paxton, Robert, 296-302, 305, 307-308, 313-314, 316-318
Peel, Sir Robert, 125
pessoas públicas, 43
petróleo. *Ver indústria do petróleo*
Pfizer & Co., 410-412
planalto Laurenciano, 178

Plano Cleveland de contribuição beneficente, 225-226
planos de pensão corporativos, 153
Playtex Golden Girdle, 433
Plumley, H. Ladd, 38-39
Philip Morris, 24
Phillippe, Gerald L., 317, 395-409
Photostats, 216
Piggly Wiggly Stores, 321-351
piritas, 179
Poligamia, 126
Política Diretiva 20.5, General Electric Co., 295-296, 299, 301-302, 304, 316
política leprosa, 302
pool do ouro, Londres, 535-536, 538-542
Porto Rico, 356, 387
Post, Wiley, 434
Powers, John J. Jr., 411
Powers of Attorney (Auchincloss), 122
prata, 184, 193, 475
Primeira Guerra Mundial
 imposto de renda e a, 129, 131-132
 pagamentos de reparações da, 462-463
Princeton, 165, 358
Princeton University Press, 238
princípio dominó das falências bancárias, 476
Procter & Gamble, 218

profissionais de impostos, 135, 166
"Programa de 1%", das contribuições beneficentes, 226
programa de austeridade, na Grã-Bretanha, 523-24
projeto do homem na Lua, 421

Queensberry, marquês de, 207
questão do canal de Suez (1956), 464
Quinta-feira Negra, Bolsa de Valores de Nova York, 36-37

Radio Corporation of America (R.C.A.), 218
 contribuições da, 225
 Lilienthal, David E., e a, 362
 reunião de acionistas da, 412-415
ratoeiras, 429
Receita Federal, 134-142
 educação do contribuinte e a, 135, 165-166
 regulamentos, 121, 146, 157-158
recessão de 1958, 79
rede swap, 464-465, 495
Refinaria de Abadan, 385
regra 10B-5, do S.E.C., 177-178, 204, 206
regra de Cohan, 156-157, 161
regras de Robert, 395
reguladores monetários, 445

Regulamentações da Receita Federal dos Estados Unidos, 121, 146, 157-158
"Restatement of the Law of Torts" (American Law Institute), 428
retenção do imposto, 124, 143
reuniões de acionistas, 393-419
Rhode Island, sistema de receita colonial de, 126
Riksbank sueco, 504
riqueza, redistribuição da, 121
rio Indo, 362
Roche, Thomas J., 484
Rochester, Nova York, 218-219
Rochester Community Chest, 225
Rockefeller, Nelson, 370
Rolo, Charles J., 26
Roosa, Robert, 481, 482, 489, 509
Roosevelt, Franklin D., 354, 370
Roosevelt, Theodore, 288
Rothschild, Nathan, 175
Rural Electrification Administration, 380
Ruskin, John, 214
Rússia, imposto de renda na, 133
Ryan, Allan A., 325-326
Ryan, Thomas Fortune, 326

S.D.R. Ver direitos especiais de retirada
S.E.C. Ver Securities and Exchange Commission

S. Japhet & Co., Ltd., 273, 280
sãos, 269
Sarnoff, David, 412, 414-415
Sarnoff, Robert W., 412
Saturday Review, 238
Saunders, Clarence, 322-333, 326-353
Saxon, O. Glenn, Jr., 396, 399-400, 406
Schlesinger Jr., Arthur M., 143
Schultz, William J., 119
Schwegler, Walter, 504
Scott, Max, 304
Scott, Walter D., 413
Seção de tributação, da American Bar Association, 167
Securities and Exchange Commission (S.E.C.)
função da, 257, 331, 409
regra 10B-5 da, 177, 204, 207
Texas Gulf Sulphur Co. e a, 178, 188, 196-197, 200-212
Securities Exchange Act (1934)
disposições do, 209
violação do, 163, 211
Segmento Kidd-55, 179-191, 194, 200, 203-204
segredos comerciais, 425-430, 432, 435-441
Segunda Guerra Mundial
Grã-Bretanha durante a, 466
impostos e a, 130
início da, 477
ouro durante a, 448

selênio, 228, 232, 245
Seligman, Edwin R. A., 123, 101132
Serviço de Notícias Dow-Jones, 17, 29, 39, 197, 206
Serviço Federal de Investigações. *Ver* FBI
Seymour, Walton, 384
Shepard, Leonard, 422
Sherman, John, 127
Singer Co., 531
sistema automático de comutação de teletipo, 31
sistema de comutação de teletipo, automático, 31
sistema de livre empreendimento, 204, 224, 250, 290, 380
Sistema do Federal Reserve, 447
  decisão do, 488-489
  representante do, 468
  taxa de desconto, 540-541
Smith, Adam, 298, 313, 325
Smith, Raymond W., 307-310, 314-315
soberano de ouro, 475
socialismo, galopante, 355, 365
sociedade industrial do *laissez-faire*, 427
sonda, certeiramente 181, 186
sopro errado, 231
Soss, Wilma, 398-408, 412-418
soviético, sputnik, 98, 109
Speedi-Dri, 265, 368
spin-off, 365

Sputnik soviético, 98, 109
Stálin, Josef, 526
Standard Oil de Nova Jersey, 22, 37
Starlings, 474
Statistics of Income (Receita Federal dos Estados Unidos), 147-148
Stehlik, Frank E., 304-306, 311-313
Stephens, Claude O., 183, 189, 193, 195, 200, 202, 206
Stern, Philip M.,173
Stutz Motor Co., 326, 337
subcomitê Kefauver, 294
Suécia
  bancos centrais na, 511, 512
  desvalorização da moeda na, 53
  imposto de renda na, 125
  padrão-ouro na, 475
Suíça
  bancos centrais na, 511, 512
  imposto de renda na, 125
  leis bancárias da, 462
  neutralidade da, 477
  padrão-ouro na, 475
  pool do ouro de Londres e a, 535, 541
sulfetos, 178-179
Sunday Times (Londres), 526
superproduções de Judge, 80
supervalorização, 476
Suprema Corte, Estados Unidos, 128, 212, 440

Susskind, David, 151
Swope, Gerard, 313

taxa de desconto, Sistema do Federal Reserve, 540
taxa de desconto bancário (Grã--Bretanha), 458, 471
taxa de dispêndio, 170-171
taxas das bolsas, para a libra esterlina, 486
taxas de câmbio fixas, 462-463
taxas de juros, 458
T&E. *Ver* deduções de viagens e entretenimento
T&E, 156-161
Telecopier, 230
Tennessee Valley Authority (TVA.), 354-355, 370, 381-385, 391
Territorial Enterprise, 126
Tesouro dos Estados Unidos
  libra esterlina e o, 543
  ouro vendido pelo, 535
  pagamentos ao, 447
  transações com outros países, 446
testes no detector de mentiras, 312
Texas Gulf Sulphur Co., 178-212
Texas Instruments, 531
The Economist, 512, 516, 523
The Great Ascent (Heilbroner), 28
The Great Treasury Raid (Stern), 173

The Heart of Japan (Campbell), 301
The Ideologies of Taxation (Eisenstein), 168
This I Do Believe (Lilienthal), 356
time de futebol americano Sole Owner Tigers, 351
Time Magazine, 58, 106
Times de Londres, 470, 473, 480, 512
Timmins, Ontário, 179-191, 194-196, 203
títulos
  isenções de impostos, estaduais e municipais, 117, 150
  do governo dos Estados Unidos, 483
títulos estaduais e municipais, isenção de impostos dos, 150
tôner, 232
trabalho intelectual, e impostos, 161
Trade Secrets (Ellis), 436
trajes espaciais, 420-427, 431-435, 439-441
Trans World Airlines, 112
transferência de pigmentos, 216
Tratado de Amiens, 124
Tratado de Ghent, 176
Truman, Harry S., 370
trustes
  compra de ações pelos, 198
  impostos e os, 165
TVA. *Ver* Tennessee Valley Authority

TVA: a democracia em marcha (Lilienthal), 356
Twain, Mark, 126

Uma maior economia de impostos... uma abordagem construtiva, 164
United States Steel Corp., 36, 40, 218, 396, 411
United Stores, 327
Universidade de Rochester, 222, 224, 225-226, 249-250
University Microfilms, 229, 238, 240
ursos, 322

vale do Cauca (Colômbia), 356, 379
vale do Mekong, 391
Vanderbilt, Cornelius, 325
venda a descoberto, 323-326, 340-341
vendendo a descoberto, 323-326, 340-341
Veneza, deduções de imposto e, 119
Veneza e a, 119
Vietnã, 391
Vinson, Arthur F., 307-315
violação da, 228-29, 230, 243
"visitantes ocasionais", 20
vitória de Wellington em Waterloo, 175-176

Voorduin, W. L., 384
votação cumulativa, 408-409, 414

Waage, Thomas Olaf, 513-517, 523, 527-529, 533, 537-538
Wagner, Wieland, 195
Wallace, David, 57-71, 98-99, 106, 109, 113-114
Wallis, W. Allen, 249-250
Wall Street Journal, 101, 107, 282, 291, 531, 540
Walston & Co., 263
Warnock, C. Gayle, 76-78, 82-87, 113, 115-116
Warren, Earl, 319
Waterloo, vitória de Wellington em, 175-176
Watson, Russell, 282
Watts, Henry M., Jr., 263, 270, 275, 277, 281-282
Welch, Leo D., 416, 418
Wells, H. G., 501
Westinghouse Electric Co., 17, 281, 293, 311
Wherry, Joe H., 92
Whitney, Richard, 37, 291
Who's Who in América, 399
William Brandt's Sons & Co., Ltd., 273, 278, 280
Williston & Beane. Ver J. R. Williston & Beane
Willkie, Wendell L., 354, 370, 371
Wilson, Harold, 368, 380, 389, 422, 424-25, 428

Wilson Jr, Joseph C., 218-219, 222-223, 226-228, 239-243, 248-255
Witteveen, J. W., 511
Wohlgemuth, Donald W., 420-426, 429-435, 437-442

xerografia, 217-224
　leis de direitos autorais e a, 234-240
　máquina de impressão offset e a, 236-237
　na Grã-Bretanha, 248
　problemas da, 222, 234
　selênio e a, 228, 232, 245
　utilizações da, 233

"XeroX" (marca registrada), 223
Xerox Corp., 218-255
　apoio às Nações Unidas da, 226-227, 254
　atitude da comunidade com relação à, 250
　doações para instituições educacionais e beneficentes, 225-226

Yale, 164
Yukon, 387

zinco, 178, 182, 183, 190, 192, 200
Zurique, gnomos de, 461, 530

best.
business

Este livro foi composto na tipologia Palatino LT Std Roman,
em corpo 10,5/14,5, e impresso em papel off-set 75g/m² no Sistema
Digital Instant Duplex da Divisão Gráfica da Distribuidora Record.